国家社会科学基金一般项目"西部地区农地流转风险及其对农户可持续生计影响研究"（批准号：17BJL067）

新时代法学教育与法学理论文库

农地流转风险对农户可持续生计影响研究

——以西部地区为例

赵杭莉　艾信男　著

中国社会科学出版社

图书在版编目（CIP）数据

农地流转风险对农户可持续生计影响研究：以西部地区为例/
赵杭莉，艾信男著．—北京：中国社会科学出版社，2024.6
（新时代法学教育与法学理论文库）
ISBN 978-7-5227-3611-2

Ⅰ.①农… Ⅱ.①赵… ②艾… Ⅲ.①农业用地—土地流转—
影响—农户经济—可持续性发展—研究—中国 Ⅳ.①F325.1

中国国家版本馆 CIP 数据核字（2024）第 101610 号

出 版 人	赵剑英
责任编辑	刘晓红
责任校对	周晓东
责任印制	戴　宽

出　　版	中国社会科学出版社
社　　址	北京鼓楼西大街甲 158 号
邮　　编	100720
网　　址	http://www.csspw.cn
发 行 部	010-84083685
门 市 部	010-84029450
经　　销	新华书店及其他书店

印　　刷	北京君升印刷有限公司
装　　订	廊坊市广阳区广增装订厂
版　　次	2024 年 6 月第 1 版
印　　次	2024 年 6 月第 1 次印刷

开　　本	710×1000　1/16
印　　张	29
字　　数	463 千字
定　　价	169.00 元

凡购买中国社会科学出版社图书，如有质量问题请与本社营销中心联系调换
电话：010-84083683

序 言 一

农地是农民的生存之本，衣食之源，也是中国农村农业实现可持续发展的重要物质基础。随着新型城镇化发展，房地产开发、工业建设、道路桥梁等其他基础设施建设不断扩容，农地数量相对减少。同时，科技发展对农地适度规模经营提出了客观要求。作为一种有效配置资源的方式，农地流转制度被国家大力推广。在中国西部大部分地区，农地仍然是多数农户生存的基本保障，大规模农地流转不可避免地对农户生计产生实质性的影响。正确认识并评估农地流转的各类风险，掌握它们对农户可持续生计的影响，对科学有序地引导农地流转，稳妥处理好农户的生产生活问题，促进农村农业可持续发展具有重要的理论与现实意义。

本书的作者赵杭莉教授常年致力于"三农"问题研究，多次带领自己的研究团队深入广大农村，了解基层实际情况，协助当地政府及农户解决农村、农业和农民发展中的实际问题。这部著作是他们多年研究成果的积累，所解决的问题获得了国家社科基金委的认可与资助。本研究开展以来，项目团队以西部12个省份为对象，有选择地对区域内44个典型村落的1540多位相关主体进行了分批次及重点走访调研。

在大量调研基础上，作者真实地呈现了西部地区农地流转风险与农户可持续生计的现状，并借助定量分析方法识别和评估出农地流转风险主要类型及各类风险等级排序。在分析西部农户可持续生计特征、约束条件、内容及主要生计模式的基础上，对其生计安全进行了测评。最后，基于对西部地区农地流转风险影响农户可持续生计的作用机理、传导路径及效应分析，构建了前者影响后者的理论模型，并利用实证加以

1

检验；提出西部地区规避农地流转风险提升农户可持续生计的对策建议。

本著作立足于西部基层农村现实，以风险作为研究的切入点，较好地聚焦了关键问题，增加了分析问题的深度与代表性。书中问题指向明确，对问题的分析既有具体的案例描述，又有理论推演与实证检验。政策的提出有理有据，由浅入深的分析有利于读者对研究主线的把握，是公共治理决策者与理论研究人员了解农村特别是西部地区农村农地流转以及农户可持续生计现实，推进农村农业可持续发展不可多得的一本著作。

作为赵杭莉教授在西北大学攻读博士学位时的老师，我目睹了她从一名年轻学生到专家教授的转换，很是欣慰。期望她能在已有研究的基础上再接再厉，踏踏实实，认认真真做好教学与科研工作，瞄准"三农"领域的问题深耕细作，再出佳作，以此为序。

白永秀

（西北大学乡村振兴战略研究中心主任、教授、博士生导师，兼任中国工业经济学会副会长、中国区域科学协会副监事长）

序 言 二

　　农地流转关系到农业规模化经营局面的形成、农业全要素生产率的提升、农村劳动力进城务工后的农地有效经营，长期以来都是学术界高度关注的一个命题，也是破解"三农"问题的一个重要抓手。党的十八大以来，每年的中央一号文件都对做好农地流转进行了阐述。《中共中央　国务院关于做好 2023 年全面推进乡村振兴重点工作的意见》（2023 年中央一号文件）要求，引导土地经营权有序流转，发展农业适度规模经营。进入中国特色社会主义建设的新时代新征程，农地流转在"全面推进乡村振兴、加快农业强国建设"中具有特殊的重要作用。

　　农地流转具有繁复性，涉及土地经营形式和方式的改变和与土地相关收益的重新分配，关系到农户的生计和福祉，也影响着农业农村的稳定和发展，存在诸多风险。一是权益风险。在农地流转实践中，由于土地流转合同签订不规范和农地权证发放不完善，频繁出现农地权属纠纷以及农户权益遭受侵害的事件。二是保障风险。农地流转，特别是长时期的农地转出，使得土地作为农户生活和养老保障的功能弱化。农户若失去了其他收入来源和社会保障不力，易陷入困境甚至贫困之中。三是功能风险。流转后的土地，转入方若一味追求短期利益最大化，极可能过度开垦、使用农药和化肥，导致土地质量下降和功能破坏，进而损害转出方农户的权益。中国西部地区生态较为脆弱，经济社会发展水平相对较低，农地对于农户的可持续生计影响更大，需要更加关注农地流转中的风险。鉴于此，本书以中国西部地区作为研究地区，系统分析农地流转风险对农户可持续生计的影响，具有重要的现实意义。

　　本书内容丰富，系统呈现了西部地区农地流转风险和农户可持续生计现状，揭示了农地流转风险对农户可持续生计的作用机理。书中的研究方法运用得当且多样，包括层次全息模型、网络层次分析法、改进的PSRA 模型、多元线性模型等，确保了对农地流转风险排序、可持续生计水平评价、农地流转风险对农户可持续生计作用机理等研究结果的客观性及科学性。本书具有良好的创新性，具体体现在研究视角的选取、研究方法的选择、新观点的提出等方面。特别值得一提的是，本书作者开展了大量的实地调研工作，获取了西部 12 个省份、44 个村、1540 位农户的翔实数据，为后续研究奠定了良好的基础。

作为一名长期从事农户林地流转行为的学者，我十分荣幸受邀为本书写序，也十分高兴看到这一成果的出版，更是从此项研究中受益匪浅。我诚挚祝愿本书作者在农地流转风险及农户可持续生计领域取得更为丰硕的研究成果！

谢　屹

（北京林业大学经济管理学院教授、博士生导师、院外办主任，兼任中国林牧渔业经济学会理事、国家林草局《森林文书》履行示范单位建设专家委员会委员、中国循环经济协会林草绿色发展分会筹建秘书长）

目　录

第一章

绪　论

第一节　研究的背景与意义

一　研究背景

（一）历史的回顾：土地与农民[①]的关系是中国国家发展的基础

问题的研究，一般始于现实的需求，对问题的分析与解决，往往需要借鉴历史。历史研究是一切社会研究的基础，今天是由昨天发展而来的，今天遇到的很多事情可以在历史上找到影子，历史上发生的很多事情也可以作为今天的镜鉴。亘古至今，反映农民与土地关系的土地制度一直是主宰中国社会兴起与衰败、和谐与冲突的首要逻辑。处理好农民与土地的关系，一直是国家治理者的目标之一，农民稳则国家稳，农业发展则国家发展。

1. 封建社会农民与土地的关系（1919 年以前）

"耕者有其田"是中国农民千百年来一直的夙愿。自秦汉以来，土地问题就一直存在，历代的统治者为了缓和阶级矛盾，也进行了一系列的土地改革，但封建统治阶级的本质，决定了他们不会也不可能从根本上解决这一问题。纵观历史，封建社会各朝代每一次土地兼并和集中的过程，几乎都是地主阶级向农民发动更残酷地掠夺和压迫的过程；是大

---

① 书中提到农民与农户两个差异性称呼，其中农民主要是指具有农业户籍，以农村为生活根基的群体；而农户则侧重于"土地经营权"视角的解释，指依法取得农村土地承包经营权，并实际获得土地的农村集体经济组织成员组成的家庭，即农村承包经营户。

1

量自耕农与半自耕农破产、佃农和流民大量增加的过程；是生产力受到严重摧残，社会生产遭到极大破坏的过程；是广大农民陷入饥寒交迫和死亡迁徙的过程；同时也是农民用暴力反抗封建统治的过程，争取土地的意图，成为贯穿农民战争的一条主线（蒋祖缘，1962）。

2. 新民主主义革命时期农民与土地的关系（1919—1949 年）

中国新民主主义革命的任务是反对封建主义与帝国主义，推翻旧的生产关系建立新的生产关系。这一阶段的中心问题是农民问题，而农民的根本问题是土地问题，农民土地问题是关系到革命成败的关键。毛泽东曾说过"谁赢得农民，谁就会赢得中国，谁能解决中国土地问题，谁就会赢得农民"。经过艰苦卓绝的斗争，中共中央于 1947 年正式公布施行《中国土地法大纲》，明确规定"废除封建性及半封建性剥削的土地制度，实现耕者有其田的土地制度"，确立了新型土地产权关系。这一时期的土地改革，废除了农村的封建剥削制度，使解放区的农民获得了土地，改善了农民的生活，得到了老百姓的普遍拥护，为夺取战争的胜利奠定了坚实的基础。

3. 中华人民共和国成立后国家对农民与土地关系的探索（1949—1998 年）

中华人民共和国成立后，为了适应新生产力的发展，中国先后进行了三次大的土地制度改革，形成了"农民所有，私人经营""三级所有，集体经营""集体所有，家庭经营"的农地产权模式。每一次改革，均始于适应生产力发展的需求，在一定程度上调整了国家与农民的关系，改变了农民可持续生计水平。

（1）"农民所有，私人经营"产权模式对农民生计的改善（1949—1956 年）。中华人民共和国成立初期，为了明确保障农民对土地的所有权，进一步解放生产力，促进农业生产的发展，中央政府颁布了《中华人民共和国土地改革法》，进一步对土地制度进行了规范与细化。该法的第一条规定"废除地主阶级封建剥削的土地所有制，实行农民土地所有制"，明确了"农民所有"的法律地位；其中第三十条规定"土地改革完成后，由人民政府发给土地所有证，并承认一切土地所有者自由经营、买卖及出租其土地的权利"，确保了私人经营的合法性，该时期土地可自由流转，但由于刚刚获得土地所有权，生产力低下，农民基本没有这一需求。

刚刚成立的中华人民共和国，生产力长期遭到极大的破坏，百废待兴。而"农民所有，私人经营"的产权模式在当时极大地提升了农民发展农业生产的积极性，适应当时生产力发展的需要解放了生产力，使农民的生计水平得到改善。

农村居民的消费水平和城乡居民人民币储蓄存款年底余额分别从1952年的65元、8.6亿元上升到1956年的81元、26.7亿元；耕地面积、农作物总播种面积、粮食面积分别从1949年的97881.3千公顷、124286.0千公顷、109959.0千公顷分别发展到1956年的111824.7千公顷、159172.7千公顷、136339.0千公顷；全国农林牧渔业总产值由1949年的326亿元增加到1956年的610亿元（国家统计局国民经济综合统计司，2010）；农村居民人均纯收入和人均粮食占有量分别从1949年的43.8元、208.95千克发展至1957年的73元、306千克，收入年均实际增长3.5%（中华人民共和国农业部，2009）。尽管这一时期相关资料统计不全，但通过比较，仍能看出该时期解放农业生产力对农民生计水平有显著正向影响。

（2）"三级所有，集体经营"产权模式与农民生计变化（1957—1977年）。土改运动建立的新型农业生产关系，使当时的生产力得以恢复，但整体水平仍较低。20世纪50年代，出现了小农户与大生产之间的矛盾，各级政府为解决这一矛盾开始推行农业合作化运动，最终形成了"三级所有，集体经营"的产权模式。1956年的《高级农业生产合作社示范章程》第十三条规定"入社的农民必须把私有的土地和耕畜、大型农具等主要生产资料转为合作社集体所有"，1962年的《农村人民公社工作条例（修正草案）》第二条规定"人民公社的基本核算单位是生产队。根据各地方不同的情况，人民公社的组织，可以是两级，即公社和生产队，也可以是三级，即公社、生产大队和生产队"。通过法律的形式将"土地农民所有，私人经营"，转变为"人民公社、生产大队、农村生产小队所有，集体经营"，除了少量家畜归个人所有，包括土地等生产资料均归公有，实现了土地的公有公营。"土地流转"被冠以"资本主义尾巴"明令禁止，成为当时的政治忌语。

人民公社土地制度改革的初衷是为了实现社会产出最大化，但这种产权模式自身存在不完整性，"三级所有"是一种模糊的产权规定，生产大队与人民公社之间、生产队与生产大队之间、农户与生产队之间、农户与农户之间的产权界线都不清晰，加之没有财产的约束，无法将明晰产权带来的激励与资源优化配置效应发挥出来。模糊的产权与集中的劳动组织，甚至使按劳分配也成为一种奢望，加上1959—1961年的自然灾害，这一时期中国农业的发展和农民的生计均受到不同程度的负面影响。

1957年至1978年20年，农民的纯收入从87.6元增加到133.6元，年均增长不到3元，而且几乎全部来自集体分配收入，有2亿多农民处于贫困状态；1957年至1965年农民家庭恩格尔系数呈上升态势（1965年至1977年数据缺失）（徐勇，2004），说明农民家庭生活水平整体降低了。以1957年为基期，粮食产量在1958年达到2亿吨后一直减产，直到1966年才恢复到2.14亿吨，长达八年之久（国家统计局国民经济综合统计司，2010）。

（3）"集体所有，家庭经营"产权模式对农民生计促进（1978—1998年）。上述合作社基础上的产权模式在最初对生产力的发展还是起到了推进作用，但限于产权自身的缺陷使分配平均主义愈演愈烈，导致劳动监督成本增高而激励作用低下，社员"退出权"的缺乏使偷懒及无效行为成为人民公社劳动的一种常态。因此，新的土地关系始于解决这种低效的状态，落实按劳分配，调动社员积极性。

1978年《中共中央关于加快农业发展若干问题的决定》提出"必须首先调动中国几亿农民的社会主义积极性，必须在经济上充分关心他们的物质利益，在政治上切实保障他们的民主权利"。1980年《中共中央关于印发进一步加强和完善农业生产责任制的几个问题的通知》提到"已经实行包产到户的，如果群众不要求改变，就应该允许继续实行，不准买卖土地"。1983年《当前农村经济政策的若干问题》肯定了农业生产责任制，认为"农业生产责任制扩大了农民的自主权，发挥了小规模经营的长处，具有广泛的适应性"。至此，"集体所有，家庭经营"的联产承包责任制确立且承包期不断延长，并得到稳定的发展和完善。其间"土地流转"经历了从杜绝到允许的发展轨迹。

"家庭联产承包责任制"解放了当时的生产力，极大地改善了农民的生计。农村居民人均纯收入从 1978 年的 133.6 元增加到 1998 年的 2162.0 元，19 年间年均增长近 107 元，其中家庭经营的纯收入年均增长近 76 元，1978 年家庭经营纯收入占人均纯收入的 26.8%，1998 年这一占比达到 68.8%，进一步表明了家庭联产责任制对农户生计水平提升的重要作用。农村居民的消费水平从 1978 年的 138 元增加到 1998 年的 1730 元，19 年间农民家庭的恩格尔系数由 67.7% 减少到 53.4%，说明农民的生活水平得到了较大的提升（中华人民共和国农业部，2009；国家统计局国民经济综合统计司，2010）。

历史的经验表明，对于中国这样一个农业人口占比较大的国家，如表 1-1 所示，反映农民与土地关系的土地产权制度对农业及国家发展至关重要，绝对不能忽视对这一关系的处理。作为制度供给者的行为主体，变革土地制度的预期在于提供过去的制度安排下无法得到的利益，包括政治利益与经济利益，而只有顺应了生产力发展的土地制度，才能实现制度供给者的预期。只有代表广大人民利益的制度供给者行为主体，才能提供保障人民政治经济利益最大化的制度。

表 1-1　　　中国历史上人地关系发展演变路径及对相关
事项影响（封建社会至 1998 年）

社会性质	产权制度	农民生计	土地流转	对生产力作用
封建社会	土地兼并与集中	破产，流民大增	允许	破坏生产力
新民主革命	耕者有其田制度	解放区农民生活改善	允许	解放生产力
中华人民共和国成立后	"农民所有，私人经营"	得到改善	自由流转	解放生产力
	"三级所有，集体经营"	整体水平降低	禁止	阻碍生产力
	"集体所有，家庭经营"	极大改善	允许	解放生产力

"路径依赖意味着历史是重要的。不去追溯制度的渐进性演化过程，人们就无法理解今日的选择（道格拉斯·C. 诺思，2008）。"从历史的逻辑可以看出，只有中国共产党能带领广大群众实现人民政治经济利益的最大化，能提供保障并提升农民生计水平的土地制度；中国共产党自成立之日起就带领中国人民不断地在探索保障人民利益最大化的土地制度。实践证明，只有适应生产力发展的土地与农民关系，才能促进生产力的发展，实现人民利益最大化。

（二）现实需求：保障农户可持续生计水平是西部乡村振兴核心

马克思主义主张"问题导向"，问题既是创新的起点也是创新的动力，而创新则是时代发展的能源，只有及时地发现与回应时代问题，才能不断推进社会的进步。1998 年至今，在中国共产党的正确领导下，中国一直致力于对"集体所有，家庭经营"产权模式的改革与完善。在这一过程中，"通过土地流转，实现农业的规模化经营"被赋予实现农业现代化，解决农业农村经济发展问题，实现乡村振兴的重任。

国家一般会将同一地域经济发展水平大致相同的省份划分为一类经济区域。中华人民共和国成立后，经济区域的划分经历了一个漫长的演变过程，先后经历了沿海、内地二分法，东北、华北、华东、华中、华南、西南、西北经济协作区七分法，华中、华南合并后的六分法，东部、中部、西部三分法以及东部、中部、西部及东北地区四分法为主的五种分法（袁杰，2006）。其中"西部地区"是相对于由"沿海地区"演进来的"东部地区"提出来的，几乎成为经济落后、欠发达地区的代名词，2002 年的《中国统计年鉴》中，在《综合篇》《人民生活篇》部分出现了西部 12 个省份及自治区、直辖市的统计资料，这 12 个省份及自治区、直辖市包括内蒙古自治区、广西壮族自治区、重庆市、四川省、贵州省、云南省、西藏自治区、陕西省、甘肃省、青海省、宁夏回族自治区、新疆维吾尔自治区，2006 年的《中国统计年鉴》的这两个篇章中，增加了按东、中、西和东北地区①分组的资料，这一划分在《中国统计年鉴》沿用至今。

西部地区各省、直辖市及自治区不仅在地理位置上属于同一区域，更重要的是它们的经济与综合发展水平大致一致，相比较而言滞后于其他区域，土地仍然是绝大多数农民生计的保障。滞后的发展使得现阶段的"土地流转"风险环生，对农户生计带来较大的影响。识别"农地流转"面临的风险类别与级别，评估这些风险对农户可持续生计②的影

---

① 东部地区包括北京市、天津市、河北省、上海市、江苏省、浙江省、福建省、山东省、广东省、海南省；中部地区包括山西省、安徽省、江西省、河南省、湖北省、湖南省；东北地区包括辽宁省、吉林省、黑龙江省。

② 当农户获得的满足家庭最基础的物质生存和社会文化需要的能力与资本，能够在与压力和打击抗衡后得以恢复，在当前和未来保持甚至加强，同时又不破坏自然资源基础，那么这种能力与资本就是可持续的，农户的生计就是可持续生计。

响，从政府治理的视角提出规避措施，保障农户可持续生计水平，成为西部地区乡村振兴发展亟待解决的重要问题。

1. "集体所有，家庭经营"产权制度提升下的"土地流转"（1998年至今）

"集体所有，家庭经营"的产权模式实现了土地权利在集体和农民之间的有效分割，较好地处理了国家、集体与农户之间的土地利益关系，很大程度上改善了原有模式激励生产积极性与资源优化配置供给上的不足，弥补了劳动监督成本过高的缺陷，短期内极大地促进了农业生产发展，提升了农户生计水平。但随着农村市场经济与城镇化的发展，这种产权模式多功能属性的弊端开始出现，农地承包权益和保障功能不断被弱化，多地出现农户权益难以保障的问题。在农地非农化过程中，农户只能得到 5%—10% 的土地收益，而政府各部门得到 60% 以上，农户收益权得不到切实保障（农民权益问题课题组，2005）；在城镇化进程中，征地制度规定因建设占用农村集体土地的只能采用政府征地的形式，而政府征地时的价格远低于市场价格，导致由征地引发的社会矛盾不断加剧，占用农田成为城镇化进程中一个突出的问题。2007 年《中华人民共和国物权法》的颁布致力于解决这一系列问题，将农地承包经营权由债权提升为用益物权，旨在以法律形式保护承包人的合法权益。

随着现代化的推进，农业发展的外部宏观环境和内部微观主体均发生较大的变化，大量农村劳动力转移到城市里第二、第三产业就业，部分农户将自己土地流转给其他人经营，截至 2016 年 6 月，全国流转土地农户比例超过 30%，东部沿海发达省份农民的比例超过 50%①。保留农户自身对农地的承包权，流转农地经营权成为当时农业发展的客观需求。为此 2016 年国家适时地推行了"三权分置"制度安排，坚持土地集体所有权，稳定农户承包权，放活土地的经营权，以引导土地经营权有序流转，促进农业适度规模经营，推动现代农业发展。

"三权分置"的制度安排进一步放宽了原有农地产权制度对土地流

---

① 《国新办举行关于完善农村土地"三权分置"办法发布会公布数据》，国务院新闻办公室，http://www.scio.gov.cn/xwfbh/xwbfbh/wqfbh/33978/35411/index.htm，2016 年 11 月 3 日。

转的权利限制，提升了土地的利用效率与生产效率（Khantachavana 等，2013）。之后几年，相关政策一直强调要进一步落实集体所有权、稳定农户承包权、放活土地经营权，发展适度规模经营。2020 年中央一号文件提出要完善农村基本经营制度，开展第二轮土地承包到期后再延长30 年试点，在试点基础上研究制定延包的具体办法，进一步赋予农民长久稳定的地权，同时鼓励发展多种形式适度规模经营，健全面向小农户的农业社会化服务体系，这一举措为引导农村土地有序流转，促进适度规模经营提供了有力保障。据《新型农业经营主体土地流转调查报告》显示，截至 2017 年 11 月，新型农业经营主体转入土地规模平均为121.00 亩，其中龙头企业平均经营耕地面积为 783.19 亩，土地转入规模大于 110 亩的家庭农场平均经营效益达 452124.70 元[①]。通过土地流转，农业适度规模经营正在逐步形成并不断完善，成为现阶段解决农业农村经济发展问题和实现农业现代化及乡村振兴的重要渠道。

完善农地产权、增加农民收入和推进现代化农业发展的制度供给是1998 年以来完善和创新"集体所有，家庭经营"的产权制度的目标追求（朱强，2013）。综观这一时间段"集体所有，家庭经营"农地产权的制度提升及"土地流转"政策演变路径，不难发现，此阶段中国农地产权变革的主线仍然是适应不断变化的生产力水平，以促进生产力的进一步发展；制度供给者进行变革的目标依然是实现农民政治及经济利益的最大化。

中国的农地产权变革与"土地流转"一直相互耦合。工业化、城镇化以及农业现代化使农地适度规模化经营日渐成为一种常态化的需求，现阶段的中国要将传统家庭小规模经营的土地适度集中实现规模化经营，只能通过"土地流转"而非土地买卖等其他方式，客观上要求制度供给者对农地流转政策进行全面的调整，以适应农业适度规模经营需求。这与中央政府的总体思路不谋而合，如表 1-2 所示。从 1984 年

---

① 《新型农业经营主体土地流转调查报告》由经济日报社中国经济趋势研究与中国人民大学联合发布，调查从 2016 年 5 月至 2018 年 3 月，调查地点涉及 23 个省（区、市），总样本为5191 个，涵盖了农民专业合作社、家庭农场、种养大户和农业产业化龙头企业四类新型主体。中国人民大学国家发展与战略研究院，http://nads.ruc.edu.cn/yjdt/f2c5ac5322834157981f5a29bf3876cc.htm，2018 年 7 月 26 日；中国经济网，http://www.ce.cn/cysc/fdc/fc/201812/19/t201812 19_31064524.shtml，2018 年 12 月 19 日。

法律意义上的土地流转政策重启，先后经历了允许、鼓励以及倡导的政策激励历程，农地产权制度的提升也是基于对土地流转行为的支持，无论是延长承包期、明晰产权还是"三权分置"都是为了创造一个规范、稳定的土地流转交易环境。

表 1-2   "集体所有，家庭经营"产权制度的提升与
"土地流转"政策演变（1998 年至今）

产权制度提升			土地流转		
时间	关键事件	政策目标	时间	标志性文件	特征
1998 年	《中华人民共和国土地管理法》	延长承包期，稳定预期	2005 年	《农村土地承包经营权流转管理办法》	可以依法流转
2007 年	《中华人民共和国物权法》	权利更加明晰	2014 年	《关于引导农村土地经营权有序流转发展农业适度规模流转的意见》	规范流转
2016 年	《关于完善农村土地所有权承包权经营权分置办法的意见》	政策层面"三权分置"	2016 年	《农村土地经营权流转交易市场运行规范（试行）》	
2009—2018 年	基本完成土地确权颁证工作	从法律上稳定了农民与土地的关系	2017 年	《关于深入推进农业供给侧结构性改革加快培育农业农村发展新动能的若干意见》	
2018 年	修订《中华人民共和国土地承包法》	"三权分置"法律化			规范流转
2019 年	修订《中华人民共和国土地管理法》	强调集体土地的权益，完善宅基地制度	2018 年	《中华人民共和国土地承包法》	
2021 年	修订《中华人民共和国土地管理法实施条例》	细化土地管理方式方法			

资料来源：依据国家相关法律法规整理。

2. 乡村振兴战略下西部地区农村社会及土地流转发展水平

新时代"城乡发展不平衡、农村发展不充分"已成为社会主要矛

盾的突出表现，农村成为全面建成小康社会的短板，为了全面地解决农业农村农民问题，2017年党的十九大报告中提出了"乡村振兴战略"，并明确实施乡村振兴战略的目标任务是，2020年基本形成制度框架和政策体系；2035年基本实现农业农村现代化；2050年实现农业强、农村美、农民富的乡村全面振兴①，彻底解决农村产业和农民就业问题，确保农民长期稳定增收、安居乐业，不断提升农民获得感、幸福感及安全感，最终全面建成小康社会。

"乡村振兴战略"为农村的发展指明了方向，按照该战略的部署，"土地流转和适度规模经营"是现阶段发展现代农业的必由之路，因此国家出台了一系列引导土地有序流转，促进适度规模经营的政策举措。在农业现代化与城镇化发展、国家政策激励、市场利益引导、农户就业渠道多元化、农户家庭收入结构变化等诸多因素的推动下，农村土地流转在全国范围内快速地发展起来，呈现出高需求、快速度、大范围、多形式及市场化等特点（朱强，2013），农地承包经营权也迅速成为一种活跃的生产要素，参与到农村经济发展中。

农村是由一定的自然条件、社会经济活动和功能组合而成的地域综合体，其发展不仅受自然环境的制约，而且受经济基础，包括政府政策与市场因素在内的社会经济条件、历史文化、开发早晚及与权力中心距离等因素的影响。中国地域广阔，西部、东部、中部以及东北部②农村区域之间发展明显不均衡。西部地区由于地处内陆，干旱少雨，沙漠广布，草原牧场退化严重，导致农业生产产量相对较低，大部分地区仍需"靠天吃饭"；相较于东部地区，西部地区交通基础设施建设水平相对较低，经济基础起点低，产业结构优化空间大；历史发展过程中，相对缺少政府政策与技术资金的有力支持，资源优势难以发挥；由于地处内

---

① 依据记者对农业部部长韩长赋采访整理。《乡村振兴战略系列政策将出台》，经济参考报，http://dz.jjckb.cn/www/pages/webpage2009/html/2018 - 01/02/content _ 39587. htm，2018年1月2日。

② 研究中采用《中国统计年鉴》对西部地区的划分，包括内蒙古自治区、广西壮族自治区、重庆市、四川省、贵州省、云南省、西藏自治区、陕西省、甘肃省、青海省、宁夏回族自治区、新疆维吾尔自治区12个省份、直辖市及自治区；东部地区包括北京市、天津市、河北省、上海市、江苏省、浙江省、福建省、山东省、广东省、海南省；中部地区包括山西省、安徽省、江西省、河南省、湖北省、湖南省；东北地区包括辽宁省、吉林省、黑龙江省。

陆，西部地区社会开放程度相对有限①，市场经济条件下，资源配置的效率和市场体系的整体功能相对不足；大部分农户的商品与竞争意识观念也制约了西部农村发展。

区域间发展的差异表现在经济、文化、现代社会治理水平、思想观念等社会生活的各个方面，可以通过各区域农民人均可支配收入、农业经济发展指数以及农村发展的差异来直观地表现这种非均衡。如图1-1② 所示，2013 年至 2018 年各区域农民的人均可支配收入均呈上升趋势，但六年间，西部的数据在四大区域中一直处于最低端；姚成胜（2019）等研究表明，2000—2016 年，中国东部、中部（包括东北的省份）、西部三大区域农业经济发展指数分别由 0.444、0.406 和 0.375 上升到 0.517、0.503 和 0.445，在一定程度上可以呈现当前不同经济区域

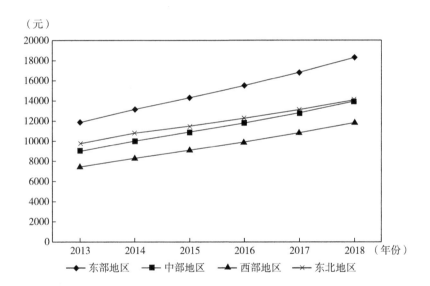

图 1-1 各区域农村居民可支配收入变化趋势

资料来源：有关年份《中国统计年鉴》。

————————————

① 2020 年 4 月，习近平总书记在考察陕西的讲话中提到"开放不足是制约陕西目前发展的突出短板，要立足于问题，致力于打造内陆改革开放高地"。

② 《中国统计年鉴》从 2015 年开始按照东部、中部、西部以及东北地区分组统计农村居民人均可支配收入，相关数据最早到 2013 年，在此之前分组统计的是农村居民人均纯收入，故此处将统计的时间段确定为 2013—2018 年。

农业发展水平，西部地区依然相对滞后。《中国农村发展报告》测算的 2017 年东部、中部、西部、东北四大地区农村发展水平指数分别为 0.858、0.701、0.602、0.636①，西部地区最低，其中生态环境是中部和西部地区农村发展水平进一步提高的制约因素（魏后凯，2019）。

西部地区农村经济以及综合发展水平的相对滞后成为"推动土地流转进而实现农业适度规模经营迈向农业现代化"的核心制约因素，进而导致西部地区的土地流转发展水平也相对滞后。1996 年，全国平均有 2.6% 的耕地参与流转，2008 年这一比例增加到 17.1%，总体增速较快，但区域间发展不平衡，浙江省作为经济相对发达的省份在 2008 年至少有 37% 的耕地参与流转，远高于当时 17.1% 的全国比例，而位于西部地区的陕西省，农地流转率保持在 5% 以下，几乎处于停滞阶段（郜亮亮，2014）。王亚辉（2018）等的研究表明，2003—2013 年，中国土地总流转率总体呈现出"南高北低、东高西低"的格局。2018 年公布的《新型农业经营主体土地流转调查报告》② 数据表明不同地区的新型农业经营主体经营土地规模存在较大差异。

截至 2017 年 11 月，东部、西部和中部（包括东北）地区家庭农场平均经营耕地面积分别为 205.16 亩、167.79 亩和 148.75 亩；位于东部地区的专业大户平均经营耕地面积为 129.82 亩，相较于位于中部和西部地区的专业大户分别超出 52.20 亩和 92.89 亩；位于中部地区的龙头企业平均经营耕地面积为 1527.19 亩，而位于东部和西部地区的龙头企业平均经营耕地面积分别为 415.18 亩和 320.08 亩。这些数据在一定程度上说明，西部地区的土地流转发展水平在四大经济区域中处于相对滞后水平。

西部地区各省大部分是农业大省，农户以传统农业经营为主，其农用地的面积占全国农用地面积的 65.78%③，是全国农业发展及粮食安全的重要阵地，发展相对滞后也说明提升的空间巨大。现阶段在乡村振兴战略部署下，该地域内各省为不断缩小区域发展差距而提出追赶超越

---

① 该报告通过经济发展、社会发展、生活水平、生态环境、城乡融合 5 个一级指标、14 个二级指标以及 25 个三级指标的指标体系来评价中国农村的发展水平，并用发展指数来量化。

② 该报告于 2018 年 12 月由经济日报社中国经济趋势研究院与中国人民大学联合发布。

③ 依据《中国统计年鉴（2019）》的相关数据计算获得，为 2018 年年底数据。

的目标，并已初见成效。与 2016 年相比，2017 年西部地区农村发展指数提升最大，2011 年以来，东北地区农村发展水平一直高于西部地区，但差距在不断缩小，由 2011 年的 0.083 缩小为 2017 年的 0.034（魏后凯，2019）。

作为一种资源配置手段，"土地流转"肩负多重政策目标与使命，包括保障粮食安全、增加农户收入、促进农村劳动力转移、优化土地资源配置，提高劳动生产率、改善农业生产绩效等，因此，它也成为当前西部地区农村实现农业及区域发展追赶超越的首选基础手段，在中央顶层设计给予的土地流转政策大力支持下，西部地区的土地流转开始大范围、大规模、快速度地发展起来，但产权规制、农户土地意识、治理水平以及其他相关因素的滞后却在客观上成为"农地流转"的瓶颈，快速发展与瓶颈的共存成为农地流转风险产生的源头，对于依赖"土地"生计的大部分西部农户而言，对这些风险的正确认知及规避是影响他们农地流转决策的重要因素，通过制度的激励与约束引导农户正确地识别、评估及规避这些风险，成为西部地区政府部门亟待思考解决的问题。

3. 西部地区乡村振兴核心：提升农户可持续生计水平

中华人民共和国农村的发展史，是一部农地产权的变革史，也是一部"土地流转制度"创新史，本质上是中国共产党带领中国人民探索适应生产力发展的人地关系的奋斗史。随着农村市场化程度的提高，市场主体间交易时信息及利益的不确定性逐步地增强，由此带来交易风险。在国家大力推进"土地流转"制度创新的背景下，西部地区土地流转交易数量①与规模均呈井喷式状态，经济发展滞后引发的外部市场环境建设难以匹配土地流转制度创新要求，流转主体间信息的不对称导致利益博弈加剧，风险剧增。这些客观存在的风险一方面会损害土地流转交易双方或其中一方的利益；另一方面也反映了制度内的利益主体对制度创新的不适应，作为制度的供给方，需要不断地以问题为导向，修订与完善制度，充分发挥制度的作用，实现预期目标。

2020 年 5 月，习近平总书记在参加十三届全国人大三次会议时强

———————————

① 此处指土地流转交易亩数。

调："必须坚持人民至上、紧紧依靠人民、不断造福人民、牢牢植根人民，并落实到各项决策部署和实际工作之中。"西部农村发展中对这一理念的贯彻落实集中体现在保障农户的可持续生计或福祉不断地提升，实现农业强、农村美、农民富的乡村振兴目标，确保全面小康社会的建成和社会主义现代化的质量。早在2017年中央一号文件就指出，农业供给侧结构性改革的主要目标是增加农民收入，保障有效供给，通过土地托管等多种方式，加快发展土地流转型、服务带动型等多种形式规模经营。可见，完善农户的持续生计问题是乡村振兴及农业供给侧结构性改革的核心，而"土地流转"则是实现这一目标的重要方式。习近平总书记提出："新形势下深化农村改革，主线仍然是处理好农民和土地的关系。"

中国西部地区由于现实和历史等原因，经济发展水平相对滞后，农户持续生计及土地流转面临诸多的问题，土地仍然是大多数农户经济收入的重要来源，甚至是唯一生活来源，"土地流转"与他们的持续生计息息相关，滞后的发展使现阶段"土地流转"风险环生。如农户流转土地时，考虑更多的是短期内收益与成本的比较，很难预测长期不确定性，一旦流转土地，若未来在城市工作不如意，可能面临短期内无工可做问题，进而影响家庭可持续生计问题。再者鉴于外部市场发展滞后，可能导致流转合同的不规范，一旦出现纠纷，流转农户可能会陷入到期无法收回流转出去的土地，求助法律可能会由于合同不规范难以胜诉的境地，农户将面临短期内失去土地的巨大风险。

因此，乡村振兴应该围绕着保障与提升农户可持续生计水平进行。适时地识别这些风险，并掌握它们是如何影响土地流转交易方可持续生计的，影响到什么程度？现有的规避措施的效应如何？如何从制度改革视角提出建设性风险规避对策，提升农户的可持续性生计，对推进西部地区农业供给侧结构性改革，实现乡村振兴至关重要。这一问题的解决，不仅有利于实现政府执政的目标，保障并提升农户的可持续生计，而且有利于完善西部地区农地流转制度创新，减少外部环境与制度不匹配的空间，减少制度内利益主体对制度的不适应感，从而推动西部地区"土地流转"的发展，尽快实现农地规模经营，促进西部地区经济发展追赶超越，早日实现乡村振兴目标。

二 研究的意义

（一）理论价值

党的二十大报告提出，新时代乡村振兴背景下要"深化农村土地制度改革，赋予农民更加充分的财产权益。保障进城落户农民合法土地权益，鼓励依法自愿有偿转让"，土地流转的重要性不言而喻。国内外学者从经济、社会、生态和政治等方面对土地流转开展了深入的研究，形成了一系列与"土地流转风险"理论相关的成果，但由于中国农村各地区资源禀赋、发展水平以及风土人情存在较大的差异，因此对农地流转风险的研究还存在较大的空间。

乡村振兴的目标是提升广大农户的福祉，不断地增强他们的获得感、幸福感以及安全感，对农户可持续生计的研究一直是学者关注的重点，也取得了一系列有价值的研究成果。但事物的发展是动态的，随着农业农村社会的发展，不断地有新的元素融入农户可持续生计理论研究体系。因此，结合农户可持续生计发展的新特征探究事物发展的新规律是贯穿每一个时期研究的经典话题。农地流转事关农户家庭最重要的生计资本"土地"，其流转风险必然会对农户可持续生计产生重要的影响。

西部地区与中国中东部地区相比，农业农村经济发展相对滞后。在国家大规模推进农地流转经济事项后，由于相关观念、治理水平、政策完善等配套措施难以跟进农地流转的规模与速度，风险频发，对农户可持续生计造成严重的影响。规避农地流转相关风险，提升西部农户可持续生计成为区域乡村振兴战略中亟待解决的一个现实问题。解决问题的前提是明确问题产生的根源以及解决的方向，而对"西部区域农地流转风险影响农户可持续生计"的研究恰好可以为这一问题的解决提供理论基础，相关研究成果也将会丰富与完善现有的"土地流转风险理论""农户持续生计理论"。

（二）实践意义

党的二十大报告依然提出，全面建设社会主义现代化国家，最艰巨最繁重的任务仍然在农村。"民为邦本，本固邦宁"，推动农业农村优先发展的根本任务必须聚焦到农户权益的切实保障上。土地是农民的衣食起源与生存之本，顺应农业农村现代化的发展，在国家相关政策的引导下中国西部地区农村土地经营权流转已形成了一定的规模与速度。在此背景下，多数农户面临着失去以农地为生的主要生计方式以及生计方式变更的巨大挑战；各级政府面对新的形势需要不断地增强应对新局面的治理能力并提升公共治理水平，以适应新形势的需要。

习近平总书记多次强调，要用"全面、辩证、长远的眼光"看待问题，以及要"把防风险摆在突出位置"。重视"农地流转风险"，并将其与"农户可持续生计"结合起来，进行全方位、多角度的深入探讨与研究，不仅是积极紧跟乡村振兴主旋律，响应党在新时代的伟大号召，更重要的是为规避农地流转风险，提升西部农户可持续生计水平；增强西部各省地方政府在农地流转事项中治理能力，提升其公共治理水平；推动西部地区农地流转的顺利开展，以及促进农户生计的可持续发展提供科学决策依据。

深入基层调研，方能知民心，调查研究是谋事之基、成事之道，是做好工作的一项基本功。深入中国西部地区 12 个省份的典型村落，与参与农地流转的相关主体深入交谈，了解他们对农地流转风险以及农户可持续生计现行相关政策的看法与诉求，将他们所想所思所见融入主题研究中，并有理有据地呈现给基层决策者，为他们的决策提供依据。不仅有利于由下而上地反映基层现实信息，而且有助于决策结果的落地，提升相关措施解决问题的实效性。

第二节　研究的对象、目标与内容

一　研究对象

本书以"西部地区农地流转风险对农户可持续生计影响"为研究对象。西部地区受经济发展相对滞后影响，导致现行制度、法规建设以及农户观念也相对落后，农地流转大规模推行过程中，问题较多，风险环生；对西部地区大多数农户而言，土地依然是他们的可持续生计保障，农地流转对他们可持续生计的影响举足轻重，特别是农地流转的风险对他们而言更是需要谨慎对待，研究具有典型的意义。

研究对象可细分为三部分，一是对西部地区农地流转风险的识别与评估；二是对西部地区农户可持续生计状况进行研究；三是对该区域农地流转风险对农户可持续生计影响的研究。研究结果不仅能够为地方政府完善"农地流转"制度提供科学依据，而且能够为"农地流转"背景下农户可持续生计决策提供科学依据。

"西部地区农地流转风险"是本书研究的首要对象。区域内各相关主体在动态博弈与联动过程中，催生了农地流转的风险源，进而形成了西部地区农地流转风险。因此，研究在相关理论分析与实际调研的基础上，结合西部地区发展的现实，通过对西部地区农地流转相关主体行为博弈过程的分析，识别出农地流转风险的主要类别并进行了定量评估，最后提出了该区域农地流转风险规避的针对性对策。

西部地区农户可持续生计状况，是本书研究的主要对象。生计状况内涵宽泛，而西部地区本身地域广阔、地形气候多样、民族文化各异、经济发展水平也不尽相同，因此对西部地区农户可持续生计状况的考量涉及多个方面。研究在实际调查的基础上分析了该区域农业与农户可持续生计发展现状，探究了该区域农户生计特征、生计内容与生计的约束条件，分析了区域农户可持续生计模式，对区域内农户可持续生计水平进行了多维度测评，并在此基础上给出了提升西部地区农户可持续生计水平的对策建议。

西部地区农地流转风险对农户可持续生计的影响，是本书研究的最终对象。研究结合西部地区农地流转与农户可持续生计发展的现实，在探究农地流转风险对农户可持续生计影响机理、传导路径和效应的基础上，构建了区域农地流转风险对农户可持续生计影响的理论模型，并进行了实证分析，最后依据定量分析的结果推导出区域内农地流转风险影响农户可持续生计的相关结论。

二 研究目标

研究利用现代风险管理及可持续生计理论与方法，结合西部地区农村土地流转及农户可持续生计的实际，以追踪调研为基础，探讨农地流转的风险对农户可持续生计的影响，最大化集聚问题的核心，为完善西部地区农地流转规制，提高农户生活水平提供选择的依据，实现农村土地流转以最小成本保障最大安全的目的，处理好土地与农民的关系，推进农业供给侧结构性改革顺利进行。

三 研究主要内容

研究按照提出问题、分析问题及解决问题的思路进行。具体如图1-2 所示：

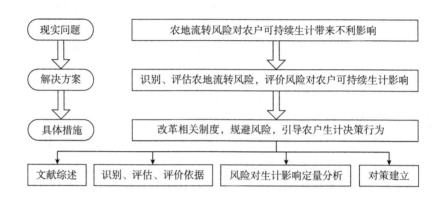

图1-2 农地流转风险影响农户可持续生计研究的框架

第一部分，提出本书的研究背景、选题目的与意义等。本书的研究源于现实中存在的问题，农地流转是近年国家适应生产力发展推出的一项重大农业改革措施，目的在于解决农户分散经营弊端，实现农地经营规模效应。中国农村是以"情"与"礼"为重的人情社会，特别是在经济相对滞后的西部地区，由于思想认识、法律法规及社会保障等相关环节不到位，使得农地流转风险环生，严重影响了农户持续生计问题。如农户基于流转收益大于自己经营收益将土地流转出去，但由于流转价格不高，尽管有合同法律保护，但是经常会出现到期无法收到流转收入，土地无法收回，且诉诸法律却碍于成本往往高于流转价格的困境。不流转土地则面临自己经营收益比较低的问题。因此，有必要对农地流转的风险进行识别与评估，并分析其对农户可持续生计的影响程度、影响途径，以此检验并完善现有相关制度，引导农户行为，推进农地流转有序进行，带领农民共享社会发展成果。

第二部分，对问题展开深入分析。在熟悉西部地区整体状况的前提下，选定典型区域作为研究重点，在调研的基础上，运用科学的方法识别并评估农地流转的风险，掌握风险的类别、成因及风险的级别。通过调研了解该区域农户持续生计的状况，包括生计的模式，生计是否安全，农地流转前与流转后生计特征的比较。选定指标，运用科学的方法，评价农地利用风险对农户持续生计的影响，包括影响的程度、影响的渠道。

第三部分，提出具体的解决措施。首先，研究从梳理国内外有关农地流转风险与农户可持续生计的文献开始，以借鉴现有科学理论与方法，总结世界上不同国家农地流转风险管理战略，从中获得启示。其次，以现有科学理论为基础，选择合适的农地流转风险识别、评估与农户持续生计安全评价理论与方法，分析现实问题。最后，研究农地流转风险对农户可持续生计的影响。并在此基础上有针对性提出相关改革措施，发挥制度激励与约束的作用，引导农户决策行为，规避风险，提高农户生计水平。

第三节　研究的基本思路、方法与创新

一　研究的基本思路

本书研究技术路线如图 1-3 所示：

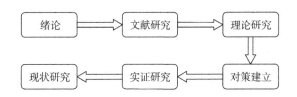

图 1-3　农地流转风险影响农户可持续生计研究的技术路线

研究首先提出选题的背景与意义，梳理相关的文献，以把握现有研究的动态变化。其次进行相关理论研究，以寻求科学理论的支撑，提出合理理论假设。再次从对西部地区农地流转及农户可持续生计现状的考察出发，实证分析了农地流转及农户生计动态演变过程，以此为基础运用科学的方法识别并评价农地流转的风险及农户可持续生计的安全性，探讨了农地流转风险对农户可持续生计的影响及影响的原因。最后从制度的视角提出防范风险减少影响的方向及措施。

二　研究的具体方法

（一）历史比较研究方法

历史比较研究方法分为纵向比较研究和横向比较研究两个类别。其中，纵向比较主要是对上下古今的比较研究，通过比较揭示人类历史中土地与农民关系的总体发展以及前后上下变化的面貌，以探寻这种关系发展的规律，同时将纵向地比较农地大规模流转前后农户的可持续生计状况。横向研究主要是通过某一时间段区域之间的比较，相互借鉴其他区域之间有益的经验教训，促进本区域的发展。研究中将横向考察中东部地区及世界发达国家在同一历史阶段的发展规律及方针对策，以做到借他山之石，攻西部之玉。

（二）文献计量分析法

文献分析主要以计量分析为主，辅助其他文本分析方法。文献计量分析指借助数学与统计学的相关方法，定量地分析有关知识载体之间相关关系的交叉科学。研究以 CiteSpace（v6.2.R4）软件为工具载体，对国内外农地流转风险及农户可持续生计的核心文献进行数据转化，并以生成的数据库为基础，对文献分布、作者、研究机构、关键词等数据进行计量和可视化分析，以清晰地展现两条主线及二者之间研究成果的结构特征，梳理相关研究的脉络，探析农地流转风险及农户可持续生计相关研究的热点与趋势。

（三）层次全息模型

层次全息模型（Hierarchical Holographic Modeling，HHM）。作为一种复杂环境中风险识别的工具，该模型以全息的视角刻画风险环境，通过多维度、多层次综合归纳风险源与搭建对应数据库，能够实现全面化、系统化识别与整合风险环境中的风险源，有助于提升框架决策者及使用者的风险灵敏度与应对能力。研究将利用该方法识别农地流转的主要风险类别。

（四）网络层次分析法

网络层次分析法（The Analytic Network Process，ANP）是一种解决多目标的定性与定量相结合的系统化、层次化的决策方法。该方法是美国 Saaty 教授在 1996 年提出的一种决策方法，该方法是基于层次分析法的一种适应非独立递阶层次结构的方法。相较于层次分析法，该方法用网络结构代替了层次结构，同时考虑了要素间的相关性，用非线性结构代替线性层次结构，加入了反馈机制，并考虑到了低层要素对于高层要素的支配作用。研究运用该方法构建了农地流转风险评估体系，分析了各风险因素的指标权重，对农地流转风险进行全面评估。

（五）扎根理论研究法

扎根理论研究法（Grounded Theory，GT）是由哥伦比亚大学的 Anselm Strauss 和 Barney Glaser 两位学者共同提出的一种定性研究方法，该方法主要是运用系统化的程序对某一现象的经验资料进行归纳，建立相关的理论。研究者在开始研究之前一般没有理论假设，直接从实际观察入手，从原始资料中归纳出经验概括，然后上升到系统的理论。研究中主要运用该方法评价西部地区农地流转政策实施的绩效。

（六）案例分析法

案例分析法指对某一个体、某一群体或某一组织在较长时间里连续进行调查，从而研究其行为发展变化的全过程。研究在把握西部地区研究对象特征共性的基础上，会选取典型区域作为个案进行研究，以深入分析聚焦问题的本质。具体运用该方法对西部地区农户生计模式进行归纳与分类，为进一步分析西部地区农户可持续生计模式形成路径奠定基础。

（七）"压力—状态—响应"模型分析法

"压力—状态—响应"模型分析法（Pressure–State–Response，PSR）由加拿大统计学家 Rapport 和 Friend 提出，模型中"压力"反映了风险源的形成原因，"状态"显示了"压力"所带来的风险应对结果，解释了"面对风险因素出现了什么结果"的问题，"响应"则是对"压力""状态"的直接反馈，阐明了"面对风险因素如何做"的问题。研究中将该模型与脆弱性分析框架耦合联用构建了"压力—状态—响应—调整"（Pressure–State–Response–Adjust，PSRA）模型，主要用于分析和评价微观农户生计安全状况。

（八）熵权法

熵权法（Entropy Weight Method，EWM）是一种根据指标变化程度来分配权重的方法，其中熵值是用来衡量指标系统离散程度的一种度量，熵值越小，指标离散程度越大，则指标的权重越大；反之则权重越小。研究中主要运用该方法对西部地区农户生计能力、可持续生计安全与可持续生计水平综合评价等指标体系的指标权重进行确定。

（九）线性回归分析法

线性回归分析法（Regression Analysis Method，RAM）是一种研究解释变量与被解释变量之间线性关系情况的方法，其中多元线性回归是一元线性回归模型的延伸，通常包含多个自变量和因变量，即解释变量和被解释变量。而逐步回归是一个反复的过程，直到既没有显著的解释变量选入回归方程，也没有不显著的解释变量从回归方程中剔除为止，保证最后所得到的解释变量集是最优的。研究中采用一元、多元和逐步线性回归方法评价分析西部地区农地流转风险对农户可持续生计的影响。

三　研究可能的创新

研究可能的创新主要表现在以下四个方面。

（一）研究视角上另辟蹊径

以农地流转风险为切入点，探讨其对农户可持续生计的影响，相较于研究土地流转对农户生计的影响，该视角能够最大限度地集聚问题的核心，减小弱相关因素的影响，更容易发现问题的本质。

（二）研究方法上进行突破

由于以往关于农地流转风险对农户可持续生计影响定量研究的成果比较少，研究试图采用定量方法测评农地流转的风险与农户可持续生计安全性，并分析前者对后者定量的影响关系。不仅论证西部地区农地流转风险对农户可持续生计存在影响、从哪些方面影响，而且能够测量影响的程度，从而有针对性地采取措施减少这种影响。

（三）理论分析基础上力求攻破

无论是西部地区的农地流转风险还是农户可持续生计状况，在一定程度上都是各相关主体基于物质利益变化，对各自利益诉求行为选择博弈下形成的整体利益格局。与以往的研究比较，将各相关主体的行为博弈作为分析的起点，不仅能够在分析现实问题方面提供新的维度，也更加切近客观现实，增加了防范西部地区农地流转风险和提高农户可持续生计水平等政策建议的科学性与合理性。

（四）样本数量上力争典型全面

现有的关于农地流转风险对农户可持续生计影响的定量分析成果极少，相关的样本支撑更不多见。研究以中国西部地区的 12 个省份作为对象区域，有选择地对区域内 44 个典型村落的 1540 多位相关主体进行了分次调研，同时还对重点村落进行补充调研，以尽可能全面地了解西部地区农地流转风险与农户可持续生计现状。在构建农地流转风险指标体系和农户可持续生计水平综合评价指标体系时借助了 12 个省份各自年鉴数据进行分析。将实地调研数据与年鉴数据相结合，在保障样本数量与代表性的同时，通过年鉴数据的分析进行补充佐证，以确保分析结果的客观性。

第二章

国内外相关研究进展综述

第一节　主要的数据来源与分析方法介绍

一　主要的文献来源

对主题研究现状、热点及趋势的把握是明确研究切入点的基础，研究针对农地流转风险与农户可持续生计两大主线，充分考虑信息的代表性和权威性，确定了主要的文献来源。中文文献以中国国家知识基础设施（China National Knowledge Infrastructure，CNKI）当中的①中文社会科学引文索引（CSSCI）、中国科学引文数据库（CSCD）和北大中文核心期刊三大中文核心期刊作为主要的来源，出版物、会议报告及政府公告等文献作为补充资料。

外文文献主要来源于 Web of Science 数据库的核心合集。该数据库的核心合集与多个区域性引文索引、专利数据、专业领域的索引以及研究数据引文索引连接起来，总计拥有超过 33000 种学术期刊。该核心集提供著名的引文索引 SCIE/SSCI，其中 SCIE 涵盖了 170 多个学科的多种主流期刊，SSCI 涵盖了 57 个社会科学的多种期刊以及从 3500 种世界顶级期刊中筛选的内容，出版物及会议报告等文献作为补充资料。

---

① 该数据库是在教育部、中共中央宣传部、科技部、国家新闻出版广电总局、国家计委的支持下，由清华大学和清华同方于 1999 年发起，以实现全社会知识资源传播共享与增值利用为目标的知识信息化建设项目的成果。目前已成为全球资源规模最大的数字内容出版商、最前沿的知识管理与增值服务平台提供商。

二 文献分析主要方法

文献分析主要以计量分析为主，辅助其他文本分析方法。文献计量分析指借助数学与统计学的相关方法，定量地分析有关知识载体之间相关关系的交叉科学。该方法将文献学、统计学与数学融为一体，关注综合性知识体系的量化，输出关系的核心特征是"量"，通过量的分析展示相关领域研究的脉络与现状。

CiteSpace 软件是美国雷德赛尔大学信息科学与技术学院的陈超美博士与大连理工大学的 WISE 实验室在 2004 年运用 Java 计算机编程语言联合开发的科学文献分析工具。CiteSpace 意为"引文空间"，该软件致力于引文分析和数据可视化。引文分析主要指对科学期刊、论文、作者等分析对象的引用和被引用现象进行分析，从而揭示相关研究领域的研究历史和研究前沿之间的信息特征及内在规律；数据可视化意味着该软件能够将文献之间的关系以科学知识图谱的方式可视化地展现出来，帮助研究者快速地了解相关领域发展的演变脉络，指导他们确定研究的热点及方向。

研究以 CiteSpace（v6.2.R4）软件为工具载体，对国内外农地流转风险及农户可持续生计的核心文献进行数据转化，并以生成的数据库为基础，对文献分布、作者、研究机构、关键词等数据进行计量和可视化分析，以清晰地展现两条主线及二者之间研究成果的结构特征，梳理相关研究的脉络，探析农地流转风险及农户可持续生计相关研究的热点与趋势。

借助 CiteSpace 可视化计量分析软件，中文分别以"农地流转风险""农村土地流转风险""土地流转风险"三大核心词，"农户可持续生计""农民可持续生计""农村可持续生计""农业可持续生计"四大核心词为主题对知网全部年份①进行文献检索，并剔除掉会议综述、书评访谈等非研究性论文，最终分别筛选出 336 篇、505 篇有效文献（含 CSSCI 扩展版）；外文文献分别以"risk of land transfer"和"rural land transfer""sustainable livelihood of farmers"和"sustainable liveli-

---

① "农地流转风险"和"农户可持续生计"相关主题词的时间段为 2002—2022 年，其中，国内"农户可持续生计"相关主题词的时间段为 2004—2022 年。

hood of rural"作为核心检索词，时间跨度为2002—2022年，为保证科学性和主题相关度，手动剔除神经学（NEUROSCIENCES）、兽医学（VETERINARY SCIENCES）等与主题词相关性较弱的学科，最终分别筛选出646篇、1345篇有效文献。

研究以上述文献成果为基础，通过对"农地流转风险""农户可持续生计"相关文献的发文分布、核心期刊分布、作者共现图谱和发文机构共现图谱、关键词共现、关键词聚类及关键词时区三大图谱的分析，辅以相关文本统计分析方法，结合书籍报刊等相关文献，基本可梳理出国内外关于农地流转风险、农户可持续生计及农地流转风险对农户可持续生计影响研究的演变主脉络，把握其研究的现状、热点及趋势。

第二节　农地流转风险国内外研究文献计量分析

在客观需求与中央宏观调控的合力推动下，农地流转成为现有土地制度下解决传统小农经营难以适应现代化农业生产最适宜的办法。但在这一过程中，由于历史沿革导致的农地产权残缺，流转农户低位弱势性、流转主体价值差异性及农地流转调控双重性，使现阶段农地流转处于"快速发展与客观制约瓶颈并存"的状态（朱强，2013），农地流转的风险也呈现出上升趋势。风险是指未来结果的不确定性，农地流转的过程中，由于不确定因素的存在及流转主体的有限理性，使得行为人的预期收益与实际收益产生偏离，导致风险的产生。

国家对农地流转工作一直高度重视，出台了一系列政策和措施规范农地流转行为，尽可能地规避相关风险。从1984年中央一号文件提出允许农地在集体内转包开始，国家对农地流转的政策支持逐步细化升级：1995年明确提出"土地承包经营权流转"概念；2003年《中华人民共和国农村土地承包法》（以下简称《农村土地承包法》）从法律上规范了农地流转行为；2014年中央一号文件提出"三权分置"改革；2019年中央一号文件提出允许承包经营权抵押融资；2021年分别实施了再次明确承包土地性质及用途的《农村土地经营权流转管理办法》及新修订的《中华人民共和国土地管理法》。

作为推动新型城镇化发展，实现乡村振兴的有效载体，农地流转的健康发展受到了多方关注，也引发了学者对相关流转风险的广泛探讨。他们运用不同的方法从各自角度切入研究，部分学者在把握农地流转特征的基础上，对农地流转风险进行识别、探究农地流转风险的形成机理并在此基础上提出规避措施（常伟等，2015；孟光辉，2016；吕军书等，2017；陈振等，2018），部分学者从农地流转制度层面提出完善建议（沈建新，2015；于传岗等，2017；吴一恒等，2018），也有部分学者从农户风险认知视角探究农户农地转出行为与农地流转风险之间的关系（李承桧等，2015；李景刚等，2016；罗必良等，2017；庄晋财等，2018；陈振等，2018；杨卫忠，2018；王倩等，2019；朱文珏等，2020）。

已有文献中，探究"农地流转风险研究现状"的并不多见，基于文献计量方法分析"农地流转风险研究现状"的仅有 3 篇成果（牛星等，2017；蒋娜，2017；陈振，2021），国外关于土地流转的理论与实践起步较早，但由于土地制度不同，关于"农地流转风险研究综述"的成果也同样少见，因此相关研究总体上处于起步阶段，尚未形成完善的理论框架体系。据此，研究以 CiteSpace 可视化分析工具为主，辅助其他文本统计分析方法对农地流转风险领域国内外相关研究的基本现状进行了解读，梳理出其演进的主脉络，以科学把握农地流转风险研究的发展、热点及趋势，丰富已有理论研究体系，为相关社会活动和政策制定提供参考。

一 农地流转风险国内外研究现状分析

（一）农地流转风险文献时间分布与核心期刊分布分析

国外关于"农地流转风险"研究的发文量呈现波动增长趋势，如图 2-1（a）所示，其发文量在 2002 年时为 3 篇，到 2021 年上升为 113 篇，总体增幅明显。2002—2013 年，国外相关领域文献的年发文量均在 20 篇以下，处于初步探索阶段；2014—2016 年，发文量持续上升，处于平稳发展阶段；2017 年开始，发文量增速较快，于 2018 年小幅下降后持续快速增长，截至 2022 年 5 月，发文量为 30 篇，依据趋势图及相关政策的关注度预期 2022 年发文量会超过 120 篇。

国内关于"农地流转风险"研究的发文量总体呈上升趋势，如图 2-1（b）所示，其中 2002—2008 年"农地流转风险"领域发文量较少，处于研究的初级阶段；2009—2013 年，发文量保持在年均 20 篇左右并呈现减少趋势；2014—2015 年相关研究发文量增长到 37 篇后短暂回落，又于 2018 年上升至 32 篇，2019—2022 年发文量有所下降，一方面可能是因为新冠疫情的影响，全国农地流转行为大幅减少，"再小农化"现象频繁；另一方面也可能是在前期研究的基础上相关成果开始向纵深扩展，与农户生计等其他研究领域相融合。

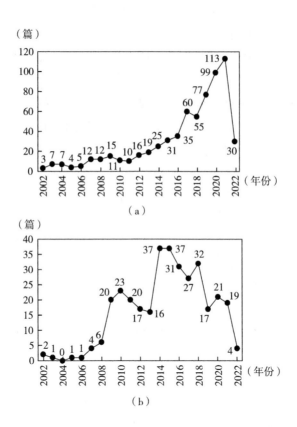

图 2-1　2002—2022 年国外（a）与国内（b）农地流转
风险研究文献数量总体趋势

国内外关于农地流转风险研究相关文献发文数量变化趋势的差异表明，国外的研究比国内的研究起步早、年发文量相对较大，这与国内外土地制度的差异性密切相关。国外多数国家的土地制度以私有制为主，较早关注土地流转，并制定了相应的法律法规规范流转行为。美国

1960 年开始关注农地流转问题，明确产权边界，依托家庭农场扩大经营规模；日本于 1952 年制定《日本国农地法》并通过多次修改鼓励土地流转；德国于 1955 年制定《德国农业法》，允许土地自由买卖出租；法国政府从 20 世纪 20 年代起就出台了一系列措施推动土地集中，促进规模经营；英国于 1967 年修订了《英国农业法》，政府鼓励自营农场向大型化、规模化与商业化发展。

中国农地属于集体所有，在 1984 年以前，土地禁止私自流转。1984 年中央一号文件允许农地在集体内转包；1995 年政府明确提出"土地承包经营权流转"概念；2003 年《农村土地承包法》从法律上规范农地流转行为；2014 年中央一号文件提出"三权分置"改革；2019 年中央一号文件提出允许承包经营权抵押融资；2020 年《农村土地承包经营权流转管理办法》再次明确承包土地性质及用途。随着中国农地流转制度的不断完善，在未来一段时间内，"农地流转风险"领域仍是学术界和实务界研究的重点，但随着研究成果的积累，研究内容可能会向纵深发展。

截至 2022 年 5 月，选取国内外相关主题发文数量排前十的期刊（见表 2-1）分析，可以发现国外文献中"农地流转风险"领域相关研究在 *Land Use Policy* 期刊中发文量最高，达 92 篇文章，且首次发文时间为 2003 年，对比首次发文时间同为 2003 年的 *World Development* 期刊的发文量，前者比后者数量高 76 篇，说明国外在"农地流转风险"领域的相关研究早期主要集中于土地政策方面，较少涉及"发展"的主题；发文量第二的核心期刊为 *Sustainability*，其发文量为 60 篇，最早在 2014 年发表首篇"农地流转风险"领域的文献，起步较晚，说明该领域不再高度集中在土地政策方面，"可持续性"发展成为一个专题被引进并展开了深入研究。

国内研究中，该领域在各核心期刊发文量差别不大，均在 10 篇以内，且在核心期刊发文总量上与国外还存在较大差距，多数文献是结合相关政策与社会问题进行应用型研究，说明该领域的相关研究缺乏完备的基础理论体系，尚未形成以"风险研究"为主题的高质量文献集群。

表 2-1 **"农地流转风险"研究文献国内外核心**
期刊发文量及文章首发年份

外文发文期刊			中文发文期刊		
数量（篇）	年份	期刊名	数量（篇）	年份	期刊名
92	2003	*Land Use Policy*	10	2013	《中国农业资源与区划》
60	2014	*Sustainability*	9	2002	《农业经济问题》
46	2017	*Land*	7	2007	《中国土地科学》
16	2003	*World Development*	7	2011	《南京农业大学学报（社会科学版）》
14	2013	*Habitat International*	5	2008	《中国农村观察》
14	2019	*International Journal of Environmental Research and Public Health*	4	2010	《农业技术经济》
10	2011	*Journal of Rural Studies*	4	2013	《改革》
8	2016	*China Agricultural Economic Review*	3	2015	《中国农村经济》
8	2006	*Journal of Agrarian Change*	2	2012	《管理世界》
8	2007	*Journal of Environmental Management*	2	2011	《学术月刊》

（二）农地流转风险研究作者与机构统计分析

发文数量是衡量作者在相关领域研究深度的指标之一，而研究机构的发文量和首发年份则是衡量机构学术影响力的重要指标。通过对国内外关于"农地流转风险"研究文献的学者及机构发文数量与文章首发年份的统计（见表 2-2 和表 2-3），能够发现外文文献中 Xu Dingde 是发文量最多的学者，共发文 11 篇。Deininger Klaus 发文较早，于 2006 年发表第一篇文章。Chinese Acad Sci 是外文文献发文量最多的研究机构，发文 38 篇，Nanjing Agr Univ 发文 19 篇，Nothwest A&F Univ 发文 16 篇，China Agr Univ 和 Zhejiang Univ 均发文 14 篇，Sichuan Univ 发文 13 篇，Univ Lancaster 和 Beijing Normal Univ 均发文 12 篇，Univ Chinese Acad Sci 和 Renmin Univ China 分别发文 10 篇和 9 篇。

表2-2 "农地流转风险"研究文献国内外学者发文量及文章首发年份

国外学者			国内学者		
数量（篇）	年份	作者	数量（篇）	年份	作者
11	2017	Dingde Xu	7	2013	杨俊孝
9	2006	Klaus Deininger	5	2018	陈振
8	2020	Xin Deng	5	2018	郭杰
8	2020	Liu Yi	5	2013	王岩
8	2019	Yahui Wang	5	2018	欧名豪
7	2006	Songqing Jin	5	2013	吴冠岑
6	2019	Hualin Xie	4	2016	李长健
5	2018	Nico Heerink	3	2013	吕军书
5	2018	Xianjin Huang	3	2015	石晓平
5	2018	Guanghui Jiang	3	2015	文龙娇

表2-3 国内外研究"农地流转风险"研究文献机构发文量及文章首发年份

外文发文机构			中文发文机构		
数量（篇）	年份	机构[a]	数量（篇）	年份	机构
38	2009	Chinese Acad Sci	10	2013	华东理工大学社会与公共管理学院
19	2011	Nanjing Agr Univ	9	2013	新疆农业大学管理学院
16	2014	Nothwest A&F Univ	8	2009	四川大学经济学院
14	2015	China Agr Univ	6	2014	华中农业大学文法学院
14	2004	Zhejiang Univ	6	2008	中国人民大学农业与农村发展学院
13	2001	Sichuan Univ	6	2015	西北农林科技大学经济管理学院
12	2017	Univ Lancaster	5	2015	南京农业大学公共管理学院
12	2018	Beijing Normal Univ	5	2017	华南农业大学国家农业制度与发展研究院
10	2010	Univ Chinese Acad Sci	5	2014	华中农业大学经济管理学院
9	2010	Renmin Univ China	5	2010	华南农业大学经济管理学院

注：a. Chinese Acad Sci（中国科学院）、Nanjing Agr Univ（南京农业大学）、Nothwest A&F Univ（西北农林科技大学）、China Agr Univ（中国农业大学）、Zhejiang Univ（浙江大学）、Sichuan Univ（四川大学）、Univ Lancaster（兰卡斯特大学）、Beijing Normal Univ（北京师范大学）、Univ Chinese Acad Sci（中国科学院大学）、Renmin Univ China（中国人民大学）。

国内文献中，杨俊孝、陈振、郭杰、王岩、欧名豪、吴冠岑、李长健、吕军书、石晓平、文龙娇是在"农地流转风险"研究领域发文量排名前 10 位的学者。其中，杨俊孝发文 7 篇，陈振、郭杰、王岩、欧名豪、吴冠岑发文 5 篇，李长健发文 4 篇，吕军书、石晓平、文龙娇均发文 3 篇。王岩、吴冠岑、吕军书和杨俊孝于 2013 年发表首篇文章。郭杰、欧名豪、陈振均在 2018 年以后借鉴前人成果，发表首篇文章。

发文机构中"华东理工大学社会与公共管理学院""新疆农业大学管理学院"分别发文 10 篇和 9 篇，是发文量最多的两家机构；其次是"四川大学经济学院"，发文量为 8 篇；"华中农业大学文法学院""中国人民大学农业与农村发展学院""西北农林科技大学经济管理学院"均发文 6 篇；"华南农业大学国家农业制度与发展研究院""华中农业大学经济管理学院""华南农业大学经济管理学院"发文量均为 5 篇。发文机构主要为各院校的公共管理学院和经济管理学院。"华南农业大学国家农业制度与发展研究院"是较早对"农地流转风险"进行研究的机构，于 2005 年刊发第一篇相关文章。上述作者与机构也分别成为国内外这一领域的代表人物，他们的相关成果值得深入研究。

（三）农地流转风险研究作者及机构合作关系分析

选取发文量超过 2 篇的作者得到节点为 471 个、连线为 359 条的外文文献作者共现图谱（见图 2-2）可以发现，国外学者发文量差别较小，个体研究者和小规模合作较多。选取发文量超过 2 篇的作者形成国内文献作者共现图谱（见图 2-3），发现国内学者之间合作发文现象较为普遍，但通常规模较小。欧名豪（南京农业大学土地管理学院教授）、陈振（南京农业大学土地管理学院博士生）、郭杰（南京农业大学土地管理学院副教授）、程久苗（安徽师范大学国土资源与旅游学院教授）和费罗成（安徽师范大学国土资源与旅游学院讲师）五人之间具有合作关系，是规模较大的合作，但合作强度较弱。其他学者多为 3 人或 4 人的小规模合作团队，多为机构内或区域内合作。

图 2-2　2002—2022 年国外"农地流转风险"

研究文献发文作者共现图谱

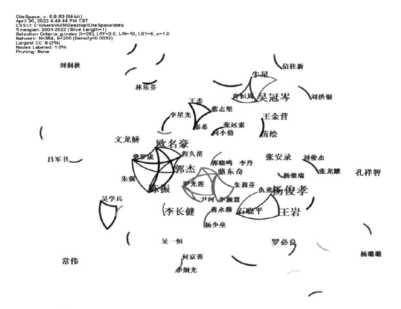

图 2-3　2002—2022 年国内"农地流转风险"

研究文献发文作者共现图谱

　　选择机构出现频次高于 5 次，生成 N = 400、E = 393、密度为 0.0049 的国外机构共现图谱（见图 2-4），可以发现，Chinese Acad Sci（中国科学院）是机构中心性较强的研究机构，与 Beijing Normal Univ、China Agr Univ 等具有合作关系。运用 CiteSpace 软件生成 N＝282、E＝109、密度为 0.0028 的国内机构共现图谱（见图 2-5）。发现机构名称字体大小差别不大，说明机构发文量差别较小。机构之间连线较少、密度较小，说明多为机构独立研究，跨机构、跨区域的研究较少，缺乏相应的合作。

图 2-4　2002—2022 年国外"农地流转风险"研究文献发文机构共现图谱

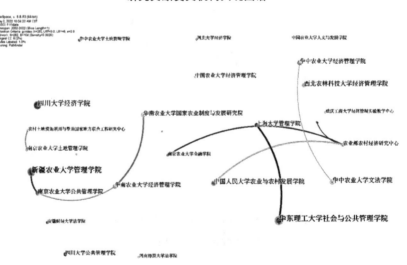

图 2-5　2002—2022 年国内"农地流转风险"研究文献发文机构共现图谱

二 农地流转风险研究热点及趋势

(一) 农地流转风险相关文献关键词分析

1. 农地流转风险研究成果关键词共现图分析

借助 CiteSpace 软件, 选取出现频次高于 34 次的关键词生成外文文献关键词共现图谱(见图 2-6)发现, impact(影响)、policy(政策)、property right(产权)、market(市场)、urbanization(城镇化)、land use(土地利用)、areas(区域)、management(管理)、land(土地)、system(系统)是出现频率最高的十个关键词。其中"impact"在统计年份内首次出现于 2002 年, 共出现 111 次。"policy"首次于 2005 年出现, 出现 70 次。这两个关键词的共现程度也最高。说明国外研究中较早关注到了土地政策及其影响。

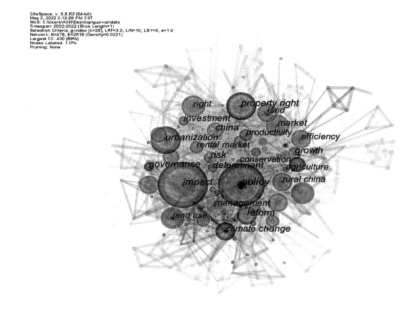

图 2-6 2002—2022 年国外"农地流转风险"研究关键词共现图谱

选取出现频次高于 6 次的关键词生成节点 356 个、连线 679 条、密度为 0.0107 的国内文献关键词共现图谱 (见图 2-7), 从中可以看出, 农地流转、土地流转、农村、风险、三权分置等关键词的共现程度较高, 这与国内研究关键词的出现频次基本一致 (见表 2-4)。其中农地流转作为核心关键词与其他关键词联系紧密, 各关键词联系强度大, 出现年份晚。

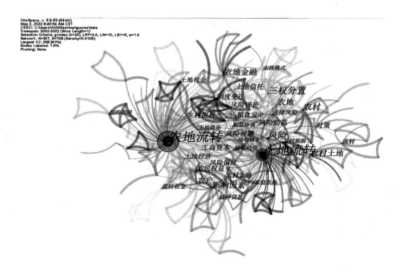

图 2-7　2002—2022 年国内"农地流转风险"研究关键词共现图谱

表 2-4　　　　　　2002—2022 年国内外研究文献关键词

出现频次及首次出现年份

国外研究关键词			国内研究关键词		
数量 （次）	年份	关键词	数量 （次）	年份	关键词
111	2002	impact	140	2002	农地流转
70	2005	policy	85	2002	土地流转
49	2004	property right	22	2002	中介效应
46	2012	market	20	2008	风险
44	2012	urbanization	17	2002	风险评价
42	2010	land use	16	2002	熵权法
37	2015	area	14	2003	影响因素
36	2002	management	13	2002	农村
36	2007	land	12	2016	三权分置
34	2003	system	10	2007	农村土地

2. 农地流转风险研究成果关键词聚类图分析

运用 CiteSpace 软件对 646 篇外文文献进行聚类分析，得到了聚类模块值（Q 值）为 0.4726、聚类平均轮廓值（S 值）为 0.8229 的聚类结构显著、聚类结果信度较高①的关键词聚类图谱（见图2-8），聚类标签分别为 climate change（气候变化）、land transter（土地流转）、urbanisation（城镇化）、india（印度）、rural development（农村发展）、ghana（加纳）、permit trading（许可证交易）、agricultural labor Productivity（农业劳动生产率）、demographic transition（人口结构转型），说明国外在土地流转风险方面的文献多以发展中国家的城市为例，且注重土地政策与结构性等上层建筑领域的研究。

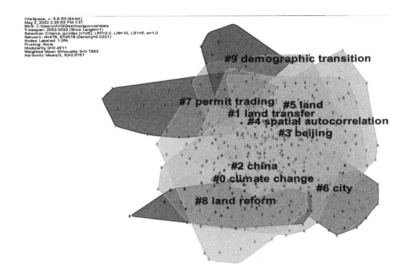

图2-8 2002—2022年国外"农地流转风险"研究关键词聚类图谱

对336篇中文文献进行聚类分析，得到了聚类模块值（Q值）为0.6556、聚类平均轮廓值（S值）为0.9109的聚类结构显著、聚类结果信度较高的关键词聚类图谱（见图2-9）。得到的聚类标签分别为农地流转、土地流转、风险、三权分置、农村土地、农村、农户、风险偏好、农地金融。可见，学者在研究农地流转风险时，首先关注的是农地流转本身，土地流转、农村土地流转均是农地流转的表达形式之一。农户作为农地流转风险的承受主体之一也受到了较多关注。

---

① 聚类模块值和聚类平均轮廓值取值范围为0—1，聚类模块值（Q值）>0.3说明聚类结构显著，聚类平均轮廓值（S值）>0.7说明聚类结果信度较高。

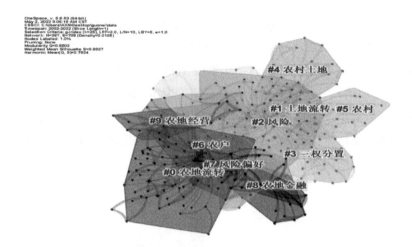

图 2-9 2002—2022 年国内"农地流转风险"研究关键词聚类图谱

（二）农地流转风险研究发展的阶段性与趋势分析

1. 农地流转风险研究的发展阶段

国外农地流转研究起步较早，学者的研究成果也较为丰富，鉴于国外人多地广，规模种植普遍，且社会保障制度和产权制度较完善，农地流转过程中矛盾相对较少，因此国外学者在研究农地流转风险时主要侧重于研究土地利用风险，即在进行规模经营中农场主的行为对生态环境和粮食安全的影响。按照国外研究的演进趋势（见图 2-10）和研究特点，结合相关文本分析，可将国外研究划分为两个阶段。

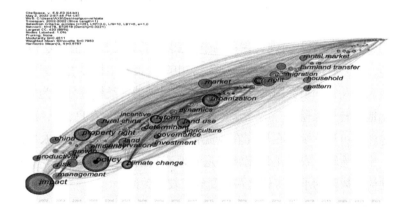

图 2-10 2002—2022 年国外"农地流转风险"研究关键词时区

（1）早期阶段（2010 年以前）。早期国外学者关于农地流转风险的研究主要集中于对影响农地流转的政策、社会、经济等因素的评价与相关风险分析。

Deininger 等（2005）开发了一个土地租赁模型，并利用 3 个中国最贫困省份的数据进行分析，结果表明分散的土地租赁可能有助于实现公平和效率的目标，并可能比行政重新分配有更多的优势，但这种自由土地租赁模式将会面临巨大的效率低下与资源浪费的风险；Macleod 等（2007）认为在空间尺度上加强土地与水源使用者和管理者之间的整合是可持续集水管理的重要途径，但政策间整合的巨大差距和相互冲突导致在整合水土资源和土地流转时面临不确定的结果和风险，需在充分考虑生物工程、社会、政治和经济背景情况下进行稳健性分析；Olubode-Awosola 等（2008）研究发现非洲国家的政策导致其农业正从大农场农业类型向准入门槛更低的小农农业转型，且其构建的地区化农业资源利用与产出供给响应模型显示，大农场数量下降 15.3% 所导致的农业产量减少量比小农场数量增加 1600% 所导致的农业产量增加量还高，其中存在着巨大的资源浪费风险；Deininger 等（2009）在对印度土地流转市场的研究中发现，经济增长是促进土地流转市场发展的关键动力，但经济冲击也增加土地流转市场的不稳定性，系统视角下，土地流转市场的发展提高了生产力，并帮助购房者（其中许多人以前没有土地）积累非土地资产，提高了他们的福利。

（2）后期阶段（2011 年以后）。后期国外学者关于农地流转风险的研究更加注重对农地流转过程中交易成本、产权确定、心理因素、政策效应等方面风险及其影响的分析。

Le Van 等（2013）关注了农地租赁市场配置效率问题，并发现租赁市场正在鼓励家庭以互惠的方式交易他们的土地使用权，将土地转让给更有效率的农户。但在增加市场参与者数量、减少信息不足、机会主义和对法律制度缺乏信心等有关的交易成本方面，仍有一定风险，存在相当大的改进空间；Promsopha 等（2015）认为土地出售可能不同于租赁、免费贷款、赠予等能够保障未来生计的其他类型方式。通过非土地风险应对机制获得良好保险的家庭预计会比其他家庭更频繁地使用流转土地，与使用其他转移方式的家庭相比，出售家庭更不容易受到伤害，受教育程度更高也更富有；Han Hongyun 等（2018）认为构建利益共享和风险共享的契约是农地流转的核心，农地产权登记政策对农地产权契约框架具有显著影响，并支持规模比、契约形式、契约期限、转换方式、长期资产投入等因素对执行成本的影响，证明了权利确认和合同期限是契约选择的两个重要因素。

Deng Xin 等（2019）从个人经验出发探究土地利用驱动因素，研究结果表明与饥荒后出生的群体相比，饥荒前出生的群体倾向于减少租出的土地，增加租入的土地，研究从灾害管理的角度为完善农村土地流转市场、保障粮食安全提供了一些现实参考；Liu Hongbin 等（2020）的研究结果表明农村集体建设用地入市流转（RCCL 市场化）是中国打破城乡二元体制、实现土地资源可持续利用、促进城乡一体化发展的重要起点，政府应从加强集体经济组织建设、土地增值收益分享机制、明晰农村土地产权等方面完善现有农村土地承包经营权市场准入制度，以降低农户决策风险，提升价值感知。

2. 农地流转风险研究的发展趋势

同样的方法表明，国内研究的发展脉络与农地流转政策的演进基本保持一致，主要经历三个阶段，参见国内相关研究关键词时区（见图2-11）。

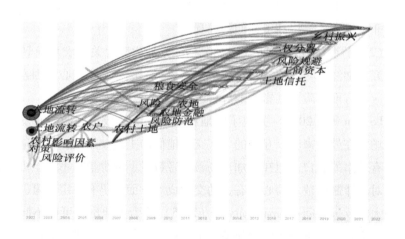

图 2-11　2002—2022 年国内"农地流转风险"研究关键词时区

（1）初探阶段（2002—2012 年）。学者主要从农地流转制度出发，探讨相关风险，并提出应对措施。

2003 年《农村土地承包法》的出台明确了土地承包经营权可以依法采取转包、出租、互换、转让或其他方式流转，标志着中国土地承包经营流转制度的正式确立。2010 年《关于加大统筹城乡发展力度进一步夯实农业农村发展基础的若干意见》提出稳定农地承包关系长久不变，健全农地流转市场，发展多种形式的农业适度规模经营，加快构建农地流转纠纷调解仲裁体系。在这一阶段，关于农地流转风险的研究有了法律依据，学者主要从农地流转制度入手，研究农地流转交易费用问题（何一鸣等，2012）和农地流转可能带来的委托代理风险（李怀等，2009）、粮食安全风险（刘润秋，2010；胡大武等，2010）、社会风险（林旭，2009），市场风险（陈良等，2009）等，并针对农地入市流转的风险提出相应对策（黄延廷，2012），并在发展多种流转形式的实践基础上对农民专业合作社模式的有效性和存在问题进行探讨（梁红卫，2010；韦彩玲，2012）。

（2）发展阶段（2013—2017 年）。相关研究重点关注了农地转出、转入过程中的决策行为及面临的一系列风险。

2013 年《关于加快发展现代农业进一步增强农村发展活力的若干意见》提出引导农村土地承包经营权有序流转，鼓励和支持承包土地向专业大户、家庭农场、农民合作社流转，发展多种形式的适度规模经营。2014 年《关于全面深化农村改革加快推进农业现代化的若干意见》将土地承包经营权进一步明确划分为承包权和经营权，允许承包土地的经营权向金融机构抵押融资。在这一阶段，国内学者开始重点关注流出方（主要为农户）和流入方这两大农地流转交易主体，在农地转出、转入过程中的决策行为及面临的一系列风险。对农户的研究主要包括农户农地转出行为（王岩等，2013；牛星，2016）和撂荒行为（郑兴明等，2013）的影响因素、农地确权（许恒周等，2016）和产权风险（王亚楠等，2015）对农户行为的影响以及农户农地抵押权贷款存在问题及风险（林乐芬等，2016）。关于流入方的研究较少，主要包括家庭农场的形成机制（杨成林，2014）及经营家庭农场意愿的影响因素（肖娥芳等，2014）。

（3）完善阶段（2018—2022 年）。结合"三权分置及新型农业经营主体"等新事物对农地流转风险开展了更深层次的研究。

2018 年出台的《关于实施乡村振兴战略的意见》提出完善农地"三权分置"制度，鼓励农地经营权进行担保和入股。"三权分置"引起了学者的广泛关注，学者围绕这一政策指出"三权分置"执行困境（衡霞等，2018），提出如何完善"三权分置"制度以应对土地经营权再流转风险（姚晓丽，2019）、界定土地剩余产权的占有权能（周敏等，2019）、提高农户产权安全感知（万晶晶等，2020）、最大限度地发挥农地融资担保功能（高小刚等，2019）、保障农地经营权有序流转（张远索等，2020）。此外，陈振（2018）在传统农户个人特征和家庭特征对农地流转行为的影响基础上提出风险认知对于土地转出意愿的决定性作用。

此外，随着社会制度和生产力的不断发展，国内学者对"农地流转风险"有了更深层次的认识。如王杰等（2022）采用 Probit 和工具变量法论证了农户使用互联网一方面通过降低转出户非农就业的失业风险；另一方面降低因转入方违约行为导致的农地流转违约风险，能够促进农地长期流转。梁超等（2022）发现低保障水平的农业保险虽满足了规模经营农户的风险保障需求，但对土地流入和规模扩大的促进作用仍有限。李江一等（2022）认为当前中国农地流转市场发展的瓶颈和风险并非来自供给不足，而是缺乏需求，新型农业经营主体能成为摆脱农地流转需求困境、提高农业生产率和农户收入的有效抓手。

在研究早期，学者主要采用 Logistics 回归模型进行分析，后期结构方程模型成为学者研究的主要工具。

三　农地流转风险研究结论及建议

（一）主要研究结论

通过对国内外"农地流转风险"相关研究成果的文献计量分析，可以得到如下主要结论。

1. 国内外关于"农地流转风险"研究各阶段的重心不同

国外人多地广，规模种植普遍，社会保障制度和产权制度相对完善，因此早期的研究中主要集中于土地流转政策及流转过程中的风险研究。随着政策与制度匹配度的逐渐提高，土地流转过程中原发性风险减少，而继发性的风险环境（如生态风险环境、经济风险环境）可预测难度较大，因此国外学者逐渐将研究重心转移到"市场冲击""可持续发展"方面，试图对农地流转带来的并发风险进行识别、评估与防范。

国内学者对"农地流转风险"的相关研究更具实用主义色彩。国内研究起步相对较晚，鉴于土地制度性质与国外的根本差异，农地流转涉及的诸多相关政策与制度还有待完善，因此现阶段多数文献是结合相关政策或为解决某一社会问题进行的应用型研究。

2. 与国外研究相比，国内研究尚未形成完善理论体系

国外研究起步早，核心期刊发文量大，虽有小幅波动但整体呈持续上升趋势。相关研究领域的作者和机构小规模合作关系广泛，因此对"农地流转风险"相关的基础理论的探索比较深入，形成了相对完善的理论体系；国内研究进度相对滞后，尚未构建起完善的理论体系。受限于国家正式从法律层面规范农地流转行为的时间起点 2003 年，国内研究起步相对较晚，发文量波动大，相关领域研究作者和机构多呈小规模合作趋势，未形成主要核心团体或组织，合作关系匮乏易产生重复劳动，故相关学术创作和理论体系还有待进一步完善。

（二）研究相关建议

针对关于"农地流转风险研究"的现状，需要重点关注以下方面的探索，促进相关理论体系的构建与完善。

1. 学科视角方面

"经济管理"是现阶段探究"农地流转风险"的主要学科。农地流转是主体多元、特征多变、风险多发的行为，需要从不同学科视角切入，"心理学""社会学"等多学科交叉对于丰富农地流转理论体系，建立农地流转风险规避与防范机制具有重要意义。

2. 研究方法方面

目前关于农地流转风险的研究主要采用考察和调查的方法，即通过对农地流转现状进行剖析寻找问题。这种研究方法易使学者忽视方法论研究，在面对过程和机理的研究时无法拓展研究的宽度和广度。因此，要注重理论的应用研究，不断用新的理论方法解释新出现的问题。

3. 研究区域方面

现阶段对于农地流转风险的研究主要以农地流转较为成熟的区域为

主，这样的区域往往拥有较为优越的地理位置、土地资源禀赋或政策支持。然而，欠发达地区，尤其是中国西部地区，在经济发展、资源条件等不利因素的制约下，农地流转风险更为突出。因此，需要扩展研究区域，关注欠发达地区农地流转风险。

4. 研究合作方面

科研合作是实现资源合理配置的重要手段，能避免重复劳动，形成新思想。因此，应加强学者、机构间的合作，形成合作机制，推动跨国、跨区域合作，实现科研成果的高效转化，创造合作共赢的学术环境。

第三节　农户可持续生计国内外研究文献计量分析

农户是中国农村社会的组成单元，也是基层社会治理的主体。农户的生计可持续性对于基层社会有序运行和国家稳定发展具有重要意义。然而，当前农村的普遍现状是农户因为生计资本有限，无法在遭遇重大变故或资本冲击下选择相对最优的生计策略从而影响生计结果。这使农户的生计在一定程度上产生了不稳定性和非可持续性。

国家高度重视农户生计问题，先后采取了一系列措施保障农户可持续生计。从 2004 年中央一号文件提出改善农民进城就业环境，增加外出务工收入到 2020 年中央一号文件指出要强化农村补短板保障措施，促进农民持续增收，再到 2022 年"十四五"规划提出坚持农业农村优先发展，全面推进乡村振兴。中央连续 17 年聚焦"三农"问题，通过不断完善就业、住房、医疗、教育等与农户生计息息相关的措施来保障农户生计的可持续性。

农户可持续生计问题也得到了学者的广泛关注，关注点大多集中于生态脆弱区（王文略等，2019；尚海洋等，2021）、生态移民（李健瑜等，2018；金莲等，2020；李晓冰，2020）、土地流转（陆继霞，2018，2022；张桂颖，2019）等事项对相关农户可持续生计的影响。也有学者对有关农户生计的文献进行梳理，但多为定性研究，基于计量分析的文献并不多（汤青，2015；赵雪雁，2017）。定量研究利于客观呈现发展动态，对准确把握现有研究的发展趋势和热点、客观呈现发展动态具有重要意义。因此，研究借助 CiteSpace 可视化分析工具，结合文本分析，对"农户可持续生计"领域相关研究的基本现状进行解读，在此基础上通过对国内外该领域发文量、主要核心期刊、作者、机构以及关键词聚类的分析，梳理国内外农户可持续生计研究的演进脉络和研究热点，以期为中国农户可持续生计研究的进一步发展和政府政策实施提供参考。

一 "农户可持续生计"国内外研究现状分析

（一）"农户可持续生计"文献时间分布与核心期刊分布分析

国外关于"农户可持续生计"研究的发文量呈现三个阶段波动增长的趋势（见图 2-12），总发文量由 2002 年的 4 篇上升至 2021 年的 238 篇，增幅明显。2002—2009 年，国外相关领域每年发文量均为 20 篇以下，处于初步探索阶段；2009—2016 年，发文量波动上升，处于平稳发展阶段；2017 年开始，发文量增速较快且实现持续增长，于 2021 年达到 238 篇。由于发文量统计截止时间为 2022 年 5 月，所以 2022 年发文量可能较 2021 年有所下降。

国内关于"农户可持续生计"研究的发文量总体呈三个阶段跳跃上升的趋势，如图 2-12 所示。2012 年以前，发文量较少，主要集中在农户生计资本与生计策略的关系及风险评定等基础理论研究方面（孙绪民等，2007；苏芳等，2009；许汉石等，2012），处于研究初级阶段；2013—2016 年，大量学者开始结合具体的政策、区域和社会现实问题，对"农户可持续生计"的研究上升到更深层次（陆继霞等，2014；杜书云，2016），发文量由 25 篇增长至 49 篇，实现了较大幅度增长；2017—2022 年，中国进入脱贫攻坚战取胜的关键时期，大量学者将"农户可持续生计""易地搬迁扶贫、精准扶贫、旅游扶贫、返贫"等主题相结合，对"农户可持续生计"的研究也逐渐从"应用—政策型"研究发展为"开发—政策型"研究（苏芳等，2017；李靖等，2018；孙晗霖等，2019；李秉文，2020），发文量由 44 篇增长至 64 篇，保持较高速度增长；2021 发文量短暂回落至 50 篇，但在"十四五"规划的大背景下，"农户可持续生计"领域的研究在未来一段时间内仍可能会受到国内学者较高的关注。

相较于国外研究，国内研究起步晚、年总体发文量小，这与国内外城乡体制机制发展密切相关。国内城乡二元结构长期将城乡规划割裂

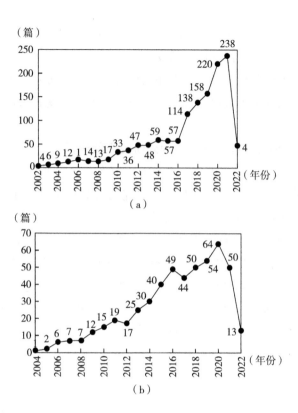

图 2-12 2002—2022 年国外（a）和 2004—2022 年
国内（b）农户可持续生计研究文献数量趋势

开来，中华人民共和国成立初期，中国的发展重点在于城市，为实现城市快速发展，以农村作为城市发展的物质保障。后来逐渐提出城乡一体化、城乡协调发展，政策向农村倾斜力度加大，吸引大量资本下乡，提高了农村市场化程度。农户仅依靠土地已经无法实现家庭对于美好生活的期待，促使农户生计策略逐渐向多样化转变，但农户生计的天然弱势，也导致其可持续生计诸多问题逐渐凸显。

国外发达国家的城镇化发展起步较早，且由于土地产权私有，一方面农户在遭遇重大变故时容易将土地出售变现以应对家庭危机；另一方面也可能因城市化、各类工程项目的建设、生态环境恶化和大宗跨国土地交易而失地，从而对农户生计状况产生较大的影响，引发社会矛盾，这引起了学者的广泛关注。

选取国内外发文数量前十的期刊比较（见表2-5），可以看出，国外研究中，"农户可持续生计"领域相关研究在 *Sustainability* 期刊中发文量最高，达208篇文章，说明该领域研究内容相对集中，与期刊涉及范围匹配度较高，但首次发文时间为2011年，相比 *Journal of Environment Management* 期刊的首次发文时间（2003年）起步较晚；发文量第2位的期刊为 *Land Use Policy*，说明国外该领域的研究与土地相关政策关联度较高。

表2-5　2002—2022年国内外文献核心期刊发文量及文章首发年份

外文发文期刊			中文发文期刊		
数量（篇）	年份	期刊	数量（篇）	年份	期刊
208	2011	*Sustainability*	10	2013	《生态学报》
77	2009	*Land Use Policy*	9	2008	《中国土地科学》
47	2017	*Land*	9	2012	《地理科学进展》
35	2016	*Environment Development and Sustainability*	8	2014	《经济地理》
31	2009	*Ecology and Society*	7	2007	《农业经济问题》
28	2010	*World Development*	6	2012	《地理研究》
27	2009	*Forest Policy and Economics*	6	2010	《贵州社会科学》
27	2003	*Journal of Environment Management*	4	2010	《中国农村经济》
27	2006	*Journal of Rural Studies*	4	2009	《中国农村观察》
26	2006	*Ecological Economics*	4	2004	《农业技术经济》

在国内研究中，该领域在各核心期刊发文量差别不大，均在10篇以内，且在核心期刊发文数量上与国外存在较大差距。相关文献主要与生态学、地理学、经济学交叉，多数是结合相关政策、社会问题进行的应用型研究，说明该领域的有关研究缺乏完备的基础理论体系，尚未形成以"可持续性"为主题的高质量成果集。

（二）"农户可持续生计"研究作者、机构统计及合作关系分析

识别"农户可持续生计"领域的主要研究者，在一定程度上有助于快速、准确把握该领域的研究动态。选取发文量超过三篇的作者得到节点为558个、连线为501条的作者共现图谱（见图2-13）。可以发

现，国外学者发文量差别较小（见表2-6），个体研究者和小规模研究团队较为常见，总体上呈现"大集聚、小分散"的特点。

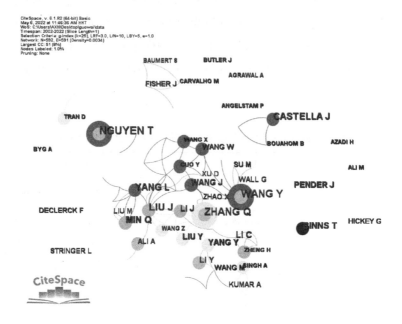

图2-13　2002—2022年国外"农户可持续生计"文献作者共现图谱

表2-6　　　　　2002—2022年国内外学者发文量及文章首发年份

国外学者			国内学者		
数量（篇）	年份	作者	数量（篇）	年份	作者
10	2012	Stringer L. C.	16	2009	苏芳
9	2018	Zhang Q.	10	2010	李树苗
8	2011	Castella J. C.	9	2014	杨新军
8	2018	Min Q. W.	9	2009	李聪
8	2010	Singh R. K.	8	2011	赵雪雁
7	2002	Dougill A. J.	8	2013	丁士军
7	2014	Hickey G. M.	8	2009	黄建伟
7	2015	Xu D. D.	7	2013	何仁伟

续表

国外学者			国内学者		
数量（篇）	年份	作者	数量（篇）	年份	作者
7	2011	Yang L.	7	2010	梁义成
6	2017	Azadi H.	6	2013	刘邵权

将国内学者发文频次阈值设置为 3 时，生成作者共现图谱（见图 2-14）。其中，苏芳、李树苗、杨新军、李聪、赵雪雁、丁士军、黄建伟、何仁伟、梁义成、刘邵权是研究农户可持续生计的学者中发文量排名前十的学者，苏芳发文 16 篇，第一篇文章于 2009 年发表，是发文量最多且较早开始研究该领域的学者。从作者之间的关系来看，由李小云、左停、唐丽霞构成的合作团队最早对该领域进行研究，故其节点颜色较深，之后由李树苗、苏芳、何仁伟、丁士军等为核心形成了多个合作团队，在作者共现图谱中贡献值较高。

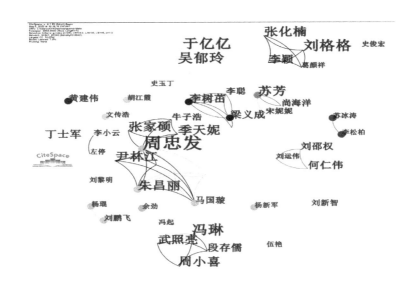

图 2-14 2004—2022 年国内"农户可持续生计"
文献作者共现图谱

表 2-7   2002—2022 年国内外研究机构发文量及文章首发年份

外文发文机构			中文发文机构		
数量（篇）	年份	机构[a]	数量（篇）	年份	机构
77	2009	Chinese Acad Sci	26	2013	中国科学院大学
59	2004	Wageningen Univ & Res	26	2009	中南财经政法大学
39	2011	Univ Chinese Acad Sci	24	2009	西北农林科技大学
31	2012	CIRAD	24	2009	西安交通大学
29	2011	Ctr Int Forestry Res	24	2004	中国农业大学
29	2008	Univ Calif System	19	2009	华中农业大学
25	2010	CSIRO	16	2012	西南大学
25	2002	Univ Leeds	15	2012	中国科学院地理科学与资源研究所
25	2003	Univ London	13	2012	重庆工商大学
24	2007	McGill Univ	12	2013	中国科学院水利部成都山地灾害与环境研究所

注：a. Chinese Acad Sci（中国科学院）、Wageningen Univ & Res（瓦赫宁根大学及研究中心）、Univ Chinese Acad Sci（中国科学院大学）、CIRAD（法国农业发展研究中心）、Ctr Int Forestry Res（国际林业研究中心）、Univ Leeds（利兹大学）、Univ London（伦敦大学）、McGill Univ（麦吉尔大学）。

研究选取国外发文频次超过 10 次的研究机构生成机构共现图谱。如图 2-15 所示，机构节点间连线密布，说明它们之间合作规模大且较为密切。其中 Chinese Acad Sci（中国科学院）、Wageningen Univ & Res（瓦赫宁根大学及研究中心）[①] 和 Univ Chinese Acad Sci（中国科学院大学）是中心性最强的研究机构，发文量分别为 77 篇、59 篇和 39 篇。瓦赫宁根大学及研究中心于 2004 年开始研究"农户可持续生计"，这在一定程度上证明了瓦赫宁根大学及研究中心对此领域的研究在学界具有较强影响力；英国国际发展署是最早提出并运用可持续生计框架（Sustainable Livelihood Framework，SLF）分析的机构，Univ London（伦敦大学）和 Univ Leeds（利兹大学）受其影响成为最早开始进行该领域研究的机构（见表 2-7）。

----

① 全称瓦赫宁根大学及研究中心，是唯一一所归荷兰农业自然和食品质量部直接拨款的大学。

图 2-15　2002—2022 年国外"农户可持续生计"
文献研究机构共现图谱

选取发文频次在 4 次以上的国内研究机构，生成 N＝442、E＝648、密度为 0.0066 的国内发文机构共现图谱（见图 2-16）。中国科学院大学、中南财经政法大学、西北农林科技大学、西安交通大学管理学院、中国农业大学、华中农业大学、西南大学、中国科学院地理科学与资源研究所、重庆工商大学、中国科学院水利部成都山地灾害与环境研究所是发文量排名前十的研究机构。其中，较早涉足这一研究领域的是中国农业大学，于 2004 年发表第一篇文章（见表 2-7）。由图 2-16 可知，研究"农户可持续生计"领域的多为农业院校经济、管理学院和中国科学院及其下属研究所。其中以中国科学院大学、中国科学院地理科学与资源研究所和中国科学院水利部成都山地灾害与环境研究所是与其他机构合作相对密切的三大机构，但合作范围较小。系统视角下，机构之间连线较少、密度较小，说明多为机构独立研究，跨机构、跨区域的研究较少，缺乏相应的合作。

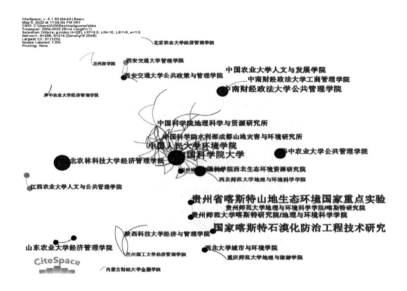

图 2-16　2004—2022 年国内"农户可持续生计"文献研究机构共现图谱

二　"农户可持续生计"研究热点及趋势

（一）"农户可持续生计"文献关键词分析

1."农户可持续生计"研究成果关键词共现图分析

关键词（Keyword）是对研究内容的高度概括，聚合分析关键词可直观分析近年"农户可持续生计"领域的研究热点。选取出现频次为60 次以上的关键词，时间分割为一年，得到 569 个节点、4049 条连线，密度为 0.0251 的关键词共现网络图谱（见图 2-17）。其中，management（管理）、impact（影响）、climate change（气候变化）、livelihood（生计）、conservation（保护）、agriculture（农业）、food security（粮食安全）、sustainable development（可持续发展）、sustainable livelihood（可持续生计）、ecosystem service（生态系统服务）是最大的十个关键词节点，说明它们出现的贡献率较高，是该领域研究的高频词汇，这与表 2-8 呈现的结果信息一致。management 是该研究领域的主题词，也是出现频次最高的关键词，共出现 230 次；livelihood 和 sustainable livelihood 分别出现于 2004 年和 2009 年，说明学者对该领域的研究起步较早，且一直保持较高关注度。

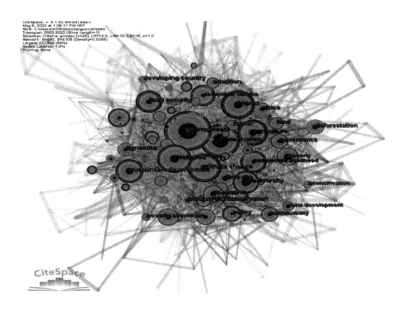

图 2-17 2002—2022 年国外"农户可持续生计"
文献研究关键词共现图谱

表 2-8 2002—2022 年国内外研究关键词共现频次及首次出现年份

国外研究关键词			国内研究关键词		
数量（次）	年份	关键词	数量（次）	年份	关键词
230	2003	management	214	2004	生计资本
197	2003	impact	87	2004	农户
193	2006	climate change	84	2007	生计策略
173	2004	livelihood	50	2006	失地农民
170	2003	conservation	35	2006	农户生计
135	2005	agriculture	27	2004	生态补偿
133	2003	food security	24	2004	多维贫困
124	2008	sustainable development	22	2004	农户分化
116	2009	sustainable livelihood	20	2004	中介效应
113	2010	ecosystem service	20	2009	脆弱性

国内研究中，出现频次排名前十的关键词分别为生计资本、农户、生计策略、失地农民、农户生计、生态补偿、多维贫困、农户分化、中介效应、脆弱性，排名第一的"生计资本"共出现214次，比排名末位的"脆弱性"出现频次高194次（见表2-8），说明国内关于农户可持续生计的研究较为集中。从图2-18可以发现，国内研究集中于生计资本和生计策略这两大农户生计元素，尤其对失地农民群体十分关注。

图2-18　2004—2022年国内"农户可持续生计"文献研究关键词共现图谱

2."农户可持续生计"研究成果关键词聚类图分析

进一步对外文文献中的高频关键词进行聚类分析，得到了聚类模块值（Q值）为0.3287、聚类平均轮廓值（S值）为0.6712的聚类结构显著、聚类结果信度较高①的关键词聚类图谱（见图 2-19）。聚类标签分别为 sustainable livelihood（可持续生计）、rural development（农村发展）、climate change（气候变化）、ecosystem services（生态系统服务）、forest managment（森林管理）、sustainable rural development（可持续乡村发展）、social capital（社会资本）、urbanization（城镇化）、poverty reduction（减贫），说明国外对"农户可持续生计"领域的研究多与气候变化、生态保护和地域研究相结合。

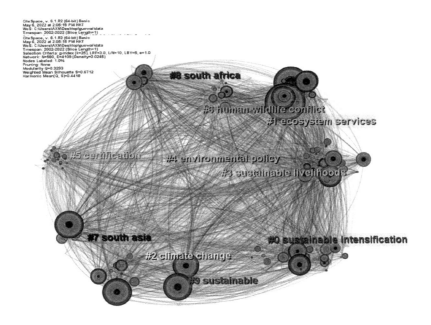

图 2-19　2002—2022 年国外"农户可持续生计"

文献研究关键词聚类图谱

对 505 篇中文文献的关键词进行聚类分析，得到了聚类模块值（Q值）为 0.5872、聚类平均轮廓值（S 值）为 0.8669 的聚类结构显著、聚类结果信度较高的关键词聚类图谱（见图 2-20）。得到的聚类标签分别为生计资本、失地农民、农户、生计策略、农户生计、脆弱性、乡村

_____

① 聚类模块值和聚类平均轮廓值取值范围为 0—1，聚类模块值（Q 值）>0.3 说明聚类结构显著，聚类平均轮廓值（S 值）>0.65 说明聚类结果信度较高。

旅游、贫困地区、影响因素、生计资产、生态补偿。说明学者在研究农户可持续生计时多采用可持续生计框架作为基本理论依据，从扶持性政策、影响因素、产业融合等方面进行研究。

图 2-20　2004—2022 年国内"农户可持续生计"
文献研究关键词聚类图谱

（二）"农户可持续生计"研究发展的阶段性与趋势分析

对关键词作时间序列分析，可以直观识别出关键词随时间变化情况，进而确定该领域近几年的研究趋势。将关键词按时区（Time Zone）聚类显示，分别导出为国外研究关键词时间序列分析图谱（见图 2-21）和国内研究关键词时间序列分析图谱（见图 2-22）。

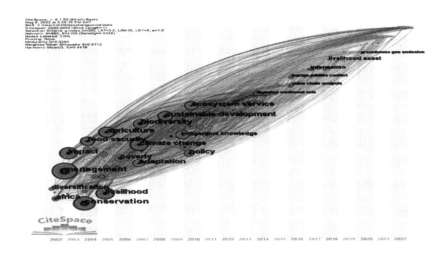

图 2-21　2002—2022 年国外"农户可持续生计"

文献研究关键词时间序列分析图谱

1. "农户可持续生计"研究的发展阶段

国外研究根据研究内容和特点大致划分为两个阶段。

（1）前期（2015 年以前）。国外学者主要就影响农户可持续生计的因素进行了探究，并提出相应的应对策略。

Guy E. Parker 等（2003）等认为野生非洲象种群对农作物的破坏影响农户生计安全，以社区为基础的低技术综合方法将是解决该冲突的最可持续方法。Fuchaka Waswa 等（2009）认为尼亚西部恩佐亚（Nzoia）甘蔗地带的合同制甘蔗农户的可持续生计水平主要由种植面积、耕种成本、种蔗成本、运输成本、产量和农户的教育水平决定，因此需要采取政策将公司社会责任制度化。K. Ponnusamy 等（2010）发现在印度泰米尔纳德邦沿海地区的耕作制度中，影响农户可持续生计的重要因素是畜牧业的持有、土地所有权、销售行为、对综合耕作制度的认识以及传播行为。

H. Cosyns 等（2014）对世界农林业中心的农村发展项目中社会资本的产生进行调查，评估了社会资本在 5 年期间的变化。通过对比项目村的家庭与对照家庭，发现干预措施增加了社会资本。Pinthukas 等（2015）指出 108 个清迈有机农业合作社农户对于有机蔬菜的种植认知和适应程度对于农户可持续生计的影响主要体现于年龄、文化程度、家庭劳动力、农场收入、农户的网络或成员关系等。Addinsall 等（2015）通过发展综合农业生态学和可持续农村生计框架（ASRLF）指导太平洋岛屿国家农村可持续发展项目。

（2）后期（2016—2022 年）。主要对实现落后地区农户可持续生计的各种具体措施进行了研究。

Chaudhary Anurag 等（2016）随机抽取印度卢迪亚纳市郊的奶制品场的 60 名奶农进行调查，发现商业处置方式（制作牛粪饼等）可以作为提高收入的途径之一。基于此建议当地失业和贫困家庭成立自助小组，通过牛粪利用实现可持续生计。Eva Banowati 等（2017）研究和开发了基于林分种植系统或 PLDT 的全周期柚木（Tectona grandis），以实现印度尼西亚森林村落社区的可持续生计。Edward N. 等（2018）评估了乌干达东部布索加次区域小农户商业化甘蔗种植对家庭一级粮食安全的贡献。他们发现，大多数家庭都存在食物不足的现象，这表明创收并不一定会增加粮食安全。未来应以粮食安全、减轻贫困和适应气候变化作为政策制定依据以提供可持续的生计。

Olivier D. W.（2018）探讨了非洲城市"升级"种植系统可以增强贫困城市农户经济能力的可能性。Mariwah Simon 等（2019）探讨了在全球化和环境变化的背景下，土地商业化、生计多样化和家庭粮食安全之间的关系。José Roberto 等（2019）使用可持续生计分析框架，评估了墨西哥恰帕斯州干旱热带地区养牛对多种压力源（如气候变化和市场条件）的适应性。为了提高农场的适应能力并减少养牛家庭的脆弱性，有必要修改公共政策，以考虑最脆弱农户的生计状况。

Kevin Odhiambo Obiero 等（2019）认为在非洲，农户积极采用水产养殖技术的重要指标包括中学教育、农场活动多样化、农场规模、生产水平、参加扩展培训、易于理解和易于使用技术等变量，技术采用对农户可持续生计具有重要意义。Delgadillo 等（2020）通过对比分析坦桑尼亚两个案例研究区发现参与式网络地图的使用能增加参与者的社会资本，并对能够改善其生计策略的技能进行开发，从而带来更多的生计结果。Sudipta Paul 等（2020）认为在印度东北部，依靠耕种为基础的生计转移无法具备可持续性，金融资本和社会资本对于农户可持续生计至关重要。民生多样化、市场准入和推广服务是增强农户生计可持续性的重要手段。

Asare-Nuamah 等（2021）认为气候变化会在很大程度上影响发展中国家农户的生计脆弱性和粮食安全，政策制定者应在方案实施前对方案进行深入审查和修改，并对农户进行广泛的适应性教育，从而将适应不良的结果最小化。Menon 等（2022）以印度为例，揭示了 COVID-19 对农户生计的影响，论证了不同的耕作系统必须进行单独的处理，因地制宜地提高每个耕作系统的脆弱性抵抗能力。Azumah 等（2022）从性别的角度论证了女性在农户生计可持续性上发挥着重要的作用，但女性在农业生产和土地获取过程中被边缘化，亟须一项确保在农地获取方面性别平等的政策。O'byrne 等（2022）针对 2007 年在萨赫勒地区启动的绿色长城计划（GGWI）利用可持续生计分析框架进行了效果评估，并提出更全面的福利测评项目。

2."农户可持续生计"研究的发展趋势

国内农户可持续生计研究的演变路径与国家纾解农村贫困问题的相关政策具有不完全同步性。从 2006 年《国务院关于解决农民工问题的若干意见》到 2018 年《中共中央　国务院关于实施乡村振兴战略的意见》，再到 2021 年"十四五"规划，国家对农村的支持逐步细化升级，政策引导带来的农户生计变化引起了学者的研究探讨，基于不同的政策背景开展了不同阶段的研究工作。

（1）第一阶段（2006—2009 年）。研究主要集中于农村转移劳动力的可持续生计、生态政策对农户可持续生计影响及灾后农户的可持续生计问题。

2006 年《国务院关于解决农民工问题的若干意见》出台，提出保护农民工合法权益，为农民工提供就业服务和培训、切实为农民工提供相关公共服务并健全维护农民工权益的保障机制。学者开始关注农村转移劳动力的可持续生计问题。对于外出务工农户的研究主要包括农民职业培训（刘晓敏等，2007）和农民教育（关云龙等，2010）是否有效提升农户生计水平，以及外出务工对农户脱贫（李聪，2010）和家庭生计策略的影响（李聪等，2010；时红艳，2011）。

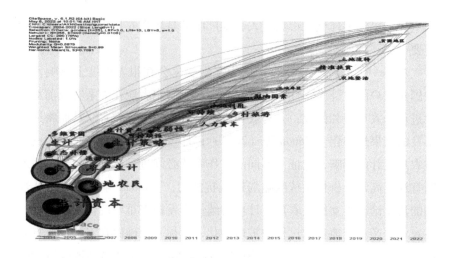

图 2-22　2004—2022 年国内"农户可持续生计"
文献研究关键词时间序列分析图谱

2007 年 9 月，国家环境保护总局发布《关于开展生态补偿试点工作的指导意见》，强调生态补偿机制的重点领域有四个方面，包括自然保护区的生态补偿、重要生态功能区的生态补偿、矿产资源开发的生态补偿和流域水环境保护的生态补偿。

政策出台后，学者开始对生态补偿工作在具体地区和流域的实践进行探索。部分学者从生态补偿对农户可持续生计的影响出发，研究甘南黄河水源补给区生态补偿对农户生计的影响（张丽等，2012；赵雪雁等，2013）、定量分析甘肃省陇南市武都区退耕还林工程对贫困农户生计能力的影响（王立安等，2012）、京冀两地"稻改旱"项目（梁义成等，2013）和贵州省三个贫困县生态补偿项目（吴乐等，2018）对农户持续生计的影响。也有学者从农户心理或生态补偿方式出发，研究三峡生态屏障区农户未来生计预期对农户退耕受偿意愿的影响（冯琳等，2013），提出不同类型的补偿方式对农户生计资本的影响具有明显差异性（吴乐等，2018），认为生态系统服务、农户生计、成本效益是评估生态补偿效果的三个核心指标（郝海广等，2018），大部分学者对于生态补偿政策实施效果持肯定态度。但周立华等（2019）认为北方农牧交错区生态补偿机制影响农户生计转型，加深了生态环境与农户生计之间的矛盾。

2008 年汶川地震灾害后，学者陆续对灾后农户的可持续生计进行了研究。主要采用定量分析方法进行探索，包括基于生计资产体系分析地震灾害对农村贫困的影响（李小云等，2011）、测量和分析汶川地区贫困村农户的生计资本状况（蔡志海，2010）、对汶川地区灾后重建工作基本结束后的农户生计和资本进行定量分析（覃志敏等，2014）。学者普遍认为地震灾害加深了农户贫困程度，对农户可持续生计具有长远影响。

（2）第二阶段（2010—2014 年）。这一时期，乡村旅游、农地流转现存问题对农户可持续生计的影响，"人地分离"农户的可持续生计问题成为研究集聚群的样本。

2010 年 8 月 3 日，农业部、国家旅游局发布了《关于开展全国休闲农业与乡村旅游示范县和全国休闲农业示范点创建活动的意见》。以期推进农业功能拓展、农村经济结构调整、社会主义新农村建设和促进农户就业增收。在这一阶段，乡村旅游对于农户可持续生计的影响引起了学者的广泛关注，成为研究热点。

李飞等（2012）和贺爱琳等（2014）分别就北京市大兴区梨花村和秦岭北麓的乡村旅游对农户生计的影响进行了实地调研，他们发现乡村旅游通过改变农户生计资本的储量和组合形式，促进农户可持续生计。这与李会琴等（2019）得出的结果一致。此外，崔晓明等（2017）在分析安康市乡村旅游现状的基础上提出，农户生计结果的差异与所处的地理位置具有密切关系。大中城市近郊型乡村旅游的农户的金融资本、社会资本和物质资本与乡村旅游形成良好互动，农户可持续生计总体结果优于其他类型乡村旅游地。社会资本对农户参与旅游项目的影响最为显著。

但也有学者对于乡村旅游的前景并不乐观，陈超群等（2019）认为长沙市乡村旅游减贫效果明显，但返贫风险较大。刘玲等（2019）指出乡村旅游虽提高了农户收益，但也存在金融资本、制度资本不足的状况。后期学者开始考虑农户心理因素的作用。全千红等（2020）指出生计资本、结构和农户心理因素是影响农户旅游生计可持续性的关键。孙凤芝等（2020）探讨了农户对政府信任度影响其生计策略转变的机制。

2014 年《关于全面深化农村改革加快推进农业现代化的若干意见》将土地承包经营权进一步明确划分为承包权和经营权，允许承包土地的经营权向金融机构抵押融资。农地流转的逐步推进引起了学者对于"人地分离"农户的可持续生计问题的探讨。赵立娟等（2017）采用Multinomial-Logit 模型对内蒙古参与土地流转和未参与土地流转农户的生计模式进行了分析，发现农地流转通过多样化农户生计策略提升了农户生计水平。

但也有学者认为农地流转现存问题会影响农户生计可持续性。张会萍等（2016）利用双重差分模型研究土地流转对老年人生计结果与生计能力的影响，认为随着老年人人力资本降低，生计风险提高。翟黎明等（2017）采用双重差分倾向得分匹配法（PSM-DID）对各场景下农地流转的实施效果进行评价，发现当前政府介入农地流转不能给农户生计资本带来显著改善，甚至还有轻微副作用。陆继霞（2018）指出长期依赖土地生活的农户在农地流转后生计策略多样化，但生计无法持续，给农户带来更大风险。

（3）第三阶段（2015—2022 年）。这一阶段学者主要结合精准扶贫战略、农业文化遗产挖掘工作以及乡村振兴战略对农户可持续生计问题进行了深入的研究。

2015 年 11 月，《中共中央　国务院关于打赢脱贫攻坚战的决定》明确提出精准扶贫战略。指出要采取多种形式实现脱贫目标，包括发展特色产业脱贫、引导劳务输出脱贫、结合生态保护脱贫、实施易地搬迁脱贫、着力加强教育脱贫等。在这一阶段，精准扶贫战略和不同扶贫形式成为学术界新的研究热点。

何仁伟等（2017）通过识别影响农户生计的内因和外因，利用多维贫困识别指数将四川凉山彝族自治州贫困农户划分为五种类型并提出相应帮扶措施。宁泽逵（2017）研究发现家庭信息化和农村社区信息化均能在一定程度上提高农户可持续生计能力。但李明月等（2020）指出精准扶贫在改善村域社会环境和提升农户生活能力方面成效显著，但整体效果不是很明显，主要体现在农业自然灾害严重、农户生计资本增加不够、农户生产能力提高缓慢以及农户发展能力提升不足四个方面。

在特色产业扶贫方面，学者对产业扶贫模式的关注重点和脱贫路径进行阐述。苏芳等（2016）指出农户总体受教育水平偏低是阻碍旅游精准扶贫进一步提升农户可持续生计水平的主要因素，因此扶贫更需"扶智"。叶敬忠等（2019）认为产业扶贫政策能通过生计模式变化抑制农户生计脆弱性。斯丽娟等（2019）指出产业扶贫能将生计资本和社会资本转化为贫困人口的收入从而实现持续脱贫。

在易地搬迁、劳务输出和教育扶贫方面，有学者指出易地移民搬迁能使农户转向非资源依赖型生计模式，优化农户收入结构（李聪等，2017）。但相较于产业扶贫而言，移民搬迁对农户可持续生计保障性较差（赵惠英，2019）。新型城镇化的发展进一步推动了农村剩余劳动力转移，劳动力的转移能有效提高农户发展生计的能力（苏芳等，2017）。但劳动能力和受教育程度会对劳动力生计资本产生显著影响（苏芳，2016）。受教育程度对于农户可持续生计具有制约作用，左孝凡等（2020）研究发现教育人力资本、社会资本和非农就业是互联网发挥减贫效应的传导机制，能为农户提供持续减贫动力，提出要持续推进农村"互联网+教育"布局，提高农村居民教育可及性。

2012年《农业部关于开展中国重要农业文化遗产发掘工作的通知》开启了中国重要农业文化遗产发掘工作。2016年，中央一号文件提出"开展农业文化遗产普查与保护"的要求。2012—2016年，农业文化遗产挖掘工作对农户可持续生计的影响开始受到关注。张灿强等（2017）发现在云南红河哈尼稻作梯田，农户的生计资本排序为旅游接待农户>打工兼业户>纯农业户，因此实现农户生计拓展是农业文化遗产保护可持续的目标之一。张爱平等（2017）通过实证发现哈尼梯田农业文化遗产的旅游影响传统农户生计感知，进而影响其遗产保护态度。杨伦等（2020）以可持续生计框架为基础，建立了适用于农业文化遗产地的粮食与生计安全评估框架。张爱平等（2020）采用耦合协调度、LOWESS拟合等方法，对农户生计与农地利用的耦合特征进行分析，发现农户生计与农地利用的协调度排序为旅游参与型>旅游主导型>经营兼业型>务工主导型>务农主导型。

2018年2月4日，《中共中央 国务院关于实施乡村振兴战略的意见》发布，提出大力实施乡村振兴战略。乡村振兴战略是对精准扶贫战略的进一步拓展和延伸。学者对农户生计可持续性进行了进一步探究。李玉恒等（2019）再次强调农户受教育程度的重要性，指出农户受教育程度制约其提高生计水平和获取稳定收入的能力。李云新等（2019）认为资本下乡对农户生计环境和生计资本优化作用和冲击效应并存，资本嵌入性、地域特征、政府定位等均会影响农户生计可持续性。李创等（2020）发现农户在外部环境和生计资本的制约下，面临生存型、能力型、发展型贫困问题。杨琨等（2020）对于失地农户的未来生计持悲观态度，他们发现生计多样性是造成生计结果差异的重要原因，大部分失地农户可以维持现有家庭生计，但还无法实现可持续性生计目标。

2021年3月11日，党的十三届全国人大四次会议表决通过了《中华人民共和国国民经济和社会发展第十四个五年规划和2035年远景目标纲要》，提出坚持农业农村优先发展，全面推进乡村振兴，学者尝试从金融、福利、电商等角度探究农户生计可持续性问题。孟凡钊等（2021）认为生计压力迫使自主销售户开辟经营渠道的同时，也会导致该类用户缺乏进入电商行业的动力，并对此给出相应的驱动性建议。

王晶等（2021）认为数字金融使用提高了农户从事非农就业积极性，且不会影响农户的林业、畜牧业及务工收入比重，大力支持农村数字金融发展是促进农户生计多样化的重要措施。吴嘉莘等（2022）认为构建新型农业经营体系成为农户提升可持续生计的重要抓手。张鹏等（2022）提出在数字经济时代下，利用"互联网+"优化农村土地资源配置和提升农户可持续生计水平具有重要意义。陆继霞等（2022）发现部分农户由于进城失败、土地情结或土地流转到期等原因产生生计方式的"再小农化"，实际上是农户发挥自主性与能动性，兼顾个人发展与家庭生计的表现。

三 "农户可持续生计"研究主要结论与相关建议

（一）研究主要结论

基于对国内外农户可持续生计相关研究的计量分析，可获得如下主要结论。

1. 国内亟须推进"农户可持续生计"高质量成果集的构建

从发文量来看，国外研究起步早，发文量大，2002 年以来虽有小幅波动但整体分四阶段上升趋势，国内研究起步较晚，2004 年以来发文量总体呈三阶段跳跃式攀升。但从文献数量总体趋势上看，国内外学者在该领域的发文量逐年增长，说明"农户可持续生计"受到学术界越来越多的关注。

在研究的作者、机构及核心期刊主题方面，国外已建立起 *Sustainability*、*Environment Development and Sustainability*、*World Development* 等以"可持续性""发展"为主题的核心期刊，国外学者的相关研究高度集中于这类期刊中，因此国外研究机构已经具有一定规模，机构间合作较为密切，合作关系更广泛、强度更大。但国内相关研究相对平均分散于《生态学报》《中国土地科学》《地理科学进展》等核心期刊中，学者和机构间合作密度相对较小，跨区域、跨机构的合作关系比较匮乏，因此需要进一步加强合作，整合研究力量，高效推进相关研究的进展，推动以"可持续性"或"发展"为主题的高质量成果集。

2. 国内外相关研究的内容与重点殊途同归

由于国内外在社会制度及经济发展水平等方面的差异，各地农户生计呈现不同的特点，学者对于农户可持续生计的研究内容多样，侧重点不尽相同。国外学者多研究产业发展对于农户生计的影响，他们通过探索产业对农户生计的影响机制提出政策性建议。

而中国作为社会主义国家，政府对于农户生计的政策支持对学术研究具有一定指导性，政府通过推动农户就业、农村教育、产业投资、易地搬迁等措施，增加农户生计资本，提高农户生计能力，最终实现农户生计的可持续发展，这些措施在实践过程中的有效性和完善路径是国内学者探讨的重点。但国内外相关研究均以保障贫困人口权益、实现其可持续发展为最终落脚点。

（二）研究相关建议

上述关于"农户可持续生计"研究文献计量分析的结果表明，国内亟须推进高质量成果集的构建，结合相关研究现状，可针对性地从多学科参与、扩展研究外延及加强多方合作三方面去推进。

1. 鼓励多学科参与

"农业经济"是现阶段探究"农户可持续生计"的主要学科。农户生计的可持续性受多种因素影响，农户个人特征（受教育程度、心理特征等）；农户家庭特征（家庭经济来源、劳动力数量等）；农户所处地理环境状况（农地资源禀赋、交通便利程度等）；基层政府治理水平（扶农政策执行力度、是否存在贪污腐败）等，这些因素会对农户生计产生综合作用。因此，需要鼓励"地理学""心理学""教育学""气象学"等多学科交叉研究，丰富理论体系，为农户可持续生计的研究提供多方视角。

2. 扩展研究的外延

目前，国内研究大多基于可持续分析框架，定量研究特定区域农户生计问题，在方法和内容上具有同质性，科研创新不足。学者需要跳出原有思维模式，不仅从微观层面出发，关注农户拥有的生计资本，更应对农户发展能力进行进一步探索。

3. 加强合作实现共赢

科研合作是实现资源合理配置的重要手段，能避免重复劳动，形成新思想。因此，应加强学者、机构间的合作，形成合作机制，推动跨国、跨区域合作，实现科研成果的高效转化，构建高质量成果集，形成合作共赢的学术环境。

第四节 "农地流转风险"与"农户可持续生计"研究进展评述

一 "农地流转风险"相关研究

国内外学者关于"农地流转风险"相关研究的背景、起点、重点以及方式方法有较大差别（陈振，2021）。国外大多数国家实行农地私有制，而中国实行农地全民所有制和集体所有制，所有制的根本差异导致国外学者对真正意义上的"农地流转"① 研究较少，针对"农地流转

---

① 在集体所有权和农地农业性质不变，农业综合生产能力和生态环境有效保护的前提下，拥有承包经营权的农户，依法、自愿、有偿将部分或全部承包的土地上附着的土地经营权（及派生权利）以转包、转让、互换、出租、入股等形式转移至其他经济主体的活动。

风险"的研究更为缺乏，相关文献多为中国学者以中国"农地流转风险"为对象发表的外文文献。但也正是由于国外实行土地私有制，国外土地产权交易相对国内十分频繁，土地市场相对发达，相关理论与研究相对丰富完善。实际上，中国农地流转本质上也属于土地产权交易中的一种，但因实行土地公有制，土地产权交易不涉及"所有权"，而是"使用权"或"经营权"，农地流转所引发的风险，也产生于这种权属转换的过程当中。因此导致了国内外学者关于"农地流转风险"相关研究成果的差异。

（一）国外研究动态

国外针对"农地流转风险"的相关研究中，基础理论层面的研究并不多，多数学者主要结合各国经济、政治、环境等现实条件进行了实证研究。总体上可分为农地流转风险影响、农地流转风险因子以及农地流转风险防范三类研究。

1. 关于农地流转风险影响的研究

Promsopha 等（2015）提出通过非土地风险应对机制获得良好保险的家庭预计会比其他家庭更频繁地进行土地流转，与使用租赁、免费贷款、赠与等其他类型保障未来生计方式的家庭相比，出售土地家庭更不容易受到伤害。Mao Hui 等（2021）研究发现农地流转对农户绿色生产行为具有抑制作用，且这种抑制作用在风险规避型农户、本地农户和少数民族农户中更为显著，而土地使用权年限提高可以促进大户农户绿色生产行为。因此中国政府需要进一步推动土地向大户流转，提高土地所有权的稳定性，对异质农户采取差异化政策，鼓励其绿色生产；Liu Zhen（2022）发现 2020 年中国内蒙古太仆寺旗地区的 64.3% 的农村人口已迁移到其他地区，耕地面积在过去五年中增加了 10% 以上。一方面，农地流转帮助解决了农业劳动力短缺问题，增加了农户收入，鼓励了农户的开垦活动。另一方面，在中国的土地保护制度下，农牧交错带耕地扩张会带来一系列负面影响或风险，可能导致地下水资源的过度利用和土地荒漠化。

2. 关于农地流转风险因子[①]的研究

Latruffe 等（2008）研究了 1995—2001 年私人交易对捷克农业土地

---

① 促进或引起风险事件发生的条件以及风险事件发生时，致使损失增加、扩大的条件。

价格几种支持类型的影响后，发现持续的资本化将对农业部门的公共支持转化为土地价格，导致了农地大量流转，收益部分转移给了土地所有者，而不是生产者，从而威胁到农业活动，带来一定的风险；Han Hongyun 等（2018）基于微观层面数据的契约框架及其决定因素的实证研究表明，农地产权登记政策对契约框架具有显著影响，构建利益共享和风险共享的契约是农地流转的核心前提。

Deng Xin 等（2019）试图从灾害管理的角度为完善农村土地流转市场保障粮食安全提供一些实践参考。在研究中国的饥荒经历对土地流转方向和规模的长期影响时发现，饥荒前出生的群体租出土地数量趋于减少，租入土地数量趋于增加；早期经历过饥荒的人（1—6 岁或 7—17 岁）更有可能减少出租土地，增加出租土地；Wang Yahui 等（2019）认为中国农村养老保障制度的缺失或不稳定，已成为老龄化背景下农户土地使用权流转的重要障碍，政府应进一步鼓励农户在老龄化背景下增加养老保险的覆盖面和保险金额。同时，建立促进土地流转的平台，提供土地供求信息，降低土地租赁市场的交易成本，减少农地流转风险的发生。

3. 关于农地流转风险防范的研究

Yagura（2015）对柬埔寨三个典型水稻种植村的数据分析显示，柬埔寨农村地区在 20 世纪 80 年代早期土地重新分配之后，农地买卖和代际资产转移可能会加剧第二代夫妇（20 世纪 80 年代土地重新分配后结婚的夫妻）土地持有不平等的现象，引入遗产税可能会抑制这种土地持有不平等的加剧，同时政府需在农村和城市地区创造高薪就业机会，并帮助土地禀赋较小的农村家庭经营非农企业；Kong Xuesong 等（2018）为降低农村人口大规模向城市转移所导致的城市土地短缺、农村宅基地利用效率低下的风险，提出了一套新颖的农村宅基地流转系统，强调所有权、居住权和居住人的分离，土地价值与附属建筑和耐用消费品价值的分离，以及集体成员之间的利润共享；Liu Hongbin 等（2020）通过构建两阶段（认知—决策）理论框架，探讨农户在农村集体建设用地市场化过程中的决策问题，认为政府为了降低农户决策风险、提升农户价值感知，应从加强集体经济组织建设、土地增值收益共享机制、明晰农村土地产权等方面完善现有农村土地使用权市场准入制度。

Zhang Bangbang 等（2021）认为中国城镇化过程中对土地财政的过度依赖，带来了损害后代利益的风险，因此需要从"土地城镇化"向"人口城镇化"的转变。强调建立土地生态综合保护体系以及在一级土地市场上推动灵活的租赁机制；Zheng Hongguang 等（2021）以 2014—2020 年法院关于中国农村土地抵押贷款违约的判决为依据，分析不同时期、不同地点农户违约的特征。实证结果表明，中国农村土地抵押贷款违约案件的时空分布较为广泛，尤其是黑龙江省。在违约判断中，5万—10 万元贷款金额和 1 年贷款期限所占比例最高。金融机构在制定农村土地经营权抵押贷款政策时，应在贷款金额、贷款期限、贷款利率等方面给予农户最优惠的待遇。完善农户社会保障，加强农业保险。同时，应加强对小额短期贷款农户的信贷审查，以防范土地抵押贷款违约风险。

（二）国内研究动态

中国对农地流转风险的研究起步较晚。在国家的推动下，当农地流转大规模、快速地发展后，随之产生的各种风险引起了学者和实务界的广泛关注，特别是在经济发展相对滞后的西北地区。现有的研究主要集中在农地流转风险类别、农地流转风险成因、农地流转风险评估、农地流转风险防范措施以及相关研究方法运用与选择四个方面。

1. 关于农地流转风险类别的研究

学者基于不同的研究视角与目的，识别出不同的风险环境，尽管具体的风险类别不同，但基本可归于以下四个大类。首先，"经济风险环境"。朱强等（2012）认为在短期内，农地经营权流转使农户不仅换取了补偿，还得到一定的实惠。但从长远来看，随区位条件的变化及土地市场价值不断增加，但流转合同缺乏弹性机制，农户获得收益不断贬值，长此以往转出方将面临经济收益受损的风险；陈振等（2018）认为，资本下乡介入农地流转可以实现农村地区人、地、资本的协调发展，但同时也可能引发复杂多样的风险问题，已经成为农村经济社会转型的两难选择。

其次，"社会风险环境"。李长健等（2014）认为代际公平视域下，农村土地流转过度集中会产生损害后代农户土地上的生存权与发展权以及农业产业的可持续发展等风险；马贤磊等（2016）认为中国多数地区仍存在流转活力不足、结构不协调以及盲目强制流转损害农户权益等风险；赵俊等（2021）按农地流转契约签订前、中、后三阶段将农地流转风险识别结果分为逆向选择风险、道德失范风险和收益落差风险三种，并认为可通过事前预警模块和事后控制模块实现风险的有效规避。

再次，"生态风险环境"。程明华（2014）认为大规模农地流转会带来农地非粮化、非农化等问题，不仅破坏了土壤质地，也使原有的人文生态面临被破坏的风险；程相友等（2016）认为农地流转能够形成适度的规模经营，从而能够有效降低生产成本、增强产品的市场竞争力，但农地流转后引起的农地种植结构调整，促使农商追求高附加值和高产量，导致农药化肥使用量大量增加，使农业生态系统面临潜在的生态环境风险；吴冠岑等（2020）认为农地转入户在承包农地后往往倾向于从个人利益出发，为了经济收益大量使用化肥、农药，对土地进行掠夺式开发，使农地面临土壤污染、生态恢复能力退化等风险；王玲等（2021）认为农地流转过程中，经营者在资本驱使下，一味追逐农地流转中经济利益的最大化，忽视土地自身的承载力，从而导致农户面临公地悲剧的风险。

最后，"政治风险环境"。杜书云等（2020）提出大规模的农地流转会导致农地过度集中化，并呈现私有化的倾向，长此以往会动摇中国土地根本制度，使中国面临巨大的政治风险。当然，各类别风险之间的界限并不是绝对清晰的，这主要是源于任何风险自身都可能带来损失的特质，但可以依据分析视角的侧重点归于不同的类别。

2. 关于农地流转风险成因的研究

关于农地流转风险的成因，不同的研究者基于不同的研究视角，提出不同的见解，包括信息不对称、市场因素、环境规制、相关制度及道德风险等方面。姜晓萍等（2011）认为农地流转双方的道德风险、非合作博弈行为、过分追逐较低的交易成本以及地方政府的悖论性行为是形成农地流转风险的重要原因；李毅等（2016）对浙江省某乡镇农地流转风险形成机理的分析表明，农地流转风险是由环境规制制度、市场因素等原因相互作用下形成；李景刚等（2022）利用熵权法对广东省21个地市的农地流转风险进行定量评价和分析，指出信息不对称、道德风险及村集体强制介入是农地流转过程中，农户权益面临损害风险的关键，因此审慎推进农地流转才是明智之举。

3. 关于农地流转风险评估的研究

学者对农地流转风险评估的研究主要体现在采用不同的方法评估相关风险的等级方面，且多为定量分析的方法。吴冠岑等（2013）运用风险矩阵对乡村土地旅游化流转风险进行了初步评价，认为土地收益分配不公、土地利用结构失衡、粮食安全及土地生态退化等是乡村土地旅游化带来的较为重要的农地流转风险；关江华（2014）采用农户生计资产量化法分析得到农户家庭抗风险能力及农户家庭类型，为研究农地流转风险问题提供了一个新的视角；李玉龙等（2015）构建了一个由土地流转市场建设、保障机制与制度、非农就业驱动以及农业技术发展四个子目标组成的区域农村土地流转成熟度评价指标体系，然后应用层次分析法设计了一个适合判断土地持有者（农户）对土地流转成熟程度认知的评价方法。

4. 关于农地流转风险防范措施的研究

风险防范是农地流转风险管理的最后一步，国内大多数学者遵循传统的"问题—对策"思维逻辑对农地流转可能引发的各类风险提出针对性的防范措施，主要集中在政策制度、市场监管、政府行为及农地流转双方行为等方面。林旭（2009）从农地流转可能带来失业、失地、失去保护屏障及粮食安全等风险角度，提出需完善农村基层治理机制、充分发挥农户主体作用以及建立农地流转风险预警机制等风险防范措施；胡大武等（2010）针对中国农地流转中的粮食安全风险提出建立耕地保护区域补偿机制、严格执行耕地占补制度、完善农业财政补贴和粮食安全法律法规等措施。

常伟等（2015）认为提高政府资源整合能力、建立风险评估机制、提高农户养老保障水平以及促进农业保险投资是应对大规模农地流转所带来风险的最佳防范措施；牛星等（2018）针对上海涉农郊区这类农地流转行为活跃的地区，从不同主体视角下对农地流转风险进行识别与评价，认为对农地流入方应同时从国家和地方层面合理制定农地经营的补贴政策并确保政策可持续性，对农地流出方应着重构建城乡一体化的社会保障系统，增强其法律和政策意识来防范农地流转风险；沈素

（2021）认为"反租倒包"流转农地相比其他农地流转模式独具优势，在这种模式下，应注重明确流转合同以防承租人恶意拖欠流转租金、构建"反租倒包"承租人考核机制等方式科学防范农地流转风险。

二 "农户可持续生计"相关研究

"可持续生计"由 Chambers 等（1992）首次定义后，被认为是可持续生计框架研究的起点。其基础理论的研究在 21 世纪初达到巅峰，以 2000 年英国国际发展署（DFID）围绕解决贫困问题在《可持续生计指南》中提出的可持续生计分析框架（Sustainable Livelihoods Framework，SLF）最具代表性，并在学术界得到广泛的认可，为后来可持续性研究发挥引领性作用。可持续生计的概念最初是为了解决农村地区贫困人口的发展问题而被提出，因此"农户可持续生计"是可持续生计研究领域中最重要的一个组成部分。

当前学术界绝大多数学者都以 DFID 提出的 SLF 框架为基础，根据不同地区的时空背景、政策制度等条件进行实证研究，但在基础理论层面并未取得较大的突破，即使涉及理论研究，学者大多是基于不同学科专业对 SLF 框架进行结合与拓展，如 Addinsall 等（2015）将农业生态学和可持续生计方法相结合，通过对瓦努阿图和斐济 2013—2014 年的参与性研究进行文献分析，最终形成了综合农业生态和可持续农村生计框架（ASRLF）。

（一）国外研究动态

国外尤其是西方发达国家，对"农户可持续生计"相关领域的研究起步较早，基础理论相对完善。国外学者在该领域的研究可分为政策的研究、脆弱性背景的研究和框架内的研究三种类型。

1. 关于农户可持续生计政策的研究

国外学者关于农户可持续生计政策方面的研究主要集中在解释政策对农户可持续生计的影响并改善政策措施等方面。如 Jacobs 等（2012）应用可持续农村生计方法分析南非西海岸地区农村贫困人口生活和工作的数据，认为尽管一些农户是土地改革受益者，似乎正在积累财富（土地、牲畜和一些金融资本），但依赖当地农业劳动力市场的工人却陷入了资产匮乏；Gao Wenwen 等（2021）借鉴美洲开发银行政策背景下移民安置可能存在的问题和建议，以安置地点和安置目标为分类标准，总结了中国土地利用增减平衡（IDB）政策实施过程中的农村安置路径，分析了每条路径的特点及其对人们生活条件和社会关系的影响。指出 IDB 政策为在严格的土地利用规划框架内缓解城乡土地利用之间的矛盾提供了机会，但从长远来看，由于不同路径对被安置农户的影响不同，以及农村安置后可能存在的问题，目前尚不清楚 IDB 政策的实施是否有利于农户生计的可持续发展。

Cheng Peng 等（2021）认为中国广西北海市合浦县北部湾严格的海岸生态保护政策对积极参与海岸生态保护的沿海农户的自然资本和社会资本产生了显著影响，并提出了构建沿海生态补偿机制；Su Fang 等（2021）从中国陕西省秦巴山区 24 个农村公社的实地观察和深度访谈，收集了 414 个农户的数据，认为发展地方产业和政府财政支持可以改善农户的可持续生计，消除绝对贫困，且扶贫措施与可持续生计的自然资本和社会资本之间存在正相关关系。

2. 关于农户生计脆弱性背景的研究

国外学者对农户生计脆弱性背景的研究十分重视，尤其注重自然环境脆弱性背景与农户生计可持续性的相互影响。如 Córdova 等（2018）对赞比亚卡扬比的当地农户进行研究时发现，农林复合系统具有较大的农业生物多样性、更多元化的农户生计、能改善土地使用权保障和家庭收入，且与传统灌溉系统相比，灌溉来源更加多样化，对降雨的依赖更少，因此对改善山区小农可持续生计方面具有重要作用；Woyesa 等（2021）在研究咖啡旅游对埃塞俄比亚西南部可持续生计和保护的潜力时提出了咖啡旅游可持续发展的模式，但研究发现，对特色森林咖啡进行认证并不能降低由于森林和半森林咖啡可持续性兼容的生产系统产量，净利润较低，导致农户转向农业后对潮湿的山地生态系统和野生阿拉比卡咖啡基因库的生存产生威胁。因此应建立一个可持续的咖啡旅游生计模式，同时兼顾保护环境和改善农户生计，使该地区成为一个小环境旅游目的地。

同时，国外学者也注重对其他类型生计风险的防治研究。如 Gobien 等（2016）在柬埔寨村庄进行"实地实验"时发现，在发展中国家，村民之间的互助往往是抵御经济冲击的唯一手段；Wang Wei 等（2021）采用 Tobit 模型探讨不同类型风险对农户实现可持续生计的影响，结果表明环境风险、慢性病风险和重大疾病风险均对农户可持续生计能力产生显著的负向影响，且重大疾病和慢性疾病风险对平原地区农户实现可持续生计的影响强于环境风险的相关影响，在中国环境风险复杂多样，是影响山区农户实现可持续生计的最重要因素；You Heyuan 等（2017）通过构建可持续生计安全指数（SLS）对中国省级农户可持续生计安全水平及其生态安全、经济效率和社会公平三个组成部分进行了评价，表明不同省区可持续生计安全指数及其构成要素存在差异，西部省区受影响最大，西部省份的经济效率和社会公平最不安全，东部和中部省份的经济效率最安全，东部省份的社会公平最安全。应根据当地区域情况制定旨在改善农户可持续生计安全的政策。

3. 关于农户可持续生计框架内的研究

生计资本和生计策略是可持续生计分析框架中最重要的两个部分，国外学者关于农户可持续生计框架内的研究多集中在这两部分。如 Wang Chengchao 等（2016）认为农户的生计可持续性存在较大差异。其中非农收入比重越高，生计可持续性也就越高。除了非农就业，农业专业化可能是实现可持续生计的另一个可行途径。而代际可持续性是农户长期生计分化的主要原因之一。Jendoubi 等（2020）在突尼斯农村地区农户可持续生计的研究中发现，高生计资产类别的农户选择经济回报而不是环境效益，低生计资产类别的农户制定了不适当的生计策略，但由于其获得生计资产的机会低，所以对土地发展的贡献较低，这是因为这些农户更关心他们眼前的生计和生存限制，而不是中长期的可持续土地管理。

Xiong Feixue 等（2021）认为社会资本指数、社会网络和社会参与度对中国江西省脱贫农户可持续生计能力均有显著正影响，且对可持续生计能力较低的家庭贡献最大，因此应该从多维度提升脱贫农户的社会资本积累以提升农户可持续生计能力；Yu Wei 等（2022）分析了乡村旅游对沂蒙山区长山村的农户可持续生计影响，并认为旅游对农户生计资本具有显著影响。此外，生计种类的增加和生计策略灵活性的提升也是积极调整经济效益和社会效益的结果。

（二）国内研究动态

从 1992 年可持续生计首次提出至今 30 年间，国内学者围绕农户可

74

持续生计框架的五个方面，即脆弱性背景、生计资本、生计策略、社会结构与过程转变和生计结果，开展了大量的实证研究，尤其以生计资本和生计策略的研究最多。国内关于农户可持续生计的研究主要从以下三个方面开展。

1. 关于农户可持续生计风险与脆弱性背景的研究

国内学者基于不同视角对农户可持续生计风险与脆弱性背景进行研究，主要集中在自然地理环境和生计改善政策两个方面。其中不同地区的自然地理环境是学者最常用的研究切入点。如韩文文等（2016）认为农户缺乏必要生计资本和外部地理环境敏感性的胁迫是宁夏海原县农户生计脆弱的本质原因，且生计资本结构和生计策略一元化是导致脆弱性风险长期积累的主要原因；何仁伟等（2018）在对四川凉山的脆弱性空间差异分析研究中发现，高寒山区农户生计最脆弱，致贫风险最高；二半山区①脆弱性明显，致贫风险较高；河谷区、山坡区脆弱性较低，致贫风险低。且造成脆弱性及致贫风险空间差异的原因既包括自然条件的胁迫，也包括少数民族人口能力素质的不足、文化习俗和思想观念的制约。

不同地区的生计改善政策及其影响是国内学者另一个重要的关注点。如赵雪雁等（2012）认为生态补偿政策不仅对农户生计资本结构的影响具有区域性差异，还对农户各生计资本关系的影响也具有区域性差异；高博发等（2022）在陕西省后续扶贫政策、家庭资源禀赋对易地搬迁农户可持续生计风险的实证分析中发现，政府的经济补贴对农户可持续生计风险有显著负向作用，但技能培训或产业帮扶对其生计风险总体水平的影响并不显著；李国平等（2022）认为，生态补偿政策对国家重点生态功能区农户的可持续生计具有正向影响，且有利于改善当地收入状况。

2. 关于农户可持续生计资本与生计策略的研究

"农户可持续生计资本与策略"的研究一直受到国内学者的高度关注，主要集中在对不同地区农户生计资本与生计策略的关系研究。如苏

---

① "二半山区"是指在特殊地理范围内由于海拔高差大，所形成的立体气候特点的山区。这类山区一半具有河谷地带的特点，另一半具有高寒山区的气候特征。

芳等（2009）对张掖市甘州区农户的生计资本与生计策略关系进行研究，发现短期内金融资本是促进农户选择非农生计策略的最大动力；伍艳（2015）认为农户种植经济作物的面积和拥有牲畜数量的增加与农户选择农业专业型生计策略显著正相关，而农户获得信贷的情况和家庭是否有干部与非农单一化生计策略的选择显著正相关；徐定德等（2015）认为，提高西南典型山区农户的人力资本和金融资本，降低其自然资本，有利于农户生计策略由纯农型向非农型转化。

薛东前等（2019）认为，陕北黄陵县人力资本指数高的农户倾向于外地兼农，物质资本和社会资本指数高的农户倾向于当地兼农，农户生计策略的选择和转变是建立在自身资本结构上的，其往往向着发挥生计资本优势、规避生计资本短板的方向调整生计策略，进而达到提高整体生计资本水平的目的。贺梅英等（2022）从多维农户生计资本的视角研究农户的技术采用行为，发现农户生计资本中的人力资本、社会资本、金融资本、自然资本和物质资本五个方面均不同程度影响着农户生产技术采用与效率；李国平等（2022）对陕北黄土高原贫困农户生计策略对生计资本的敏感性研究中，发现人力资本、金融资本和社会资本的增加对农户非农型生计策略的选择有正向作用，而自然资本、物质资本的增加对非农型生计策略的选择有负向作用。

3. 关于农户可持续生计能力的研究

关于农户可持续生计能力的研究，国内学者主要通过对农户生计资本存量与结构的测量来表征农户可持续生计能力。如丁士军等（2016）采用可持续生计框架并利用因子分析及因子综合得分法，从水平和结构两个维度来测度农户可持续生计能力；刘伟等（2019）通过选择基于生计资本测量农户生计能力的方法与倾向得分匹配法（PSM）结合，探讨易地扶贫搬迁对农户可持续生计能力的影响，并指出易地扶贫搬迁对农户物质资本和生计资本总值产生显著的正向影响。

刘格格等（2022）改进了基于生计资本测量农户可持续生计能力的方法，并利用该方法评价生态补偿前后东平湖水源地农户可持续生计能力变化情况，研究表明当地农户可持续生计能力仍处于较弱水平，当地政府应致力于实施多样化的生态补偿方式；黄飞鸣等（2022）在金融素养测评框架（PISA）、可持续生计分析框架的基础上，构建针对中国农村"值守"群体的金融素养与可持续生计能力测评框架，发现农村"值守"群体金融素养水平的提高可显著增加其可持续生计能力。

三 农地流转风险对农户可持续生计影响研究

当前，学术界对农户可持续生计领域的相关研究成果丰富，国内外大多数学者的研究都以 DFID 提出的可持续生计分析框架（SLF）为基础，结合不同的政策制度和环境背景对农户生计进行实证研究。而农地流转风险的相关研究目前尚未形成统一的理论框架体系及高质量成果集。随着全国农地流转的大规模开展，自 2008 年召开党的十七届三中全会正式提出建立健全土地流转市场以来，学者逐渐开始探索农地流转风险与农户可持续生计的关系。

（一）国外研究动态

国外学者关于"农地流转风险对农户可持续生计影响"的研究相对较少，少有学者将农地流转过程中的风险与农户可持续生计联系起来进行讨论，更多学者注重农地流转与农户生计关系的探讨方面。

发展经济学对农户生计与土地交易关系进行研究，并认为当土地分配不适应生产力发展时，会同时出现土地市场和劳动力市场配置资源进行生产，二者相互影响，而且土地市场运作会对经济整体发展和农业经济效率产生根本性影响。可持续生计理论为研究农户生计资产提供指导。由于社会制度及农村土地产权制度存在较大差异，所以国外对农村土地流转风险和农户生计关系的研究在开始就与中国存在一定差异，学者关注较多的是农地流转与农户生计关系的探讨。

如 Promsopha（2015）用 2006 年越南的调查数据检验了"通过非土地风险应对机制获得良好保险的家庭预计将比其他家庭更频繁地进行土地流转"这一假设，发现与使用其他土地流转类型的家庭相比，出售土地家庭更不容易受到伤害，受教育程度更高，也更富有；Cai Jie 等（2019）对中国西部贫困地区土地出租对农户生计策略影响的研究中发现，农户在土地流转过程中地域上异质性，会不同程度地影响农户可持续生计，需要政府提出不同的政策支持；Guo Shili 等（2019）认为非农业劳动力/生计多样性指数所占比例越高，农地流出的可能性越大；非农业劳动力/生计多样性指数所占比例越低，农地流入的可能性越大。非农业就业型农户比纯农业就业型农户具有更高的物质资本、更高的人力资本、更高的金融资本收入和更大的流出地块面积。

Wang Wenwen 等（2021）将乡村立地条件（公共资源）与家庭生计资本（私人资本）区分开来，构建结构方程模型，探索农村立地条件（基于立地评估系统）和家庭生计资本（基于可持续生计框架）对农地流转的因果路径和量化影响程度。结果表明家庭生计资本对农业土地转让有显著影响；Cheng Ying 等（2022）认为土地禀赋对不同生计禀赋的农户是否流转土地的影响没有显著差异，但在相同的土地禀赋下，具有经济禀赋优势的农户更能利用自身禀赋优势通过正规渠道将土地流转出去，获得更高的收益收入。

（二）国内研究动态

当前国内学者针对"农地流转风险对农户可持续生计影响"的相关研究同样不多，且主要以省、市或典型村落为单位进行区域性研究，缺乏一定体系。

1. 关于特定区域农地流转与农户可持续生计关系相关研究

国内部分学者从特定区域范围内对农地流转与农户可持续生计关系进行了探讨，主要通过对比农地流转前后农户的生计状况以评价农地流转效果。如赵立娟等（2017）采用 Multinomial Logit 模型对内蒙古参与土地流转和未参与土地流转农户的生计模式进行了分析，发现农地流转通过多样化农户生计策略提升农户生计水平；梅昀等（2019）认为农户生计满意度是农地流转绩效的终端评价，并通过构建农户生计满意度评价体系来评价武汉城市圈农户的农地流转绩效，发现影响农地流转绩效最重要的因素是农户的政策资本、自然资本和心理资本；王燕等（2020）基于西部 6 个省份的调研分析，认为农户参与农地流转能够有效促进其家庭收入增加，且不同流转方向对农户收入增长路径影响不同。

2. 农地流转中存在问题对农户生计可持续性影响的相关研究

学者基于不同的对象探讨了农地流转中相关因素对农户可持续性生计的影响。一种观点认为，农地流转能够促进农户就业和创业，有较好的减贫效应，利于提高农户可持续生计。如杨子砚等（2020）发现外出务工使农户流转农地的概率提高了 1.72 个百分点，农地流转使农户创业概率提高了 4.26 个百分点，农地流转在农村劳动力转移的形式升级中起到了重要的促进作用，且该作用在低收入组农户中更具显著性；

周京奎等（2020）认为农村贫困家庭农地转出是推动家庭职业分层和减贫的重要动力，且对土地价值较低的家庭具有更显著的减贫效应，贫困率越高的村，农地转出对提高家庭人均纯收入和降低家庭贫困发生率具有更显著的促进作用。

另一种观点认为，农地流转过程中的风险会导致农户生计资本存量和结构的改变，引起农户生计能力和生计策略的变动，从而可能对农户生计可持续性带来负面影响。张鹏等（2021）的观点具有代表性，他们认为土地的转出可能会剥夺农户的生计资源，导致农户的自然资本明显下降，且农户群体内存在异质性，对生计能力的改变也有所不同。田洁玫等（2014）运用 DEA 模型和案例分析法，分析南、北疆农地流转规模效益和农地转入方风险，发现相较于北疆而言，南疆农户面临生计、经营和交易三大风险。张会萍等（2016）利用双重差分模型研究土地流转对老年人生计结果与生计能力的影响，认为随着老年人人力资本降低，生计风险提高。陆继霞（2018）指出长期依赖土地生活的农户在农地流转后生计策略多样化，但生计无法持续，给农户带来更大风险。

3. 相关主题研究方法的运用与选择

国内学者在研究农地流转风险对农户可持续生计影响时，方法选择上趋于一致，其中多元线性回归模型多用于探索农地流转对农户生计脆弱性的影响研究，如刘志有等（2020）等通过熵值法和多元线性回归模型探究农地转入和转出户生计脆弱性微观动因，发现农地转入户的生计脆弱性低于转出户，且家庭劳动力数量、耕地机械化程度、流转交易费用等与转入户生计脆弱性显著相关。

在农地流转对农户生计资本和生计策略影响的研究中，学者较多使用 Logistic 模型和 Probit 模型，如陈美球等（2019）运用多项 Logit 模型实证分析了 7 大生计资本分化特征及其对农户生计策略影响的规律，结果表明土地转出后，不同生计策略类型的农户在单项生计资本指标和生计资本总指数上均存在不同的分化特征；薛东前等（2021）在问卷和实地调查的基础上，运用 Logistic 回归分析模型等研究方法，对土地利用结构变化对农户生计策略选择的影响和农户未来生计策略选择趋向进行分析。结果表明，土地流转对于农户选择生计策略影响较大，土地流转后农户选择非农户生计策略的可能性最高；张建等（2020）采用多元 Probit 模型实证检验了土地流转与农户非农劳动力转移和经济作物种植等生计策略的关系与农地流转规模相关，且土地流转是否影响农户生计多样化决策还取决于地区机械化程度。

也有学者运用倍差法（DID）来分析农地流转对农户生计资本或生计策略的影响，如赵立娟等（2020）将倍差法（DID）与倾向得分匹配法（PSM）相结合，发现农地转出会阻碍农户采取农业型和农兼型生计策略，但会促进农户选择非农型生计，而对兼农型生计策略没有显著影响；赵立娟等（2021）将倍差法（DID）和最小二乘法（OLS）结合以探究农地转出行为对农户生计资本所产生的影响，指出农地转出不利于农户的自然和社会资本积累，但利于其物质、金融和人力资本的产生。

四 "农地流转风险"与"农户可持续生计"国内外研究评述

（一）关于"农地流转风险"相关研究的评述

"农地流转风险"领域的相关研究，在风险的识别、评估与防范及其驱动因素等方面取得一定研究成果，但仍存在以下几点局限：第一，现有研究分别从经济、社会、生态和政治等方面对农地流转的潜在风险进行了一定程度的探索，但总体局限于宏观层面，对农地流转不同阶段及其风险所涉及的不同相关主体缺乏深入的分析。

第二，农地流转风险源交错复杂、风险间相互联系，但现有研究大多对农地流转过程中的个别风险进行独立分析，忽略风险的扩散与风险之间的联系，对农地流转风险的评估缺乏科学性。

第三，在农地流转风险防范方面，现有研究大多遵循"问题—对策"的传统模式，风险的防范措施仅适用于风险所造成的负向效应，对风险源及产生风险的本质原因缺乏深入的探究，导致最终提出的农地流转风险防范措施针对性和有效性不足。

第四，现有研究实证分析样本量偏小，缺乏基于全国范围大样本数据的实证分析。鉴于此，研究以中国西部地区的 12 个省份为对象区域，在探析农地流转相关主体之间博弈行为的基础上，识别出西部地区农地流转面临的主要风险，并考量了其主要的风险源。在此基础上运用网络层次分析法，考虑各风险之间的关联，对西部地区农地流转的风险进行了评估，并在前述定性与定量分析的基础上结合农地流转政策实施的绩效提出了风险防范的相关对策建议。

（二）关于"农户可持续生计"相关研究的评述

"农户可持续生计"领域的相关研究中，现有文献从脆弱性背景、生计资本、生计策略、生计能力、政策效应等角度对农户可持续生计进行了大量研究，取得丰富的研究成果，但农户可持续生计还存在以下问题：第一，自 2000 年英国 DFID 机构提出的可持续生计分析框架（SLF）并被学术界广泛接受后，可持续生计领域少有基础理论的讨论及突破性的进展，现有研究在理论分析和实证研究中对量化农户可持续生计仍存在模糊性和不确定性。

第二，可持续生计是一个动态发展的概念，但现有文献大多注重通过构建指标评价体系对某一个时间点或时间段进行可持续生计的静态研究，缺乏对可持续生计的动态研究。

第三，现有文献对农户可持续生计的研究过于注重对农户生计资本和生计策略选择之间的关系探索，少有学者以系统性、循环性的视角看待农户可持续生计问题，缺乏农户生计结果对脆弱性背景、生计资本及生计策略等方面的反向影响方面的研究。对此，以前人成果为基础，研究充分结合中国政策背景、经济环境与历史文化以及西部地区 12 个省份的调研样本特征，对农户可持续生计的相关主体、生计内容以及农地流转前后农户的生计特征进行了详细的界定与归纳，并对农户可持续生计安全性进行评价。在此基础上，研究提出针对性的政策建议，并对其未来发展趋势进行系统性预测。

（三）"农地流转风险影响农户可持续生计"相关研究的评述

现有的文献分别从农户的异质性、农地流转的因果路径、土地禀赋等角度探索了"农地流转对农户可持续生计的影响"，并取得一定研究成果，为探究"农地流转风险影响农户可持续生计"提供了丰富的研究视角、扎实的基础理论与方法借鉴。但由于土地流转农户异质性强、农地流转与各生计要素关系模糊以及研究方法适用性不足等原因，导致当前"农地流转风险对农户可持续生计影响"研究的理论体系还处于探索起步阶段，学术界少有学者针对该领域进行系统的研究。农地流转是现有土地制度下解决传统小农经营难以适应现代化农业生产最适宜的办法，但在实践过程中也存在诸多风险，这些风险很可能通过改变农户生计资本作用于农户生计结果。

农户可持续生计水平的提升是他们取得收获感、幸福感及安全感的基础，也是乡村振兴的目标实现的落脚点。历史与现实多种原因的交错导致中国西部地区农村的发展相对滞后，在追赶超越全国中东部等其他区域发展的过程中，农地流转的面积呈现出"井喷式"状态，而相对延迟发展带来的观念、配套制度及政府执行力等相关影响因素的滞后却难以与这种"井喷式"发展态势相匹配，成为农地流转发展的瓶颈，也引发了各种风险。

农地流转风险对农户可持续生计的影响有正效应也有负效应，而农地流转风险源于存在的风险因素，因此识别这些风险因素并对风险定量进行评估，探讨它对农户可持续生计的影响，特别是以经济相对滞后的西部地区为研究区域，不仅有利于集聚问题，减少干扰，清楚认识问题的本质，完善农地流转风险与农户可持续生计研究的理论体系。而且可以检验现有政策的效果，通过制度设计的完善减少农地流转带给农户的负效应，提高农户福利，促进农业供给侧改革顺利进行，对实现西部地区农地的高效流转，提升农户生计可持续生计水平，促进农村、农业及农户的发展具有重要的意义。

第三章

理论基础与研究框架构建

第一节　农地流转与可持续生计理论的发展演变

一　相关概念界定

（一）农户

国外在提及"农户"概念时主要指的是农场主，这一群体包括土地所有权拥有者（地主）和使用权拥有者（租地农场主）。租地农场主拥有土地使用权，可通过缴纳地租获得土地使用权进行规模经营。

"农户"在中国是农村社会的组成单元，不同历史时期和使用场景下，对"户"概念界定的侧重点是不同的。主要包括以户籍所在地为特征的"户籍户"、以拥有家庭承包经营权为标志的"承包经营户"和以血缘、婚姻关系为基础的"家庭户"，不同的"户"对应不同的基层管理内容。

《中华人民共和国民法典》（以下简称《民法典》）和《中华人民共和国农村土地承包法》（以下简称《农村土地承包法》）中均出现"农村承包经营户"的提法，《民法典》第五十五条规定农村集体经济组织的成员，依法取得农村土地承包经营权，从事家庭承包经营的，为农村承包经营户。农村承包经营户的债务，由从事农村土地承包经营的农户财产承担，此处的"农户"即指农村承包经营户。

农地流转过程中，农户作为参与主体，必须拥有土地权利才能实现转出行为，而获得发包方分配的土地须拥有土地承包资格，农村集体经济组织的成员被赋予这一权利。因此，在借鉴相关学者（吴昭军，

2016；王俊超，2020）对农户定义的基础上，研究将"农户"定义为：依法取得农村土地承包经营权，并实际获得土地的农村集体经济组织成员组成的家庭，即农村承包经营户。

西方经济学以"理性经济人"作为基本假设，认为人进行经济行为决策的依据是"以最小的成本追求最大的收益"。但实践证明，在信息不充分、个体认知差异等因素影响下，"经济人"的理性行为常常无法实现利益最大化，甚至出现无法被理解的"理性行为"。因此，研究认为农户是"有限理性经济人"，在进行生计决策时，受限于相关条件的约束无法获得完全信息进行最优生计策略的选择，同时受农村文化环境影响，农户从事经济活动时，虽然主观上期望，但客观上很难实现完全理性和完全利己。

（二）农地流转

1. 农地概念

农地是农地流转中的客体，《中华人民共和国土地管理法》（以下简称《土地管理法》）和《农村土地承包法》中均对农地概念进行了界定，但由于视角不同存在一定差异。《土地管理法》中明确农用地是指直接用于农业生产的土地，包括耕地、林地、草地、农田水利用地、养殖水面等。《农村土地承包法》中农地是指农民集体所有和国家所有依法由农民集体使用的耕地、林地、草地，以及其他依法用于农业的土地。研究借鉴以上法条对农地概念的界定，结合探讨主题的内容，将"农地"界定为：除林地和养殖水面外的耕地、草地等用于农业生产的土地，不包括农村建设用地和宅基地。

2021年1月26日，中国颁布新的《农村土地经营权流转管理办法》，并从当年3月1日起正式施行。该办法中对"农村土地经营权流转"中的"农地"进行了清晰的界定，认为农地是除林地、草地以外的，农民集体所有和国家所有依法由农民集体使用的耕地和其他用于农业的土地。这一界定与研究中所做界定基本一致，证明了研究中对农地界定的科学合理性。但该办法中"农地流转不包括草地"，与研究中的界定具有一定差异。草地与耕地等其他用于农业的土地具有类似的流转模式，同样面临流转风险，因此具有研究的必要性，可纳入研究的范畴。

2. 农地流转概念

土地的经济意义在于其权力属性，一旦被赋予排他性的占有权，那么土地就有了它的法律与经济意义，就成为一种资源与资产。在国外，并没有"农村土地经营权"的概念，尽管有"农地流转"的提法，但用得更多的是"农地交易（rural land transfer）"，是一种买卖或租赁关系。

中国尚未对"农地流转"概念作明确界定，但农地流转政策的不断完善使得"农地流转概念"逐渐明晰。国家有关法规文件中关于农地流转的前提、流转原则与流转形式等的限定是农地流转概念的主要来源。1984—2022 年，农地流转的命名、前提、流转原则和流转形式的表述均发生了一定程度的变化。

在 2002 年以前，农地流转主要指"农地使用权流转"，2002 年，中国共产党第十六次全国代表大会报告中用"土地承包经营权流转"替代了"农地使用权流转"，后来的各个文件中沿用了这一提法。到 2017 年，中国共产党第十九次全国代表大会报告中提出完善承包地"三权分置"制度。明确将土地承包经营权分割为承包权和经营权，农户流转的是"土地的经营权"。因此，2019 年《农村土地承包法》中采用"土地经营权流转"代替了原有"土地承包经营权流转"的表述。

农地流转的前提也发生了变化，但其核心要义是明晰农地所有权的性质和保护农地的农业用途。"坚持土地集体所有和不改变土地农业用途"是贯穿于农地流转政策演变始与终的前提。2007 年《中华人民共和国物权法》（以下简称《物权法》）增加了"农地流转的期限不得超过承包期的剩余期限"这一规定。2019 年《农村土地承包法》又将"不得破坏农业综合生产能力和农业生态环境；受让方须有农业经营能力或者资质；在同等条件下，本集体经济组织成员享有优先权"三条规定加入农地流转工作要求中。

农地流转的原则大致经历了经集体同意、依法流转、群众自愿、自愿有偿、依法自愿有偿五个阶段。流转形式也在发展中逐渐多样化，从 1984 年《关于一九八四年农村工作的通知》中明确提出经集体同意允许在集体内转包；1993 年《中共中央关于建立社会主义市场经济体制若干问题的决定》允许转包、入股等多种流转形式；1994 年《关于稳定和完善土地承包关系意见的通知》规定经发包方同意，可采取转包、转让、互换、入股的形式进行流转。

2003年《土地承包法》提出可通过转包、出租、互换、转让或其他方式流转农地；2007年《物权法》明确提出以招标、拍卖、公开协商等方式取得荒地等土地承包经营权，农村土地可以转让、入股、抵押或者以其他方式流转。2016年《农村承包土地的经营权抵押贷款试点暂行办法》允许土地经营权抵押贷款。

"土地流转"是学者早期对"农地流转"的主要表述方式。多数学者认为土地流转包括所有权流转和使用权流转，流转用途包括农业和非农业两个方面（吴晗，1996；阙祥才等，2005）。也有学者认为农地流转仅包括农地使用权的流转，是农户将土地使用权转给其他农户和组织的行为（张红宇，2002；钟涨宝等，2003）。

2002年，中国共产党第十六次全国代表大会报告用"土地承包经营权流转"替代了"农地使用权流转"表述后，学者在定义农地流转时多采用官方表述。也有学者将"农地承包经营权流转"简称为"农地流转"，但在对其进行定义时，仍然以使用权的转让或流通作为核心。学者普遍认为农地流转是不改变农业用途的流转方式，即农地流转是在不改变农业用途的基础上，拥有土地承包经营权的农户将土地经营权（使用权）转让给其他农户或经济组织并获得收益的行为（韩鹏，2006；孙云奋，2012；夏玉莲，2014）。

从2007年开始，学者对于"农地流转"的定义出现了权力分离趋势，在定义中不再将农地经营权视作一个整体，而是认为经营权是由多个土地权利组成的。农地流转是在农地所有权和农地用途不变的前提下，将部分或全部土地权利转移（交换）给其他主体的行为（黄振华，2010；朱述斌等，2011；汤茜，2012）。

部分学者认为农地流转包括所有权和使用权的流转，以流转权利的范围大小将农地流转划分为广义和狭义概念。广义的农地流转包括土地权利和功能的流转，包括土地所有权、使用权的转移和用途的改变。狭义的农地流转与前述学者对于经营权流转的概念保持基本一致，即仅包括经营权（使用权）的流转（胡建，2014；付江涛，2016）。

随着农地流转模式和原则的不断完善，学者将流转模式和原则纳入定义范围，农地流转的概念进一步完善。部分学者认为"农地流转"是在不改变农地权属和用途的前提下，依据依法、自愿、有偿的原则，通过转包、出租、互换、转让、入股等方式实现农地经营权在不同经济实体之间流转的经济活动（杨璐璐，2015；钱龙，2017）。

2017年，党的十九大报告中提出的完善承包地"三权"分置制度使学者关注的焦点再次聚集于对经营权的研究。经营权的流转以土地转出为标志，农户作为有限理性经济人，为实现利益最大化，可能选择转出部分农地。因此，农户转出的也是部分经营权。在这一背景下，学者倾向于将"农地流转"定义为：在集体所有权和农地用途不变的前提下，农户保留土地承包权，依法将部分或全部承包土地上附着的土地经营权（及其派生权利）转移至其他经济主体的（有偿）活动（李毅等，2016；周陶，2016；张戈，2017；卢华，2017；刘颖，2018；王倩，2019）。

研究以农地流转政策为导向，参考学者对农地流转概念的界定，将"农地流转"定义为：在集体所有权和农地农业性质不变，农业综合生产能力和生态环境被有效保护的前提下，拥有承包经营权的农户，依法、自愿、有偿地将部分或全部承包的土地上附着的土地经营权（及其派生权利）以转包、转让、互换、出租、入股等形式转移至其他经济主体的活动。

如前所述，2021年3月1日正式施行的《农村土地经营权流转管理办法》中，认为"农村土地经营权流转"是指在承包方与发包方承包关系保持不变的前提下，承包方依法在一定期限内将土地经营权部分或者全部交由他人自主开展农业生产经营的行为。这一界定与研究中对"农地流转"概念界定的本质相同，均符合当前农村客观现实。

（三）可持续生计

可持续生计思想最早出现于20世纪80年代末世界环境与发展委员会报告中，该报告强调维持或提升生产力获得财产、资源、收入、食品是满足生活所需的重要途径。1992年，"可持续生计"概念被联合国环境发展大会引入行动议程，将可持续生计与消除贫困挂钩。1995年《哥本哈根宣言》中主张通过充分就业使人民获得稳定生计（Chambers R. et al.，1992）。各国际机构在报告中所体现出的早期可持续生计思想是可持续生计概念的基础。

国外学者在此基础上进一步明晰"可持续生计"概念。Chambers和 Conway 于 1992 年对生计进行了界定，并对生计可持续性提出衡量标准。他们认为，生计包括能力和生活方式，食物、收入和资产（包括有形资产和无形资产）是维持生计的主要来源。生计的可持续性体现于环境可持续性和社会可持续性，当维持或提高一种生计所依赖的资产，并不存在外部性时，它在环境上是可持续的；当生计能从压力和冲击中得以恢复并为子孙后代提供生计时，它具有社会可持续性。Scoones（1998）认为生计包括谋生手段所需要的能力、资产（包括物质和社会资源）和活动，如果生计能够应付各种压力和冲击，并从中恢复，维持或加强其他能力和资产并不破坏自然资源基础，则认为生计具有可持续性。

国外学者对"可持续生计"概念的界定为国内学者研究农户生计问题奠定了基础。在国外机构与学者研究的基础上，中国社会科学院社会政策研究中心课题组于 2005 年对"可持续生计"的概念进行界定：可持续生计是指个人或家庭为改善长远的生活状况所拥有和获得的谋生的能力、资产和有收入的活动。在此框架内，资产的定义是广泛的，它不仅包括金融财产（如存款、土地经营权、生意或住房等），还包括个人的知识、技能、社交圈、社会关系和影响其生活相关的决策能力（中国社会科学院社会政策研究中心课题组，2005）。该概念被学者广泛引用，王明英（2006）、周易等（2012）、万亚胜（2017）均完整引用了上述概念。

孙绪民等（2007）认为"失地农民的可持续生计"是指"在法律许可范围内，失地农民个人或家庭所拥有或获得的能够不断改善其个人和家庭生活状况的生产性就业能力、资产或其他有收入的活动"。此处的资产，既包括存款、住房、土地经营权等有形资产，也包括知识、技能、社会关系等无形资产。这一概念的界定虽然与中国社会科学院社会政策研究中心课题组对"可持续生计"的界定存在一定差异，但两种概念界定的核心思想具有一致性。

在中国社会科学院社会政策研究中心课题组定义的"可持续生计"概念基础上，学者又根据 Chambers 和 Scoones 的定义进行了补充完善。

他们普遍认为，当个人或家庭为改善长远的生活状况所拥有和获得的谋生的能力、资产和有收入的活动能够在外界压力和冲击下得以恢复且不削弱自然资源基础时，这种生计被认为是可持续的。

虽然学者在研究中对"可持续生计"概念的表述略有不同，但均包含三个方面：一是承认能力、资产、收入活动是生计的组成部分；二是认为这种生计必须能够承受外来的压力和冲击；三是不得以破坏自然资源作为维持生计的代价。

综上，学术界对"可持续生计"的定义具有较为一致的认识。基于此，研究在已有成果的基础上将"可持续生计"界定为：当个人或家庭为改善长远的生活状况所拥有和获得的谋生的能力、资产和有收入的活动能够在外界压力和冲击下得以恢复且不削弱自然资源基础时，这种生计被认为是可持续的。其中资产不仅包括金融财产（如存款、土地经营权、生意或住房等），还包括个人的知识、技能、社交圈、社会关系和影响其生活相关的决策能力。

二 农地流转政策演变

中国农地流转的发展具有政策导向性，主要经历了禁止流转、初步开放、正式确立、鼓励引导、发展完善五个阶段（罗玉辉，2019）（见表3-1）。

表3-1 农地流转政策发展阶段

阶段	代表性文件	主要内容
禁止流转阶段（1978—1983年）	1982年《全国农村工作会议纪要》	社员承包的土地不准买卖、出租、转让、荒废，否则集体有权收回
初步开放阶段（1984—2001年）	1993年《中共中央关于建立社会主义市场经济体制若干问题的决定》	在不改变农村土地集体产权的前提下，可依法有偿转让土地使用权
正式确立阶段（2002—2007年）	2003年《中华人民共和国土地承包法》	明确提出"土地承包经营权流转"概念
鼓励引导阶段（2008—2014年）	2009年《关于促农业发展农民增收若干意见》	提出完善流转管理和服务，鼓励有条件的地方发展流转服务组织
发展完善阶段（2015年至今）	2017年《中国共产党第十九次全国代表大会上的报告》	正式提出完善承包地"三权分置"制度

（一）禁止流转阶段（1978—1983 年）

1978—1983 年中国明令禁止进行农地流转。1982 年中央一号文件《全国农村工作会议纪要》明确规定：社员承包的土地不准买卖、出租、转让、荒废，否则集体有权收回。这一时期，为了巩固与发展家庭联产承包责任制，国家禁止流转农地行为。同时为防止因家庭劳动力数量不足或质量变化而无力经营或转营他业造成土地荒废现象，设置了土地退出机制，即农户因主客观原因无法兼顾农业经营时可将农地退还集体。这一规定在一定程度上防止了农地资源浪费，其本质是集体内部农地资源的优化配置。

（二）初步开放阶段（1984—2001 年）

1984—2001 年国家初步放开农地流转。1984 年中央一号文件《关于一九八四年农村工作的通知》鼓励土地以转包的形式向种田能手集中，但自留地、承包地均不准买卖、出租、改变农业用途。1993 年《中共中央关于建立社会主义市场经济体制若干问题的决定》提出在不改变农村土地集体产权的前提下，可依法有偿转让土地使用权。同时，对少数经济较发达地区，在群众自愿的基础上可采用转包、入股等形式发展适度规模经营。

1994 年《关于稳定和完善土地承包关系意见的通知》提出建立土地承包经营权流转机制，在坚持土地集体所有和不改变土地农业用途的前提下，经发包方同意，可采取转包、转让、互换、入股多种形式进行流转，但各地要对土地承包经营权转让费的最高限额进行规定。此后，在 1997 年《关于进一步稳定和完善农村土地承包关系的通知》和 1998 年《中共中央关于农业和农村工作若干重大问题的决定》中均对农地流转中自愿有偿的原则进行了强调。

（三）正式确立阶段（2002—2007 年）

2002—2007 年，中国正式确立了农地流转制度。2002 年的党的十六大和 2003 年出台的《土地承包法》明确提出"土地承包经营权流转"这一概念，并在自愿有偿原则的基础上，提出依法自愿有偿的流转原则。对于农地转出、转入方的权利、义务、流转形式也进行了详细规定，以法律的形式明确了对农地流转各方权益的保障。

2007 年《物权法》在《土地承包法》的基础上增加了通过招标、

拍卖、公开协商等方式承包荒地等农村土地可依法转让、入股、抵押或者以其他方式流转的规定。同样2007年党的十七大报告中提出健全土地承包经营权流转市场，发展农民专业合作组织，支持农业产业化经营和龙头企业发展。

（四）鼓励引导阶段（2008—2014年）

2008—2014年，中国通过法律和政策鼓励引导农地流转。2008年，国务院发布的《中共中央　国务院关于促进2009年农业稳定发展农民持续增收的若干意见》提出完善流转管理和服务，鼓励有条件的地方发展流转服务组织，为流转双方提供信息沟通、法规咨询、价格评估、合同签订、纠纷调处等服务。2014年《关于引导农村土地经营权有序流转发展农业适度规模经营的意见》强调农地流转不得破坏农业综合生产能力和农业生态环境，推进土地承包经营权确权登记颁证工作、设立土地经营权抵押担保试点。

（五）发展完善阶段（2015年至今）

2015年以来，中国农地流转进入了发展完善阶段。2016年《农村承包土地的经营权抵押贷款试点暂行办法》正式赋予农地经营权抵押担保的权利并对贷款条件进行了详细规定。2017年《中国共产党第十九次全国代表大会上的报告》中正式提出完善承包地"三权分置"制度，所有权、承包权、经营权的分置进一步推动了农地流转的发展。2018年《农村土地承包法》再次以法律形式强调农地流转不得破坏农业综合生产能力和农业生态环境。2021年《农村土地经营权流转管理办法》中新增了分级审查审核制度和风险防范保障机制。

三　可持续生计理论的发展

（一）国外可持续生计理论发展

国外可持续生计研究发展起步较早，大致经历了可持续生计理论萌芽、框架发展完善、框架运用三个阶段，形成了较为完善的理论体系。

1. 可持续生计理论萌芽阶段

20世纪80年代末，世界环境与发展委员会在其报告中首次提出可持续生计的思想，认为维持或提升生产力获得财产、资源、收入和食品是满足生活所需的重要途径。1992年，联合国环境发展大会将可持续生计概念引入行动议程，并将其与消除贫困挂钩。1995年，《哥本哈根宣言》主张通过充分就业使人民获得稳定生计。这些国际机构在报告中所体现出的可持续生计思想是可持续生计理论发展的基础。

2. 可持续生计框架发展完善阶段

可持续生计思想萌芽出现后，学者和相关机构对其进行了发展完善，形成了众多可持续生计框架。包括英国国际发展署（DFID）构建的可持续生计分析框架、美国援外汇款合作组织（CARE）发展的农户生计安全框架和联合国开发计划署（UNDP）形成的可持续生计途径框架等。

其中英国国际发展署（DFID）构建的可持续生计分析框架是被国内外众多学者和机构普遍认可并广泛应用的框架。该框架以人为中心，从自然资本、人力资本、金融资本、社会资本及物质资本五个生计资本出发，分析在脆弱性背景下，农户的生计资本是如何影响生计策略从而实现生计目标的（苏芳，2015）。这一框架对发展和贫困问题的解决做出了巨大贡献。

3. 可持续生计框架运用阶段

在对可持续生计框架形成基本一致的认识后，学者开始运用可持续生计框架研究影响农户可持续生计的因素、评估缓解贫困政策的有效性并探究生计水平提升策略等，致力于现实问题的解决。埃塞俄比亚、印度等经济欠发达国家与地区是学者关注的焦点区域。

（二）可持续生计理论在国内的应用

中国学者延续并发展了国外可持续生计理论，并将其与国家纾解农村贫困问题的相关政策有机结合，探讨不同政策实施后的政策绩效、影响农户生计可持续性的因素以及提升农户生计水平的对策建议。

农村转移劳动力、生态补偿区的农户、汶川地震灾后农户、乡村旅游参与农户、参与农地流转的农户、特色产业扶贫农户、易地搬迁农户、农业文化遗产挖掘工作地区农户的生计问题均引起了学者的广泛关注[①]。

学者主要运用可持续生计框架，探讨农户在脆弱性背景下，生计资本发生改变后对生计策略和生计结果的交叉影响。不同生存场景下，影

---

① 相关文献见第二章文献综述部分参考文献。

响农户生计可持续的因素具有一定差异性，但学者普遍认为农户原有生计资本和生计能力是影响其生计可持续性的重要因素。扶贫政策通过改变农户原有生计资本短期内使农户生计水平得以提升，但如果忽视对农户生计能力的培养，生计将不可持续。因此，大部分学者认为，国家扶贫政策能有效改善农户生存型贫困问题，应推动政策向农村倾斜，同时从教育入手，改善农户能力型贫困。从内外部抑制农户生计脆弱性，从而实现农户可持续生计。

对概念的清晰界定与对政策理论发展演变的把握是研究农地流转风险对农户可持续生计影响的前提。在此基础上对农地流转与农户可持续生计行为决策的经济学分析则是主题研究的根本，能够准确地探析问题的本质。

第二节 "农地流转、农户生计行为决策" 本质的经济学分析

经济学是一种选择理论，要改善人类前景，就必须理解人类决策的来源，这是人类生存的一个必要条件（道格拉斯·C. 诺思，2008）。

一 经济学视角下农地流转的形成

（一）利益诱导下的转入需求

1. 农业补贴政策的激励作用

2013—2022 年的中央一号文件一以贯之地将"三农"问题视为全面建成小康社会和打赢脱贫攻坚战的重要一环。其中，国家对农地流转的支持力度不断增大，先后出台了多项农地补贴政策鼓励农地转入，积极推进农地流转。

2014 年政府出台的《关于引导农村土地经营权有序流转发展农业适度规模经营的意见》一直沿用至今，该文件通过鼓励地方加大扶持资金规模、推进建立相关财政项目资金并落实、完善相关税收优惠政策，释放了农地流转政策的利好信号。2015 年推出的《扶持村级集体经济发展试点的指导意见》，引导农村产权流转交易市场健康发展，明确说明了对村集体农地流转的支持态度，中央、省级及地方财政将资金倾斜至农地流转等补助的发放。

2016 年，政府出台了《财政部农业部关于全面推开农业"三项补贴"改革工作的通知》，采取贷款贴息、重大技术推广与服务补助等方式着眼于耕地地力保护和粮食适度规模经营，为现代农业发展指明了方向。2020 年《农业农村重点工作部署的实施意见》中提出对重点支持的资本下乡项目给予补贴，具体补贴额度视省份、地域而定，目的在于刺激相关企业及生产大户的转入需求，为提高农业现代化与机械化水平提供物质保障。2022 年《中共中央　国务院关于做好 2022 年全面推进乡村振兴重点工作的意见》中提出要落实工商资本流转农村土地审查审核和风险防范制度，以保障农地流转转入方的权益不受损害。

农地转入方作为流转后农地的经营主体通常需要付出既定的人力、物力及财力，才可能通过规模经营来实现收益最大化；农地转入方在经营农地时常常会面临流转确权等诸多未知风险因素，天然具有寻求分散转入风险以维持自身经营稳定性的意愿。若农地转入方的这些需求得不到有效保障，则很难促成农地流转行为的发生。而相关农业补贴政策则为农地转入方的经营提供了兜底保障作用，能够间接降低转入方生产要素投入成本，弥补经营亏损，分散经营风险，进而保障转入方能够获得基本满意的经济收入。

农地流转的相关补贴政策实质是政府转移性支付的表现形式，是再分配的直接手段，良好地契合了农地转入方降低要素投入成本、分散转入风险的两大需求，激励农户产生有效农地转入的决策行为。

2. 适度规模经营获取溢出收入

现阶段中国农业发展仍面临着小规模农业经营与非农产业劳动生产率差距大的客观问题，"小规模"依然是农业占比较高的经营形式，具有投入成本高、商品率程度低、缺乏市场竞争力等显著不足。在人力成本与农业技术要求不断提升的双重压力下，"规模农业经营"成为客观需求。农户为实现土地边际报酬最大化，追求农业机械化，降低单位投入成本，提高土地生产效率及劳动边际回报率，必然追求农业的"规模经营"。

农地转入使农地适度规模经营成为可能，适度规模经营与经济效益通常呈正相关，通过适度规模经营转入方可以在合理经营范围内降低产出单位成本，增强专业化与产业化经营能力，取得规模效应，借此增强农产品市场竞争力，缩小农业经营与非农经营的收入差距，实现简单农业耕作向更高层面农业生产进步的跨越。

适度规模经营还能够改善现有低效的小农碎片化耕种模式，在边际产出拉平效应①作用下，补齐了原有低边际产出的农地短板，满足了现代农业进一步开发土地肥力、提升整体农地使用效率的发展需求。

3. 农地经营能够获得职业价值提升机会

普通农户受教育水平与技能等因素限制，转移至城镇后获得稳定收入的可能性较小，但当前固有的小规模农业经营模式基本难以实现他们期望的家庭生计水平，农户往往陷入进退两难的境地，成为隐性失业人群，对此各级政府投入了大量人力、物力培育新型职业农民。

2012 年以来，中央一号文件连续对农户受教育与职业技能培训提出了新的要求。2012 年首次提出要"大力培育新型职业农民"，以提高科技素质、职业技能、经营能力为核心，大规模开展农村实用人才培训，鼓励涉农行业兴办职业教育。2013 年倡导要继续加大对专业大户、家庭农场经营者等培训力度，加强和创新农村社会管理，满足农户多元化的利益诉求。2015 年进一步强调农业职业教育和职业培训的重要性。

2019 年要求持续实施新型职业农民培育工程，为扩大培育新型职业农民的数量规模，着力加强相关农民职业教育建设。2021 年强化了农业农村优先发展投入保障，通过持续深化农村金融改革为新型农业经营主体打造农村数字普惠金融的良好经营环境。2022 年提出应大力开展适合农民工就业的技能培训和新职业新业态培训，促进新型职业农民的灵活就业与共享用工。

转入农地进行现代化生产经营，能够为相关主体提供获得职业价值提升的机会。对于普通农户而言，转入农地经营有助于实现自身从传统意义上农民身份向职业农民转型，增强职业信仰，为提升农地经营相关技能及分工水平奠定职业基础。对于生产大户及资本下乡的企业而言，通过流转农地后的规模经营，他们不仅为农业生产经营寻求到专业化的技术支持，而且支持了党中央助力创新农村社会基层管理，身体力行地

---

① 边际产出拉平效应指通过流转使农地从边际产出较小的农户转入农地边际产出较高的农户处，受边际报酬递减规律的影响，两者的边际产出趋于相等。

破解"三农"问题，展现了良好的经营形象，实现了多元化履行社会责任的企业目标。

4. 农地抵押可以取得融资保障

自《农民住房财产权抵押贷款试点暂行办法》《农村承包土地的经营权抵押贷款试点暂行办法》试点实施后，在坚持土地公有制性质、遵守耕地红线、保护农户利益的前提下，农村承包土地的经营权可作为抵押物进行融资。

何广文（2018）等研究显示，来自不同生产经营方式和收入层次的农户信贷需求旺盛，抵押是农户获得正规信贷的主要方式之一。但对当前缺乏资金的农户而言，抵押物匮乏、自身组织意识弱且信用记录普遍缺失成为融资困扰。在正规信贷门槛较高的情况下，农地抵押提升了农户正规信贷的可获得性，缓解了融资束缚，激活农地金融市场供给主体参与的积极性，为农户或企业在经营前期及困难时期的资金周转开拓了新的渠道，充分实现了农地抵押对土地资本化转换的促进作用，农地经营权融资所获得的资金有助于扩大农业生产经营规模，直接促进农户农业收入的大幅增长，如此良性的循环机制大大激发了农户对农地转入的需求。

（二）价值导向刺激下的转出需求

1. 家庭劳动力合理配置

优化农村劳动力资源配置、提高农村劳动力资源配置效率是推动农村发展和促进农户持续增收乃至实现乡村振兴的关键。根据农村劳动力配置的家庭选择模型，在其他生产要素的占有相对固定的前提下，农户对自身劳动力资源利用的程度决定了农户的收入水平。农户作为有限理性人，为实现家庭福利最大化，当务农的边际效益低于非农经营的收益时，农户家庭将普遍出现优化配置劳动力、提升收入的预期。由"恩格尔定理"可知，随着家庭收入水平提高，农产品需求的收入弹性将逐步下降，这也决定了农业劳动力的社会需求会伴随社会经济的发展而下降。为了避免家庭劳动力闲置、浪费，同时获取稳定的利益收入最大化，同时避免家庭兼业型经营与非农经营间的冲突，实现家庭收入结构优化，农户自然会产生农地转出的需求。

农地转出后获取的土地租金稳定且持续，保障了农户家庭生存安全，转出后的剩余劳动力则主要分为适龄劳动力与非适龄劳动力。对于适龄劳动力而言，为获取更高的家庭收入，往往选择外出务工、进城就业、从事非农经营，激发了生产劳动潜力。而对于非适龄劳动力①，往往难以独自承担家庭土地耕种事宜，在家庭转出农地后可激发该人群的劳动生产活力，拓宽自身其他收入渠道，如打零工、帮工等本地暂时性农业活动或非农活动等。综合来看，两类劳动力的高效配置将增进家庭经济福利，进一步刺激农地转出需求的产生。

2. 土地要素价值显化

目前中国农村存在土地碎片化程度较高的问题，农户手中的土地受自然因素影响大，具有较高的经营风险，土地收益普遍较低且不稳定，这在一定程度上影响了农户家庭生计安全。此外，耕地发展潜力空间受农户自身技术、成本投入等规模限制难以进一步开发，可能会影响土地要素价值的提升。

由于大部分农户土地利用率低，当土地收益小于当地平均土地租金时，农户为增加土地收益以补偿土地租金将产生农地转出需求，土地经营所获得的不确定性价值可在转出的过程中转化为土地租金或股利等直接收入，土地租金及股利等不仅为农户带来稳定性收入，降低生计风险，而且具有信号显示机制作用，使隐藏的土地价值显现出来。同时，农地转出集中开发也可以改善原有农业生产过程中土地细碎化与生产效率低下等问题，土地要素价值得以显化，并在一定程度上得到提升。

3. 家庭生活质量提升

农户既是生产者，又是消费者，其生产的主要目的是满足家庭的消费需求。大部分农户选择"候鸟式"季节性兼业（韩国明等，2012）经营以获取多渠道收入，满足自身的消费需求。在此种情形下，家庭中外出务工人员农忙归家，农闲离家，子女老人多留守家中，人员流动频繁，家庭成员相互关系的维护受到影响。此外，当前城乡资源仍存在差距，农村公共服务、教育、医疗、就业、休闲娱乐资源相对落后，消费选择相对狭窄且质量较低，进一步拉低了自身的生活质量，城市的居住及生活条件对大部分农户家庭仍具有一定迁入拉力。

---

① 主要指赋闲在家的且具有一定劳动能力的老年群体及残障人群。

"候鸟式"季节性兼业农户出于对家庭生活质量的考量，若在城市中已具备一定生活基础，更易产生提升目前生活质量的需求，希冀实现家庭团聚、享受优质公共服务及医疗条件、提升后代受教育水平以释放家庭未来发展潜力。此时，农地经营成为该类家庭发展的束缚，故会产生转出农地的需求。

（三）制度保障下的交易流转行为

交易费用理论认为，产权制度的效率就是制度成本与制度效用或收益的比较，应该引入可量化的交易成本，并将其划分为制度供给者成本和制度接受者成本，以交易成本、个人和社会福利作为衡量制度是否合理的标准。

经济学视角下的农地流转交易行为客观上源于交易双方的需求，交易行为的发生使交易双方个体利益以及社会福利的增加成为可能，因此主观上农地流转双方基于对个体利益的追求，都有达成交易的预期。受社会及环境因素的影响，要促成这种交易的达成，需要第三方提供交易的规则与平台，而政府是充当第三方角色的最好选择，运用国家机器的强制执行力，制定农地流转的制度规则，为交易双方预期的达成提供有力的保障，能够有效地降低社会成本，实现社会福利与个体利益的有序增加。

农地流转中，政府及时出台相关制度推动供需有效衔接，规范农地流转市场秩序，推动农地流转市场走向稳定和成熟。不仅有助于规制无序无规市场下出现的道德风险，保护农地流转双方的合法权益，而且能减少供需双方的隐性损失，创新"三农问题"的解决路径，从而降低双方交易成本；而且相关制度保障能够实现农地流转双方利益最大化，尊重及维护个体流转决策，实现个人福利最大化；在流转过程中，农地实现要素优化配置，提高农地利用率及农业现代化水平，促进社会秩序稳定，从而实现社会福利最大化。

二　农户生计行为决策的经济学实质

（一）有限理性下的利益最大化取向

1. 维持自然资本不被削弱

自然资本包含农地利用规模、技术、结构等要素，是生计所依靠的自然资源，对农户的生计维持具有重要作用。其中，农地资源是农户最重要、最可靠的自然资本。农户自然资本越丰富，越倾向于选择维持农业生计活动以获取收入。

自然资本对于农户而言，不仅具有支撑家庭生存的收入功能，而且具有保障家庭生活的保险功能，即农地的存在能使农户有持续性的收入来源，从而保障家庭生活支出的正常运行。从长远来看，自然资本的可持续利用与经营能力关系到农户家庭的延续与村集体的发展，农户的生计行为决策影响因素便不只局限于当前的自然资本存量，更包含着对自然资本流量可持续性的关切。以农地流转为例，农户在进行农地转出决策时，会综合权衡流入方利用农地的行为、转出后自身生存安全能否得到保障、农地流出后能否收回、收回农地的可继续经营性等因素的正负效益比较。

此外，随着农业现代化水平的不断提高，技术型自然资本如农地经营技术、利用结构等对农户提出新的挑战：经营受阻的农户如何跟随技术发展浪潮进行农地经营的转型升级？生产大户及农产品生产制造企业如何保障行业地位？归根结底，是需要不断探索自然资本效用最大化的解决道路。综上，维持自然资本不被削弱是各种类型农户在进行生计行为决策时所需考量的首要因素。

2. 追求物质资本加速累积

物质资本主要包括用以维持生计的基本生产资料和基础设施，其意义在于提高贫困人口的生产力（苏芳，2015）。物质资本是农户生活质量的物质载体，也是农户经营收入的直接表现形式。农户对物质资本质与数量的需求是随着生活水平的提升而不断扩大的。物质资本积累丰富意味着农户居住条件能得到改善，物质生活水平可以不断提高。

面对物质资本的漫长累积过程，在保障物质资本效用的同时追求付出更少成本，从而完成加速累积是农户的普遍期望。为达到物质资本加速累积的预期，农户往往在不同的生计行为决策中寻求获取最高报酬，进而实现消费支付能力最大化，在最短时间内最大限度提升住房条件、生产性工具、耐用消费品、牲畜数量等，改善自身生活质量。

3. 谋求金融资本途径多元化

金融资本指农户可支配和可筹措的现金，通常体现为自身现金收入、获得贷款的机会、获得无偿资助的机会等（苏芳，2015）。通过分析金融资本的状况可以甄别不同类型农户的经济状况，显著区分农业经营与非农经营农户。

农户普遍面临金融资本获取渠道狭窄的问题，而不同类型农户获取金融资本的渠道也存在差异，非农业型农户家庭人均年收入高于其他类型农户，且借贷机会较高，反观纯农业型农户借贷困难，主要依靠政府补贴（崔严等，2020）。金融资本是各种类型农户生存生活不可缺少的支撑，不断提升金融资本的储量对改善农户生活质量有着显著的影响，同时农户的小农经营方式应对风险的抵抗力与承受力天然不足，为分散单一途径收入来源的风险，实现金融资本途径多元化成为影响农户生计行为决策的关键因素。

（二）道义理性下的生存互惠取向

1. 实现人力资本质与量并存

人力资本包含家庭劳动力人数、家庭规模、技能水平及健康状况等，它能够帮助人们去追求不同的生计手段并取得相应的生计目标（苏芳，2015）。

在道义理性之下，农户在面对多种生计决策时，会反复衡量以选择能够实现自身综合效用最大化的决策，而不单纯追求经济利益最大化（路慧玲等，2014）。例如，为达到"安全第一"的目标，保障家庭生活的稳定性，维持家庭劳动力规模、家庭成员健康状况等，他们通常会选择回报率较低但相对稳定的生计策略，关注农村社会保障与福利机制，注重生计的长期性与可持续性。

此外，生计的可持续性与相关技能的培养和知识水平的提高息息相关，农户同样会考虑到生计决策的选择对劳动力知识储备、劳动技能等的影响，期望通过持续提升自身发展能力来发挥劳动力最大效率，获取更高层面的劳动报酬。因此，保障人力资本的数量与质量成为农户生计决策的主要影响因素。

2. 促进社会资本稳定互惠

可持续生计背景下，社会资本意味着人们在追求生计目标的过程中所利用的社会资源（苏芳，2015），代表人们在维持生计的过程中可以利用的相互信任及相互合作的能力。社会资本可直接对农户收入产生正效应，也可通过间接影响农户的信息获取能力、新技术获取能力、抗风险能力、信贷能力、政治参与能力来促进农户增收（路慧玲等，2014）。

农户之间通过交际往来，基本能实现务工信息、市场信息等信息共享，社会关系网络的存在也给家庭难关的平稳过渡提供了可能。因此，农户在生计决策时往往会考虑能否达到个体农户、家庭之间相互来往的平衡。以农地流转为例，农户更愿意接受不定期和较低的租金在亲友间流转土地，"自己人"逻辑下的流转地租仅具有象征性，是农户之间信任机制的体现（王岩等，2017）。在这类决策中，农户的生计目标不局限于短期所能获得的经济利益，而是在运行社会资本的互惠机制，体现的是差序格局下"自己人"的思维逻辑。

此外，农户与村集体也存在密不可分的联系，故农户的生计决策也会受集体认同感的约束，首先是集体认同的道德伦理制约。差序格局中道德体系的出发点体现在以农户自己为中心的社会关系网络对"克己复礼""一是皆以修身为本"等主要思想的贯彻。因此，农户间的公私冲突往往不顾统一的法律标准，而需要先完成私人间的道德（费孝通，2017）。

例如，农户亲戚朋友间普遍存在劳动力不对等交换的现状，即农忙时不计酬劳相互帮助，无须雇佣合同制约，甚至不获取现金报酬，而在日后进行"等价"传递，农户对此大多选择合作，或出于自身意愿，或出于村集体的约束，实现对"忠、孝、悌、忍、信"等道德伦理的自我追求，完成乡土社会情境中的权利义务。

其次是群体思维的鞭促。为了防止被集体边缘化、寻求群体的精神与物质支撑，大部分农户更愿意遵循熟人社会公认合适的行为规范与人情法则。在"生于斯、长于斯、死于斯"的乡土社会，社会格局相对稳定，乡土社会情感与农户自身的集体归属感在决策时会自然生成联络，成为进行生计决策的内在驱动力，影响农户对多方利益的权衡。

（三）有限理性与道义理性的博弈平衡

有限理性假设下的农户在进行生计决策时往往将经济利益作为决策的关键因素，自然资本的稳固性、物质资本的累积性、金融资本的多元性是农户生计决策所关注的重点。而道义理性下的农户在综合考量生存安全、集体认同等因素后，可能做出有悖于经济利益最大化的生计决策选择，人力资本的质、量并举与社会资本的维系成为农户生计决策的主要影响因素。

但是，这并不意味着有限理性与道义理性二者相斥，其相辅相成的关系体现在不同的层面：农户生计决策中的有限理性指生计决策的目标和动力，即不置可否的是农户寻求自身经济利益最大化的生计目标与决策动力；道义理性则指生计决策的运行机制和运行方式。即农户实现生计决策的方式会同时关照生存安全、人际交往等多重因素。

面对诸多生计决策选择，农户将成为有限理性与道义理性的综合体，秉持生计决策实现经济利益最大化的目标，同时深受乡土社会的人情法则影响，采取合于规制、合于情法的方式对多项生计决策选择进行博弈、平衡，最终做出实现自身效用最大化的生计决策。除内在因素外，作为外因的环境也对农地流转风险与农户可持续生计决策产生决定性的影响。

综上，经济学视角下的农地流转是基于制度保障下满足农地转出方与转入方需求的交易行为；农户生计行为决策是其有限理性与道义理性博弈平衡的结果。当交易行为发生的制度环境存在不良因素时可能会诱发农地流转风险的产生，而客观环境也会对农户生计行为决策产生影响，因此对农地流转风险与农户生计决策环境的分析是探究农地流转风险对农户可持续生计影响的必要条件。

第三节　农地流转风险与农户生计决策环境分析

一　农地流转风险环境分析

风险是损失的不确定性，即不确定性损失存在的可能使实际结果与预期结果存在偏差的现象。这里的损失是指对人、企业和政府等经济主体的生存权益或财产权益产生不利影响的事故（刘钧，2013）。风险环境即存在风险的客观环境，在风险环境中隐藏着引发风险的风险源，风险源以风险因素的形式存在于客观环境中，最终作用于风险受体，损害其生存权益或财产权益。农地流转中，存在流出方农户综合素质普遍不高、参与主体短期利益需求存在一定差异、农地产权不明晰、相关配套保障措施不到位、有关流转制度规则不完善、流转激励政策不合理、基层政策执行主体能力不高、相关信息不对称八大风险源，这八大风险源外化于政治、经济、文化、生态四个维度，最终形成农地流转的风险环境（见图3-1）。

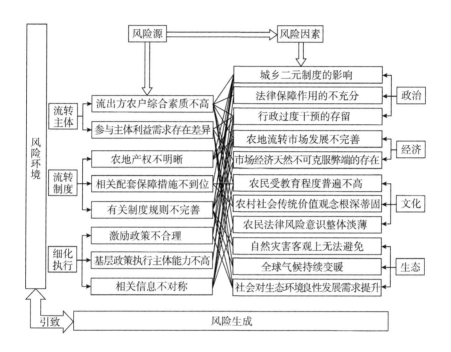

图 3-1 农地流转风险环境

（一）政治维度

1. 城乡二元制度的影响

城乡二元制度的本质是城乡资源的二元分配和管理，主要体现于城乡二元户籍制度、土地制度和经济要素流动模式。

二元户籍制度影响了转移至城镇的农户公平享有附着在户籍制度上的公共服务和社会福利。1958年《中华人民共和国户口登记条例》以法律形式限制农村人口流入城市，初步形成了城乡二元户籍制度。附着在户籍制度上的粮油供应、教育、医疗、就业、住房、婚姻、选举等也形成了二元分化的局面，农村人口无法享受城市户籍带来的公共服务和社会福利。

103

随着经济社会的发展，中国已经逐步放开城市落户限制，弱化了二元户籍制度带来的影响。2014 年《关于进一步推进户籍制度改革的意见》提出取消农业户口与非农业户口划分，统一登记为居民户口，并建立与之匹配的计生、教育、医疗、社保等制度。虽然中国取消了户籍限制，但其带来的影响依然存在。

农地流转后，农业转移人口"市民化"仍存在诸多阻碍因素。在原有农业户籍福利的吸引下，大部分农户选择保留农业户籍进城生活。但随着农业转移人口增加，农村地区回流劳动力的比重在不断地提高，而且呈现明显的老龄化趋势。对于没有落户意愿的农户，很难享受与城市居民相同的社会保障、教育、住房、医疗等公共福利。而且大部分农户学历水平、就业技能、身体素质、思想观念、学习能力等相对落后，很难实现稳定就业，易发生结构性失业现象。就业是维持生计的根本，当农户失业时，若相关配套保障措施跟不上，他将无法维持家庭生活，可能会导致农地流转相关风险产生。

二元土地制度会影响农户公平享有土地权益。农户土地财产权利贫困是中国城乡二元结构形成的主要根源之一。中国法律规定农村土地集体所有，但长久以来，农户的土地收益权、处分权等土地权利缺失，土地利用效率低。且农村市场化程度远低于城镇，土地增值收益比例小，"同地不同权"现象普遍。在二元土地制度下，城乡形成了差别化的土地经营和管理制度，土地产权制度、使用制度、增值收益分配制度均存在差别。

2013 年党的十八届三中全会通过的《中共中央关于全面深化改革若干重大问题的决定》中指出要"推进城乡要素平等交换""保障农民公平分享土地增值收益"。此后，中央不断推进农村土地制度改革，细化农村土地权益保护措施。但集体产权制度和土地流转利益保障机制的不完善给农地流转埋下了风险隐患。

城乡二元制度影响经济要素的双向流动。长期以来，农村对于资本、人才等生产要素的吸引力低于城镇，导致农村资源相对匮乏。虽然在乡村振兴战略的推动下，农村基础设施建设逐步完善，创业环境进一步优化，吸引了部分资本和人才下乡。但资本引进和人才储备不足给农地持续性规模经营带来了挑战。此外，在资本引进过程中，如果地方政府缺乏监督，很可能出现不合规的农地利用行为，损害农民权益。

2. 法律保障作用的不充分

农地流转中，法律保障作用不充分主要体现于现行法律法规的不完善和司法救济权的缺失。

中国农地流转起步较晚，法律法规正在逐步完善，而不完善的法律法规加大了农地流转风险。现行的法律法规中，并未明确界定农地经营权的权能属性和行权方式，农地经营权属于债权还是物权仍存在争议，这会导致权利保护出现盲点，无法实现流入流出方权益的有效保障，甚至引发社会矛盾。土地所有权虚化，权利主体模糊会给农地流转带来风险。现行农村土地所有权主体制度法律中并未明确"农村土地集体所有"中的"集体"一词的内涵，这导致现行法律中出现了农村土地所有权主体虚化、权能缺失以及集体经济组织"代表"行使土地所有权的逻辑错误。多元主体的存在给农地流转的监督和管理提出了挑战，使行权混乱等风险增加。

农地流转中，行政不作为和乱作为可能导致流转主体司法救济权缺失。导致行政不作为乱作为的因素主要包括规章制度滞后、职业道德缺失、社会关系扭曲、认知能力低下、组织文化落后（彭向刚，2018）。农地流转中，由于制度规则不完善、基层政策执行主体能力不高，在流转主体权益受到损害时，易发生有关部门敷衍、推诿、逃避责任，甚至以强权压制利益诉求的行为。

而作为权利保护最终防线的诉讼保障也面临着指导性条款不明晰，判决难度大的困境。流出方农户作为主要参与群体，大部分综合素质不高，在面对行政不作为、乱作为、诉讼未果时，难以寻求合理途径维权，可能选择采取斗殴等不当方式表达诉求，给基层社会带来不稳定因素。此外，维权的途径不畅通，也会导致农户对公权力信任度下降，引发相关风险。

3. 行政过度干预的存留

地方政府主导型的农地流转广泛存在于流转实践中，政府为农地规模化经营提供了政策支持与保障。该模式具有集体谈判优势，能在短时间内实现资本聚集，但这种以政绩为导向、以土地流转规模为标准、以政策倾斜和物资资本投入为推动力的粗放型发展模式抑制了土地要素的市场化配置，导致福利损失，易于引发农地流转相关风险。

农地流转实践中，政府干预主要表现为影响农户农地流转决策和流转价格。基层政府作为有限理性人，与其他参与主体的短期利益需求存在一定差异，基层政府企图通过干预扩大流转规模提高政绩，而流入流出方以利益最大化作为流转目标。在经济活动中，掌握信息的充分程度与参与者的谈判优势呈正向关系（陈振，2018）。基层政府在主观期望和客观约束的前提下，可能为流入流出方提供不对称信息，为后续流转纠纷埋下隐患。

流出方农户通常处于信息劣势，农地流转中介机构发展不健全提高了农户个体交易成本，为实现利益最大化，大部分农户选择村委会作为流转中介。村委会作为村民自治组织，与基层政府不存在上下级关系，但在实践中，却常常被作为基层政府治理村落的有力抓手。

村委会领导班子的政策执行能力通常不高，存在为实现流转恶意曲解政策信息的可能性，强迫农户以低价进行流转，而农户在偏差信息和产权不明晰的主导下，可能被迫同意转出农地，这损害了农户知情权、收益权与处分权等权益。对于流入方，基层政府会以低价租金和宽松的准入机制吸引资本下乡，以实现流转规模扩大，但宽松的准入机制和低价很可能造成流转纠纷。行政过度干预的存留给农地流转埋下隐患，易引发相关农地流转风险。

（二）经济维度

1. 农地流转市场发展不完善

目前，农地流转市场发展尚不完善，主要体现于土地价格机制发展滞后和中介服务机构不健全两方面。

中国农村土地制度改革正致力于完善农地流转机制，但现有农地产权不明晰、相关制度规则不完善仍然是重要的风险源。产权明晰是土地价格机制形成的前提，统一的土地评估标准是土地价格形成的必要条件。目前，中国农地流转主要有四种定价模式：流转双方自主协议定价、土地需求者竞拍定价、土地流转中介机构估价、政府指导参考定价四种（郝宇彪等，2018）。而这四种定价模式均存在信息不对称的风险源，农地流出方与流入方均无法准确衡量土地等级，导致农地流转价格偏离土地价值。

中介组织是信息沟通的平台之一，也是降低交易成本的重要手段。但目前中国大多数的中介组织都由行政主导，在行政因素的干预下背离市场经济的运行规律进行定价。非官方的第三方平台在不健全的法律法规约束下，可能产生寻租行为，降低流入流出方福利效应。在不完善的农地流转市场中，流入流出方权益均无法得到切实保障，可能引发一系列农地流转相关风险。

2. 市场经济不可克服的弊端

市场经济的核心是市场配置资源，主要表现为供需关系的浮动变化影响价格。但市场配置资源存在三大无法克服的弊端，即盲目性、滞后性和自发性。

农地流转中，市场经济三大弊端引发的风险直接作用于农地流入方。抗风险能力不高的流入方如果无法抵御风险，在利益传导机制下，将间接损害流出方农户利益，引发农地流转风险。

首先，农地流入方作为有限理性经济人，极有可能在不完全信息下做出相对满意的决策，导致经济决策的盲目性。

其次，农业经营具有周期性，而流入方很难准确预测产品供需走势，现有供需信息是流入方经济决策的直接依据，市场调节的滞后性会带来一定经营风险。

最后，参与主体利益需求存在差异，农地流入方可能为了追求更高经济利益，"自发"地采取滥用农药化肥、非粮化生产、非农化生产等不正当手段进行生产和经营，给自身长期经营和流出方农户利益造成损害。

市场经济的弊端虽无法克服，但如果对流入方的抗风险能力进行有效评估，也可实现部分风险规避。然而，中国目前的农地流转实践中，准入机制和监管机制均处于基本缺失状态，这种制度规则的不完善可能使不具备生产经营资质或抗风险能力较低的经济主体进入农业产业领域进行经营，易引发有关农地流转风险。

（三）文化维度

1. 农户受教育程度普遍不高

农户受教育程度普遍不高，这种现状在流出方农户中更为普遍，综合素质不足会影响农户的信息收集与解读能力、生计能力。

农户受教育程度会影响农户政策解读能力。农地流转中，多数流出方农户受教育程度相对低于流入方，这可能会影响他们对政策文书的有效解读，容易相信被村委会或其他中介组织曲解后的法律和政策信息，可能在不对称的信息下签订农地流转合同，很难科学有效地识别有关农地流转风险。

受教育程度通常与农户生计能力息息相关。在农地流转中，转出农地后进城生活的农村人口是隐匿的贫困人群之一，也是农地流转中需要重点关注的不稳定因素。农户进城后，很难完全"市民化"，且缺少赖以生存的技术，成为新的城市贫民，这部分城市贫民群体身上存在着社会保护和治理的真空。配套的保障措施不完善，可能使能力贫困的农户无法维持可持续生计，在有限理性经济人假设下，农户在权衡城镇生活成本和收益后，可能会出现返乡现象，给农地流转带来对应的风险。

2. 农村社会传统价值观念根深蒂固

在农村社会，受文化环境影响，传统的价值观念根深蒂固。主要表现于"安土情结""权力本位""情义本位"思想的存留，这些思想可能为农地流转埋下风险隐患。

"安土情结"是农户将土地作为社会保障的表现之一。相对于市民等其他对应群体，农户综合素质普遍不高，传统价值观念根深蒂固。农地流转在推动农村剩余人口向城镇转移的同时，削弱了农户对土地的生存依赖，但土地的社会保障功能仍未显著弱化。大部分农户在选择多样化生计策略时，以体力劳动为主，但随着年龄增长，身体素质下降，就业机会相对减少，他们很难继续从事重体力工作获取劳动报酬，"以地养老"成为大部分农户返乡后的选择。

"权力本位"思想是中国封建思想官本位文化的残存。官本位源自中国封建社会的特权心理，是法制不健全和监督不到位的产物（李太平，2021）。受该思想的影响，部分农户对于权力存在一定的畏惧心理，认为提起行政诉讼，成功率相对较低。虽然随着法治意识的加强，农户的维权能力得到提升，对侵权行为通常有较为清晰的认识，但仍有部分农户在基层政府或村委会侵害自身权益时会选择。

"情义本位"思想是农村人情社会的精神内化。在农地流转实践中，将农地以口头约定的方式转让给亲朋同乡等进行耕种的现象较为普遍，但由于未明确双方权利义务，导致发生纠纷时缺乏法制依据。纠纷发生时，考虑到人情往来，部分农户在"以和为贵"思想观念的影响下会选择村集体内部调解而放弃法律维权渠道，或在"诉讼不光彩"观念的束缚下选择不恰当的方式表达诉求。

3. 农户法律风险意识整体淡薄

受限于自身受教育水平和信息收集解读能力，一般农户法律风险意识相对淡薄，主要体现于对法律风险源头和风险后果认识不足，这在很大程度上会引发相应的农地流转风险。

农户对于法律风险源头认识不足，主要包括对自身权力认识不清晰和对流转合同的不重视。在农地流转实践中，大部分农户无法有效解读农地流转法律法规，可能受基层政府或村委会政策解读和执行偏差影响，对自身流转主体的角色尚不明确，给权力寻租和强制流转提供了可能。此外，大部分农户在决策时存在短视现象，无法有效识别"代行主体"的侵权行为。合同是明确流转双方权利义务以及维权的重要依据，但由于大部分农户法律知识不足、法律意识淡薄，可能签订存在模糊条款或不利条款的合同，甚至通过口头约定达成合意，在产生纠纷时无法有效维权。

农户法律风险后果认识不足，主要指对自己的不合法行为后果认识不足以及无法及时识别流入方违约或违法行为。农户在农地流转中处于弱势地位，但"弱势群体的强势表达"现象广泛存在于中国农村社会。在认为自身合理诉求未得到满足或权益受到侵害时，农户可能会以示威抗议、聚众闹事等极端方式解决纠纷，增加农村基层社会的不稳定因素。农户是有限理性经济人，在自身有限的法律法规信息储备下通常不易识别他人的侵权行为，更难谈得上维权。农地流转实践中，常因无法在合同存续期内及时识别流入方的违法行为及其严重性，导致农户维权困难。

（四）自然维度

1. 自然灾害客观上无法避免

农业自然灾害主要包括气象灾害和生物灾害，常见的气象灾害为干旱、风雹和低温冻害等，病、虫、草、鼠是主要的生物灾害。农业灾害会加剧农户农业生产的风险，进而加深农户的生计脆弱性（麻吉亮，

2020）。农业经营大户相较于传统小农细碎化经营，灾害风险更为集中，需要具备较强的风险抵御能力才能保障农业经营的可持续性。

自然灾害虽然客观上无法避免，但可通过事前审核流入方经营资质和抗风险能力，附加农业保险条件等方式减轻流入方的损失，规避风险的连锁反应。然而，目前《农村土地承包法》《农村土地承包经营权流转管理办法》中对于农地流转准入的规定较为模糊，准入机制缺失，也未对农地流入方应采取的保障措施进行明确的要求。导致抗风险能力较差的流入方在面对自然灾害时无力承受风险冲击，出现破产跑路等违约行为，损害流出方权益。当然，国家已经意识到这一点，2022年的中央一号文件已经提出要强化工商资本流转农村土地审查审核和风险防范制度的落实。

2. 全球气候持续变暖

全球气候变暖对于农产品的数量和质量均产生了一定影响。气候变化会加剧生产过程中病虫害和极端天气事件的风险，导致农作物生产能力下降，还会产生农产品缺乏维生素、铁、锌和碘等营养元素而引发的"隐性饥饿"问题（许吟隆等，2020）。而农产品产出的数量和质量在一定程度上决定了流入方的经营状况，因此，全球气候持续变暖可能会引发既定的农地流转风险。

全球气候持续变暖也会影响农业经营的各个环节，可能引发连锁风险。全球气候持续变暖给农业生产带来了更大不确定性，农产品数量和质量的不确定性可能引致农产品市场异常波动，使流入方在进行生产、经营、销售决策时承受更大风险，而这种风险可能以不同形式转嫁于流出方。此外，为保证农产品卖相，流入方可能滥用农药化肥，对于化肥农药需求量的增加，不仅提高了流入方经营成本，还可能引发土壤退化、污染等风险问题。

3. 社会对生态环境良性发展需求提升

随着现代社会的变迁和发展，提升生态环境质量成为必然趋势。国家也大力推行生态文明建设，作为"五位一体"总体布局的关键环节，生态文明被提升至国家战略层面。

农地流转工作中，生态环境被以法律形式作为流转前提得以明确。最新修订的《农村土地承包法》规定农地流转不得破坏农业综合生产能力和农业生态环境。此外，2018 年开始实施的《土壤环境质量农用地土壤污染风险管控标准（试行）》和 2021 年大力推行的绿色种植制度也从国家层面对农地生态环境提出了更高要求。2022 年形成的"11699"① 的顶层设计框架和全面系统的"施工图""路线图"，以法规的形式确保了国家对生态环境保护相关规划和改革方案的落实。

国家顶层设计与流出方农户利益诉求具有一致性，农地作为流出方农户重要的自然资本，如果被削弱将影响农户可持续生计，因此，流出方农户客观上存在农地生态不被破坏的利益诉求。长远来看，农地流转参与主体对生态环境提升的需求具有一致性，但各参与主体短期利益需求存在差异。基层政府在政绩导向下，可能以不合理的激励政策吸引资本下乡，忽视农地生态环境。而农地流入方在经营中如果兼顾生态环境问题将导致成本上升，资本的逐利性特征可能使农地流入方在不健全的监管机制面前铤而走险，产生违规施用农药化肥等不良逐利行为，导致相关风险的产生。

二 农户生计决策环境分析

生计决策是农户为实现其生计目标，对现有生计资本所采取的行动以及对生计组合的选择。农户依据现实条件选择不同类型的生计组合，具体包括务工主导型、非农经营主导型、农业主导型、补贴依赖型等，其目的是追求可持续发展、改善生计的脆弱性及降低其风险性，最终达到目标生计结果。而生计资本的差异性会影响农户生计组合的选择，最终导致生计差异结果的产生。因此，复杂的内外部环境均会对农户生计决策产生影响，这些影响因素大致归类为区域特征差异、农户行为决策差异以及农户家庭特征差异。

---

① 生态环境部部长在 2022 年全国生态环境保护工作会议上的工作报告中提出"11699"，指的是 1 个意见：《中共中央 国务院关于深入打好污染防治攻坚战的意见》；1 个规划：《中华人民共和国国民经济和社会发展第十四个五年规划和 2035 年远景目标纲要》；6 个重要改革文件：《生态环境损害赔偿管理规定》《关于加强排污许可执法监管的指导意见》《国务院办公厅关于加入入河入海排污口监督管理工作的实施意见》《环境信息依法披露制度改革方案》《强化危险废物监管和利用处置能力改革实施方案》《关于进一步加强生物多样性保护的意见》；9 个"十四五"生态环境保护重点领域专项规划；9 个污染防治攻坚战专项行动方案。

（一）区域特征的差异性

1. 政府政策的区别

与农户生计决策关联较为紧密的移民搬迁、政府产业扶贫及农业补助等政府政策，通过不同路径作用于农户自然资本、人力资本以及金融资本，对农户生计决策产生不同程度的影响。

首先，移民搬迁政策能够改变农户自然资本，有助于优化农户生计结构。移民搬迁政策改变了农户住房的地理位置、生产生活条件、社会环境、公共服务等外部环境，随着这些自然资本的变化，农户会重新配置生计资本以追求效用最大化（周丽等，2020）。搬迁后得到优质自然资本的农户倾向于选择农业主导型策略，缺乏优质自然资源的农户，则可能会选择非农主导的生产方式。虽然移民搬迁短时间导致不同生计策略的移民家庭收入减少，但推动了移民生计策略结构的转变，大幅度降低了以农业为主的低收入家庭的数量，对低收入家庭增收效果明显。因此，移民搬迁政策具有明显的反贫困效应。这种对农户自然资本进行重新配置并调整其生计策略的政策，从根本上解决了不适宜居住的农户的生计问题，并且能够优化升级农户生计结构。

其次，政府产业扶贫、农业补贴政策也会影响农户自然资本、人力资本以及金融资本，有利于对农户生计决策的宏观引导。一方面，政府产业扶贫政策通过提供农业与非农就业及创业的机会，来影响经济困难农户自然资本和人力资本的配置与投入，以改变他们的生计策略、提高他们的收入水平、促进落后地区经济发展。经济困难农户在产业扶贫项目引导下有更多的时间和精力分配给特色农产品种植、特色畜禽养殖等农业生产活动，并降低外出从事非农务工活动的时间，实现经济困难地区农户生计模式向特色农业生产转移（刘卫柏等，2019）。因此，产业扶贫政策有助于提升经济困难农户增收能力，实现致富目标。

另一方面，不同的农业补助政策会影响农户在生产中的融资手段，进而影响农户金融资本的获取和累积速度。政府补贴收入作为可获取的直接现金渠道，对农户权衡选择非农还是农业主导的生产方式具有极强的引导作用。因此，农业补贴政策有益于直接增加农户收入，减轻生活负担，从而影响农户生计决策。

2. 经济发展水平非均衡

由于历史上自然、政治与社会因素积累的异同，逐步形成了农户所处区域经济水平的差异。这种非均衡的经济发展水平致使不同区域对农户的教育投入不同，农户物质资本积累速度也不同，从而间接影响了农户的生计决策。

第一，不同程度的教育投入反映在农户人力资本质量的差异化方面，人力资本质量会影响农户生计决策水平。经济发展水平高的地区对科教文卫的投入相对较多，教育质量普遍高，拥有专业技能农户的人数往往多于经济发展水平低的区域，这些高质量人力资源更容易学习与掌握新知识，适应市场能力相对较强，拥有更高水平的生计决策能力，同时能够有效地诱导物质资本运作，从而提升区域农业水平。因此，加强农村基础教育和职业培训，特别是强化九年义务教育和非农职业教育或培训，提高农户专业知识、职业素质和技能，对于提高农户人力资本质量具有重要作用和意义，同时也能弥补或减弱城镇化带来的农民弱质化效应。

第二，地区经济发展水平可以直接影响农户物质资本积累速度，农户资本积累水平会影响其生计决策。对于农业主导型农户，收入增长的共性是将自己积累的资本用来购买追加的生产资料和劳动力，扩大生产规模，但由于经济发展水平不同，农户平均用于增加生产的资金不同，经济水平高的地区金融资本更充沛，人们收入水平更高；对于非农业主导型农户，收入增长受经济区域影响更大，直接体现在收入方式上。例如，发达地区的非农业生产农户更多以投资自身为主，加大对自身技能和知识的培训，以提升自己的劳动价值，寻求更高的劳动报酬。因此，高水平的经济发展更有利于农户实现对物质资本的累积，农户生计决策很大程度上要考量当下收入水平。

3. 村庄区位具有独特性

距离城市近、远郊不同的农村地区，由于所处区位不同，其经济发展水平存在明显差异，农地在面积与使用上表现出不同功能，并且农户的家庭、就业、收入等特征也存在明显区别。村庄区位的独特性决定了不同区位村庄在自然资本与市场化水平方面呈现显著差异，而自然资本与市场化水平不同会导致农户生计决策的差异化。

一方面，不同村庄地理区位的自然资本存在明显差异。位于近郊的村庄一般是在城市行政辖区内的外围区域，其农户产业一般以提供蔬菜、副食品，满足城市居民需要为主；而位于远郊的村庄一般离城市较远，与外界的信息交流相对闭塞与滞后，适宜发展特色农产品。农户进行生计决策时，市场、运输以及产业优势均是重要的参考因素，通常由于近郊村庄距离城市较近，大规模集中运输较为便利，各类农产品主体间黏性较强，易形成强有力的产品联合，有利于产业融合发展。于是近郊村庄呈现的农产品需求量相对较高，而远郊村庄在这方面相对弱一些。因此，近、远郊村庄由于距离城市间隔不同，导致其自然资本与农产品需求量不同，对不同区位的农户生计决策产生不可规避的影响。

另一方面，不同村庄地理区位市场化水平不同，影响农户金融资本的配置。首先，农地距离城市的远近是土地价格高低的重要影响因素。越靠近市中心，土地价格越高，生产成本越高，从事纯农业主导生产的机会成本越高，因此会降低农户金融投入的意愿。其次，与远郊区农户相比，近郊区农户受到更多城市发展的辐射，面对更加多元的生计选择（任立等，2020），这种情况下近郊区村庄的财政资源使用情况也与边远地区存在较大差异。因此，由于城市人口多，市场需求旺盛，所以距离城区越近，越有区位优势，市场化水平越高，交通便利信息通达，就业机会更多，家庭劳动力越容易进城务工，农业生产规模通常较高。

（二）农户行为决策的差别

1. 农户对风险的认知是决策的关键因素

由于个体差异，不同农户的风险认知能力和风险偏好有所不同，这在一定程度上会影响其生计决策行为。首先，大多数农户的生产目的是满足基本生活需求，所以具备风险认知能力的农户大多会选择规避风险，将面对的风险最小化，这种应对风险的态度使农户不愿意进行冒进的生计决策，这也解释了目前中国土地流转困局的原因（李景刚等，2016）。其次，部分对风险有理性认识的农户，能够在风险最小化的基础上，追求单位成本利润最大化，将现有自然资源、金融资本、人力资本通过合理的配置达到帕累托最优。最后，一些风险意识淡薄的农户，往往从风险较大的逐利角度出发选择生计策略，结果可能导致其生计资本脆弱性概率大大增加。

农户对风险的认知是有限理性的，使其很难做出完全正确的生计决策。农户生计决策的最终表现形式是风险和利润博弈的结果，由于受到有限理性的制约，农户往往高估低风险事件，低估高风险事件，同时农户追求的是风险最小的利润最大化，而非经济利润的最大化，难以将个人短期利益、长远利益乃至社会资源有效配置统筹考虑，这都反映了农户追求利润的有限理性。此外，受小农意识的长期影响，这种有限理性是融于农村相对滞后的文化环境中的。因此，农户在日常经济生活中难以有效识别生计风险，往往在进行生计决策时给未来生计的可持续性埋下隐患，引发人力资源和金融资本等损失。

2. 受教育程度是农户决策的基础因素

农业转型升级和现代化发展对农户受教育程度提出了更高要求。因为受教育程度较高的农户在信息收集、生计决策、就业选择以及适应能力方面往往强于受教育程度较低的农户。并且，拥有较高教育水平的农户往往拥有较高的管理意识和能力，他们可以运用自身掌握的农业科技知识，通过农地流入产生规模效益。此外，农户平均受教育年限以及接受过专业或教育培训的比重是反映家庭人力资本积累的重要变量。随着农业产业结构转化对农户教育水平要求的提升，同时基于农业比较收益低的特性，这些变量会对农户参与农业就业产生显著的负面影响，对农户参与非农就业产生积极影响。

不同农户主体受教育程度参差不齐，其生计决策行为也受到一定的影响，具体表现为农户向非农就业岗位转移的趋势。受教育程度较高的农户大多数以非农就业为主，不完全依赖于务农。部分目前以务农为主的农户也倾向于从农业经营转移到非农就业岗位。另一部分受教育程度较高的农户可能会回乡创业，兴办企业，通过发展特色农牧业和产业化经营来增加收入，在乡村产业振兴发展中起着良好的引领作用。除此以外，受教育年限能够通过影响农户认知水平影响农户的生计决策。通常接受教育时间相对较长的高等教育的农户，从事非农产业或农业兼业的比例较高。随着教育的普及，农户受教育程度逐渐提高，传统农户向非农就业岗位转移成为难以避免的趋势。

3. 年龄是影响农户决策的重要因素

现有学者对农户年龄与其生计决策之间的二者关系进行了探讨，形成了两种主要观点。其中，以陈飞、翟伟娟（2015）为代表的学者认为户主年龄越大则非农就业能力就越弱，可供选择的非农就业岗位也越少，其从事农业生产的可能性越大；而年轻户主的非农就业能力相对较强，可供选择的非农就业岗位也较多，从事非农生产活动的意愿会更强。然而，张建等（2020）认为相对于中年户主，年轻户主缺乏种植经验而老年户主缺乏体力。他们通过调查发现农户年龄与劳动力转移呈现倒"U"形关系，转折点为39岁，即年龄为39岁的户主家庭非农就业的概率最高，老年户主家庭和年轻户主家庭劳动力转移的概率较低。

尽管不同学者的观点存在争议，但不可否认的是：年龄显著影响农户的非农就业能力和生产观念。年长农户受限于其身体状态，以及接受新信息的能力相对较弱，对农业生产的依附性较大，更倾向于纯农劳作，再加上农村老人长期生活在封建旧思想的精神层面，习惯在家乡的生活状态，以氏族为最终信仰；年轻农户以及中年农户通常身体状态更好，接受过新时代教育，思维较为活跃，对物质和精神有更高层次的追求，向往城市繁荣基础设施，先进的文化生活，优越的宜居条件，另外同辈之间追求攀比的压力会推动他们向城市流动，加之年轻人就业时竞争力更大，使他们倾向于寻求边际收益更高的非农就业机会。

（三）家庭特征影响农户生计预期

家庭是农户进行生产活动的基本单位，家庭特征是研究农户可持续生计的重要切入点。家庭特征主要包括农地资源禀赋、家庭收入结构以及家庭劳动力禀赋三个方面，它们分别对农户生计决策产生重要影响。具体表现为：天然不同的农地资源禀赋是农户生计的基础，家庭收入结构是农户生计水平的决定因素，家庭劳动力禀赋是农户生计水平的支撑因素。

1. 天然不同的农地资源禀赋是农户生计的基础

随着20世纪80年代初家庭联产承包责任制的全面推行，土地资源成为农户重要的自然资本。家庭承包责任制实行土地平均分配，按照农户家庭人口或者劳动力数量对土地进行平均分配，在家庭人口规模一定的条件下，农户拥有的土地数量与当地农地资源禀赋状况有很大关系（梁流涛等，2013）。因此，农地资源禀赋直接决定着农户经营土地面积的大小，它会影响农户对土地自耕或转出利用方式的选择，进而影响农户生计决策。研究表明，农户的人均承包地面积越大，其转入农地的意愿越低，转出农地的意愿越高，这表明土地流转能够将农地资源从禀赋丰富的农户转移到禀赋稀缺的农户手中（薛东前，2021）。

农地资源禀赋反向影响农户的非农就业参与意愿。即农地资源禀赋较高、拥有土地面积较大的农户对于非农就业的参与意愿相对较低，而农地资源禀赋较低、拥有土地面积较小的农户的非农就业意愿相对较高。研究发现，较为丰富的家庭土地资源禀赋对农业劳动力选择留在城镇的概率产生显著的负向影响，并会促使其选择返回农村，从而对农村劳动力转移意愿产生显著的抑制作用。因此，丰富的土地资源禀赋通常会降低农户参与非农就业的概率。

2. 家庭收入结构是农户生计水平的决定因素

家庭收入结构主要分为农业收入和非农收入，两种不同收入的结构决定了不同的生产主导型农户家庭。由于农业比较收益低，非农就业成为农户维持及提升生计水平的重要渠道。然而，非农收入比重显著负向影响农户选择以务农为主导型生计方式。即非农收入比重越高，人力资本倾向于外出务工而不是利用其自然资本从事农业劳作。相反地，农户农业收入占比越大，对自然资源的依赖性越强，更偏好将劳动力配置于纯农型生计策略。

此处以两个地区为例，分析不同生产主导型农户的家庭收入结构。一是家庭收入结构以农业收入为主的 A 县。A 县位于陕西省北部偏西，其主要生产方式为纯农生产。农户在农村产业结构中只扮演生产者角色，农村劳动力资源主要集中在农产品初级生产环节。A 县农户收入[①]的主体一直是家庭经营净收入，其在 2018 年前三季度中第一产业的经营净收入为 5241 元，占经营净收入的 85.4%，第三产业的经营净收入为 881 元，仅占经营净收入的 14.3%。

二是家庭收入结构以非农收入为主的 B 县。B 县位于福建省东南沿

---

① 农户收入包括家庭经营收入、报酬性收入、财产性收入、转移性收入四部分。

海，其主要生产方式以代工衣服、鞋袜等手工业为主，旅游业为辅。B县2019年四项收入结构中家庭经营净收入占24.1%，报酬性收入占48.5%，财产净收入占3.0%，转移净收入占24.4%。对比可以看出，以非农为主导生产方式的B县经营性净收入并不是占比最高的，报酬性收入（工资）为最高。上述两个实际案例可以比较清晰地呈现出家庭收入结构与农户生计决策的相关关系，家庭收入结构以家庭经营收入即农业收入为主的农户，其生计也以务农为主。

3. 家庭劳动力禀赋是农户生计水平的支撑因素

由于不同农户家庭的劳动力资源禀赋存在差异，其参与农业生产时做出的决策不同，对土地资源的利用效率也不同。农户劳动力资源禀赋较低时，其在生产经营决策中偏向于从事纯农业生产，并且其土地资源利用率相对较低；随着劳动力资源禀赋的提高，农户从事的纯农业生产减少、农业收入在家庭收入中的比重降低、其土地资源利用率较高。农户的家庭劳动力资源禀赋可以从数量和质量两个维度进行衡量，总体表现为农户家庭劳动力数量越多，劳动力质量越高，家庭总收入就越高，更倾向于从事非农工作。

研究表明，包含劳动力数量和质量两个维度的农户家庭劳动力禀赋变量与农户家庭收入、农户生计决策之间呈现相关关系。家庭劳动力数量方面，农户家庭劳动力数量越多，其可能从事农业生产和非农生产的劳动力数量充足，农业总产值也越高，但农业总产值占家庭总收入的比重会下降；在家庭劳动力质量方面，农户家庭劳动力的平均质量越高，即劳动力接受教育的程度越高，农户从事非农工作的收入预期越高，劳动力外出务工的可能性也越高。同时，其从事农业生产的收益率也会上升，因此劳动力质量与农户农业生产总值呈正"U"形关系（马九杰等，2013），而与农业总产值占家庭总收入比重呈负相关。

在上述各因子综合作用形成的生计环境中，农户会基于自身对风险及事物运动的有限认知，以效益最大化为目标，进行生计方案的选择，最终形成自身的生计策略（见图3-2）。

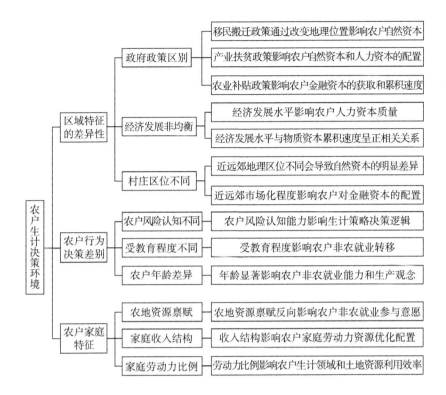

图 3-2　农户生计行为决策环境

第四节　农地流转风险对农户可持续生计影响的理论基础

科学的理论是经过实践检验的对事物发展规律的总结，是指导人们进行相关研究的基础。运用这些理论分析研究主体的行为特征，构建研究主题理论框架，有助于厘清研究思路，夯实研究的理论基础。

一　风险管理理论

关于风险的定义，目前学术界并没有统一的认识，主要有以下几种观点：美国学者海尼斯（Haynes）对风险的经济学意义作出阐述，他认为风险是损失或损害的可能性（郭庆旺等，1999）；美国经济学家罗伯特·梅尔（Robert Mehr）则认为风险是在一定条件下损失的不确定性（约翰·伊特韦尔，1996）。中国台湾学者宋明哲（2003）认为，这种"不确定性"包括事故发生与否不确定、发生的事件不确定、发生的状况及发生的结果不确定；也有学者小阿瑟·廉姆斯（C. Arthur Willianms）和理查德·M. 汉斯（Richard M. Heins）认为风险是实际结果与预期结果的偏差（武小惠，2005）。

而美国经济学家弗兰克·H. 奈特（Frank H. Knight）认为风险是可度量的不确定性，而不确定性是不可度量的风险（王晓群，2003）。综上，研究将风险界定为："不确定性损失存在的可能使实际结果与预期结果存在偏差的现象。风险的构成主要包括风险因素、风险事件以及风险损失三个方面。风险因素是指风险事件发生的潜在原因；风险事件是造成损失的直接原因；风险损失是指风险导致的与战略目标之间的绩效差异。环境中的风险因素在一定条件下会引发风险事件，风险事件直接导致实际结果与目标的差异性。"

关于风险管理的概念，早期比较有影响的定义是由威廉姆斯和汉斯在《风险管理和保险》一书中提出的，风险管理是通过对风险的识别、衡量和控制，以最小的成本使风险损失降到最低程度的管理方法（江生忠，2008）。风险管理的过程主要包括风险识别、风险评估、风险应对与风险控制四个环节。弹性风险管理是围绕组织目标，考量实现目标所需能力和组织真实能力之间的差距，通过"守底线""拓空间"的管理活动，使组织在变化环境中持续拥有竞争优势的过程和方法。弹性风险管理理论研究视角关注的对象是自身的能力，而这些能力具体表现为一系列灵活的、可储存的、可转化的、可重塑的资源，最终利用这些资源和能力应对外部冲击（吕文栋等，2017）。农地流转过程中，农户既是交易主体，也是风险的最终承担者。农户的决策行为可能导致某种风险或风险组合的发生，这主要取决于农户的决策环境，不同的决策环境产生不同的决策行为从而导致不同风险因素的产生。当农户现实生计能力低于他的目标生计能力时，可能会导致风险的产生，进而需要实施风险管理，风险管理的目的一方面在于守住底线防止贫困，表现为生计的稳定能力；另一方面是在此基础上拓宽空间致力于致富，表现为生计的应变能力，至此实现对农地流转风险的弹性管理（见图3-3）。

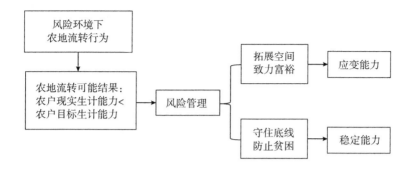

图3-3 农地流转的弹性风险管理

农地流转是农村土地资源优化配置的有效方式，是解决"三农"问题的关键，其最终目的是提升农户的可持续生计水平，提高其幸福感和满意度。因此，风险管理在农地流转实践中显得尤为重要，对农地流转的风险进行有效识别和评估，有助于降低和规避风险对农户可持续生计的影响，促进农地流转工作的有序开展。

二 可持续生计理论

"可持续生计"概念最早见于20世纪80年代末世界环境和发展委员会的报告。1992年，联合国环境和发展大会将此概念引入行动议程，主张把稳定的生计作为消除贫困的主要目标。可持续生计是指个人或家庭所拥有和获得的、能用于谋生和改善长远生活状况的资产、能力和有收入活动的集合。其中，DFID（2000）构建的可持续生计框架已被学者广泛接受和应用，整个分析框架由脆弱性背景、生计资本、组织结构和程序转变、生计策略和生计结果五个部分组成，面对脆弱性背景，农户采取不同生计策略即不同生计资本的组合来应对，从而产生相应的生计结果（李创等，2020）。可持续生计分析框架的核心内容和关键要素是生计资本，研究以此框架的五个生计资本为核心展开。

在可持续生计框架中，生计资本划分为人力资本、自然资本、物质资本、金融资本和社会资本五种类型（见图3-4）。人力资本是指人们为了追求不同的生计策略和实现生计目标而拥有的技能、知识、劳动能力和健康等；自然资本指的是人们的生计所依靠的自然资源的储存和流动，包括生物多样性、可直接利用的资源（如土地、树木等）以及生态服务；物质资本包括维持生计所需要的基础设施以及生产用具；金融资本主要指流动资金、储备资金以及容易变现的等价物等；社会资本指各种社会资源，如社会关系网和社会组织（宗教组织、亲朋好友和家族等），包括垂直的（与上级或领导的关系）或横向的（具有共同利益的人）社会联系（刘伟等，2020）。

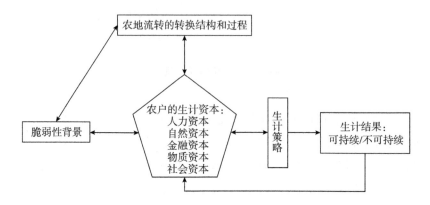

图3-4　可持续生计框架下的农地流转与农户生计

生计策略是农户对所拥有的生计资产进行的组合。不同类型的农户采取不同的资本组合策略。纯农业型农户生计策略中自然资本占比较高，自然资本与其可持续生计息息相关；低度兼业型农户因对资本占比均较小，没有明显策略主导资本，可持续能力整体较低；高度兼业型农户的物质资本占比较高；非农业型农户生计策略组合中金融资本占比较高。

可持续生计框架阐述了五种资本之间的内在关系及其对可持续生计的影响，描述了农户在市场、制度政策以及自然因素等造成的风险性环境中，如何利用大量的财产、权利和可能的策略去提升生计水平；反映出农户生计资本结构、生计过程和生计目标之间的交互变化和相互作用。具体来说，决策环境对农户决策行为具有决定性作用，不同的决策环境产生不同的决策行为从而可能导致不同风险因素的产生。在风险因素作用下，农户生计资本可能会发生变化，从而影响农户生计策略组合，最终呈现不同的生计结果。在调整生计策略的过程中，农户的生计能力累积到一定存量，他期望这种生计能力能够在风险环境下维持生计结果，摆脱持续性经济困难。

目前，中国农地流转过程中，风险问题层出不穷，这对农户的可持续生计产生了很大的影响。农地流转风险使农户的生计资本发生变化，五种资本之间的关系组合会发生变动，即农户采取不同的生计策略，会产生不同的生计结果。这就需要农户在不同的风险性环境中进行决策，运用自身的能力和资源调整生计策略，提升生计水平，使其达到最优的生计状态。

三　制度变迁理论

美国经济学家道格拉斯·C. 诺思（Douglass C. North）在研究中发现了制度因素的重要作用，他的新经济史论和制度变迁理论使其成为新制度经济学的代表人物之一，并因此获得了1993年度诺贝尔经济学奖。诺思的制度变迁理论由以下三个部分构成：描述一个体制中激励个人和团体的产权理论；界定实施产权的国家理论；影响人们对客观存在变化不同反应的意识形态理论。

人们面对的外部环境是不断变化的，同时人们的认知也是变化的，因此对于制度，人们的需求会发生变化。如果制度供需平衡则制度稳定，如果制度不能满足人们的当下需求，现有制度框架将会被推翻或创新即发生制度的变迁。诺思所阐述的制度变迁和制度创新都是指这一意义上的制度活动（鲁鹏，2008）。

将产权理论与制度变迁结合是诺思的一大理论贡献。诺思认为，科斯等创立的产权理论有助于解释人类历史上交易费用的降低和经济组织形式的替换。根据产权理论，在现存技术、信息成本和未来不确定因素的约束下，在充满稀缺和竞争的世界里，解决问题成本最小的产权形式是有效率的。竞争将使有效率的经济组织形式替代无效率的经济组织形式，为此，人类总是想方设法降低交易费用。有效率的产权应是竞争性的或排他性的，因此，必须对产权进行明确的界定，这有助于减少未来的不确定性因素并降低产生机会主义行为的可能性，否则将导致交易或契约安排的减少。

农村土地产权制度是土地流转的基础和前提。土地产权是土地制度与政策的一个核心问题，土地归属决定土地制度的基本社会性质。中国产权制度是农地流转的基础，中国目前实行"三权分置"的土地制度，所有权归集体所有，农户享有土地承包经营权，经营权可以流转。农村土地使用产权改革，是将农村土地使用权产权化、资本化，并由县级人民政府对产权予以确认，发放农村土地使用产权，此产权在规定的产权期限内，按照规定的用途流转，并作价折股，作为资本从事股份经营、合作经营与合伙经营，从而实现农业规模经营和集约经营，建设现代农业，也可作为资本到金融机构抵押担保，解决规模经营等发展农业资金不足的问题。而这种制度环境可能会造成一些风险，如交易成本过高导致农户失地难以实现可持续生计等。

要保持农地流转市场的有效性意味着要充分界定和行使产权，制度创新的一个重要内容就是产权结构的创新。农村土地使用产权改革正是农村土地产权制度创新的结果。将制度变迁理论运用在农村土地流转工作中，有助于创新农村改革发展模式，完善农地流转机制，实现农户可持续发展，促进农村经济增长。

四　前景理论

展望理论（prospect theory）也译作"前景理论"，由丹尼尔·卡内曼（Daniel Kahneman）和阿莫斯·特沃斯基（Amos Tversky）教授提出，该理论将心理学研究应用在经济学中，为不确定情况下的人为判断和决策研究奠定基础。该理论认为个人基于参考点的不同，会有不同的风险态度。利用展望理论可以对风险与收益的关系进行实证研究。展望理论是行为经济学的重大成果之一。

在展望理论提出之前，解释人们风险决策行为的理论是期望效用函数理论（expected utility theory）。该理论假定人都是理性的。个人主观追求的效用函数不同、对各种可能性发生认为的主观概率不同，导致了判断和决策的因人而异。但为保持理性，效用函数必须具有一致性（同一个结果有同样的效用），主观概率也必须满足贝叶斯定理等概率论基本原理。展望理论通过一系列的实验观测，发现人的决策选择取决于结果与展望（预期、设想）的差距，而并非结果本身。

该理论揭示了决策的非理性心理因素，主要应用在情况不确定下的人为判断决策研究。人在决策时会在心里预设一个参考点，然后衡量每个结果是高于还是低于这个参考点。对高于参考点的收益型结果，人们往往表现出风险厌恶，偏好确定的小收益；对低于参考点的损失型结果，人们又表现出风险喜好，寄希望于好运气来避免损失。因此，可由前景理论引申出：人在面临获利时是不愿冒险的，但在面临损失时却成了风险追求者；人对损失带来的痛苦比对获利带来的喜悦更敏感，而损失和获利都是相对于参照点而言的，因此改变评价事物的参照点，就会改变人对风险的态度（庄晋财等，2018）。

农地流转过程中，农户在决策是否参与流转时，其决策选择取决于流转前财富值与流转后的预期收益结果，参考点与自身此前决策情况以及其他可知农户的流转情况相关。农户在追求自身利益最大化的同时，也会遭受不确定风险因素的侵袭。作为农地交易主体，当农户作为农地流出方时，在面临获利时属于风险规避型，偏好能够确定的小收益；当其作为农地流入方时，在经营过程中遭遇的风险概率较高，在面临损失时属于风险喜好型，期望获得更高的收益。因此，农户农地流转的生计结果溯其根源是由农户的风险决策行为导致，不同的决策行为导致不同的生计结果（见图3-5）。

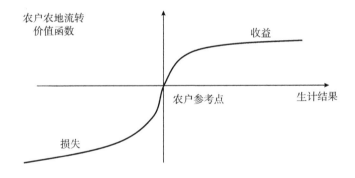

图3-5　农户农地流转决策得失函数

五　福利效应理论

作为福利经济学的核心与基础问题，福利（welfare）的定义自福利经济学诞生以来就成为人们争论的焦点，也随着福利经济学的发展而不断地完善。旧福利经济学时期，庇古（Arthur Cecil Pigou）认为福利是一种意识形态，一种满足感。当时的福利测度就是度量效用（utility），通常被认为是对财富占有带来的效用，人们关注的也主要是国民财富积累的收入在穷人和富人之间的转移支付。在这一时期，福利被认为是主观和客观的结合。

新福利经济学时期，学者对福利可以用基数来测度产生了质疑，认为福利只能进行排序比较而不能进行测度，认为福利的概念更近似于偏好（preferences）。阿马蒂亚·森（Amartya Sen）认为创造福利的并不是商品本身，而是它所带来的那些机会和活动，这些机会和活动是建立在个人能力（capabilities）的基础上。因此，福利是个人实际拥有及可能拥有的功能的集合。福利的概念随着社会的发展有所变化，总的趋势是由只关注经济福利到经济和非经济福利并重，由只关注客观的"收入"情况或只重视主观的"效用"感受到统一主客观的"能力"。

福利效应（welfare effect）是衡量某个事件或某项政策所造成的影响的有力标准。某一行为对主体福利产生的影响，既可能是正向的影响，也可能是负向的影响；既可能是大的影响，也可能是小的影响。测度福利效应首先要找到测度的方法；其次分别测度行为发生以前的福利状况和行为发生以后的福利状况；最后对比行为发生前后的福利状况，以确定福利效应的方向和大小。

农地流转对农户的福利效应既有正向的作用，也有负面的影响。农地流转过程中遭遇风险因素，会导致农户的福利效用下降，进而影响农户的生计水平。因此，对农户的福利效应进行测量，研究土地资源配置效率的提高所带来的福利增加是否足以弥补福利损失，有助于识别和应对农地流转风险，提升农户可持续生计水平（见图3-6）。

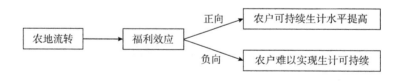

图 3-6　福利效应下农户可持续生计的路径

第五节　"农地流转风险影响农户可持续生计"研究框架的构建

在农地流转的过程中，农户既可能成为流出方，也可以作为流入方，无论农户做出何种生计决策，均是在综合考虑自身条件约束的前提下以实现自身效用最大化为根本目的的。农地流转作为现有农地经营模式之一，其经济学实质是促进农地供需关系的有效衔接，实现农地资源优化配置与农业生产力水平提高。

一　农地流转风险环境下农户的可持续生计框架

农地流转的外部环境中，土地产权制度提供了规则保障，随着政治经济特别是市场供求关系的变化，中国土地产权及农地流转制度经历一系列变迁。其中，农地流转的发展具有一定的政策导向性，主要经历了禁止流转、初步开放、正式确立、鼓励引导、完善发展五个阶段（罗玉辉，2019）。这一变迁过程以产权制度变革为核心，以动态需求匹配为目的，最终在制度保障下推动了农地流转市场的不断发展与完善。

但制度的完善与发展是一个长期的过程。现阶段，农地流转依然面临着诸多不确定性，形成了农地流转风险环境。风险环境中隐藏着诱发农地流转风险的风险源，风险源以风险因素的形式存在于客观环境中，最终作用于农地流转参与主体，损害其生存或财产权益。农地流转过程中，存在流出方农户综合素质不高、参与主体利益需求存在差异、产权不明晰、配套保障措施不到位、制度规则不完善、激励政策不合理、政策执行主体能力偏低、信息不对称八大风险源，这八大风险源外化于政治、经济、文化、生态四个维度，最终形成农地流转风险环境。

首先，在城乡二元制度影响的政治环境中，农村经济要素多处于外流状态，对引入的资源难以有效利用，农户因受户籍制度的长久限制而难以融入城市化进程，农地流转面临着集体产权制度与土地流转利益保障机制不完善的双重制度风险；在农地流转过程中，农户往往因现行法律法规的不健全、司法救济权利的缺失与行政过度干预等暴露于农地流转风险之下，影响农户生计资本的变动。

其次，当前农地流转市场欠缺成熟的定价机制、完善的中介服务机构与明确的准入及监管机制，放大了农地流转市场经济的盲目性、滞后性与自发性，对农户抵抗风险的能力提出了挑战。

再次，农户面临的文化环境往往是"安土重迁""权利本位""情义本位"的农村社会传统价值观，整体法律风险意识淡薄，同时受自身文化水平的影响，忽视风险识别、评估、管理、控制过程的科学把控，阻碍了生计的可持续性。

最后,农地经营流转无法避免自然环境的影响,全球气候的持续变暖、农业自然灾害等成为农业生产的不可抗力因素,此外,社会对生态环境良性发展的需求也对农地可持续经营提出更高要求。

外界风险环境的变化影响着农户自然、物质、金融、人力、社会五大生计资本。当农户为了改善长远的生活状况,使其所拥有和获得的谋生能力、资产和有收入的活动能够在外界压力下得以维持,同时又不削弱原有自然资源基础时,农户将合理配置五大资本,采取不同类型的生计策略以响应风险环境的变化,促进产生期望的生计结果。生计结果的反馈机制将促进生计策略的适应与调整,直至该传导机制实现相对稳定状态即生计可持续(周丽等,2020)。

此外,生计结果的不同也将影响生计能力的提升或下降。最终,在生计结果影响下的生计能力将与风险环境相互作用,当生计能力能够良好应对风险环境时,会在二者间形成良性循环,实现农户生计的可持续性。该过程在"可持续生计框架"中形成"农地流转风险—生计资本变化—生计策略调整—生计结果产生—生计能力提升(下降)"的逻辑框架(见图3-7)。

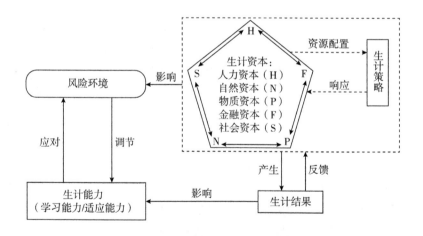

图3-7 农地流转风险影响下农户的可持续生计框架

二 农地流转风险作用下农户可持续生计的决策逻辑

风险环境是客观存在的,但农户在不同环境下做出的不同决策行为可能导致不同风险源的外露与风险因素的放大。受家庭特征与自身生计资本组合的影响，不同类型的农户可能选择不同的生计发展方向，以发挥自身资本优势。

不同的风险环境塑造了农户差异化的经营模式，同时农户作出的可持续生计决策也将随风险环境的变化进行动态调整。自然资本占生计资本主体的农户可能采取纯农业型农户生计策略，其对自然资本具有很强的依赖性，在农地流转中可能选择转入土地展开规模经营以进一步放大自身自然资本的经营优势，或根据当地自然条件与市场环境调整农地经营结构，维持原有生产地位（崔严等，2020）。反观非农业型农户，生计来源中自然资本比重较小，更倾向于利用其社会资本、人力资本发展物质资本与金融资本，在农地流转中往往充当转出方角色，把握风险环境中所带来的机遇与挑战，探讨更多非农业经营带来生计可持续的可能性。而处于二者中间选择兼业型生计策略的农户缺乏明显导向性的资本优势，生计掣肘不甚明晰，更易受自身期望生计结果与他人实际生计结果影响，在农地流转中选择的弹性更大。

根据前景理论，流转前的财富值是环境参照点（庄晋财等，2018），也是农户进行生计决策的基准点。农户作为农地流转的交易主体，面临获利时倾向于风险规避，偏好维持稳定的、已知的生计决策而不愿进行冒险，故在原有农业经营能够覆盖家庭基本支出的情况下，农户倾向于维持原有经营方式，选择将农地经营权掌握在自己手中而非进行农地流转；面临损失时农户属于风险喜好型，期望获得更高的收益而放大小概率事件的随机性、忽视大概率事件的普遍性，即在家庭收支难以平衡之下，农户更愿意尝试接受其他经营方式以期获得超额收入。

三 风险视角下生计结果影响生计能力的逻辑路径

风险的存在影响了农户的生计资本，塑造了农户差异化的生计策略，最终导致了不同生计结果。农户在风险环境中不断调整生计策略的过程会对生计能力产生影响，而这种能力能否与动态的风险环境相适应，达到相对稳定的预期生计水平决定了农户生计的可持续性。

通常不同生计策略会取得不同生计结果，而生计结果将对生计能力产生影响。若将农户的生计能力分为目标生计能力与实际生计能力，生计策略作用下的生计结果将对目标生计能力产生直接影响，如农户顺利进行农地流转并实现生活水平的改善，将助于提升农户目标生计能力的培养与目标设定。如图 3-8 所示，目标能力与现实能力存在三种可能的状态（沈军，2012）。

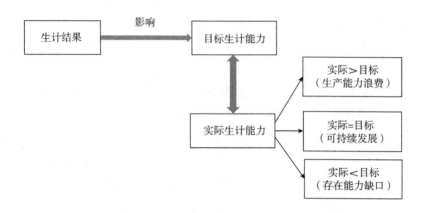

图 3-8　风险视角下农户生计结果对生计能力的影响

状态一：实际生计能力大于目标生计能力。此种状态下农户的实际生计能力超出目标设定，存在部分能力浪费，农户的生计水平仍具有提升空间，农户需要进一步优化自身资本配置，调整生计策略。

状态二：实际生计能力等于目标生计能力。此种状态下农户实际生计能力与目标生计能力相匹配，农地流转能够实现农户自身生计资本组合配置最优化，农户具有可持续生计能力。

状态三：实际生计能力小于目标生计能力。此种状态下农户自身实际生计能力难以支撑目标生计能力的实现，存在能力缺口，农户自身生计资本需进一步开发，及时进行生计风险管理。

依据福利效应理论，农地流转对农户的福利效应既有正向作用，也存在负面影响。在状态二下，农户能够有效应对农地流转风险，实现自身正向福利最大化，这也是农地流转推行的目标效果，有助于实现整个社会的正向福利最大化。但在状态一与状态三中，农户生计能力预期与实际出现矛盾，需反向调整生计策略，测度福利效应的方向和大小，从而帮助累积农户的生计能力存量，更好识别和应对农地流转风险，实现生计资本效率最优，农户才可摆脱持续性贫困。

综合以上，农地流转的风险环境对农户生计资本将产生直接影响，随即农户通过对生计资本组合配置形成生计策略以响应风险环境的变化，并产生对应的生计结果。而生计结果不仅反馈至生计资本及生计策略决策环节，实现动态调整；而且将影响目标生计能力，当农户的目标生计能力与实际生计能力相匹配时，农户的可持续生计能力与环境适应能力将进一步提升，最终形成农户生计与风险环境动态匹配的良性循环。

第四章

西部地区农地流转
风险的识别与评估

第一节 西部地区农地资源禀赋与经济发展状况

一 西部地区农地资源禀赋

（一）农地资源的自然条件与基本特征

1. 自然条件

中国西部地区土地面积约 545 万平方千米，区域内自然地理条件差异显著。区域内各省市自治区普遍存在气候恶劣、地形地貌复杂、水资源匮乏等自然地理条件劣势，但该区域同时又是中国矿产资源与水能资源的富集地。

以新疆、甘肃、四川、云南为主的青藏地区，地形以高原、山地为主，海拔高，空气稀薄，紫外线充足，光照丰富，难以利用的土地面积较广。作为生态脆弱区，该地域农地资源数量相对较少，地形崎岖，多冻土，难以开展大规模耕种。但青藏地区是中国长江、黄河、珠江、雅鲁藏布江、怒江、澜沧江、独龙江等重要水系的发源地和主要集水区，是中国最重要的水资源战略储备区、气候系统稳定器和生态安全屏障。

由内蒙古、宁夏、新疆阿尔金山以北、甘肃祁连山以北、陕西秦岭以北组成的西北地区，地形以高原、山地、盆地为主，气候高寒干旱。2021 年降水量约 172.6 毫米，较 2020 年增加 8.2%，但依旧远低于全国平均年降水量的691.6毫米①。该地区水资源严重匮乏，面临土地荒漠化的生态问题，较适宜开展绿洲农业、旅游观光农业等。

由广西、重庆、陕西秦岭以南，四川巴颜喀拉山横断山脉以东以及云南横断山以南构成的西南地区，地形破碎，多山地、丘陵，喀斯特地貌广泛分布。该地区降水量较为丰富，且多江河湖泊，总体水资源较为丰富，但存在水土流失与土地石漠化等生态问题。

2. 农地资源的基本特征

第一，用途类型以草地、林地为主。中国西部地区包括12个省份，面积占据国土总面积的71.17%。根据2021年8月25日公布的第三次全国国土调查主要数据公报可知，草地主要分布在西藏、内蒙古、新疆、青海、甘肃、四川6个省份，占全国草地面积的94%②。西部地区是中国主要的农牧区所在地，土地资源利用类型以草地、林地为主，耕地资源总量相对较少。

第二，人均耕地资源占有量较小。中国西部地区面积广阔，但耕地资源总量稀缺，多荒草地、裸岩石砾地等难以耕种的土地。2015年中国年末经营耕地面积户均平均值为7.07亩，中部地区户均11.10亩，而西部地区户均耕地面积仅为5.78亩，人均耕地占有数量不及全国平均值（中共中央政策研究室等，2017）。随着中国西部地区工农业生产不断进步，人口数量不断增长，建设发展预计占用的耕地数量将逐步提升，人地矛盾问题日益严峻。

第三，农地资源质量相对较低。西部地区是生态环境脆弱区，地形、地貌和地质复杂崎岖，难以承载长期以来的粗放型经济发展模式，区域生态环境不断恶化，水土流失等自然灾害频发，农地资源承载力较弱。部分地区煤、硫、石油、磷等资源型工矿产业无节制地发展也带来严重的环境污染问题，进一步损害了当地土地资源质量。根据农业农村部发布的2019年全国耕地质量等级情况公报可知，中国西部地区耕地平均质量等级较低，其中青藏区的平均等级为7.35③，远不及中国中东部地区。因此，西部地区耕地资源质量较差，耕地对农作物的适宜程度

---

① 《2021年中国水资源公报》。
② 《第三次全国国土调查主要数据公报》。
③ 《2019年全国耕地质量等级情况公报》。

低，耕地地力及经济效益仍存有较大上升空间。

此外，土地细碎化程度对西部地区农地资源的利用有较大影响。2010—2015 年，西部地区耕地经营户的年末经营面积由 5.75 亩增加至 5.78 亩，年末实际经营耕地块数由每户 5.60 块降低至 4.34 块，其中面积不足 1 亩的有 2.94 块，面积 1—3 亩的有 1.03 块，面积 5 亩以上的仅有 0.13 块（中共中央政策研究室等，2017），耕地细碎化问题突出。虽然小面积地块种植经营能够分散农业生产的风险，促进种植品种多样化，但是其消极作用显著体现在农业经营成本的增加以及劳动边际生产力的降低，这在很大程度上限制了中国西部地区农业机械化水平的提高，阻碍了该区域农地流转政策的推进，牵制了农地资源的进一步开发与利用。

第四，现代生产要素相对缺乏。中国西部地区基础经济水平较低，内外生态环境要素匹配不合理，使其难以发挥生态系统的自有功效，加之当地开发利用方式的不合理，造成了较为突出的生态环境与城镇化发展之间的矛盾，进一步引发了西部地区经济发展动力不足、城镇化水平较低等问题，阻碍了当地技术、资本的引进与信息管理的普及。

由于经济发展水平差距带来的人均工资水平差异以及就业机会悬殊，中国西部地区劳动力普遍向中东部地区转移，造成了西部地区劳动力老龄化与空心化等问题。此外，西部地区的劳动力素质水平普遍不高，仅依靠当前水平的生产要素难以应对农业现代化升级带来的挑战。

（二）农地资源利用的主要问题

1. 农地资源利用水平整体较低

中国西部地区农地资源利用水平整体较低，普遍需要提升资源开发与生态环境保护的整合能力。在东部、中部、西部农地资源利用效率中，西部农地资源利用效率最低，农地利用结构不合理等问题较为严重。西部省份农地利用无效率占比 50%，远高于东部的 16%（柏昱，2017），其农地经济生产价值仅占 9%（彭开丽等，2012）。西部各地区普遍存在粗放式发展引致的资源利用弊端，并且以牺牲生态环境的发展谋求土地利用经济效率的提升。因此，西部地区亟须引进先进技术及管理经验进行农地资源整合。

2. 西部地区内部各区域农地资源利用水平存在差距

中国西部地区各省份农地资源的利用效率差距显著，发展水平不均衡。调查[①]发现，在西部12个省份中，重庆市、四川省及陕西省的土地利用经济效率较好，农地细碎化程度较低，农业现代化技术较普及，水利灌溉等农业基础设施较为完备，农地流转规模超过50%，这几个省份在西部地区农业规模经营的推广过程中具有引领作用。相较而言，其他地区囿于自然条件，以家庭为单位的小规模经营仍为其主要农业开展方式，农地流转规模不足50%，农业机械化水平提升难度相对较大。

为提高西部地区农地资源利用整体水平，缩减西部地区内部各地域农地资源利用差距，整合现有农地资源，有计划地推进农地规模经营，普及先进土地管理技术成为当务之急，也是促进西部地区经济可持续发展的必要选择。

二　西部地区经济发展状况

（一）经济发展现状

自1999年9月中国共产党十五届四中全会明确提出实施西部大开发战略以来，中国西部地区12个省份的经济实力不断增强，现代化水平得到了长足的进步。经济发展总量方面，"西部大开发"战略实施以来，西部各省份的GDP由1.58万亿元增长到23.97万亿元，增长了逾14倍，西部地区GDP占全国的比重由17.7%提升至20.9%，工业化与城市化水平不断提升。2021年西部地区各个省份的GDP及其增速如表4-1所示。

表4-1　　　　2021年西部地区各省份GDP排行榜

GDP排行	省份	2021年GDP（亿元）	增速（%）
1	四川	53850.79	8.2
2	陕西	29800.98	6.5

① 自2018年7月开始，研究利用高校丰富的学生资源，招募调查来自农村的学生志愿者，通过对筛选后符合要求的学生进行培训，先后对全国，重点是西部地区的典型村落进行了三次大规模的实际调研，获取相关调研信息。在此基础上，有针对性地走访了26个村落，以细化与论证前期的调研信息，尽可能真实地掌握西部地区农地流转风险与农户可持续生计的实际情况。

GDP 排行	省份	2021 年 GDP（亿元）	增速（%）
3	重庆	27894.02	8.3
4	云南	27146.76	7.3
5	广西	24740.86	7.5
6	内蒙古	20514.2	6.3
7	贵州	19586.42	8.1
8	新疆	15983.65	7.0
9	甘肃	10243.3	6.9
10	宁夏	4522.31	6.7
11	青海	3346.63	5.7
12	西藏	2080.17	6.7

资料来源：《中华人民共和国 2021 年国民经济和社会发展统计公报》及各地区统计局发布的数据。

经济发展质量方面，中国西部地区产业结构不断优化，城乡经济发展差距不断缩小。2021 年中国西部地区生产总值为 239710 亿元，增长幅度达 7.4%[①]，地区经济增长速度高于全国经济平均增长速度。2021 年西部地区三次产业增加值分别为 27437.09 亿元、92570.41 亿元和 119702.50 亿元，第三产业年均增长率最高，产业结构占比由第一产业主导转变为第二产业支撑，第三产业快速发展，开放型经济发展水平不断提高（见表 4-2）。

表 4-2　　　　　　　　2021 年西部地区三大产业产值增长情况

	第一产业	第二产业	第三产业
增加值（亿元）	27437.09	92570.41	119702.50
年均增长率（%）	7.06	6.16	7.69

资料来源：西部地区 12 省份各地区人民政府官网。

2021 年西北地区城乡收入差距小于西南地区，城乡化现代指数排名前三位的省份分别为内蒙古、重庆、广西，这些省份城乡现代化建设

---

① 《中华人民共和国 2021 年国民经济和社会发展统计公报》。

效果显著，城乡发展差距较小。第一产业作为西部地区经济发展的重要支柱，其中种植业产值占比59.32%，是西部地区经济平稳发展的重要动力。西部地区农业粮食产量占全国粮食产量的25.58%，农村居民人均年收入12817.13元，人均消费支出11306.91元（任保平等，2021），远低于全国平均水平，"三农"问题仍较为突出，与基本实现农业社会主义现代化的目标存在一定的差距。

比较中国东部地区经济的发展，可以发现西部大开发战略在缩小东西部经济发展差距方面的作用有限。中国东部地区发展比西部地区更快，两个区域原有的经济差距被进一步拉大，并存在不断扩大的趋势，难以实现东西部地区经济协同发展的预期目标（任保平等，2019）。

（二）经济发展规划

根据《中华人民共和国国民经济和社会发展第十四个五年规划和2035年远景目标纲要》，城乡经济高质量发展是增强当前中国经济内生动力的关键。从城镇经济发展来看，"十四五"规划中成渝城市群和关中平原城市群两大国家级城市群地位的确立，有助于形成中国西部大开发的新格局，两极城市群的发展将成为西部地区日后经济高速发展的强劲动力。

农村经济发展中，虽然面临各种困难，但也取得不少成果。《中国农业产业发展报告（2021）》中提到，中国农业产业将于"十四五"期间面临多重风险因素，包括气候变化、国际贸易的不确定性、新冠疫情的冲击、草地贪夜蛾及非洲猪瘟等生物安全以及潜在的政策风险。但中国重要农产品供应能力未遭受打击，根据中国农业产业模型（CASM）预测，2021—2025年，中国粮食单产水平会不断提高，粮食总产量继续保持增长态势。2025年粮食产量将增至6.92亿吨（1.38万亿斤），依然有能力确保"谷物基本自给，口粮绝对安全"底线不破。

自2017年10月党的十九大报告提出实施乡村振兴战略以来，中国农业农村现代化建设持续推进。《乡村振兴战略规划（2018—2022年）》明确指出对三类区域按梯次推进农业农村现代化，西部地区农地作为第三类"革命老区、民族地区、边疆地区及集中连片特困地区的乡村"典型（中共中央 国务院，2018），是乡村振兴战略实施的重点关注对象。2021年1月4日党的十九届五中全会审议通过的《中共中央关于制定国民经济和社会发展第十四个五年规划和二〇三五年远景目标的建议》为全面推进乡村振兴提出指导性意见，其中加快农业现代化进程已成为关键一环，处于当代中国经济社会发展最落后地位的西部农牧区，因发展的特殊性与复杂性，以及绿色发展的系统性，必须在中央政府的统筹下走包容性创新驱动发展道路。

2021 年是"十四五"的开局之年，中国目前农村集体经济的形式日渐丰富，出现了农户自发组织规模化、村两委带头合作化、综合农协发展化、企业入资集中化等集体经济经营模式。随着中国民法典的实施与土地确权工作的持续推进，西部地区农地流转面临的困难会有所降低，规范性的加强有利于推进农地规模化经营，便于加大资金、科技等投入力度，有利于支持发展壮大农村集体经济建设，助力农业现代化示范区的创建。

第二节 西部地区农地流转现状

中国西部地区耕地面积达 72230.55 万亩，占全国耕地总面积的 37.66%（国家统计局，2011），但受限于自然条件与历史经济发展水平，优等质量耕地占比较小。与东部地区相比，中国西部地区农地流转起步时间晚，推进过程较为缓慢。在保证集体所有权和农地农业性质不变的前提下，流转形式以转包、转让、互换、出租、入股为主。在农地流转过程中，较为集中地出现了农地"非粮化"、基层政府角色越权、流转制度不健全等问题，但总体上能够提升农民收入水平，推动农户可持续生计水平的提升。

研究选取中国西部地区 12 个省份，覆盖 44 个较为典型村落，随机选取了各村农户及干部进行了问卷调查与实地访谈。

一 农地流转政策调控与基层反馈

（一）农地流转政策调控

西部地区各省份以国家农地流转理念为核心，以宏观政策调控为基本，结合地区特色和发展状况制定细化政策。

西藏和新疆主要以国家相关政策法规作为指导，贯彻落实相关精神。青海在人才吸引和农地保护等方面制定细化政策。2015 年 12 月，青海省人民政府办公厅发布的《关于做好农民工等人员返乡创业工作的实施意见》中提出支持新型农业经营主体发展带动农民返乡创业，加强农牧区基础设施建设，健全返乡创业公共服务。帮助农村完善水、电、交通、物流及通信等基础设施并实现政府、农村集体经济组织与社会资本合作共建智能电商物流仓储基地。2021年1月，青海省人民政府办公厅《关于印发青海省防止耕地"非粮化"稳定粮食生产工作方案的通知》中指出建立准入制度、监管制度和风险保障金制度，并跟踪监督经营主体生产经营能力、土地用途、风险防范能力情况，防范农地撂荒和用途改变等风险。

甘肃省主要对《关于引导农村产权流转交易市场健康发展的意见》《农村土地经营权流转管理办法》《农村土地经营权流转交易市场运行规范（试行）》等相关法规文件进行解读。陕西省则对农地流转后的产业发展及农地用途进行明确引导与规制。陕西省人民政府办公厅2017年3月发布《关于推进农村一二三产业融合发展的实施意见》，该意见指出发展多类型农村产业融合方式、培育多元化农村产业融合主体、建立多形式利益联结机制并完善多渠道农村产业融合服务。

2018年陕西省人民政府办公厅为加强耕地保护，发布《关于印发开展"大棚房"问题专项清理整治行动坚决遏制农地非农化工作方案的通知》，重点清理整治假借修建农业大棚之名，改变农地用途及性质的违法违规行为。2020年12月，陕西省人民政府办公厅发布《关于印发防止耕地"非粮化"稳定粮食生产实施方案的通知》，提出通过落实行政主要领导负责制、完善粮食生产支持政策、加强耕地种粮情况监测、建立平稳有序退出机制等措施防止耕地"非农化""非粮化"。2022年3月，陕西省制定颁布了《陕西省实施〈农村土地经营权流转管理办法〉细则》，进一步结合国家的相关法规规范本省农地流转工作。

宁夏回族自治区人民政府办公厅发布《关于加强耕地保护工作的通知》强调通过控制耕地占用行为、强化耕地数量质量管理以及完善耕地保护保障等措施切实实现耕地保护责任；内蒙古自治区结合地区草原特色细化政策实施措施。2006年3月，《内蒙古自治区草原管理条例实施细则》出台，其中对草原承包流转的模式、主体、费用、合同内容等进行了相应规定。2007 年 12 月，为实现土地和草牧场合理利用，内蒙古发布了《关于规范管理外省区人员流入我区从事第一产业的通知》，禁止外省区人员进入生态脆弱地区进行粗放经营，但同时鼓励代表先进生产力的外省区组织或个人进入重点开发区和优化开发区。

2015 年 12 月，内蒙古自治区《关于农村牧区产权流转交易市场建设的实施意见》中提出建立政府主导、服务"三农三牧"的非营利性机构，规范农地流转市场健康有序发展。2021 年 2 月，内蒙古自治区人民政府办公厅印发了《内蒙古自治区防止耕地"非粮化"稳定粮食生产工作方案》的通知，提出通过严格落实粮食安全盟市长责任制、完善粮食生产支持政策、加强耕地种粮情况监测等措施防止耕地非粮化。

川渝地区重点关注并完善农地流转政策实施的配套措施。2016 年 5 月，四川省人民政府《关于印发四川省农村承包土地的经营权和农民住房财产权抵押贷款试点实施方案的通知》中提出按照三权分置和农地流转的相关要求，以落实农村土地的用益物权、赋予农民更多财产权利为出发点，发挥政府主体作用，深化农村金融改革创新，稳妥有序开展"两权"抵押贷款业务。

2013 年 2 月，《重庆市人民政府办公厅关于加快推进农业保险工作的通知》提出加大农业保险投入、增加保险品种、扩大覆盖面，提高保障能力。建设以中央财政和市级财政补助项目为主、区县（自治县）财政补贴项目为辅的政策性农业保险体系。积极开发特色产业保险品种并引导生产规模达到一定数量的农业生产经营主体积极参加农业保险，小规模分散经营的农户可由村社集体或农村合作经济组织统一组织参保。

2013 年 4 月，重庆市人民政府发布《关于支持农业产业化龙头企业发展的实施意见》，提出促进承包土地向龙头企业适度集中，并鼓励"科研院所+龙头企业"的创新转化模式、"高校+龙头企业"的方式以及"公司+农民合作社+农户""公司+农业微型企业"等利益联结机制。

2018 年 7 月，重庆市政府办公厅又提出"提标"（提高成本保险单位保额标准）、"扩面"（扩大收益保险覆盖范围）、"增品"（增加农业保险品种）三项主要工作。重庆市人民政府办公厅《关于印发促进农业机械化发展若干政策举措的通知》中提出支持农机制造企业智能农机装备的研发。深化学历证书和职业资格证书"1+X"的复合型农机专业人才培养模式，落实税收减免、金融支持等优惠政策。

2008 年 8 月，云南省人民政府办公厅发布《关于切实加强土地管理严格落实耕地保护责任的通知》，提出通过严格执行土地管理法律法规、切实加强建设用地管理、坚决落实耕地保护责任制以及建立土地监管责任体系等措施保护耕地。

2015 年 1 月，云南省委发布《关于引导和规范农村土地经营权流转发展农业适度规模经营的实施意见》，以确权登记为基础，对农地流转工作进行了部署并详细列示了相关部门的责任分工。2017 年 4 月，又发布了《关于推动农村土地所有权承包权经营权分置的实施意见》，积极探索农村土地集体所有制有效实现形式，完善"三权分置"措施，充分发挥"三权"的各自功能和整体效用，形成层次分明、结构合理、平等保护的格局。2007 年 9 月，广西壮族自治区发布了《关于农用地出租和转让收入征免所得税有关问题的意见》，按照税收主体和经营行为的不同制定税收政策，减轻农民负担。

以上均是西部地区各省份在遵从国家相关政策法规原则和充分结合本省实际状况的基础上，对国家宏观政策进行细化解读并研究制定的一系列执行方式方法。其目的在于更好地执行国家的方针政策以及更灵活地提升本区域农地流转的效率，促进区域农业产业的高质量发展。

（二）农地流转基层反馈

农地流转中，流出方和流入方是主要的交易主体。其中作为占比较大、生计脆弱性较强的参与主体，流出方农户的反馈对于调整农地流转政策，提升农地流转质量具有重要意义。总体分析，西部地区不同省份的农户对于农地流转实践的满意程度存在一定差异，流转前后的经济状况比较是影响基层农地流转实践满意度高低的关键指标。

调研样本显示，西藏流出方农户的满意度普遍不高，原因主要是当地农户们认为农地流转价格过低且农地质量难以得到有效保护。新疆流出方农户满意度整体上也不高，其中"农地流转价格低"是决定性的影响因素。此外，农地流转后农户就业困难、农地质量受损以及由于流入方经营困难增加的违约成本也是降低新疆流转农户满意度的主要因素。青海流出方农户普遍认为，农地流转前后经济收入变化不大，流转行为不规范以及拖欠租金等现象削弱了他们的流转满意度。

甘肃流出方农户对于农地流转基本满意，但很多人认为，农地流转容易产生纠纷，政策传达不清晰同样会削弱农户的信任度。陕西流出方农户总体满意度较高，其中多数人提到农地流转价格低以及农地用途改变主要是源于村委会议价能力不够和监督不力。此外，陕西农村的人情关系在一定程度上成为引发农地流转相关纠纷的重要因素。宁夏流出方农户整体满意度较高，他们普遍认为，农地流转实现了"人地解绑"，确实可以提升家庭收入水平，但同时也会造成部分留守劳动力无地可耕；而且当地的农地流转规范性相对较低、地方政策法规引导性较弱，村委会缺乏人力、物力、财力支持农地流转向纵深发展，这在一定程度上反映了农地流转农户更高级的利益诉求。

内蒙古流出方农户满意度普遍较高，他们同时也提出了农地流转合同条款需要进一步完善，纠纷仲裁机构的职责应更加明晰，能够切实以保障农户合理权益等规范发展农地流转的有效建议。四川流出方农户对农地流转现状基本满意，同时他们普遍认为农地流转价格仍处于较低水平且在金额方面纠纷较多，农地流转后的部分土地没有得到充分利用，提出了期望政府有关部门适度干预协调的政治诉求。

重庆流出方农户满意度有待提升。他们认为，目前流转实践中土地流转收益较低，土地规划不合理。云南流出方农户满意度一般，他们认为当地缺乏优质项目，且流转政策频繁调整，不利于流转持续性和农民收益进一步扩大。贵州流出方农户基本满意，同时多数农户认为受多重因素的限制，贵州当地难以吸引众多农地规模经营者，对农地流转持续性存在疑虑。广西流出方农户满意度一般，他们更多地提到了期望政府部门加强监管，防止流入方因经营不善拖欠租金或荒废土地现象的发生，当事件不可避免发生后，政府应该帮助农户妥善解决。

上述西部地区各省份典型村落中农地流出方农户满意度的表达受当地经济发展状况及农户自身认知等相关因素的影响，具有一定的主观性，但在一定程度上也反映了最基层农地流转主体之一农户对国家农地流转政策实施状况的反馈（见表4-3）。反馈结果表明西部地区的农地流转活动整体已经取得了一定的成效，但质量还有待进一步提高；同时各级政府在农地流转中发挥作用的空间还很大，国家相关部门在加强农地流转相关制度建设的同时，还应该关注政策在基层执行的力度，以更好地引导农地流转相关主体特别是交易双方的流转行为，提升西部地区农地流转的质量与效率。

表 4-3 　　　　　西部地区各省份农户对农地流转满意度

省份	满意度
西藏	普遍不高
新疆	整体不高
青海	满意度一般
甘肃	基本满意
陕西	满意度高
宁夏	整体满意度较高
内蒙古	满意度普遍较高
四川	基本满意
重庆	满意度有待提升
云南	满意度一般
贵州	基本满意
广西	满意度一般

二　农地流转方式、用途、期限与价格

（一）农地流转方式

以调研结果为基础，结合前人相关的研究成果并参见各省官方报道资料，可以发现转包、转让、互换、出租以及入股是西部地区各省市自治区主要的农地流转方式，但各省与自治区在流转方式的侧重点、基层政府的参与程度、流转程序的规范性方面均存在一定差异（见表4-4）。其中，西藏自治区主要以出租和转包的形式将农地流转给同一村落的村民或专业大户进行经营，流转形式和对象均较为单一。一般情况下不签订合同，农地流转缺乏规范性。

表4-4 西部地区各省份农地流转方式

省份	主要方式	基层政府参与程度	流转程序规范程度
西藏	出租、转包	低	低
新疆	合作社经营	低	较低
青海	出租、转包	低	较低
甘肃	入股、转包	较低	较低
陕西	出租、转包、入股	高	较高
宁夏	出租	较低	较高
内蒙古	转包、出租	较高	较高
四川	转包、出租	较低	较低
重庆	转让、互换、出租	较低	较低
云南	出租、转包	低	较低
贵州	转包、出租	较高	较高
广西	转包	低	较低

　　新疆地区农地的流入方多为农民专业合作社，熟人之间的小规模流转也较为普遍。合作社与农户之间一般会签订流转合同，但合同履行并不规范。熟人之间的流转多为口头约定，双方的权利与义务通常不够明晰，均按照当地约定俗成不成文的规矩进行，易产生纠纷。青海省的农地主要通过转包和出租的方式流转给当地的农业企业和合作社，一般会签订流转合同。

　　甘肃省农地流转中，入股和出租的流转方式较为普遍。一般由村委会主导，通过订立合同将农地流转给合作社或专业大户，也存在少数以口头约定在熟人之间进行流转的现象。陕西省主要以出租、转包、入股的形式将农地流转给合作社、农业企业或文化旅游公司，基层政府在流转中扮演了重要角色，但合同履行的规范性还有待提升。宁夏回族自治区以出租为主要流转形式，一般将农地流转给家庭农场、专业大户以及合作社等，流转过程中会签订规范的合同或协议。但也有少部分农户之间自发进行的流转，通常很少签订合同。

　　内蒙古自治区农地流转形式呈现多样化，但转包和出租所占比例较大。主要流转对象为合作社、农业企业和同村村民。一般除同村村民之间的流转外，其他的流转交易均会签订较为完善的流转合同。四川省的农地流转主要是以转包和出租的模式将农地流转给合作社进行经营，政府相关部门介入不多，大部分合同或协议由交易双方协商达成。

重庆地区的农地流转以转让、互换及出租形式为主，一般会将农地转给专业大户、外地工厂主和合作社，签订较为简单的租地合同，农户之间的自发地流转无协议。政府不直接参与农地流转工作，但提供合同档案管理服务。云南省的农地流转主要以出租和转包形式为主，股份合作较少，农民自发进行的流转较多。贵州省大部分地区政府会引导资本下乡促进产业发展，农地主要通过转包和出租的方式流转给农业公司和合作社，一般会签订较为规范的合同。广西地区农地主要以转包的模式租给专业大户，政府介入相对较少，通常会签订流转合同，但大部分合同履行不规范。

当前西部地区农地流转方式的形成是各种因素相互影响，各参与主体互相博弈的结果，具有自发性，与当地的经济发展水平和地域特征密切相关。其中，转包与出租是最主要的流转方式；总体上基层政府的参与度并不高，农户自发式行为普遍；农地流转程序的规范性较低，合同的签订并不是必需的环节，农地流转过程中潜在的风险极易被引发。

（二）农地流转用途

参照前文西部地区农地流转方式研究中以实际调查资料分析为基础的方法，能够发现西部地区的农地流转后仍以农业种植作为主要经营方式，主要用于种植经济作物，少部分用于种植粮食作物（见表4-5）。西藏自治区流转后的农地多数用于种植粮食作物，主要包括青稞、荞麦、鸡爪谷等作物。新疆地区流转后的农地主要种植辣椒、西红柿、羊畜牧产品、小麦、玉米、甜菜、食葵等作物。青海地区流转后实现农地规模经营的区域主要种植小麦、青稞、大麦等粮食作物以及马铃薯、胡麻、红花、甜菜等经济作物。

表4-5 西部地区各省份农地流转用途

省份	农地流转用途
西藏	种植粮食作物为主，如青稞、荞麦、鸡爪谷等作物
新疆	农业种植为主，如辣椒、西红柿、羊畜牧产品、小麦、玉米、甜菜、食葵等作物
青海	种植小麦、青稞、大麦等粮食作物以及马铃薯、胡麻、红花、甜菜等经济作物
甘肃	种植苹果、梨、枸杞、百合以及菌菇等作物

省份	农地流转用途
陕西	陕北地区、关中地区、陕南地区因地制宜,主要以水果和当地特色作物种植以及家禽养殖为主
宁夏	种植土豆、小麦、油菜、玉米及红葱等作物
内蒙古	种植粮食作物以及猪牛羊禽养殖
四川	种植粮食、烟叶、茶叶、油料作物、蔬菜、水果以及药材
重庆	规模种植西瓜、大棚蔬菜、血橙、樱桃、火龙果等
云南	以烟草、花卉、茶叶等作为主要规模经营产品
贵州	种植猕猴桃、蓝莓、空心李、脐橙等精品水果以及茶叶和薯类
广西	规模种植杧果、荔枝、甘蔗、香蕉、柚子、脐橙、茶叶等

甘肃省流转的农地主要用于种植苹果、梨、枸杞、百合以及菌菇等作物。陕西省的陕北地区参与流转的农地主要种植山地苹果、养猪、养羊等;而关中地区参与流转的农地主要以经营大棚蔬菜、葡萄、樱桃、草莓、猕猴桃、草坪、风景树、小麦、玉米为主;陕南地区参与流转的农地主要以种植茶叶、蔬菜、柑橘、梨、桃、猕猴桃、富硒大米以及家禽养殖为主。

宁夏地区参与流转的农地主要用于种植土豆、小麦、油菜、玉米及红葱等作物。内蒙古自治区农地流转后主要用于种植粮食作物以及猪牛羊禽养殖。四川省参与流转的农地主要用来种植粮食、烟叶、茶叶、油料作物、蔬菜、水果以及药材。重庆市参与流转的农地主要用于规模种植西瓜、大棚蔬菜、血橙、樱桃、火龙果等。云南地区参与流转的农地主要以烟草、花卉、茶叶等作为规模经营产品。贵州省流转后的农地主要用于种植猕猴桃、蓝莓、空心李、脐橙等精品水果以及茶叶和薯类。广西地区参与流转的农地主要用于规模种植杧果、荔枝、甘蔗、香蕉、柚子、脐橙、茶叶等农产品。

此外,调研还发现,中国西部地区部分村镇利用流转后的土地开发建设相关乡镇企业与产销合作社,成功实现了产销结合一体化,带动了当地经济的发展。如内蒙古呼和浩特市土默特左旗某村将农地流转给当地龙头企业,流转后通过合法程序把土地性质转为商业用地,实现了农地流转全过程的规范化与透明化;云南省昭通市镇雄县某村把流转的部分土地转用来构建厂房、仓库等房屋建筑,减少了直接进行种植经营的耕地面积；陕西省宝鸡市渭滨区马营镇某村和渭南市临渭区桥南镇某村则把大部分流出土地发展为乡村旅游和乡村生态园，拓宽了当地农户的收入渠道，丰富了当地乡村振兴工作开展的形式。

（三）农地流转期限

农地流转期限的长短受多重因素综合影响。一般情况下，考虑农业经营的周期性以及收益滞后性，如果流入方产业经营的前期投入较大，则农地流转期限相对较长。调研资料表明，整体上西部地区的农地流转前期①主要以 10—15 年的长期流转为主，后期主要为 3—5 年的短期流转，这可能与国家对农业的优惠政策、经济发展水平以及人们市场观念变化有一定的关系。

在中国放宽农地流转政策并大力鼓励农地规模流转前，部分投资者已经开始对农地进行规模投资。在这一阶段，大部分农民为获得更高工资性收入转移至城镇，家中留守老人、妇女等难以独立耕种农地，即使自耕，可获得的收益仍然较少。在城镇高工资和农地低收益的双重影响下，农户转出农地意愿强烈，并且受认知所限，大部分农户并未充分认识到农地的价值。在此种情况下，投资者可以以较低价格获得农地使用权，并通过签订长期合同保障自身权益。

随着中国经济转型发展，大部分缺乏就业技能的农民开始面临结构性失业问题，农地的兜底作用进一步凸显。随着国家对农业发展政策的倾斜及农村市场经济的发展，农地市场需求活跃，农户对于农地的价值和权益有了新的认识。在农地价格基本固定以及合同期内流入方跑路等负面事项影响下，农户更倾向于签订短期合同。对于流入方而言也是如此，较高的土地租金和不稳定的农产品市场使其对未来的预期收益持保守态度，更倾向于通过续签中短期合同保障自身效益最大化。农地流转期限短期化会加大农地流入方短期趋利行为②产生的概率，更加容易引起农地质量保障等方面的相关风险。

（四）农地流转价格

农地流转的价格与农地资源禀赋、相关配套设施以及当地经济发展

---

① 此处前后期的划分并没有严格的界限，主要用来描述自农地流转活动开展以来特定区域在一定时期流转期限特征。

② 此处主要指不考虑或者有意避开长远利益的短期逐利行为。

状况等因素密切相关。调研资料表明，西部大部分地区农地流转的价格处于100—1500元/亩（见表4-6）。西藏地区受土壤质量、地形等自然因素制约，农地流转价格普遍较低。一般为100—400元/亩，价格主要是农民自主协商形成。新疆地区农地流转价格大多为200—400元/亩，这些价格部分由村委会协商确定，部分是农户之间自主协商形成，政府对于农地流转干预较少。

表4-6　　　　　　　西部地区各省份农地流转价格

省份	农地流转价格
西藏	偏低，一般为100—400元/亩
新疆	偏低，多为200—400元/亩
青海	区域内价格差异大，主要为300—760元/亩，部分高于1000元/亩
甘肃	主要分为150—200元/亩、500—600元/亩、800—1200元/亩、1200—1500元/亩的四等价格区间
陕西	区域内价格差异大，陕北一般为50—500元/亩，关中一般为1000—1500元/亩，陕南水田一般为600—800元/亩，旱地为100—200元/亩
宁夏	根据地形划分为川地300—400元/亩，山地50—200元/亩，基本为200元/亩左右
内蒙古	大部分农地为100—200元/亩的价格
四川	旱地一般为300—700元/亩，水田为800—1600元/亩
重庆	一般处于400—1000元/亩
云南	大部分处于1000—1500元/亩
贵州	部分流转金额在500—1000元/亩
广西	大部分农地流转价格处于800—1100元/亩

青海省农地流转价格大部分处于300—760元/亩的范围，也有部分高于1000元/亩，价格主要由村委会根据市场情况与农户协商形成。甘肃省由于地形差异大等因素，农地流转价格差异较大。存在150—200元/亩、500—600元/亩、800—1200元/亩、1200—1500元/亩等价格区间，但各区域价格基本稳定，一般浮动变化很小。陕西省的陕北、陕南与关中三大区域的流转价格也存在较大差异，陕北地区一般为50—500元/亩不等，关中地区农地流转价格多数处于1000—1500元/亩，陕南地区的水田一般600—800元/亩，而旱地通常为100—200元/亩。

宁夏回族自治区大部分地域农地流转的价格为 200 元/亩左右，川地为 300—400 元/亩，山地为 50—200 元/亩，价格都不高。内蒙古自治区的大部分农地以 100—200 元/亩的价格进行流转，区内其他地域的流转价格变化不大。四川省的旱地和水田价格差异较大，旱地一般以 300—700 元/亩的价格进行流转，水田以 800—1600 元/亩的价格进行流转。重庆地区的土地碎片化程度较高，农地流转价格一般处于 400—1000 元/亩。云南省的土地连片规模较大，水文条件优越，价格较高，大部分地区农地流转价格处于 1000—1500 元/亩，农户自发的流转租金通常会受人情关系影响有一定的浮动，这种浮动会影响其他农户对流转农地的定价，但通常在一定时期一定区域会形成不成文的"官价"。贵州地区大部分农地流转的金额在 500—1000 元/亩，价格受市场影响呈上涨趋势。广西地区大部分农地的流转价格处在 800—1100 元/亩的范围区间。

综上所述，西部地区以国家流转理念为核心，以宏观政策调控为基本，结合地区特色和发展状况制定细化政策。不同省份的农户对于农地流转实践的满意程度存在一定差异，整体满意度一般。农地流转方式方面，以转包、转让、互换、出租、入股方式为主，各省流转方式的侧重点、基层政府的参与程度、流转程序的规范性均存在一定差异。农地流转的主要用途为种植经济作物，粮食作物种植面积较小。农地流转期限前期主要以 10—15 年的长期流转为主，后期主要为 3—5 年的短期流转。农地流转的价格受农地资源禀赋、相关配套设施以及当地经济发展状况等因素影响，主要处于 100—1500 元，总体价格偏低，不同省域间价格差距较大。

三 西部地区农地流转特征

从西部地区农地流转政策调控与基层反馈、农地流转方式与用途以及农地流转期限与价格的现状出发，结合该区域经济发展水平及区域地理特征，能够发现与全国其他区域相比，西部地区的农地流转具有整体推进缓慢、区域内各地推进程度不同以及农地流转"政策生命周期"[1] 各阶段缺乏风险管理的特征。

---

[1] 农地流转"政策生命周期"指农地流转政策制定、执行以及反馈的实施周期，而农地流转的风险也都潜伏其中。

（一）整体推进相对缓慢

受自然地理地形、经济发展水平、基层政府政策与农户重土情结等因素的影响，中国西部地区农地流转总体推进较为缓慢，各村落农地流转程度普遍较低。

中国西部地区农户实施农地流转的推力主要体现为物质利益的需求与自我效用的追求。农地流转所带来的地租收益、农地金融红利与相关政府补贴不仅具有数量层面的保证，而且其来源具有保险性，流动具有稳定性与持续性，流转前后的经济收益差通常会吸引农户进行农地流转，以维持与提升家庭的生活水平，改善家庭生活质量。

此外，随着农地的转出，农户转出方家庭劳动力的配置在一定程度被优化，如进城从事经济效益更高的非农业工作，或者在获取农地收益的同时还可以参与当地其他非农活动等，既能提升自身技能，又能实现自身效用；农地的转入还具有整合土地，降低土地碎片化率，为农业机械化提供条件，助力农业规模经济的实现，提高当地农业经营水平，推进资本下乡的功能。

西部地区农户实施农地流转的拉力则主要表现为外部环境屏障因素与农户内部抵触。外部环境屏障因素主要包含西部农地供需不平衡、政策传达不到位与执行监管不充分。因地形总体崎岖，耕地肥力水平普遍不高，交通通达度相对不足，对西部地区资本的引入、规模农业的推进均提出了不少的挑战；西部地区农地流转政策的普及度与因地制宜程度仍待加强，农地流转过程中面临承包方更改农地用途、欠缺书面规范流程与执行监管不到位等问题，阻碍了农地流转的推进。农户固有的土地本位思想与流转后经营的不确定性往往令其难以作出农地流转的决策。在以上两种力量的掣肘之下，西部地区农地流转难以快速推进，整体表现为进展相对缓慢。

（二）区域推进程度各异

实地调查中发现，受自然地形与各地细化的农地流转政策"制定与执行"能力不同的影响，西部各区域农地流转程度存在较大差异。偏远地区如青海省祁连县扎麻什乡某村、西藏自治区日喀则市西南部白朗县玛乡某村流转面积占比不足10%，而相对富裕地区如四川省阆中市河溪镇某村、重庆市璧山区七塘镇某村农地流转参与比例突破了60%。

各地农地流转程度的差异同时还表现在不同区域农户对于农地流转政策的接受度方面。在经济相对发达地区，现代化农业的发展为高成本的小农经营提供了新出路，农耕不再是唯一的生计维持方式，农户安土重迁的思想受到市场经济的冲击，就业观逐步趋向多元化，辅之农地流转配套政策与监管手段，农户普遍欢迎与接受农地流转的生计决策；而对于经济发展较为薄弱的地区，农地流转政策的落实不仅需要与当地自然环境、传统农业经济方式相适应，而且也要与农户的思想观念、流转后生计方式转变相协调，这对农地流转政策的实施带来巨大挑战。

（三）各阶段缺乏风险管理

在西部地区农地流转总体推进缓慢、局部地区差异显著的情况下，农地流转政策生命周期内风险管理的缺位成为共性问题，也是突破当前阶段农地流转推进困境的关键之处。

农地流转风险与农地流转的推进相伴而生，目前西部地区农地流转的风险防范通常发生在流转问题产生之后，具有明显的滞后性与反应的被动性，难以从根本上解决实际痛点，出现了流转农地抛荒、农户收益难保、流转双方纠纷不断等低绩效问题，因此全阶段农地流转政策风险管理之重要性日益凸显。

在农地流转政策制定前进行广泛的民意调研，充分掌握当地民情与农情，在政策实施过程中保障监督管理到位，及时跟踪农地流转情况，并对政策实施后成果进行评估反馈，进而实现政策实施各阶段的风险识别、风险评估与风险防范，形成全阶段风险管理闭环，将有助于农地流转风险的防控。

第三节　西部地区农地流转参与方的主要决策困境与利益诉求

一　农地流转相关主体分析

中国现行农村土地制度下，农地流出方、农地流入方、监管机构、中介机构是农村土地流转的主要参与者和利益相关者。在农地流转过程中，有限理性的四个主体为了各自利益不断调整自身行为，形成了不同主体的差异化行为模式，主体之间的动态博弈与联动使农地流转从理论上成为有机共同体。但实际过程中会产生诸多问题和纠纷，各主体的地位与作用定位模糊，均从自身利益诉求出发，造成土地流转效率的降低，影响着农村经济发展和社会稳定，产生一系列风险。因此，从相关主体出发，分析其参与流转的行为特征，是识别与防范农地流转风险的第一步。

（一）农地流出方

农地流出方是农地流转的源头，即农地的提供者。他们是拥有农村土地经营权的组织或个人，并且受到法律保护。农地是他们主要的生计资本，其流转意愿会随着自身生计方式的改变而发生变化，但主要遵循交易成本最小化、净效用最大化的原则。农地流出方具体包括家庭承包经营户、集体经济组织和以其他方式取得农地经营权的企业或个人。

1. 家庭承包经营户

家庭承包经营是指集体经济组织按照公平分配、人人有份的原则，统一将耕地、林地、草地承包给本集体家庭承包经营户，按照法定的权利义务，承包方农户享有经营自主权、产品处置权、土地流转权、土地被征用占用的补偿权等权利。这种制度形成于中国传统小农经济背景，传统小农经济在生产中主要利用劳动要素，生产技术依托于传统经验，表现为风险最小化的特征。而在资源要素的利用上，受到技术水平与土地面积的约束，他们的资本要素利用动力较弱。

1958 年人民公社化后，权力集中化导致农户失去土地使用权、基层生产单位缺乏自主权，生产过程中权责不明晰，农户缺少对土地生产资料的支配权力，再加上分配平均主义，极大限度挫伤了农户生产的积极性；1978 年小岗村包产到户后，中国逐渐实行"以家庭承包经营为基础、统分结合的双层经营体制"，农户承包集体所有土地并且享有使用权。

随着社会生产力的发展、产业结构更新以及农户之间生计禀赋差异的扩大，学者对土地流转的研究日益增加。其中，林毅夫（2020）认为随着经济发展，产业结构发生明显变化，社会分工和产业升级使农户不再满足于传统耕种的纯农业生产方式，这是农地流转发生的原因之一。具体表现为纯农收益低于非农收入，为了追求更高的收益、获得更好的生活条件，劳动力选择外出打工或者从事非农产业。同时，国家鼓励农户将自己承包的土地使用权通过转包、转让、互换、入股、租赁等方式流转出去，更多劳动力为了获取工资性收入转移到非农部门，流转出去的土地提高了农户的经营性收入水平。

虽然中国城市化进程发展速度较快，但由于农村人口数量远大于城市人口数量，农民基数过大，传统小农经济依旧是农村主要的经营方式。如果短时间内经济欠发达地区的农户在大规模农地流转后选择去发达地区务工，将会导致农村劳动力短缺，造成"空心村""留守儿童"现象。李玉红等（2020）的研究证明空心村比例与经济水平负相关，东部省域空心村比例较低，中西部空心村比例普遍较高。

2. 集体经济组织

集体经济组织是除国家以外唯一拥有土地所有权的组织。社会主义改造后，国家考虑到城市化发展进程、社会保障以及粮食安全问题等，废除了土地私有化，把土地划分为国家所有和集体所有。由集体组织农业生产经营，农户进行集体劳动，各尽所能，形成了按劳分配的农业社会主义经济组织。集体经济组织发挥作用的机制主要包括：一方面有利于对有限资源进行优化配置，增强集体经济组织进行灵活性策略选择的能力，提高农户市场竞争力；另一方面有利于利用村委治理优势降低组织成本，或将组织成本转移为行政成本。

集体经济组织的农地流转基于国家农村土地"三权分置""合村并居"政策提出。国家为提高农村居民的生活水平，保障农户权益，提高幸福指数，健全农村养老机制，优化中国城乡二元户籍制度，先后组织了撤乡并镇和移民搬迁。村庄合并后，无论是自留地还是集体耕地，原先属于集体的土地合并后依旧属于集体，原先属于农户的土地则会被收回，由其户籍归并后的集体组织统一管理。

新的农地分配方案由集体经济组织成员开会讨论后决定，遵循"少数服从多数"原则，具体表现为要经过村民会议 2/3 以上成员或者 2/3 以上村民代表的同意。然而，这种通过村民会议表决的方式仍存在弊端，集体经济组织为了提高经济收入，少数人的意见可能被搁浅，村集体剩余农地使用权自然流转给农业企业或者大户，而农户想要重新分配或者承包剩余土地的意愿一旦未通过表决，则面临失地风险。因此，这会引发农户的意愿性矛盾，强制农地流转可能会导致社会冲突。

3. 以其他方式取得农地经营权的企业或个人

以其他方式取得农地经营权的企业或个人，主要指在现有农地产权市场中流转获取经营权并有意愿继续进行流转的企业或个人。2016年的中央一号文件提出"稳定农村土地承包关系，落实集体所有权，稳定农户承包权，放活土地经营权，完善'三权分置'办法，明确农村土地承包关系长久不变的具体规定"。这正式确定了"三权分置"的具体任务和工作要求。此外，中国人民银行、银保监会、保监会、财政部、农业部也出台了《农村承包土地的经营权抵押贷款试点暂行办法》。由此可见，土地职能得到进一步扩充，土地产权交易市场形成，流转获取到的土地产权可以用来融资、抵押或质押，也可以在平台上直接交易。

基于土地市场的公平、公开与透明，获取到农地经营权的企业和个人易于将其再次流转到第三方。通过这种不断流转，流出方从中获得交易价格差额。随着相关政策的出台，"农地产品"需求增加，致使其价格上涨，这种市场行为激活了农村闲置的农地资源，减少了农地资源的浪费，提高了农地的利用效率。但是，农地的主要职能不是作为金融产品进行标的，不能同其他固定资产一样资产证券化。农地具有生产资料的作用，农地产权上市要求有成熟的市场和法律法规支撑，否则极易造成法律风险和金融风险，如在市场上恶意抛售土地，导致价格过低无人问津，损伤土地的生产职能，造成耕地粮食风险等。

（二）农地流入方

农地流入方是指通过流转取得农地使用权或经营权的主体。《农村土地承包经营权流转管理办法》中明确规定，农地流入方既可以是承包农户，也可以是其他有关法律及规定允许的从事农业生产经营的组织和个人。该办法的出台扩大了流入主体的范围，城乡工商企业和个人均可以参与农地流转。尽管农地流入主体多元化发展趋势明显，但依旧以普通农户为主，新型规模经营主体仍在扶持阶段，国家政策基本是保持以农户为土地流转的主体，大力发展农业规模经营企业。目前中国农地流入主体主要包括家庭农场、农民专业合作社及农业企业。

1. 家庭农场

家庭农场的组织模式是指熟悉农业种养技术并且具备一定资金实力

的农户，通过各种形式承包土地并且实行规模经营。其重要表现形式为"分时承包"①，基本特点是以家庭成员为劳动力支撑，企业化管理其拥有的资本。家庭农场在本质上扩大了农户经营规模，但其经营方式既不同于生计小农户，也有别于雇工农场，它是克服了小农经营劣势的适度规模经营。

家庭农场的主要收入来源是从事规模经济的纯农生产方式。虽然家庭农场普遍具有一定的经济实力，但农业是弱质化产业，对气候和地理条件的依赖性较强。因此，当出现自然灾害或专业技术问题时，极有可能造成农场减产甚至破产。此时，政府补助政策也很难弥补相关的损失，尤其对于未购买农业保险的农户，存在着一定的经营风险。

家庭农场的农地流转规模一般较为适中，总面积相对大于传统小农经济，但又小于农民经济合作社和农业企业。其农地流转主要利用内生社会关系进行，节省了收集信息、签订合同和确保合同执行的费用，降低了土地集中费用。目前家庭农场农地流转中存在的主要问题是家庭成员的人力资本禀赋不同。具体表现为，家庭成员的受教育程度影响其对风险的识别和规避，劳动力数量、年龄等会影响家庭农场的收入效益，进一步影响农地流转的规模。比如，王雪琪等（2021）研究发现家庭成员受教育程度越高其风险意识越强，收集信息和经营能力越强。

2. 农民专业合作社

农民专业合作社是一种农户群众参与的农民经济组织，它由经济能人或种植养殖大户牵头兴办，是主要的农地流入方之一。农民专业合作社采取土地入股的形式，有力推动了当地的农地流转。这种模式可以充分发挥集体优势以提高生产效率，规模报酬递增也有利于提高农户收入。此外，农业合作社作为农地流入的对象，可以改变盲目、偶然、不规则的农地流转状况，追求以合作生产分红的方式把农地流转纳入体制建设和管理体系。

由于建立在农村社区基础上，合作社能够较为便利地了解和满足农户移居耕种的意愿。合作社以平等的姿态与农户沟通协商，公平地分享

---

① "分时承包"即在不改变土地承包权的条件下，将土地经营权进行"季节性"流转，经营者根据生产需要向土地原承包人包租土地一个生产季节，种一季包一季，同一块地在不同的季节由不同经营者经营。

利益，因此能够得到农户的信任与支持。组织和农户之间的稳定联系，还有利于克服行政方面的困难，使农户把重点放在生产、再生产、管理及运营等具体工作上，能够更加专注合作社的经济运转。

尽管合作社在物力资源和生产技术方面较为完备，但是参与的社员以农户为主，在企业管理经验方面有所欠缺，导致其以企业形式与外界对接时，缺乏专业人员指导组织培训及宣传等公司战略活动。同一生态环境下产出的农产品差异性较小，致使地域范围内各合作社竞争激烈，可能会引发经营风险和财务风险。

3. 农业企业

农业企业是现代农地流入方的重要主体，包括股份制农业企业和农业龙头企业等。股份制农业企业的流转模式是拥有土地承包经营权的农户以股权入股企业，按股权分红。这种模式利用股份把分散的土地集中起来，进行规模化经营和专业化生产，有利于提高农业的生产效率和比较效益；农业龙头企业的流转模式是农户把土地承包经营权委托至村落，或者自主采取出租、转包、入股等方式流转给龙头企业经营。其中最常见的是把农地流转到进行农产品加工、冷藏与运销一体化的食品企业。

这类农业企业的资本、技术和管理能力较强，对投资利润率的追求较高，引发风险的可能性也相对较高。它作为交易主体的天性是追求投资安全和回报最大化。依据交易费用理论，各种流转方式的成本与收益不同，净收益的大小会影响流入方选择流转行为的策略。因此，多数农业企业会选择种植具有较高盈利水平的农产品，然而高收益往往伴随着高风险，农户能否持续获得较高的农地租金是问题的关键。许多农业企业是通过村落、社区等中介进行谈判和集中土地资源的，这有助于降低下沉农村收集信息和集中土地的成本。另外，作为第三方的农业企业会面临农户是否会及时足额交付土地、租金是否会与市场和其他村庄一样等问题。因此，为了评估土地价值，需要较长时间来明确双方的义务，这势必会增加签订合同的成本，引发财务负债风险。

（三）监管机构

完善农地流转市场离不开对流转过程的监督和管理。2019年中央一号文件中明确指出，要健全土地流转，规范管理制度，发展多种形式农业适度规模经营。在中国当前的流转制度下，主要有三类监管机构，分别是中央政府、地方政府和农村产权交易中心即农村经济管理站。三者在制度引领及行政命令上贯彻落实"自上而下"的准则，各级监管主体不同的流转权责和职能明确了它们各自的角色定位，中央政府作为最高权力机构是"指导者"，地方政府是"组织者"，农村产权交易中心则是"服务者"。

此外，各个监管主体的制度目标也不完全一致。例如，中央政府着重于从长远角度出发制定全局性的决策，而地方政府更倾向于追求显性政绩。因此，在监管主体和监管细则不明确的情况下，地方政府极易发布强硬化的行政命令，侵害农户的土地承包经营权利，引发政府失信风险和权力寻租风险。

1. 中央政府

中央政府作为"指导者"，在中国农地流转监管机构主体中居最高地位。其主要职责是通过宏观政策调控农地供给与需求、结合实际调节土地流转市场、平衡劳动力与生产资料关系、优化农业供给侧、减少农村劳动力流失以及稳定进城落户农民的保障。中央政府作为制度顶层的设计者，要建设具有真正宪政精神的法治机制来刚性监管农地农用，规避地方官员的流转寻租行为，切实保护农户的地权。使农地流转模式真正为民所用，最终实现农户增收、农业增产、农村增福的改革目标。

中央政府一般不会直接参与基层农地流转，但其制定的相关政策对农村发展与改革方向起着指引作用。中央政府要保障基本的农田和粮食安全，尤其要防止流转后出现的"非农化""非粮化"现象。在维护农户权益的基础上，首先要培养新型农业经营主体、引导农村产业结构升级，使中国农业向绿色、生态、环保、科技的方向发展；其次要在全国范围内鼓励农地规模经营，提高土地资源利用效率。

中国连续十九年（2004—2022年）的中央一号文件都聚焦在"三农"问题上，放活农地承包经营权和促进现代化农业发展是党中央确定的基本策略。党的十八届三中全会提出，在坚持和完善最严格耕地保护制度的前提下，鼓励农地经营权流转，扶持发展规模化、专业化、现代化经营。一直以来，中央政府在对农地流转的监管上始终以农户权益为主，时刻警惕耕地良田遭受侵占。但在实践中，基层政府的政策执行偏差也会在一定程度上影响中央政府形象，增加引发风险的可能性。

2. 地方政府

地方政府作为"组织者"，在农地流转的过程中介于中央政府和农户之间，扮演承上启下的角色。地方政府通常会围绕中央政府制定的大方针和党中央定下的基本策略，因地制宜地调整、传递相关指令和精神。首先，促进农村土地有序流转，引导农户增加收入，提高农业生产效率是新时期农村基层政府参与土地流转的主要目的；其次，地方政府会对当地农村生态、经济及社会环境的整体提升进行规划；最后，在绿色科技生态的生产线上，它会对自身的"政绩"进行展望，通过动态地监管农地流转对地方 GDP 做出贡献。

地方政府在农地流转中存在的主要问题是难以因地制宜地调整其监管政策。基于地区的差异性，不同地区有不同域情，政府要随之调整政策。但问题在于许多政府并不真正了解所在地区的基本情况，盲目借鉴先进地区经验，造成投入产出不相称的问题。甚至部分地方政府急于求成，为达到规划的"政绩工程"目标，盲目培育新的农业经营主体，违背农户意志强行推进农地流转，或者以执行"引入工商资本进入农业领域"等中央政策为幌子，随意变更甚至撤销农户的承包合同，与农户之间发生冲突。这样的社会矛盾会打破利益相关者之间的平衡，引发社会风险，降低农户和农业企业对政府的信任，增加政府失信风险。

3. 农村产权交易中心

农村产权交易中心作为"服务者"，是各地人民政府农业农村局下设立的综合型产权交易机构。它依托于当地农村经济经营管理站，形成了县、镇（街道办）村三级农村产权交易市场体系，为农村各类产权交易提供场所、设施和信息服务。其宗旨是服务"三农"，以"专业、规范、高效、公开、公平、公正"为服务承诺，为各类产权主体、投融资主体提供便捷、安全、高效的服务。

因此，农村产权交易中心在农地流转中主要起监督作用。通常体现在合同合规性的检验上，农村土地流转双方要依照规范的合同样本和交易流程签订土地流转合同，帮助各方确定明晰的权属、使其按照规定用途使用土地是农村产权交易中心的职责所在。

当前设立的农村产权交易部主要负责运营业务以及与市县机构的对

接和指导工作。农村产权交易平台主要提供信息发布、项目推介、产权交易、资金结算、交易鉴证、抵押融资、资产评估、法律咨询、招商引资、农产品信息发布、农业技术推广、农村建设项目采购招标等多元化的服务功能，通过平台的规范运行，能够促进农村资源要素的有序流转，规范产权交易行为、发现农村资产价值、实现资源优化配置、发展适度规模经济，壮大集体经济，实现乡村振兴。因此，农村产权交易中心的设立和运营对促进当地农村产权流转交易，激活农村产权要素市场，释放农村产权价值，推动现代农业发展有着积极作用。

（四）中介机构

中介机构在农地流转的过程中主要解决信息细碎化、信息交流阻塞和专业化服务等问题。中介机构是农地流转市场的有形载体，在降低流转交易成本、规范流转程序、形成流转价格等方面具有不可替代的作用。农村的中介角色一般由村委会代理，但是农地资源质量与价格的评估需要较强的专业知识，而村委会缺少农地定级、农地估价等专职人员；村委会事务繁重，可能无暇及时更新农地需求信息，致使农村缺乏科学合理的土地价格体系。这对负责农地估价、定级等工作的专业机构产生了需求，各种中介组织的出现分担了村委会在农地流转中的部分工作任务。目前，中国农地流转的中介机构主要包括外生型中介组织、金融型中介组织和村委会三大类。

1. 外生型中介组织

外生型中介组织一般包括线上网络平台（如土流网、聚土网、土地资源网等）以及线下土地中介咨询机构。农地流转的市场化离不开中介组织，而外生型中介组织的作用主要体现在以下四个方面：一是降低交易双方的信息成本以及签约成本；二是降低合约执行风险；三是促进农地的规模交易和规模经营；四是规范和优化履约环境（王颜齐等，2012）。

外生型中介组织的运行路径与农地流转程序基本保持一致，其运行机制主要包含三个阶段。首先，在信息交流阶段，农地流入方与流出方之间的信息交流形成了农业贸易的需求和供应，中介机构通过建立农业贸易信息网络以及法律咨询机构，及时登记数量、地点、价格等信息，定期公布相关农业资源信息，并且就农业用地的供应与需求问题提供咨询意见。因此提高农地转让业务效率，同时降低农地流转双方的信息收集成本。

其次，在签订合同阶段，外生型中介组织会在科学评估土地的基础上，以市场为导向对农村土地进行分等定级，确定农地流转价格，逐步完善土地流转的价格形成机制。中介组织的介入规范了流转合同的内容形式，明确了流转时间和价格，能够降低合同不合规的风险。

最后，在流转成功履行权利义务阶段，中介组织的介入以"公平，公正"的态度面对合同双方，按照规范的法制合同合理分配流转产生的利益，充分协调各主体关系，尽量避免履约风险。但是，外生型中介组织具有逐利性特征，追求利益最大化仍是其首要经营目标，因此土地流转相关信息的真实性、时效性、安全性难以得到权威保证，可能引发相关农地流转风险。

2. 金融型中介组织

金融型中介组织主要包括金融土地投资经营公司、土地评估机构、土地保险公司，以土地为标的物的资金融通、土地信托、土地保险等相关衍生服务公司。在中国的农地流转市场中，金融型中介组织主要以土地信托为主。在"三权分置"背景下，清晰的农地权属促进了中国农地金融的规范化发展。一方面，农村土地金融可以引入市场机制，将土地承包权作为一种信托产品开发，拓展了农村土地的价值空间；另一方面，健全农村土地金融信托机制，打造以金融机构为核心支点的农村土地信托网络，能够完善农村土地信托链条各主体之间的关系，推进中国农村土地金融规范化发展。

金融型中介组织在农地流转过程中的获利手段与传统中介组织相似，主要是通过流转成功后收取中介费用实现。不同的是，金融型中介组织还参与了流转之后的农地经营，金融型中介组织与农地流转各主体之间不仅仅是互相收益的关系，还可能产生矛盾。一方面，它要与出让方进行流转价格的协商博弈；另一方面，还可能与受让方的农地经营方式产生冲突。此外，农地收益的分配必须由具备专业知识的相关人员来完成，需投入大量时间、精力，这会导致投入与产出不成正比。因此，政府为了扶持金融中介组织完善农村土地金融，在政策上予以了大力的支持，为解决农地信托和农地银行在二级市场的融资问题提供了便利。

3. 村委会

2018 年中央一号文件特别强调："维护村民委员会、农村集体经济组织、农村合作经济组织的特别法人地位和权利。"村委会作为自治基层组织，在农地流转过程中推动形成了以农户为主导的自发、松散型流转方式。具体表现为，有流转意愿的农户将农地委托给村集体，再由村集体代理农户统一流转给经营主体（程久苗，2020）。在这种流转方式下，农户提出农地转出的诉求，由村委会以中间人的身份联系有农地转入需求的企业或个人，完成农地流转行为。村委会起到了保障土地经营者的地权利益，理顺市场主体之间的流转利益关系，拓展集体经济组织的市场服务功能，促进承包土地流转的作用。

村委会作为传统农村事务的处理机构，在农地流转中担当中介角色可能引发两种结果：一是促进农地流转；二是对农地流转造成消极影响。具体来看，积极的影响主要体现在由村委会组织的农地流转，其农地规模与经营企业的产出比、核心产业链的技术水平以及生产中对农地生态的保护程度都优于农户自发的农地流转。

一方面，村委会领导干部多数是村内有名望的人，具备辨别受让方生产模式的能力，在收集信息和人脉方面有较大优势，可以联系到优质农业规模经营企业，能够选择绿色、科技、生态的农业企业。因此，有学者认为村委会作为中介机构，能够保障农地流转的有序性和可控性，约束双方的流转行为，缓解农地流转纠纷，减少履约风险，降低交易成本，稳定农地经营预期。

另一方面，消极影响主要体现于农地流转过程中村委会的过度干预，可能会违背农户意愿。为了实现村委会干部的个人利益，以侵害农户的承包权益和流转收益为代价，导致村庄社区共同体被削弱。此外，村委会成员的道德水平和专业素养也会影响农地流转进程，引发一定的流转风险。

流出方、流入方、监管机构和中介机构共同构成了农地流转的主要参与主体。在农地流转的过程中，四个主体间相互博弈，冲突与互利辩证统一。在"三权分置"的农地流转市场下，它们都在不断探寻各自的角色定位，明确各自的利益诉求与行动策略，以达到预期目标。农地流转主体的自身特征和行为模式会产生对应的决策结果，其决策结果引致的风险最终会以不同形式影响农户生计的可持续性。流出方农户作为主体中的低位弱势群体，其生计若是无法得到持续保障，将严重阻碍农地流转健康及有序发展，甚至引发连锁风险。因此，识别与防范风险，切实保障农户生计的可持续发展，是解决中国农村土地流转问题的关键。

二 农地流转参与主体的主要决策困境及利益诉求

农地流转的风险潜伏于农地流转的现状中，对现状的把握是识别农地流转风险的基础，而农地流转各参与体系的主要决策困境及利益诉求则是诱发农地流转风险风险源发动的内在动因。由于中国农地流转起步较晚，相关法律法规尚不健全，所以法规困境是农地流转各参与主体在农地流转中共同面临的决策困境。此外，农地流出方、农地流入方、监管机构和中介组织在决策中分别需要面临生计困境、经营困境、管理困境以及人才困境。

（一）农地流出方决策的主要困境及利益诉求

1. 流出方的法规与生计困境

农地流出方在决策中主要面临法规困境和生计困境。法规困境指法律法规不完善给农地流出方决策带来的负面影响。家庭承包经营户、集体经济组织以及以其他方式取得农地经营权的企业或个人在决策时均会面临法规困境，法律法规是农地流出方决策的底线依据。

集体经济组织以及以其他方式取得农地经营权的企业或个人通常具备一定的法律知识储备，但外部环境的变化及法律法规的不断发展仍然使其决策面临一定不确定性，决策者需要预留一定的弹性调整空间。限于教育经历和生活环境文化意识状态，西部地区大部分农户较少关注相关法律法规的出台与调整。因此，在决策时可能会因为不了解相关知识而做出偏离甚至违背自身意愿的决策。

生计困境主要指农户生计的不确定性给决策带来的负面影响。农户的生计问题一直是农地流转中各级政府及农户自身关注的重点，也是农户决策的重要依据。调研过程中发现，西部地区大部分农户的流转意愿较高，但在做出流转决策时仍会为生计担忧。部分农户认为，由于缺乏相应的失业和再就业保障，他们可能会面临失业风险。此外，农地流转后土地质量下降也会影响农户家庭未来的生计。

2. 农地流出方主要利益诉求

农地流出方主要包括家庭承包经营户、集体经济组织以及以其他方式取得农地经营权的企业或个人。集体经济组织作为农地的流出方，流转的是集体所有的土地，流转收入理论上应该归集体所有。集体收入的增加有利于集体建设加强和全体农户生活水平的提升，集体经济组织一方面期望通过流转增加集体收入改善村落环境；另一方面也期望以农地流转为载体扩大集体经济影响力，享受政策补贴，发展壮大集体经济。因此，集体经济组织期望政府能够提高补贴力度；以其他方式取得农地经营权的企业或个人以获利为主要目的，即通过获得农地经营权这种特殊"产品"的交易差额实现获利，他们期望政府通过完善相关法规降低交易成本和风险。

在西部地区农地流出方中，家庭承包经营户的主要利益诉求为通过合理配置家庭资本提升生活水平。自然资本、人力资本和社会资本作为流出方农户的主要生计资本，影响农户生计策略制定及流转满意度。调研结果显示，农地流转价格低、农地质量受损、流转后家庭劳动力转移困难以及流转纠纷影响同村情谊是造成家庭承包经营户满意度下降的主要原因。因此，他们期望政府相关部门能加强农地流转的管控，提高农地流转价格，防止农地质量受损。同时，部分地区的流转实践中，农户的主体地位未得到充分尊重，被强迫流转后家庭产生"无法就业"的闲置劳动力，影响了农户生计的可持续性。另外，相较于发达地区，西部大部分农村地区的人情关系对于农户的影响更为突出，农户希望相关部门建立有效调解机制防止因流转纠纷破坏了原有关系网络。

（二）农地流入方主要的决策困境及利益诉求

1. 农地流入方决策的法规和经营困境

农地流入方在决策中主要面临法规困境和经营困境。法规困境主要指法律法规不完善给农地流入方决策带来的负面影响。农地流入方在流转前、流转合同履行过程中以及流转合同到期后均需要考虑相关政策法规带来的影响。中国农地流转起步较晚，尤其在西部地区，农地权益划分以及流转市场等相关法律法规尚不健全。不完善的法律法规加剧了流入方经营的不确定性，使其权益可能无法得到有效保障。因此，流入方在决策时需要尽可能全面地了解现有法律法规以及相关的地方规范，以及时调整决策方向。

经营困境主要指农村配套设施、人才、文化等不确定因素给农地经营者决策带来的负面影响。农地流入方在经营过程中除了政策扶持外，还需要农村相关配套设施的硬件保障、农业人才的决策支持以及与乡村文化的有机融合。但实践中，西部多数地区农村的公共配套设施建设水平相对滞后，需要流入方投入相应的成本加以完善，会增加流入方的经营成本。乡村的农业人才也相对匮乏，多数地区留守的主要为缺乏专业技能的中老年劳动力，农业经营人才支持匮乏。此外，外来的个人或组织与乡村文化的融合也常常面临挑战。

2. 农地流入方主要利益诉求

西部地区的农地流入方主要包括家庭农场、合作社和农业企业等经营主体，它们期望通过农地规模经营以最小成本获得最大收益。在农地流转过程中，农地流入方的收益情况受多种因素影响。外部因素主要包括农地流转相关政策、规模经营补贴政策、农产品市场状况、农业人才储备状况以及流出方的合同履行规范程度等；内部因素主要有经营者经营能力和风险感知力等。

受主客观条件的限制，西部地区农地流转起步较晚，相关政策、法规和措施仍处于完善过程中。对于流入方而言，其主要的利益诉求为稳定流转政策、提高补贴力度、适度调控农产品市场、吸引农业人才下乡以及降低博弈成本等。基本稳定的流转政策能使流入方的经营计划基本符合政策实际，减少计划调整产生的费用；各项补贴政策能降低农地流入方在流转、贷款、购买农机、农业保险等方面的支出，降低经营成本。

农产品市场的适度调控能够有效抑制"谷贱伤农"效应；人才是最活跃的因素，农地流入方仅仅凭借一己之力难以改变人才流向，需要政府进一步引导人才下乡；参与主体之间的博弈是客观存在的，其中流出方与流入方的博弈最为激烈。从农地流转表象来看，流出方与流入方的短期利益存在诸多不一致，即使签订了合同，流出方农户也可以凭借自身"弱势群体"的"优势"对流入方的经营加以干预。因此，流入方期望政府相关部门加强引导，降低自身博弈成本。

（三）监管机构主要的决策困境与利益诉求

1. 监管机构决策的法规和管理困境

监管机构主要面临法规困境和管理困境。法规困境主要是指法律法规不完善给监管工作顺利进行带来的负面影响。法规是监管机构进行监测的主要依据，但目前中国相关部门并未就流转实践中的问题进行细化指导，导致监管工作缺少权威依据，通常此类纠纷的处理模式为就个案进行分析，加大了工作量和监管难度，也容易滋生腐败问题。此外，由于流出方与流入方对农地流转纠纷的认识存在差异，缺少权威依据使监管的客观公正性常常受到质疑。

管理困境是指因基层监管人员的专业素养和道德水平不足给监管工作带来的负面影响。农地流转涉及多学科，实践中问题多样复杂，需要一定的专业综合素养。中国西部地区大部分基层工作人员专业素养普遍不高，常常难以准确地识别和防范相应风险。甚至有部分人在利益诱导下选择性忽视或掩盖部分问题，形成农地流转监管漏洞。

2. 监管机构主要利益诉求

农地流转监管机构主要包括中央政府、地方政府以及农村产权交易中心。中央政府作为最高权力机构是"指导者"，地方政府是"组织者"，农村产权交易中心是"服务者"。三者的最终目标均是通过合理监管，减少相关纠纷，实现农地流转健康有序发展。

在农地流转中，监管机构之间的配合及其与其他部门之间的对接尤为重要。地方政府与农村产权交易中心作为中央政府政策的"细化执行者"和指导思想的"贯彻者"，需要准确解读相关政策并细化政策的制定和执行；中央政府作为基层反馈自下而上传导的集聚点，需要研究基层实践中存在的不足并通过相关措施加以弥补，实现中央政府、地方政府以及农村产权交易中心三者的有机配合。监管机构的工作还需要与水利、公安、工商、环境保护、国土资源、林业等相关部门和组织进行有效对接，因此需要各部门之间的通力合作。

（四）中介组织决策的主要困境与利益诉求

1. 中介组织决策的法规困境和人才困境

中介组织主要面临法规困境和人才困境。中介组织对于促进农地流出方与农地流入方的供需衔接，完善中国农地流转市场具有重要意义。

外生型中介组织、金融型中介组织和村委会虽然提供服务的方式和目的不同，但均面临法规困境。法规不完善使得中介组织在提供服务时必须进一步考虑相关细节，并不得不承担部分风险。如流出方或流入方通过隐瞒对自己不利的信息造成的合同问题以及中介机构由于监管漏洞造成流出方或流入方权益受损问题等。

由于中国西部地区发展相对滞后，对人才的吸引力常常弱于中东部，中介组织不得不面临人才困境。人才是中介组织提供优质服务的基础，技术人才和管理人才是农地流转中介服务人员的主要组成部分。西部地区的外生型中介组织和金融型中介组织因待遇相对滞后，常常会面临人才数量和质量与需求不匹配、人才流失的现状。而村委会作为村落中农地流转的中介组织，同时也是农村基层管理的主体，事务繁杂，管理人员数量少，整体年龄偏老龄，大部分工作人员专业知识匮乏，使其作为中介组织在创新和新技术运用方面存在较大上升空间。

2. 中介组织主要的利益诉求

西部地区农地流转的中介组织主要包括外生型中介组织、金融型中介组织和村委会等。外生型中介组织和金融型中介组织主要以盈利为主要目的，主要通过提供农地流转相关服务收取费用或抽成。然而，目前各级农村产权交易中心承担了部分中介职能，这种官方的非营利模式的中介服务虽然流量较低，增值服务较少，但数据和信息权威性较高。因此，大部分外生型中介组织和金融型中介组织期望通过政企合作扩大市场份额，提高服务的可信度。

但与此同时，行政过度干预也是外生型中介组织和金融型中介组织的"痛点"之一。由于缺乏完善的中介组织监管办法，有关部门常通过加强监管维护各方权益，但这种模式易造成行政过度干预，影响中介组织自主性。因此，中介组织期望政府相关部门完善有关法规，合理界定政府职能。此外，人才储备不足也是外生型中介组织和金融型中介组织面临的困境之一。对于非官方组织而言，服务是其重要的盈利点，只有具备专业知识的员工才能提供更好的流转服务。然而，目前中国的相关人才数量与质量均难以满足其需求。因此，他们期望政府能加强相关人才培养。

村委会作为村民自治组织，它与村民之间的委托—代理关系是无偿的。但村委会通常又是基层政府乡村治理的抓手，其流转服务的质量有一定的政绩效应。然而，由于主客观因素的限制，农村的专业人才相对匮乏。村委会成员的学历水平和专业知识参差不齐，很难准确解读相关政策法规。村委会需要基层政府指派专人对相关文件进行详细解读以防止在解读过程中造成信息失真，影响政策贯彻落实。此外，实践中部分基层政府常将村委会作为“下级”进行管理，并经常性出现越级管理的问题，影响村委会的创造性和主动性。因此，尊重基层组织和农户的自主性，防止过度干预也是村委会的诉求之一。

西部地区农地流转的各参与主体作为有限理性经济人，会基于自身“成本效益”比较的原则，在相关制度法规的引导与约束下，产生了不同的决策困境与利益诉求（见表4-7），并在解决自身困境与实现利益诉求的过程中推动着农地流转的发展，也造就了西部地区农地流转当前的境况。

表4-7　西部地区农地流转参与主体主要的决策困境与利益诉求

<table>
<tr><th colspan="2">风险源驱动因素
参与主体</th><th colspan="2">主要决策困境</th><th>利益诉求</th></tr>
<tr><td rowspan="3">流出方</td><td>集体经济组织</td><td rowspan="12">法规困境</td><td rowspan="3">生计困境</td><td>增加集体收入</td></tr>
<tr><td>承包经营户</td><td>生活水平提升</td></tr>
<tr><td>取得农地经营权的企业或个人</td><td>获利</td></tr>
<tr><td rowspan="3">流入方</td><td>家庭农场</td><td rowspan="3">经营困境</td><td rowspan="3">以最小成本获得最大收益</td></tr>
<tr><td>合作社</td></tr>
<tr><td>农业企业</td></tr>
<tr><td rowspan="3">监管机构</td><td>中央政府</td><td rowspan="3">管理困境</td><td rowspan="3">农地流转健康有序发展</td></tr>
<tr><td>地方政府</td></tr>
<tr><td>农村产权交易中心</td></tr>
<tr><td rowspan="3">中介组织</td><td>外生型中介组织</td><td rowspan="3">人才困境</td><td rowspan="2">营利</td></tr>
<tr><td>金融型中介组织</td></tr>
<tr><td>村委会</td><td>基层政府的指导与尊重</td></tr>
</table>

第四节 西部地区农地流转风险环境与类别

一 西部地区农地流转风险源探析

风险源是指人为产生或自然形成的可能对研究对象产生不利作用的源头，是风险事件发生的先决条件（陈振等，2018）。西部地区农地流转中，主要存在流出方农户综合素质普遍不高、参与主体利益需求不一致、农地产权不明晰、相关配套保障措施不到位、有关流转制度规则不完善、流转激励政策不合理、基层政策执行主体能力不高、相关信息不对称八大风险源。

（一）流出方农户综合素质普遍不高

1. 思想观念相对落后

农地流转实践中，流出方农户相对落后的思想观念是产生风险的源头之一，主要包括根深蒂固的传统观念和缺乏长期规划的短视思维。

在农村社会，"情义本位"思想的存留导致不签订合同、"不对簿公堂"等现象普遍存在。亲朋同乡之间常常以信任作为处事的基本前提，人们通常认为，合同的签订可能会导致他们之间的信任平衡被打破，使原本紧密的亲朋同乡情谊变得"生分"，所以在农地流转中，通过口头约定达成合意并将农地转给亲朋同乡进行耕种的现象较为普遍。

除观念传统外，大部分农户还存在缺乏长期规划，更注重眼前短期利益的短视问题，主要体现在农地生态敏感性不高和缺乏对职业的规划。

首先，小农经营模式对于大部分农户而言收益较低，他们具有以较高租金转出农地的需求。且在现存产权制度中不稳定因素的影响下，农户对于自身能否长久拥有农地承包经营权存在一定疑虑。因此，如果流入方拟以较高的租金转入农地，大部分农户会忽视高租金背后可能带来的风险从而选择转出农地。

其次，大部分农户缺乏科学的职业规划，短视思维往往促使他们追求短期高工资收入以实现家庭收入最大化。重体力劳动是获得较高工资性收入的途径之一，这种工作对于体力要求较高且通常缺乏相应的社会保障。通常农户是很难长期从事重体力劳动的，如果他们不在青壮年时期掌握合适的就业技能，一旦失业将难以维持稳定的家庭收入水平。

2. 就业技能相对匮乏

流出方农户受教育程度普遍不高，大多缺乏非农就业技能，在转移至城镇后易产生结构性失业的问题。

经济新常态下，中国经济下行压力加大，转变经济发展方式、调整产业结构的一系列举措对第二、第三产业造成了巨大影响。第二、第三产业岗位需求总量下降、需求结构发生变化，用人单位对农民工的文化水平和技能要求相应提高，这种转变给农民工非农就业带来了更大的挑战。农户受就业技能和受教育水平所限，在转移至第二、第三产业就业以后，很可能由于就业技能与岗位需求不符，面临结构性失业风险。

为加强农户非农就业稳定性，降低结构性失业风险，多地已经开展针对"失地"农户的就业培训工作，并取得了一定成效，但仍存在农户接受培训意愿低、培养目标与市场需求存在差异等问题。对于大部分农户而言，工作只是谋生的手段，参与培训的功利色彩浓厚。他们往往能够意识到，在青壮年时期，可以通过高工资水平的体力劳动来维持生活，但随着年龄增长，身体素质下降，无法继续进行高强度的体力劳动，面临失业风险。但受短视思维的影响，他们通常以短期利益为重，不太愿意也很难科学地规划未来职业路径。同时，作为理性经济人，农户又愿意通过免费的技能培训增加寻找工作的筹码，然而鉴于技能培训的"效用"无法在短时间内直观地产生效用，因此，农户参与培训意愿较低，导致非农就业技能相对匮乏。

（二）参与主体利益需求存在一定差异

1. 农地租金存在多方博弈

租金是农地价值的显化，但由于参与主体利益需求存在一定差异，尤其是短期利益的不同，使租金合理范围的确定存在多方博弈。

首先，农地租金是流出方的收入来源之一，它一定程度上增加了农户家庭财产性收入，给家庭收入的合理分配提供了更多可能，租金的多寡是流出方做出农地流转决策的重要影响因素。与此同时，农地租金也是流入方经营成本的组成部分。转入农地是进行规模经营的前提，流入方在选择流入的农地时，会对区位、土壤特性、价格、流转期限以及其他影响价格的因素进行综合考量。为降低成本，流入方一般会尽量压低价格进行流转。

其次,部分基层政府也会对农地流转租金进行一定干预以提高自身政绩。农地流转规模是基层政府治理能力的衡量标准之一,为推动流转,部分基层政府可能以低价吸引资本下乡,或者为得到更高的中介服务费用提高农地租金。流入方、流出方、基层政府三方的博弈通常会使农地价格在一定程度上偏离其实际价值。

2. 农地生态保护意愿不同

农地流转各参与主体对农地生态保护的意愿存在一定差异。乡村振兴背景下,国家大力推行生态文明建设,将其提升至国家战略层面,并在农地流转工作中将生态环境保护以法律形式作为流转前提得以明确,表明了国家对农地生态保护的重视程度。客观上流出方农户的利益诉求与国家顶层设计具有一致性,农地作为重要的生计资产,对于他们实现可持续生计具有重要意义。农户转出农地的初衷多样,但基本存在农地生态不被破坏的心理预期。

但对于流入方而言,投资收益最大化是他们选择转入农地进行规模经营的主要目的,这一目的贯穿于农业项目选择、设备引进、技术采用和人员配备等多个环节。大多数农业项目前期投入较大,如何在有限的农地经营权使用期间降低成本并最大化收益成为流入方经营的核心理念,导致生态环境保护对流入方而言处于次要地位,甚至与利益的获取相对立。资本的逐利性很大程度上会驱使流入方采取"非粮化"甚至"非农化"手段以及违规施用农药化肥等不良逐利行为,对农地生态环境造成一定的损害。所以农地流转交易双方的农地生态保护意愿存在较大的差异性。

(三)农地产权不明晰

1. 集体所有权指向模糊

农地集体所有权主体指向目前仍存在一定的争议,这不利于农村土地改革、集体经济发展和农地流转参与主体方权益的保护。

中国多项法律中提及"集体所有"一词,但并未明确集体的内涵和具体指向。《中华人民共和国宪法》第十条第二款规定:"农村和城市郊区的土地,除由法律规定属于国家所有的以外,属于集体所有;宅基地和自留地、自留山,也属于集体所有。"《中华人民共和国民法典》

（以下简称《民法典》）第二百六十二条规定："对于集体所有的土地和森林、山岭、草原、荒地、滩涂等，依照下列规定行使所有权：属于村农民集体所有的，由村集体经济组织或者村民委员会依法代表集体行使所有权；分别属于村内两个以上农民集体所有的，由村内各该集体经济组织或者村民小组依法代表集体行使所有权；属于乡镇农民集体所有的，由乡镇集体经济组织代表集体行使所有权。"

《中华人民共和国土地管理法》（2019 年）第十一条规定："农民集体所有的土地依法属于村农民集体所有的，由村集体经济组织或者村民委员会经营、管理；已经分别属于村内两个以上农村集体经济组织的农民集体所有的，由村内各该农村集体经济组织或者村民小组经营、管理；已经属于乡（镇）农民集体所有的，由乡（镇）农村集体经济组织经营、管理。"《中华人民共和国农村土地承包法》（以下简称《农村土地承包法》）第二条规定："本法所称农村土地，是指农民集体所有和国家所有依法由农民集体使用的耕地、林地、草地，以及其他依法用于农业的土地。"

《农村土地承包法》第十三条规定："农民集体所有的土地依法属于村农民集体所有的，由村集体经济组织或者村民委员会发包；已经分别属于村内两个以上农村集体经济组织的农民集体所有的，由村内各该农村集体经济组织或者村民小组发包。村集体经济组织或者村民委员会发包的，不得改变村内各集体经济组织农民集体所有的土地的所有权。国家所有依法由农民集体使用的农村土地，由使用该土地的农村集体经济组织、村民委员会或者村民小组发包。"

以上文件中，集体所有、农民集体所有、农村集体经济组织、村民委员会、村民小组是出现频次较高的五个关键词，农村集体经济组织、村民委员会和村民小组是乡村治理的重要组成部分，存在一定交叉，是集体所有权的代行主体。然而，它们代行权利的所有者，即"农民集体"指向模糊，集体的范围边界不清。在农村土地改革、集体经济发展和农地流转过程中，只有对这一概念进行清晰界定，才能更好地保护农户权益。

2. 农地处置权存在残缺

《民法典》第二百四十条规定："所有权人对自己的不动产或者动

产，依法享有占有、使用、收益和处分的权利。"但"集体"作为农地所有权拥有者，对其没有最终处分权，农地处置权存在残缺。

农地处置权的残缺易引发"公地悲剧"，为公权力的滥用创造机会，间接提高了农地流转成本。村集体经济组织、村民委员会或村民小组通常代表集体行使所有权，负责农地的发包、经营与管理等工作。但他们只是代行权利，没有处置权。农地承包经营户作为农地的实际承包经营者，拥有占有、使用、收益的权利，同样没有农地的最终处分权。这意味着农地不是完整意义上的财产，使用者和管理者均无法实现对于农地的完全控制，一方面可能导致农户的农地保护心态发生改变；另一方面农地流转过程中面对行政过度干预时难以意识到自身"主人翁"地位，导致公权力的滥用。

此外，多方代行主体的现状与"主人翁"意识的缺失还提高了农地流转的成本。首先，流出方需要代行主体的确认和相关备案，这无疑增加了农地流转的程序；其次，代行主体的参与产生了"中间费用"，提高了流入方转入农地的成本；最后，如果代行主体中部分人员缺乏一定的专业素养和职业道德，可能会产生寻租或腐败行为，损害双方权益。

（四）相关配套保障措施不到位

1. 社会保障措施有待完善

不完善的社会保障措施给进城农户"市民化"和下乡人才留任带来了阻碍，从而影响了农地流转的有序推进。

社会保障体系主要包括社会救济、社会保险和社会福利，有利于保障人民基本生活，对于维持社会和谐稳定具有重要意义。但在城乡二元制度影响下，城乡资源分配和管理长期处于不均衡状态，乡村的基础设施和公共服务落后于城镇。在效用拉力作用下，转移至城镇的农地流出方农户，在"市民化"的道路上仍存在诸多阻碍因素。没有落户意愿或者没有能力落户的农户，很难同等享受城市居民独有的教育、住房以及医疗等公共福利。

对于下乡人才而言，"下乡"可能意味着放弃原有晋升机制完善的工作、离开基础设施完善的工作环境并与家人分居两地。此外，农村的就业环境和生活便利性往往与城镇存在一定差距。这种双重落差下，人才引进的难度和流失的概率都会显著增加。

2. 企业投资环境尚待优化

目前，乡村农地规模经营的基础设施和相关服务离完善还有较大的距离。资本具有逐利性，良好的投资环境有利于企业持续经营。政治法律、社会文化和经济环境是影响下乡企业农地规模经营的重要环境因素。

第一，现行相关法律法规的不完善和司法救济权的缺失给农地转入企业经营带来了一定的风险隐患。权利保护的盲点以及多元主体监督管理均会使企业处于不稳定的政治法律环境中，影响其投资决策。

第二，下乡企业的经营理念与农村社会文化的碰撞很大程度上阻碍了其"本土化"的进程。农户受教育程度普遍不高，传统价值观念根深蒂固、法律风险意识整体淡薄。在此文化环境中，农户对于土地的依赖以及不合理的利益诉求表达方式往往会影响企业经营的稳定性，成为企业执行先进经营理念的文化阻力。

第三，农村的基础设施尚待完善。随着数字经济与农业融合成为农村产业发展的新动力，借助先进科学技术的助推，农业发展开始了大步的飞跃，这显然是农村产业进步的重要利好消息。但与之相配套的基础建设项目往往以地级以上城市为主，与工业产业联系更为紧密，很难跟上农业产业发展的要求，需要尽快加以完善。

（五）有关流转制度规则不完善

1. 准入机制不健全

准入机制是核查流入方履约能力的重要方式，准入机制不健全可能使不具备经营资质或抗风险能力较差的组织和个人转入农地进行产业经营，最终会在利益传导机制的作用下侵害流出方权益。

为健全农地流转准入机制，2021 年中国对《农村土地承包经营权流转管理办法》进行了修订，新的《农村土地经营权流转管理办法》中增加了分级资格审查和项目审核制度，并明确了审查程序，但这一规定在实践中仍然存在可操作性不强的问题。

首先，该办法中规定："涉及未承包到户集体土地等集体资源的，应当按照法定程序经本集体经济组织成员的村民会议 2/3 以上成员或者2/3 以上村民代表的同意。"在农村，剩余劳动力转移至非农就业部门的现象较为普遍，村民会议的参与人员主要为留守老人，受限于自身风险认知能力，他们较容易在相关人员的引导下做出意思表达。此外，村民代表多为乡村"能人"，一般会在本集体中担任管理职务或成为流入方，与农地流转具有一定的利益联系，其意愿并不能完全代表农户集体。

其次，《农村土地经营权流转管理办法》为防止出现因有关人员专业素养不足而造成农地流转不规范的情况，提出"县级以上地方人民政府或者乡（镇）人民政府应当依法组织相关职能部门、农村集体经济组织代表、农民代表、专家等就土地用途、受让主体农业经营能力，以及经营项目是否符合粮食生产产业规划等进行审查审核"。但审查审核并未明确标准，地方政府拥有较大的自主权。在追求自身政绩需求的引导下，基层政府很可能会以较低的标准吸引流入方，导致流转准入机制作用缺失。

2. 监督机制不充分

现有监督机制是在充分尊重各利益相关者主体地位的基础上做出的非强制性官方引导，难以实现监督机制的有效运行。

《农村土地承包经营权流转管理办法》第三十条强调建立风险防范制度，拟通过加强事中、事后监管查处纠正违法违规行为。主要包括"鼓励承包方和受让方在土地经营权流转市场或者农村产权交易市场公开交易；对整村（组）土地经营权流转面积较大、涉及农户较多、经营风险较高的项目，流转双方可以协商设立风险保障金；鼓励保险机构为土地经营权流转提供流转履约保证保险等多种形式保险服务"。

这三条措施中采用的"鼓励""可以"两个词语表达的是一种官方引导，即公开交易、设立风险保障金、多元化保险服务实施与否取决于各主体的主观意愿，不对此进行强制规定。这体现了对农地流转各利益相关者主体地位的充分尊重，但这种宽松的引导性机制在监督效果上可能大打折扣。

（六）流转激励政策不充分

1. 重"数量"轻"质量"

农地流转激励政策重"数量"轻"质量"主要体现于两个层面，首先是过分关注农地流转规模与速度，忽略了适度规模带来的质量提升；其次过度追求新型职业农民培训数量，培训质量参差不齐。

一方面，中国目前尚未形成完善的分级分类考核标准，农地流转的规模与速度依然是地方政府政绩考核的主要标准之一。2020 年 10 月 24 日中共中央组织部发布《关于改进推动高质量发展的政绩考核的通知》，强调要将创新、协调、绿色、开放、共享的新发展理念政绩考核有机结合，精准设置关键性、引领性指标，改善原有不切实际的"政绩工程"。但考核指标的选取需要多方考量，并在实践中不断完善，意味着完善的分级分类考核标准尚未形成。

另一方面，部分新型职业农民培训流于形式，培训质量参差不齐。2018 年农业农村部实施的新型职业农民培育三年提质增效行动，创新开展了"专门机构+多方资源+市场主体"的新型职业农民培育体系，但实践中存在注重培训数量，针对性、规范性、有效性还有待提升的问题。新型职业农民培训效果受多种因素影响，培训的内容差异、师资差异、跟踪差异及三者的交互对培训效果影响显著。在培训内容的选取方面，缺乏对于被培训者有效需求的关注；在选取培训师资时，存在重理论轻实践的问题；在被培训者获得新型职业农民培训证书后，跟踪反馈培训效果存在不足。这三者的综合作用导致培训质量参差不齐。

2. 重"结果"轻"过程"

农地流转激励政策重"结果"轻"过程"主要表现为，在缺乏粮食安全考评体系的状况下，种粮面积和粮食产量成为重要考评指标，这种考评指标的指挥棒容易导致重考评结果轻过程控制的问题。

《关于防止耕地"非粮化"稳定粮食生产的意见》指出，确保粮食安全是"三农"工作的首要任务。要通过落实粮食安全省长责任制、完善粮食生产支持政策、加强耕地种粮情况监测等激励约束实现粮食生产目标。对工商资本的"非粮化"行为，发现后予以纠正并停止其政策扶持。将粮食安全纳入考核体系容易导致重考评结果轻过程控制的问题。省级人民政府将粮食生产任务细化并分配给下级人民政府，最终落实于基层政府，基层政府为了完成任务，很可能在主观期望与客观约束的前提下，采取过度干预或提供虚假信息的方式优化考评结果并获得粮食生产奖励。因此，除了对结果的考核还应该制定对过程控制的指标体系引导相关主体优化粮食种植过程管理。

（七）基层政策执行主体能力有待提高

1. 沟通协调能力相对欠缺

基层政策执行主体主要包括基层政府和村委会，它们是贯彻落实相关政策的"最后一公里"，能深入基层组织，倾听基层声音，使基层社会快速响应国家号召。农地流转中，存在基层政策执行主体强迫农户转出农地和推诿逃避流转纠纷协调责任的现象，这是沟通协调能力欠缺的表现之一。

首先，有效的沟通是打消农户流转疑虑，提高其流转意愿的重要方式。农地是农户重要的自然资本，他们作为理性经济人，会对流转中存在的不确定性进行反复考量，以确保"农地"这一重要的资本不被削弱。这一过程中，基层政策执行主体扮演了中间人的角色，需要对农户存在的疑虑进行解答，如果在未打消他们疑虑的前提下强迫进行农地流转，可能会降低农户对流转的满意度并损害政府公信力。

基层政策执行主体不仅需要在流转前与流入流出方进行有效沟通，还需要对流转合同存续期间或流转到期后的纠纷进行初步协调。在沟通协调过程中，基层政策执行主体需要以客观中立的第三方身份对纠纷进行研判，兼顾双方权益。但流转实践中存在的纠纷往往十分复杂，举证困难，很难进行责任划分。面对较为复杂的纠纷，基层政策执行主体如果难以有效化解矛盾，满足双方利益诉求，很可能会选择拖延、推诿等方式逃避责任。

2. 分析判断能力存在不足

农地流转中，基层政策执行主体分析判断能力不足主要体现于资本下乡资格审核和政策信息解读两个方面。国家鼓励资本下乡，以提高农村市场化程度，缩小城乡差距。在资本下乡过程中，如何保证投资项目符合当地实际需要是取决于基层政府的分析判断结果的。但在实践中，基层政府对于项目落地的考察往往流于形式，这是"懒政"的体现，而能力不足是"懒政"形成的主要根源之一。部分干部缺乏专业能力和素养，试图以敷衍的态度掩饰自身分析判断能力的不足，这会给农地流转工作埋下风险隐患。

此外，国家制定的方针政策需要基层政府进行解读转化以细化执行，分析判断能力不足常常会导致信息解读产生偏差，进而影响细化后政策的合理性。国家从上至下的有关部门通过相关政策给农地流转指明了方向，但中国幅员辽阔，各地的经济发展水平与农地资源禀赋等均存在一定差异，流转政策的方向性指导需要与当地实际相结合。客观上要求基层政府要因地制宜，选择合适的流转模式、科学的职业农民培养路径以及政府干预的合理尺度。

3. 部分人员职业道德缺失

参与农地流转的监管部门和中介组织在信息提供和协调流转方面发挥着重要的作用，但部分工作人员职业道德的缺失会给腐败和权力寻租等不良现象创造可能。

职业道德即专业规范，制度经济学理论认为，规范建立于相互的利益期待之上，以增进群体的共同利益为目的。在行政活动中，这种规范即公务员职业道德规范，用于规避其"不作为乱作为"的行为（彭向刚等，2018）。如果职业道德存在缺失，工作人员可能会超越职权范围行事，将服务人民、依法办事、公正廉洁等标准抛之脑后，为了一己私利损害他人利益。

2021年《农村土地经营权流转管理办法》第三十一条规定："农村集体经济组织为工商企业等社会资本流转土地经营权提供服务的，可以收取适量管理费用。收取管理费用的金额和方式应当由农村集体经济组织、承包方和工商企业等社会资本三方协商确定。管理费用应当纳入农村集体经济组织会计核算和财务管理，主要用于农田基本建设或者其他公益性支出。"如果农村集体经济组织中部分提供服务的人员职业道德缺失，就可能出现组织内部合谋或与流入流出方合谋操作管理费用的收取，也可能在管理费用使用的过程中谋取私利，损害相关主体的合法利益。

（八）相关信息不对称

1. 农地质量信息不对称

农地质量的有关信息是流入流出方"流转农地"决策的重要依据，作为有限理性经济人，双方均可能在流转中隐瞒不利信息或提供虚假信息以实现自身效益最大化。在农地流转前，这种"虚假"信息主要体现为农地质量信息的"逆向选择"。对于流出方而言，农地质量是议价的筹码之一，他们可能夸大农地质量以获得更高租金。

流入方一般会根据农地的肥力以及预期产能进行估价，但农地质量信息很难通过肉眼进行识别，如果不进行权威检测，流出方提供的既往产量就成了定价的依据之一，此时要保证农地质量的前后一致性则只能依靠农地流出方的道德自律。实践中往往表现为，流出方为实现自身效益最大化，可能提供与实际不符的农地信息，而流入方则在虚假信息影响下做出欠合理的流转决策。

农地流转后，农地信息质量不对称则体现于农地流入方经营产生的"道德风险"中，即农地流出方为追求自身经营利益最大化而不顾农地经营可持续性与生态稳定性的可能。流转合同签订后，流入方获得了农地经营权，在经营过程中，由于市场经济存在天然不可克服的弊端，流入方可能为了追求更高经济利益，"自发"地采取滥用农药化肥等不正当手段进行生产和经营。

这种行为带来的农地质量的损害具有长期性，由于流出方难以实时对流入方的农地经营行为进行全面彻底的监控，如果未在流转合同到期前及时察觉，将导致维权困难。此外，即使流入方未采取不正当手段破坏农地质量，其他因素的存在也可能导致其发生改变，而流出方则是这种消极变化后果的最终承担者，也不自觉地成为直接利益受损者。

2. 市场供需信息不完全

主客观因素导致的市场供需信息不完全可能会导致经营策略偏差从而影响其持续经营。经营者自身信息收集解读能力不足是导致信息不完全的主观因素。农业产业经营者包括乡村"能人"、下乡创业者和职业经理人等，他们的数字素养、个人经历和管理者偏好存在一定差异，很可能会导致他们收集信息的完整性和解读信息的有效性产生不同。大部分非专业的经营者很难有效收集解读信息，且在成本制约下难以获得专业复合型人才进行辅助决策，所以他们往往是在不完全信息下进行的决策，从而放大了决策偏差带来的风险。

信息供给不足以及市场调节的滞后性是形成不完全信息的客观因素。农产品供需以及生产技术信息需要相关政府权威部门进行整合发布，以降低经营风险。但目前中国农业与大数据等技术的融合水平还有待提升，经营者很难便捷获得市场整合信息；即使信息供给充足，市场调节的滞后性也会影响农业产业经营，使经营者难以及时获得市场调节信息。

市场经济的核心是由"市场"配置资源，主要表现为供需关系的变化会影响价格。但这种影响通常无法及时实现供需的调整，具有滞后性特征。农业产业经营周期性强且时间段相对较长，流入方往往很难有效预测产品供需走势，现有供需信息是流入方决策的直接依据，市场调节的滞后性会给农业产业经营带来一定挑战。

3. 基层反馈信息失真

基层反馈信息失真主要体现于由中央政府自上而下传递给基层的信息和由基层自下而上的反馈信息均易在层层传递中失真。

国家及各级政府作为信息供给者，需要对法律法规进行完善、合理制定资源倾斜政策并有效整合市场信息以满足农地流转参与主体的需求。这些政策法规制定的目的是满足实践需求并弥补原有政策的不足，直接依据是各地政策法规细化执行情况。中国幅员辽阔，基层反馈信息的逐一收集成本高、操作难度大，在一定程度上弱化了信息的真实性。现代治理是以国家公权力为核心，以多中心治理和协同治理为特征的运行模式，本质是多层委托代理关系。上下级行政机关间治理能力不同，导致信息可能在双向流动中失真。

政策目标自上而下传递过程中，信息经过不同治理主体的解读和转化向下一级代理人传递，可能导致信息失真现象。基层信息自下而上传递的过程中，需要经过不同利益团体的层层筛选，同样可能导致信息被不同程度编译或篡改。失真的政策目标导致政策细化执行出现失误，被修改过的基层信息会引致政策制定偏差，从而形成恶性循环，损害流转主体权益。

二 西部地区农地流转风险环境与风险类别

风险识别是通过收集有关风险因素、风险事故和损失暴露等方面的信息达到衡量和处理风险目的的一个复杂、连续且长期的过程。它主要包括四个方面：一是发现风险源，只有发现风险源才能有针对性地防止风险因素的增加或聚集；二是认知风险源，透过风险源预见可能发生的风险事故，及时进行规避；三是预见危害，即对可能造成损失的原因进行剖析；四是重视风险暴露，即重视风险因素与风险事故的关系（刘钧，2013）。风险识别是风险管理的关键环节，为风险评估、分析与控制奠定了基础。

（一）农地流转风险识别的原则与方法

1. 风险识别的原则

第一，全面性。全面性是指应尽可能地识别出农地流转面临的所有实质性风险。农地流转主体多元，风险多变，如果仅仅关注部分风险，将难以达到防范风险的目的。因此，要从不同维度对风险进行全面识别，从农地流转主体特征、流转过程以及流转实质等维度出发，全面考量农地流转风险。

第二，科学性。科学性是指在风险识别过程中，要以科学的风险管理理论作为指导，结合流转现状进行识别。科学性是风险识别结果严谨客观的重要保证，因此需要在相关理论的指导下，以科学的程序和方法进行风险识别。研究遵从科学性的原则，基于农地流转相关主体的视角，从风险源出发，运用科学的方法来识别农地流转的风险类别。

第三，系统性。系统性是指应在厘清风险之间相互联系的基础上对各种风险进行系统的识别。风险是相互联系的，不同风险之间在利益传导机制下会产生一定相互影响。因此，在进行风险识别时，需要梳理清风险之间的相互联系，以系统视角建立风险网络进行有效识别。研究不仅在风险识别时考虑到各风险之间的关联，而且在风险评估时选用网络层次分析的方法，定量地分析了风险层次变量之间的关联。

第四，前瞻性。前瞻性是指不仅要着眼于已经出现的风险，还要从农地流转的本质和风险环境出发，对潜在风险进行挖掘并防患于未然。风险环境是客观存在的，但随着环境变化，风险的生成因素及其后果均可能发生一定的变化，也会引致新的风险。如果仅从已经发生改变的环境出发识别风险，将会在滞后性的影响下忽略潜在风险因素。因此，风险识别应具有前瞻性，研究在识别农地流转风险时，充分地融入了这一原则。

2. 风险识别的方法

风险识别方法相关研究中，风险损失清单法[①]、现场调查法[②]、财

---

① 风险损失清单法是指事先通过总结归纳设计调查表并将已经识别的风险填列其中，进行对照检查的方法，能够提前理清风险识别思路，避免遗漏重要风险。

② 现场调查法是指亲临现场，通过观察调研发现潜在风险的方法。

务报表法、流程图法、因果图法以及事故树法（刘钧，2013）、层次全息模型是七种主要的风险识别方法，其中层次全息模型包含对现场调查法和风险损失清单法的运用。因此研究中主要采用层次全息模型对农地流转风险进行识别。有利于获得一手资料，保证科学性与全面性。

层次全息模型（Hierarchical Holographic Modeling，HHM）作为一种复杂环境中风险识别的工具，以全息的视角刻画风险环境，通过多维度、多层次综合归纳风险源与搭建对应数据库，能够实现全面化、系统化识别与整合风险环境中的风险源，有助于提升框架决策者及使用者的风险灵敏度与应对能力，更加全面准确地进行风险识别。

研究中采用全息模型主要是基于对客观现实的尊重。研究的目的在于解决现实问题，对于问题现状的把握是分析问题的基础，而现场调查研究是掌握现状最客观与最直接的方法。基于本章第一节介绍的调研活动，进行多次资料的收集，通过对访谈资料的分析列出了相关风险损失清单，将调查结果科学化分类，便于进行风险的识别。

农村土地的流转是政治、经济、社会及生态环境多重影响下的产物，其所处的风险环境是由多个不同子系统构成的综合复杂的事件体系，单一角度的模型难以描摹出风险环境的全景图像。通过层次全息模型，从多个方面与层级中捕捉和展现农地流转过程中不同风险环境下的差异化信息，按照农地流转风险因素来源的不同，以政治、经济、社会及生态环境为四个主要类别，进而细分下设层级的具体风险源，完成农地流转过程中的风险识别。

此种识别方式能够更好地处理与应对大规模复杂化、多元化的风险，有助于防止在风险识别过程中出现遗漏，形成更为系统、全面、科学的风险识别体系，同时将风险的来源、出现概率、后果纳入考虑，增强风险识别模型的包容性与代表性。

（二）农地流转主要风险环境与具体的风险类别

西部地区农地流转各参与主体在解决主要决策困境的博弈与碰撞中不断追逐着自身的效益，争取其利益诉求的实现。这一过程不可避免地会诱发农地流转相关风险源，导致风险事件发生。考虑区域的农地流转状况，借助层次全息模型可识别出西部地区农地流转的风险类别并进行评估。

1. 风险识别方法应用步骤

第一,建立层次全息模型(HHM)生成风险来源清单并进行风险概念界定。首先,通过现场调查法辨识风险特征和本质,将其划分为政治、经济、文化、生态四大风险环境,确定层次全息主层次。其次,分解主层次,对不同主体在政治、经济、文化、生态四个环境层面的风险进行分析,构建层次全息子系统。最终获得十二个主要风险。

第二,根据风险因素识别并匹配风险。以第三章风险环境相关内容为基础,将不同风险因素与风险进行匹配(见表4-8)。政治环境方面,城乡二元户籍制度影响了转移至城镇的农户公平享有附着在户籍上的公共服务和社会福利,可能引发社会保障风险;经济要素流动模式的二元化使农村对于资本和人才等生产要素的吸引力低于城镇,导致农村资源相对匮乏,可能引发持续经营风险。

表4-8 农地流转风险因素与主要风险匹配

风险环境	风险因素	主要风险
政治	二元户籍制度	社会保障风险
	二元经济要素流动模式	持续经营风险
	现行法律法规的不完善	行权混乱风险
	司法救济权的缺失	公信力风险、社会稳定风险
	行政过度干预的存留	行权混乱风险
经济	土地价格机制发展滞后	社会稳定风险
	中介服务机构不健全	社会稳定风险
	市场经济的盲目性	持续经营风险
	市场经济的滞后性	履约风险
	市场经济的自发性	农地性质变更风险、农地质量受损风险、粮食安全风险
文化	信息解读能力不足	契约风险
	生计能力不强	社会关系疏离风险
	"安土情结"	社会保障风险
	"权力本位"	公信力风险、社会稳定风险
	"情义本位"	契约风险

续表

风险环境	风险因素	主要风险
生态	自然灾害	持续经营风险、履约风险
	全球气候持续变暖	持续经营风险、履约风险、农地质量受损风险
	社会生态良性发展需求	农地质量受损风险、农田生态系统可持续风险、粮食安全风险

政治环境方面，现行法律法规的不完善所包含的指导性条款不足以涵盖全部多元代行主体，可能引致行权混乱风险；司法救济权的缺失体现于有关部门可能敷衍、推诿、逃避责任，甚至以强权压制利益诉求，引发公信力风险以及社会稳定风险；行政过度干预的存留主要表现为干预农地流转决策和流转价格，可能引致行权混乱风险。

经济环境方面，农地流转市场发展不完善主要包括土地价格机制发展滞后和中介服务机构不健全，可能产生社会稳定风险；市场经济的盲目性、滞后性和自发性三大天然不可克服弊端的存在可能引致持续经营风险、市场风险、农地性质变更风险、农地质量受损风险、履约风险以及粮食安全风险。

文化环境方面，农户受教育程度普遍不高，影响了农户的信息收集能力、信息解读能力以及生计能力，可能引发契约风险与社会关系疏离风险；农村社会传统价值观念根深蒂固主要体现于"安土情结""权力本位""情义本位"思想的存留，可能因此产生社会保障风险、公信力风险、社会稳定风险以及契约风险；农户法律风险意识整体淡薄，对法律风险源头和风险后果认识不足，可能引发契约风险以及社会稳定风险。

生态环境方面，自然灾害客观上无法避免，可能引发持续经营风险以及履约风险；全球气候持续变暖影响农产品的数量和质量，可能引致持续经营风险、履约风险与农地质量受损风险；社会对生态环境良性发展需求提升，使得农地流转各参与主体短期利益矛盾进一步凸显，可能诱发农地质量受损风险、农田生态系统可持续风险以及粮食安全风险。

第三，从农地流转相关主体和风险环境两个维度进行风险归集，最终获得风险识别结果（见表4-9）。社会保障风险兼具政治和文化风险属性，鉴于社会保障工作与国家公权力联系密切，故将其归于政治风险环境；农地质量受损风险受经济与生态因素影响，但与生态联系更为紧密，故将其归于生态风险环境；持续经营风险与政治、经济、生态三个维度相关，考虑到获取更高经济利益是经营的主要目的，故将其归于经济风险环境；履约风险与经济和生态因素相关，但生态因素中，自然灾害带来的破坏性相对更强，故将其归于生态风险环境；公信力风险与政治和文化因素相关，在农村，文化环境对个人信任感影响力较大，故将其归于文化风险环境；社会稳定风险既受政治因素影响，也与文化因素息息相关，但鉴于社会稳定最终的风险结果与政权稳定相关，故将其归于政治风险环境；粮食安全风险受经济和生态因素影响，鉴于生态环境对于粮食安全的影响更为广泛，故将其归于生态风险环境。

表4-9 风险识别结果

风险环境\相关主体	政治风险环境	经济风险环境	文化风险环境	生态风险环境
流出方	社会保障风险	农地性质变更风险	契约风险、社会关系疏离风险	农地质量受损风险
流入方		持续经营风险		履约风险
中介机构	行权混乱风险			
监管机构	社会稳定风险		公信力风险	粮食安全风险、农田生态系统可持续风险

2. 主要的风险环境及风险类别

（1）政治风险环境。西部地区农地流转中政治风险环境指"因流转法规、监管及治理等政治环境因素引致的风险环境"，主要包括社会保障风险、社会稳定风险以及行权混乱风险。

第一，社会保障风险。社会保障风险主要是指"由于某种原因导致社会保障活动的实际结果与预期结果之间存在偏差和损失发生的可能性"，是西部地区主要的风险之一。农户综合素质普遍不高以及相关配套保障措施不到位是其主要的风险源。该风险具有普遍性和传导性。普遍性体现于每个人均可能在疾病、失业等情况下面临这一风险，而传导性是指家庭成员的生命或生活受到威胁时会影响到整个家庭生计策略的选择和生活水平的下降。

农地流转中，流出方农户成为该风险的主要受体，尤其是对于缺少收入来源的孤寡老人而言，社会保障不完善可能会直接影响其可持续生计。对于大部分流出方农户而言，人地"解绑"后，转移至城镇获取更高工资性收入是有限理性下的较优决策。然而，受城乡二元制度影响，转移至城镇的农户很难公平享有附着在户籍制度上的公共服务和社会福利，这种"不公平"会导致他们难以"市民化"。社会保障体系是人民基本生活的兜底，不完善的社会保障会进一步扩大农户的生计脆弱性，加剧其心理和生活层面的不安全感。当农户面临失业时，失业救济的缺席会使农户基本的生活难以得到保障，从而很难做到灵活调整生计策略，导致生计不可持续现象的出现。

第二，社会稳定风险。社会稳定风险是指农地流转各参与主体合理的利益诉求长期未得到满足，进而产生影响社会稳定的可能性。社会稳定风险具有盲目性和非理智性等特点。盲目性是指可能在认识偏差下产生这一风险，非理智性是指在主体在脱离客观事实和道德约束的前提下所进行的利益表达。农地流转中，容易出现"弱势群体的强势表达"现象，尤其是在寻求合理表达途径无果后，这种风险会被进一步扩大。社会稳定是国家发展的前提，维护基层社会稳定是中央政府制定流转政策主要考量的因素之一。因此，中央政府是社会稳定风险的主要承担者。流出方农户综合素质普遍不高、参与主体短期利益需求存在一定差异、基层政策执行主体能力不高是主要的风险源。

首先，司法救济权的缺失导致有关部门敷衍、推诿、逃避责任，甚至以强权压制利益诉求，可能会降低基层社会满意度。其次，农户法律风险意识整体淡薄导致对法律风险源头和风险后果认识不足，易出现"弱势群体的强势表达"现象。最后，农村社会传统价值观念中，"权力本位"思想根深蒂固，这会使部分农户在权力畏惧心理的作用下压抑自身部分利益需求，当自我压抑积累到一定程度，可能出现不合理的利益表达行为。无论是满意度降低还是利益诉求表达方式不恰当均会影响农村社会稳定，引致社会稳定风险。

第三，行权混乱风险。行权混乱风险是指农地流转中多元代行主体的存在导致越级行权和权责混乱等现象发生的可能性。流入方和流出方是主要的风险受体，集体所有权指向模糊是引发行权混乱风险的主要风险源。

不明晰的"集体"含义使农村集体经济组织、村民委员会和村民小组均可能成为代行主体，易于产生越级行权、权责混乱等行权混乱风险。越级行权主要表现为权力运行不规范，即过分干预下级组织事务处理过程或越级汇报事务进展与问题。农地流转中，村委会作为基层组织，一般更熟悉农户需求与农地资源状况，能选择出更符合当地实际的流转方案。如果基层政府为了政绩强行加以干预，不仅会损害村委会在村落中的威信，还可能使农户权益受损。

权责混乱主要包括权利义务与职务不匹配，未形成明晰的岗位职责划分。农地流转中，如果相关管理主体的权利与义务不明晰，流入流出方在权益受到侵犯时可能会面临推诿和拖延等处理方式，导致维权困难。行权混乱风险主要表现为各级政府、村集体之间由于沟通不畅或审核偏差损害主体权益，这种风险不仅可能打乱农地流转主体的经营计划，还会增加沟通成本。在实际流转过程中，流出方作为农地的实际经营者，更容易成为风险的主要受体。

（2）经济风险环境。西部地区农地流转中经济风险环境指"与流转相关的收入与成本等经济环境因素引致的风险环境"，主要包括农地性质变更风险、持续经营风险以及履约风险。

第一，农地性质变更风险。农地性质变更风险是指流入方在资本逐利性的驱使下通过"非粮化"或"非农化"等改变农地性质的方式实现利益最大化目标的可能性。农地是流出方农户的重要生计资产，他们天然有着维持自然资本不被削弱的需求，也是农地性质变更风险的直接承受者。参与主体短期利益需求存在一定差异、有关制度规则不完善以及流转激励政策不合理是该风险主要的风险源。

农地性质变更主要表现为土地的"非粮化"或"非农化"。有限理性经济人假设下，流入方在市场经济天然不可克服三大弊端的影响下，很可能自发地采取"非粮化""非农化"等不正当手段进行生产和经营。农地"非农化""非粮化"不仅会影响农地质量，还会使流出方农户在合约到期以后难以收回土地保质保量进行自耕，导致其实质性

"失地"，影响他们的可持续生计水平。

在实践中，农地性质变更一般具有隐蔽性，即以发展农业之名，实际进行了性质变更，而这种变更可能是隐性的。此外，部分流入方通过非正常渠道获得准入资格，农地性质的变更不仅会使农户产生心理不平衡感，还会对其持续生计产生长远的影响。

第二，持续经营风险。持续经营风险是指流入方受重大事故或事项影响进而难以持续进行正常生产经营活动的可能性。流入方是持续经营风险的直接承受者，保障措施不到位和信息不对称是引致持续经营风险的主要风险源。

对于流入方而言，资金、人才和信息是影响其持续经营的三大关键要素。但在城乡二元制度的影响下，农村的资本和人才等生产要素相对较匮乏。尽管国家大力倡导资本和人才"下乡"，但保障措施的不到位和基础设施的不完善依然阻碍了城镇生产要素向农村的流动。缺乏资本和专业人才加持的新型农业经营主体的持续经营受到一定的挑战。

此外，在市场信息滞后性、自然灾害、全球气候持续变暖的客观条件下，农业产业持续经营风险进一步扩大。首先，市场信息的滞后性客观存在，在不完全信息下，流入方很难准确预测产品供需走势，从而可能制定出不合理的生产经营策略，影响持续经营。其次，自然灾害客观上无法避免，如果流入方未购买农业保险或在保险赔付以后仍然难以维持经营将出现"破产"现象。最后，全球气候持续变暖可能会对农产品的数量和质量产生一定的影响，从而影响流入方的持续经营。无法持续经营不仅会直接影响流入方，还会在利益传导机制下使流出方无法如期获得农地租金，影响流出方的家庭生计水平。

（3）文化风险环境。西部地区农地流转中文化风险环境指"与流转相关的风土人情、思想意识以及教育氛围等文化环境因素引致的风险环境"，主要包括契约风险、社会关系疏离风险以及公信力风险。

第一，契约风险。契约风险是指流出方农户受自身法律知识储备所限，难以识别流转合同存在的不合理条款或在传统思想的束缚下没有签订合同导致权益受损的可能性。流出方农户是主要的风险受体，农户综合素质普遍不高、参与主体短期利益需求存在一定差异以及相关信息不对称是主要的风险源。

一方面，流出方农户综合素质普遍不高，法律知识储备有限，常常难以有效识别条款内容的合理性。虽然有关部门已经就合同主要条款作了相关规定，但补充协议与流转合同具有同等法律效力。补充协议方面可能会存在模糊条款或不利条款，最终可能会导致流出方农户在权益受到侵害时难以通过法律手段有效维权。

另一方面，在农村社会"情义本位"思想的影响下，农户间常常通过口头约定达成合意，可能仅约定了土地租金或使用期限，忽视了双方其他的权利义务。这种口头约定对于双方的约束力较低，也常常无法在权益受损时作为维权依据，最终导致双方权益受损。调研过程中发现，西部地区的部分流出方农户转移至城市谋生时，大部分选择以口头约定的方式将自家的农地无偿转给亲朋好友进行耕种，而这种口头约定一般并未约定期限，常被流入方视为"赠予"。因此，当流出方农户想要收回土地时，常会发生相应的纠纷。

第二，社会关系疏离风险。社会关系疏离风险是指农户之间由于流转纠纷而导致的关系疏离的可能性。这种风险普遍起源于农户之间的信任机制被打破，常常伴随着利益关系。农村是典型的人情社会，关系网络复杂，两家农户之间关系的疏离可能影响其与其他农户的情谊。社会关系疏离风险对于个人和农村社会均具有较大的影响，对于个人而言，它可能削弱农户的社会资本，使其在熟人之间信息获取等方面处于劣势；对于农村社会而言，它可能导致农村天然形成的社会信任体系逐步瓦解。

第三，公信力风险。公信力风险是指政府的政策和行为等对社会公众的影响力和号召力受到不确定因素的影响而导致流失的可能性。中央政府是公信力风险的主要受体，该风险主要是由参与主体利益需求差异、农地产权不明晰以及基层政策执行主体能力不高三大风险源引起的。

一方面，在司法救济权缺失的现状下，部分有关部门会产生敷衍、推诿以及逃避责任的行为，甚至以强权压制利益诉求，导致农户信任度下降。农地流转纠纷多发，农户作为弱势群体，解决纠纷的主要途径为寻找有关部门进行反馈，如果有关部门人员以敷衍、推诿以及逃避等消极态度对待农户，很可能会破坏农户对政府部门的心理预期，激化干部与群众的关系。

另一方面，在中国残存的"官本位"文化影响下，特权现象依然存在，易使农户产生不公平感。公平公正也是民众对于政府行权的预期之一，农地流转中，如果存在少部分人通过特权获得了额外收益的现象，势必会影响政府公信力。公信力受损会降低基层社会满意度，影响国家政策在基层贯彻执行的效果。在西部地区农地流转过程中，大部分基层政府和村委会有所参与。它们的行为常被视为中央政府流转思想的贯彻，他们对于农地流转的不作为或乱作为会影响政府公信力。

（4）生态风险环境。西部地区农地流转中生态风险环境指"与流转相关的各种生态环境因素引致的风险"，主要包括农地质量受损风险、粮食安全风险、农田生态系统可持续风险。

第一，农地质量受损风险。农地质量受损风险是指流入方不当使用农地导致其产能降低或污染退化的可能性。农地质量与自耕的收益和流转租金多寡密切相关，但流转过程中，农地质量下降具有长期性特征，监管部门和流出方在事件发生时往往很难察觉，这使流出方农户成为农地质量受损风险的最终也是主要承受者。参与主体利益需求存在一定差异以及有关流转制度规则不完善是主要的风险源。

首先，在市场经济"自发性"弊端下，农地流入方为了追求更高经济利益，可能会"自发"地采取滥用农药化肥等不正当手段进行生产和经营，使农地质量受损。其次，全球气候持续变暖可能带来农产品质量或数量锐减的问题，流入方为保证产品卖相或提高产量，很可能会采取增加农药化肥用量等不良的方法，从而引发土壤退化、污染等问题。

流转合同到期以后，农地质量受损会降低流出方农户与下一任流入方的议价能力，影响农户财产性收入。如果流出方选择自耕并出售农产品，农地产能下降也可能导致其投入与回报不成正比，或者即便投入与产出成正比，也可能低于农地质量受损前的收益。在自耕满足家庭需求的情况下，农户也会对农地污染有所顾忌，担心农产品产出的数量与质量，从而影响其可持续生计水平。

第二，粮食安全风险。粮食安全风险是指因耕地数量减少或粮食生产不规范导致的粮食数量和质量与实际需求不匹配的可能性。粮食安全关乎中国经济发展和国际战略制定，中央政府是主要的直接风险受体。参与主体利益需求存在一定差异、有关流转制度规则不完善、流转激励政策不合理、基层政策执行主体能力不高以及相关信息不对称均是主要的风险源。

粮食安全风险主要体现于粮食生产数量减少或质量下降。首先，粮食产量减少与农地性质变更和农地质量受损具有内在联系。流入方的自发经济行为也会进一步扩大粮食安全风险。其次，粮食生产不规范可能导致粮食质量与实际需求不匹配。目前中国社会的主要矛盾已经发生了转变，人民对于食品安全的重视程度与日俱增。不规范的粮食生产过程会导致粮食质量不符合预期要求，从而产生粮食安全风险。

第三，农田生态系统可持续风险。农田生态系统可持续风险是指在农地流转过程中由于人为因素和不可抗力的自然因素使农业用地的生态系统遭到破坏的可能性。生态环境保护是中国"五位一体"战略布局之一，中央政府是主要的风险受体。参与主体利益需求存在一定差异、有关流转制度规则不完善、流转激励政策不合理、基层政策执行主体能力不高以及相关信息不对称是主要的风险源。

农田生态系统受环境变化、地形地貌和人为活动等因素综合影响，不同地区的生态脆弱性具有一定差别。农田生态系统是国家生态战略的重要组成部分。农地流转中，过度使用和忽视生态系统问题均会引致农田生态系统可持续风险。一方面，人为因素会影响农地生态。在原有小农经营模式下，大部分农户对土地实施的是精细化管理，对于他们而言，农地不仅具有生产功能，还具有文化功能。但集约化经营模式下，流入方以盈利作为主要目的，农产品中化肥和农药等化学物质残留超标现象普遍，这不仅违反了食品安全规定，还会对农田生态系统产生一定影响。

另一方面，不可抗力的自然因素对农田生态系统的影响也不容忽视。在流入方使用农地时，即使不存在过度使用农药化肥现象，也可能因忽视了自然因素导致的生态系统破坏而使生态系统持续性降低。西部地区多山川少平原，生态环境较为脆弱，农户对于农地的依赖性较强。人为不合理的改造严重影响农田生态系统平衡，农田生态系统不可持续不仅影响国家生态文明建设，而且会对流出方农户的可持续生计产生影响。

第四，履约风险。履约风险是指流入方或流出方因主观故意或客观制约影响农地流转契约正常履行的可能性。流出方与流入方均会面临履约风险，其主要的风险源为流出方农户综合素质普遍不高以及相关信息不对称。

对于流入方而言，履约受阻主要是由于经营状况不佳导致的，也存在部分流入方故意拖延的状况。市场经济的弊端、自然灾害以及全球气候持续变暖均会对流入方正常履约产生影响，如果其抗风险能力不足，常常会引发履约风险。

流出方的部分行为也会影响契约正常履行。土地是农户重要的生计资产，在流入方经营过程中，如果农户想要收回土地自耕，可能会采取不恰当的手段干扰流入方正常经营以达到自身目的。此外，流出方农户法律保护意识淡薄，对自身行为的法律后果认识不足，还可能产生哄抢农产品、破坏农作物的行为，都会影响合约的正常履行。

综上所述，从政治、经济、文化及生态四个环境维度考量，西部地区农地流转风险包含社会保障风险、行权混乱风险、社会稳定风险、持续经营风险、履约风险、农地性质变更风险、契约风险、社会关系疏离风险、公信力风险、农地质量受损风险、农田生态系统可持续风险、粮食安全风险十二类主要风险，如表4-10所示。

表4-10　　　　西部地区农地流转主要风险类别及风险源

风险环境	风险源	主要风险
政治	农户综合素质普遍不高、相关配套保障措施不到位	社会保障风险
	集体所有权指向模糊	行权混乱风险
	流出方农户综合素质普遍不高、参与主体短期利益需求存在一定差异、基层政策执行主体能力不高	社会稳定风险
经济	保障措施不到位和信息不对称	持续经营风险
	市场经济的弊端、自然灾害以及全球气候持续变暖	履约风险
	参与主体短期利益需求存在一定差异、有关制度规则不完善以及流转激励政策不合理	农地性质变更风险

续表

风险环境	风险源	主要风险
文化	信息解读能力不足、"情义本位"	契约风险
	农户之间的信任机制被打破	社会关系疏离风险
	参与主体利益需求差异、农地产权不明晰、基层政策执行主体能力不高	公信力风险
生态	参与主体利益需求存在一定差异、有关流转制度规则不完善	农地质量受损风险
	参与主体利益需求存在一定差异、有关流转制度规则不完善、流转激励政策不合理、基层政策执行主体能力不高、相关信息不对称	农田生态系统可持续风险
	参与主体利益需求存在一定差异、有关流转制度规则不完善、流转激励政策不合理、基层政策执行主体能力不高、相关信息不对称	粮食安全风险

西部地区农地流转的主要风险源中，"流出方农户综合素质普遍不高、基层政策执行主体能力不高、有关流转制度规则不完善、流转激励政策不合理"是主要的风险源，表明了西部地区农地流转风险规避的主要措施方向。而占比较大的社会关系疏离风险也说明了尽管西部地区的发展相对滞后，但农村的"乡土人情"却是老百姓很看重的意识因素，也是政府制定相关政策时需要着重考虑的区域域情。

第五节　西部地区农地流转风险评估与流转政策实施绩效分析

一　农地流转风险评估原则与方法的选择

为顺利推进西部地区农地流转进程，帮助农地流转主体把控风险，在坚持风险评估客观性、相对独立性、科学性、审慎性以及适时性原则的前提下，结合农地流转风险的自有特征，研究选择采用网络层次分析法（ANP）构建农地流转风险评估指标体系，并使用超级决策（Super Decisions）软件进行相关矩阵以及指标权重的计算分析，以期探讨难以完全定量评估的复杂农地流转风险系统的标准化评估步骤与初步性评价模式，提高农地流转风险评估的科学合理性。

（一）风险评估原则

1. 客观性原则

风险评估是基于事件可行性研究的再研究，通过对大量相关事实背景的分析与调查，判断事件风险可能性的大小。在评估实施的过程中，既要对风险因素进行查证核实，又要根据风险评估的内容与要求，实事求是地落实风险评估步骤。此外，当评估事件涉及多个不同专业领域时，应保证风险评估主体具有一定的专业知识储备与宏观把控能力，客观公正地评价、处理、公开风险评估过程。在农地流转风险的评估中，需要对来自政治、经济、文化、生态环境的不同风险因素审慎核查，减小风险评估的误差。

2. 相对独立性原则

风险评估的相对独立性是指通过建立相关评估准则、确立专家选择与筛选机制、执行严格的评估程序等以最大限度地减少农地流转风险评估过程中外界非相关因素的干扰。此原则并不违背风险评估需要从实际出发的必要性，而是在贴近事件实际发生的背景下保障风险评估结果的准确性与公允性，从而真正实现风险影响的相关主体对风险评估结果的信任。

3. 科学性原则

风险评估的科学性是风险评估结果权威性与可靠性的前提。首先，需要风险评估人员具备科学严谨的态度，要求风险评估人员在风险评估前持有高度负责、严谨务实的职业道德素养，坚决避免玩忽职守、滥用职权的行为，使风险评估结果能够发挥应有的作用。

其次，要求风险评估使用相应的科学方法，在评估过程中，兼顾全面调查与重点核查，结合定性与定量分析方法，兼采经验总结与科学预测，并对风险识别结果采取审慎核查的态度，以保证风险源及风险因素判别的客观性与评估结果的正确性。

4. 审慎性原则

在进行风险评估时，需要合理预计发生损害的可能性，防止出现遗漏、低估风险因素所带来的损失。为了对风险因素的不确定加以确认，应进行全面调查，综合使用不同工具，并注明其性质与范围。为加强农地流转风险的预警与监测，在风险评估过程中应坚持底线思维，既要评估现有风险，也要评估潜在的风险，从而保障农地的顺利流转。

5. 适时性原则

风险评估的过程要基于所处的风险环境，并随风险环境的变化及时做出调整，更新风险评估的量化结果。在评估农地流转风险的过程中，应时时把握国家政策导向，与农地流转的相关主体保持紧密联系，敏锐探查风险源的动态变化，并做到及时更新与完善风险评估结果，保障农地流转风险评估结果对指导农地流转实践的进步性。

（二）风险评估方法

风险评估作为风险的量化过程，主要度量风险的损失频率（Loss Frequency）和损失幅度（Loss Severity）两部分（宋明哲，2003），包括风险识别、风险分析和风险评价三个步骤（张曾莲，2017）。中国自2001年以来风险管理理论不断发展，风险评估方法日趋多样复杂，在具体应用时便需要根据评估对象的特性选取相应的定性或定量评价方法以保证风险评估结果的准确性与及时性。

目前通常采用的定性类风险评估方法有头脑风暴法、结构化访谈、德尔菲法、情景分析法、危害分析与关键控制点法（HACCP）等；定量类风险评估方法有风险矩阵、压力测试、故障树分析、事件树分析、层次分析法、蒙特卡洛模拟分析与贝叶斯统计及贝叶斯网络等。它们受资源与能力、不确定的性质与程度、复杂性等因素影响，对于不同风险评估对象的适用性程度各有参差。

研究主题中，农地流转的过程处于复杂的风险环境之中，为适应风险环境的动态性变化，良好测度农地流转过程中的损失频率与幅度，需要选择一个科学合理的测评方法。网络层次分析（ANP）理论构建的农地流转风险评估体系可以避免德尔菲法带来的较强主观倾向性，并使用超级决策（Super Decisions）软件对指标体系的复杂权重进行计算，通过分析不同风险因素影响农地流转的权重作用，实现良好的风险控制，契合了对方法的需求。

1. 网络层次分析法

网络层次分析法 ANP（The Analytic Network Process），是由美国匹兹堡大学著名运筹学家萨蒂（Saaty）教授于1996年提出的一种适用于存在内部依存和反馈效应的复杂系统的实用决策分析方法。ANP 理论通常将全部系统元素划分为控制因素层与网络层。控制因素层包含问题目标和决策准则两个部分，所有的决策准则被认为是彼此独立的，且只受目标元素支配。控制因素中可以没有决策准则，但至少有一个目标，控制层中每个准则的权重均可用 AHP 方法获得。第二部分为网络层，它是由所有受控制层支配的元素组成的，其内部是相互影响的网络结构。

基于 AHP 理论发展而来的网络层次分析法能够更为合理地以指标权重的方式反映横向与纵向作用下各指标的相互联系，将因素集间和其内部元素间的复杂影响关系纳入模型考虑，在进行复杂问题决策分析时更具灵活性、科学性与实际可操作性。故此种方法经常被用来解决复杂综合的系统评价与决策选择的实际问题。此外，ANP 理论也常常在实证研究中与其他决策模型结合使用，从而弥补其他模型的不足之处，实现定性与定量的相互补充，增加评价结果的有效性。

由于影响农地流转的风险来源多样、作用复杂，在影响农地流转的风险识别指标体系中，各个风险源并非完全相互独立，它们之间存在相互影响关系。因此，选取 ANP 理论构建农地流转风险评估体系，关注农地流转风险因素之间的交叉作用，分析各风险因素的指标权重，能够实现对农地流转过程的全面风险评估，指导相关主体健康有序地推进农地流转。

2. 超级决策（Super Decisions，SD）软件

超级决策是美国 SUPER DECISION 公司联合萨蒂（Saaty）教授开发的一款专门针对 AHP 和 ANP 模型量化与应用研究的软件平台，该软件功能强大且简便易用，可以高效便捷地突破 ANP 理论模型实践应用计算复杂性的瓶颈，为 ANP 理论模型的推广夯实基础。

具体而言，SD 软件平台为 ANP 理论模型的实践提供了"簇"（cluster）、"节点"（node）和"连接"（connection）3 个基本组件，分别对应理论模型中的"元素组""元素""联系"。研究人员只需创建理论模型中的对应组件，并在 SD 平台提供的"空白框架"（blank frame）中将组件按照理论模型元素及元素组之间的联系拼合到一起即可。

问卷式的量化评价方法是其显著的应用优势，研究人员为确定风险源与风险因素影响决策目标实现的优先度，只需对影响总体目标的因素之间重要程度进行评分。在具体实践中，可以与德尔菲法相结合，首先

将影响因素重要程度、因素之间影响力度等难以量化的研究对象进行定量评价，并以判断矩阵的形式加以体现，然后采取该软件计算得出相应的目标数值。

研究为实现对基于 ANP 理论的农地流转风险评估体系的程序化计算，确定农地流转过程中复杂风险因素的指标权重，选择使用 SD 软件实现农地流转风险评估的定量化分析。

二 西部地区农地流转风险测评

（一）数据来源

1. 样本区域选择

研究使用的数据源于 2018—2021 年在西部地区 12 个省份典型村落调研获得的一手数据和二手资料。在抽样过程中，以村落的典型性和调研的可行性为基本标准，选定西藏自治区 2 个村落、新疆维吾尔自治区 5 个村落、青海省 2 个村落、甘肃省 6 个村落、陕西省 13 个村落、宁夏回族自治区 2 个村落、内蒙古自治区 4 个村落、四川省 2 个村落、重庆市 2 个村落、云南省 3 个村落、贵州省 2 个村落、广西壮族自治区 1 个村落，共 44 个村落为调查对象。

西藏包括日喀则市康马县康马村以及日喀则市西南部白朗县玛乡旺学村 2 个村落；新疆包括新疆农二师 25 团一连二连、吉木萨尔县大有镇下木塔寺村、克孜勒苏柯尔克孜自治州乌恰县膘尔托阔依乡、塔城地区第九师 166 团以及乌鲁木齐水磨沟区葛家沟村 5 个村落；青海包括海南州共和县恰卜恰镇上塔迈村以及祁连县扎麻什乡河北村 2 个村落；甘肃包括庆阳市西峰区彭原镇周寨村、张掖市甘州区新墩镇双塔村、庆阳市西峰区周庄村、武威市民勤县大滩镇北中村、天水市麦积区琥珀镇罗家村以及金昌市金川区宁远堡镇白家嘴村 6 个村落。

陕西包括延安市子长市杨家园则镇麻柴沟村、西安市鄠邑区石井镇站马村、宝鸡市渭滨区马营镇珠浴村、宝鸡市渭滨区马营镇燃灯寺村、宝鸡市陈仓区千河镇李家堡村、咸阳市三原县王店村关中环线路南小村庄、咸阳市武功县营上村、咸阳市武功县羊圈村、渭南市临渭区桥南镇天留村、安康市平利县龙头村、商洛市镇安县西口回族镇岭沟村、汉中市汉台区汉王镇繁荣村、汉中市汉台区武乡镇邵家湾村共 13 个村落；宁夏包括固原市隆德县观庄乡大庄村以及中卫市海原县李旺镇马莲村 2 个村落。

内蒙古包括呼和浩特市土默特左旗安民村、托县北台基村、托县西黑沙图村以及托县哈啦板申村第五大队 4 个村落；四川包括成都市青白江区城厢镇绣川河社区以及阆中市河溪镇鸡公岭村 2 个村落；重庆市包括垫江县太平镇松花村以及璧山区七塘镇四合村 2 个村落；云南包括楚雄彝族自治州姚安县清河村、昭通市镇雄县上街村以及昭通市镇雄县塘房镇杉树林村 3 个村落；贵州包括遵义市湄潭县黄家坝镇官堰村以及遵义市汇川区高坪街道仁江村 2 个村落；广西包括南宁市隆安县那桐镇龙江村 1 个村落。

2. 调查对象选取及样本损失分析

为充分了解西部地区农地流转风险及对农民可持续生计的影响，调查主要采用问卷和深度访谈相结合的方式进行，调查对象为西部地区 12 个省、自治区及直辖市的农户、村干部或合作社等经济组织的相关负责人。问卷包括四个部分，第一部分为调查对象的基本信息，第二部分为调研对象对农地流转风险的认识情况，第三部分为农户的生计情况，第四部分为农地流转风险对农户可持续性生计的影响（见附录）。

访谈内容以预设提纲为主要框架，根据各地实际情况进行相应调整。访谈提纲（见附录）包括三个层面的对象，一是村委会相关人员，主要了解村落的基本情况，农地流转现状、当地村民的生活条件、村民的流转意愿、村委会在流转中扮演的角色、流转的风险及村委会期望上级给予的帮助；二是普通农户与典型农户，对流转中存在的问题、农户满意度、农户利益诉求等方面进行了解；三是农经站及相关管理人员，从宏观上把握当地的农地流转状况和农户生计情况。

调研共回收有效问卷 1540 份，其中参与农地流转的有效问卷 964份，占比 62.6%。参与农地流转的农户中，流出方占比 81.64%。以上数据皆真实有效，为此次研究提供数据支撑。

（二）农地流转风险评估步骤

1. 建立农地流转风险评估指标集

根据本章第四节农地流转风险识别结果，结合西部地区农地流转现状，农地流转风险（U）主要由政治风险环境元素集 U_1、经济风险环境元素集 U_2、文化风险环境元素集 U_3、生态风险环境元素集 U_4 组成。政治风险环境元素集由社会保障风险 U_{11}、社会稳定风险 U_{12} 以及行权

混乱风险 U_{13} 三大元素组成；经济风险环境元素集由农地性质变更风险 U_{21}、持续经营风险 U_{22} 以及履约风险 U_{23} 组成；文化风险环境元素集由契约风险 U_{31}、社会关系疏离风险 U_{32} 以及公信力风险 U_{33} 三大元素组成；生态风险环境元素集由农地质量受损风险 U_{41}、粮食安全风险 U_{42} 以及农田生态系统可持续风险 U_{43} 三大元素组成。即 $U=(U_1, U_2, U_3, U_4)$，$U_1=(U_{11}, U_{12}, U_{13})$，$U_2=(U_{21}, U_{22}, U_{23})$，$U_3=(U_{31}, U_{32}, U_{33})$，$U_4=(U_{41}, U_{42}, U_{43})$。形成了西部地区农地流转多层次风险驱动体系（见表4-11）。

表4-11　　　　　　　　　西部地区农地流转风险评估指标体系

目标层	一级指标	二级指标
农地流转风险 U	政治风险环境 U_1	社会保障风险 U_{11}
		社会稳定风险 U_{12}
		行权混乱风险 U_{13}
	经济风险环境 U_2	农地性质变更风险 U_{21}
		持续经营风险 U_{22}
		履约风险 U_{23}
	文化风险环境 U_3	契约风险 U_{31}
		社会关系疏离风险 U_{32}
		公信力风险 U_{33}
	生态风险环境 U_4	农地质量受损风险 U_{41}
		粮食安全风险 U_{42}
		农田生态系统可持续风险 U_{43}

2. ANP 网络层次模型构建

ANP 网络层次模型的构建以元素集之间以及元素集内部元素之间的关系为基础，主要包括两个层面。首先是元素集内部元素的关系，其中政治风险环境 U_1 包括社会保障风险 U_{11}、社会稳定风险 U_{12} 以及行权混乱风险 U_{13} 三个元素之间的关系；经济风险环境 U_2 体现了农地性质变更风险 U_{21}、持续经营风险 U_{22}、履约风险 U_{23} 三个元素之间的关系；文化风险环境 U_3 包含契约风险 U_{31}、社会关系疏离风险 U_{32}、公信力风

险 U_{33} 三个元素之间的关系；生态风险环境 U_4 表现为农地质量受损风险 U_{41}、粮食安全风险 U_{42}、农田生态系统可持续风险 U_{43} 三个元素之间的关系。其次是不同元素集的元素之间的关系，每种元素集中的各元素都有可能对其他元素集中的元素产生一定程度上的影响，多元素之间的复杂影响关系构成了四类农地流转风险之间的相互影响关系。

研究使用德尔菲法[①]确定各元素间内外部的联系，并获得西部地区农地流转风险评估指标关联情况（见表4-12），具体关联情况如下。

表4-12　　　　西部地区农地流转风险评估指标关联情况

影响因素	被影响因素	U_1			U_2			U_3			U_4		
		U_{11}	U_{12}	U_{13}	U_{21}	U_{22}	U_{23}	U_{31}	U_{32}	U_{33}	U_{41}	U_{42}	U_{43}
U_1	U_{11}		√		√	√	√	√	√	√	√	√	√
	U_{12}			√		√						√	
	U_{13}	√	√		√						√		√
U_2	U_{21}	√	√					√			√		√
	U_{22}	√	√		√						√		√
	U_{23}	√	√								√		
U_3	U_{31}	√	√		√						√		√
	U_{32}	√	√								√		√
	U_{33}		√	√							√		√
U_4	U_{41}	√	√		√								√
	U_{42}	√	√						√		√		√
	U_{43}	√	√								√		

根据指标之间的相互关联情况，构建西部地区农地流转风险评估ANP结构模型（见图4-1）。

3. 网络层次模型求解

（1）基于SD软件构建评估模型。根据西部地区农地流转风险各元素之间存在的相互关系，在SD软件中呈现农地流转风险评估模型（见图4-2）。

---

① 此处的专家主要由调研中联系到的相关地方政府管理者、典型农户代表以及村委会管理者组成。

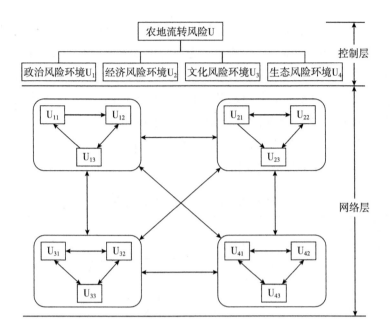

图 4-1　西部地区农地流转风险评估 ANP 结构模型

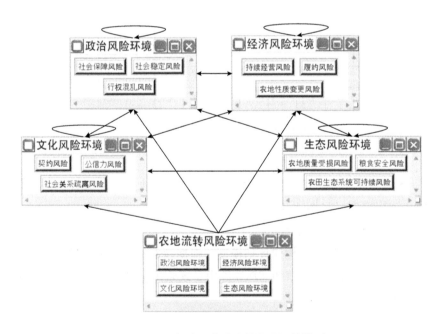

图 4-2　西部地区农地流转风险评估模型

（2）构建两两比较矩阵并赋值。综合问卷（见附录）调查结果和前述专家意见，采用1—9标度法对两两元素的重要性进行比较，并得出元素权重和一致性检验结果。C.R<0.1说明一致性检验结果可接受。

表4-13　　　　　　　　　　一致性检验结果

U_1	U_{11}	U_{12}	U_{13}	权重
U_{11}	1	3	5	0.648
U_{12}	1/3	1	2	0.230
U_{13}	1/5	1/2	1	0.122
C.R=0.00355<0.1				
U_2	U_{21}	U_{22}	U_{23}	权重
U_{21}	1	7	4	0.705
U_{22}	1/7	1	1/3	0.084
U_{23}	1/4	3	1	0.211
C.R=0.03112<0.1				
U_3	U_{31}	U_{32}	U_{33}	权重
U_{31}	1	7	5	0.740
U_{32}	1/7	1	1/2	0.094
U_{33}	1/5	2	1	0.167
C.R=0.01361<0.1				
U_4	U_{41}	U_{42}	U_{43}	权重
U_{41}	1	3	5	0.648
U_{42}	1/3	1	2	0.230
U_{43}	1/5	1/2	1	0.122
C.R=0.00355<0.1				

（3）计算指标权重。网络层次中包括四个元素集U_1、U_2、U_3、U_4，U_1中包括元素U_{11}、U_{12}、U_{13}；U_2中包括元素U_{21}、U_{22}、U_{23}；U_3中包括元素U_{31}、U_{32}、U_{33}；U_4中包括元素U_{41}、U_{42}、U_{43}。元素U_{ij}（i=1，2，3，4；j=1，2，3）。U_i中元素U_{ij}的影响通过两两比较方式进行最终获得西部地区农地流转风险各因素未加权超级矩阵（见表4-14）。未加权超级矩阵中的数值为元素的影响程度排列向量。

表 4-14   西部地区农地流转风险各因素未加权超级矩阵

	U_{11}	U_{12}	U_{13}	U_{21}	U_{22}	U_{23}	U_{31}	U_{32}	U_{33}	U_{41}	U_{42}	U_{43}
U_1	0.648	0.230	0.122	0.705	0.084	0.211	0.740	0.094	0.167	0.648	0.230	0.122
U_2	0.750	0.250	0.000	0.705	0.084	0.211	0.740	0.094	0.167	0.648	0.230	0.122
U_3	0.648	0.230	0.122	0.705	0.084	0.211	0.740	0.094	0.167	0.648	0.230	0.122
U_4	0.750	0.250	0.000	0.000	0.250	0.750	0.740	0.094	0.167	0.648	0.230	0.122
U_{11}	0.000	1.000	0.000	0.705	0.084	0.211	0.740	0.094	0.167	0.648	0.230	0.122
U_{12}	0.000	0.000	1.000	0.000	0.250	0.750	0.000	0.333	0.667	0.000	0.000	0.000
U_{13}	0.750	0.250	0.000	0.705	0.084	0.211	0.740	0.094	0.167	0.648	0.230	0.122
U_{21}	0.750	0.250	0.000	0.000	0.250	0.750	0.740	0.094	0.167	0.648	0.230	0.122
U_{22}	0.750	0.250	0.000	0.800	0.000	0.200	0.740	0.094	0.167	0.648	0.230	0.122
U_{23}	0.750	0.250	0.000	0.000	1.000	0.000	0.740	0.094	0.167	0.648	0.230	0.000
U_{31}	0.648	0.230	0.122	0.705	0.084	0.211	0.000	0.333	0.667	0.648	0.230	0.122
U_{32}	0.750	0.250	0.000	0.000	0.250	0.750	0.833	0.000	0.167	0.833	0.000	0.167
U_{33}	0.000	0.667	0.333	0.705	0.084	0.211	0.875	0.125	0.000	0.648	0.230	0.122
U_{41}	0.750	0.250	0.000	0.000	0.250	0.750	0.740	0.094	0.167	0.000	0.667	0.333
U_{42}	0.750	0.250	0.000	0.000	0.000	0.000	0.000	0.000	1.000	0.833	0.000	0.167
U_{43}	0.750	0.250	0.000	0.000	0.250	0.750	0.833	0.000	0.167	0.750	0.250	0.000

注：受页面空间所限，该类矩阵的行和列相反。

但未加权超级矩阵不是归一化的，无法比较不同元素集中的元素对某一元素影响的大小。因此，对超级矩阵的每一行进行归一化处理，使其每一行之和为1，获得西部地区农地流转风险各因素加权超级矩阵（见表4-15）。

表 4-15   西部地区农地流转风险各因素加权超级矩阵

	U_{11}	U_{12}	U_{13}	U_{21}	U_{22}	U_{23}	U_{31}	U_{32}	U_{33}	U_{41}	U_{42}	U_{43}
U_1	0.162	0.057	0.031	0.176	0.021	0.053	0.185	0.023	0.042	0.162	0.057	0.031
U_2	0.188	0.063	0.000	0.176	0.021	0.053	0.185	0.023	0.042	0.162	0.057	0.031
U_3	0.162	0.057	0.031	0.176	0.021	0.053	0.185	0.023	0.042	0.162	0.057	0.031

续表

	U$_{11}$	U$_{12}$	U$_{13}$	U$_{21}$	U$_{22}$	U$_{23}$	U$_{31}$	U$_{32}$	U$_{33}$	U$_{41}$	U$_{42}$	U$_{43}$
U$_4$	0.188	0.063	0.000	0.000	0.063	0.188	0.185	0.023	0.042	0.162	0.057	0.031
U$_{11}$	0.000	0.250	0.000	0.176	0.021	0.053	0.185	0.023	0.042	0.162	0.057	0.031
U$_{12}$	0.000	0.000	0.333	0.000	0.083	0.250	0.000	0.111	0.222	0.000	0.000	0.000
U$_{13}$	0.188	0.063	0.000	0.176	0.021	0.053	0.185	0.023	0.042	0.162	0.057	0.031
U$_{21}$	0.188	0.063	0.000	0.000	0.063	0.188	0.185	0.023	0.042	0.162	0.057	0.031
U$_{22}$	0.188	0.063	0.000	0.200	0.000	0.050	0.185	0.023	0.042	0.162	0.057	0.031
U$_{23}$	0.250	0.083	0.000	0.000	0.333	0.000	0.247	0.031	0.056	0.000	0.000	0.000
U$_{31}$	0.162	0.057	0.031	0.176	0.021	0.053	0.000	0.083	0.167	0.162	0.057	0.031
U$_{32}$	0.188	0.063	0.000	0.000	0.063	0.188	0.208	0.000	0.042	0.208	0.000	0.042
U$_{33}$	0.000	0.167	0.083	0.176	0.021	0.053	0.219	0.031	0.000	0.162	0.057	0.031
U$_{41}$	0.188	0.063	0.000	0.000	0.063	0.188	0.185	0.023	0.042	0.000	0.167	0.083
U$_{42}$	0.250	0.083	0.000	0.000	0.000	0.000	0.000	0.000	0.333	0.278	0.000	0.056
U$_{43}$	0.188	0.063	0.000	0.000	0.063	0.188	0.208	0.000	0.042	0.188	0.063	0.000

把上述风险因素进行合成，可得到各风险因素在西部地区农地流转风险中的风险大小排序，即极限超级矩阵的元素对应的每一列为其风险权重（见表4-16）。

表4-16　　　　　西部地区农地流转风险各因素极限超级矩阵

	U$_{11}$	U$_{12}$	U$_{13}$	U$_{21}$	U$_{22}$	U$_{23}$	U$_{31}$	U$_{32}$	U$_{33}$	U$_{41}$	U$_{42}$	U$_{43}$
U$_1$	0.134	0.094	0.043	0.085	0.067	0.100	0.142	0.039	0.090	0.120	0.054	0.032
U$_2$	0.134	0.094	0.043	0.085	0.067	0.100	0.142	0.039	0.090	0.120	0.054	0.032
U$_3$	0.134	0.094	0.043	0.085	0.067	0.100	0.142	0.039	0.090	0.120	0.054	0.032
U$_4$	0.134	0.094	0.043	0.085	0.067	0.100	0.142	0.039	0.090	0.120	0.054	0.032
U$_{11}$	0.134	0.094	0.043	0.085	0.067	0.100	0.142	0.039	0.090	0.120	0.054	0.032
U$_{12}$	0.134	0.094	0.043	0.085	0.067	0.100	0.142	0.039	0.090	0.120	0.054	0.032
U$_{13}$	0.134	0.094	0.043	0.085	0.067	0.100	0.142	0.039	0.090	0.120	0.054	0.032
U$_{21}$	0.134	0.094	0.043	0.085	0.067	0.100	0.142	0.039	0.090	0.120	0.054	0.032

续表

	U$_{11}$	U$_{12}$	U$_{13}$	U$_{21}$	U$_{22}$	U$_{23}$	U$_{31}$	U$_{32}$	U$_{33}$	U$_{41}$	U$_{42}$	U$_{43}$
U$_{22}$	0.134	0.094	0.043	0.085	0.067	0.100	0.142	0.039	0.090	0.120	0.054	0.032
U$_{23}$	0.134	0.094	0.043	0.085	0.067	0.100	0.142	0.039	0.090	0.120	0.054	0.032
U$_{31}$	0.134	0.094	0.043	0.085	0.067	0.100	0.142	0.039	0.090	0.120	0.054	0.032
U$_{32}$	0.134	0.094	0.043	0.085	0.067	0.100	0.142	0.039	0.090	0.120	0.054	0.032
U$_{33}$	0.134	0.094	0.043	0.085	0.067	0.100	0.142	0.039	0.090	0.120	0.054	0.032
U$_{41}$	0.134	0.094	0.043	0.085	0.067	0.100	0.142	0.039	0.090	0.120	0.054	0.032
U$_{42}$	0.134	0.094	0.043	0.085	0.067	0.100	0.142	0.039	0.090	0.120	0.054	0.032
U$_{43}$	0.134	0.094	0.043	0.085	0.067	0.100	0.142	0.039	0.090	0.120	0.054	0.032

（4）合成排序结果。通过上述步骤，依次运算得出了超级矩阵、加权超级矩阵和极限超级矩阵，进而获得各元素的综合权重（见表4-17）。

表4-17　　　　　　　西部地区农地流转风险综合权重及排序

	元素集	元素集权重	元素	元素综合权重	元素综合权重排序
农地流转风险	政治风险环境	0.271	社会保障风险	0.134	2
			社会稳定风险	0.094	5
			行权混乱风险	0.043	10
	经济风险环境	0.253	农地性质变更风险	0.085	7
			持续经营风险	0.067	8
			履约风险	0.100	4
	文化风险环境	0.271	契约风险	0.142	1
			社会关系疏离风险	0.039	11
			公信力风险	0.090	6
	生态风险环境	0.206	农地质量受损风险	0.120	3
			粮食安全风险	0.054	9
			农田生态系统可持续风险	0.032	12

三 西部地区农地流转风险测评结果分析

研究通过构建西部地区农地流转风险评估指标集和 ANP 网络层次模型，梳理了农地流转各类别风险间的相互影响关系，在此基础上依据调查问卷（见附录）结果并综合考虑相关专家意见，测算出西部地区农地流转各类别风险综合权重值。通过对西部地区农地流转过程中四类、12 种风险之间关联情况的计数以及对各风险权重的计算与排序，对西部地区农地流转风险进行定量分析和定性评价。

（一）元素集和元素的综合权重分析

西部地区农地流转某风险环境权重值越高，说明其在农地流转风险中相对重要程度越高，则该类风险环境产生的概率越高；反之则越低。由表 4-17 可知，西部地区农地流转各风险环境中，风险环境权重由高到低排序为政治风险环境=文化风险环境>经济风险环境>生态风险环境。其中政治风险环境和文化风险环境的权重值相等且最高，为 0.271；经济风险环境权重值次之，为 0.253；生态风险环境权重值最低，为 0.206。说明在西部地区农地流转过程中，政治风险环境和文化风险环境产生的概率相对较高，经济风险环境次之，生态风险环境相对最低。

根据计算结果可获得，西部地区农地流转的主要风险中，风险程度由高到低排序为契约风险>社会保障风险>农地质量受损风险>履约风险>社会稳定风险>公信力风险>农地性质变更风险>持续经营风险>粮食安全风险>行权混乱风险>社会关系疏离风险>农田生态系统可持续风险，与调研发现的农地流转风险表现状况基本一致。

西部地区契约风险程度最高，所占权重为 0.142。契约风险发生频率高的主要原因为西部地区的流出方农户对于契约的重视程度不足，多数情况下不签订合同或合约条款不规范等。因此，需要以政府指导和法律宣传为主要切入点防范风险。

社会保障风险的综合权重为 0.134，位列第二。社会保障风险主要源于两个方面：一是农户天然的生计脆弱性；二是中国社会保障体系还不完善，特别是在经济发展相对滞后的西部地区，社会保障体系完善的空间更大。因此，相关部门应在提高农户生计能力的基础上不断完善社会保障体系。

农地质量受损风险所占权重为 0.120，在风险系统中位列第三。农地质量受损现象普遍存在于西部地区农地流转实践中，主要是由于流出方的不当经营行为导致的。在农地流转交易双方利益追求不一致时，监管机构应加强过程监督，防范农地质量受损风险。

履约风险的综合权重为 0.100，位列第四。大部分履约风险以"主观故意"的形式产生，即流出方或流入方单方面以行动或口头告知的方式违约。这主要源于违约的成本较低，难以形成强制的约束力。因此，应完善相关监管条例，保障各方合法权益。

社会稳定风险以 0.094 的占比位列第五。社会稳定风险常表现为基层社会的非理性表达，主要是由于其合理诉求未得到满足。因此，相关部门需拓宽基层反馈渠道，及时解决农地流转纠纷，满足各方合理的利益诉求。

公信力风险占比 0.090，位列第六。公信力风险主要源于相关部门的不作为和乱作为，因此，首先应提升相关部门职业道德教育的力度，强化相关工作人员为人民服务的理念；其次应加强相关人员业务培训和基层实践经验，从而能够更好地解决基层问题。

农地性质变更风险的综合权重为 0.085，位列第七。国家出台的多项防止农地性质变更的政策法规，在一定程度上较好地遏制了风险的进一步扩大。但仍然有部分流入方在侥幸心理的驱使下，假借建设农业设施之名，改变农地性质。也有部分流入方欠缺相关法律知识，很难认识到自身的违法行为。在此情况下，村委会需要承担一定的监督责任，及时识别流入方违法行为并上报相关部门，防范农地性质变更风险。

持续经营风险的综合权重为 0.067，位列第八。持续经营风险主要源于信息不对称及农业脆弱性。因此，相关部门应完善信息公开共享机制，提高流入方信息敏感度。并通过政企合作拓展农业保险覆盖面，规避持续经营风险。

粮食安全风险的综合权重为 0.054，位列第九。粮食安全风险主要源于农地非农、非粮或撂荒所带来的农地数量减少和不合理利用导致农地产出下降。要从根本上遏制粮食安全风险需要相关部门加大对粮食生产组织的扶持力度并加强对农地利用的监管。

行权混乱风险的综合权重为 0.043，位列第十。行权混乱风险主要源于上下级管理部门之间的信息沟通不畅。对此，应加强信息共享与交流，使上传下达以及由下而上的反馈渠道畅通无阻。

社会关系疏离风险的综合权重为 0.039，位列第十一。社会关系疏离风险的排名较为靠后，主要是由于该风险后果对于农户的生计影响较小，且在生活中存在修复的可能。为防范化解社会关系疏离风险，基层政府部门应加大法律法规宣传，在尊重地方风俗的基础上规范农地流转行为，降低传统观念对农户流转行为的束缚。

农田生态系统可持续风险的综合权重为 0.032，位列第十二。西部地区农田生态系统可持续风险较小主要得益于国家对生态保护重视程度的日益加深，对于破坏生态的违法行为容忍度较低，违法成本提高，这在一定程度上缓解了农田生态系统可持续风险，而且从长期看，农田生态系统的可持续对农地流转各参与主体效益的实现均是有利的，客观上形成了被保障的一致性，易于成为各主体都维护的对象。

（二）各关联因素之间的影响分析

根据西部地区农地流转风险评估指标关联情况（见表4-12），对一级影响因素所影响的二级影响因素进行计数，即将所有一级指标中对应画"√"的二级指标进行计数，得出一级指标关联情况计数表（见表4-18）。其中数值越大，说明西部地区各类农地流转风险间相互影响程度越高；反之则越小。

表 4-18　　　　　　西部地区农地流转风险评估指标关联情况

影响因素＼被影响因素	U_1	U_2	U_3	U_4
U_1	4	8	8	6
U_2	6	5	9	6
U_3	7	8	6	8
U_4	6	4	6	6

由表4-12和表4-18可知，西部地区农地流转过程中的政治风险环境 U_1、经济风险环境 U_2、文化风险环境 U_3 和生态风险环境 U_4 不仅存在相互间的影响，其风险内部的各种风险间也存在相互影响关系。

第一，元素集内部元素之间的关系。其中文化风险环境和生态风险环境的内部各风险相互影响作用最大，计数为6；经济风险环境次之，计数为5；政治风险环境内部影响作用最低，计数为4。

政治风险环境 U_1 中的社会保障风险 U_{11}、社会稳定风险 U_{12} 以及行权混乱风险 U_{13} 相互影响。社会保障的不完善可能会影响基层社会稳定。基层社会的不稳定可能会加大行权难度，行权混乱可能会使社会保障相关政策执行不力，进而影响社会稳定。

经济风险环境 U_2 中的农地性质变更风险 U_{21}、持续经营风险 U_{22}、履约风险 U_{23} 相互联系。如果农地性质发生变更，会影响其持续经营，也可能引发流出方单方面终止合约。当流入方在天灾等因素影响下难以持续经营时，可能选择变更农地性质牟利，并引发履约风险。如果合约难以继续履行，流入方的持续经营也将受到影响。

文化风险环境 U_3 中的契约风险 U_{31}、社会关系疏离风险 U_{32}、公信力风险 U_{33} 具有一定内在联系。农户之间因契约产生的纠纷可能会导致社会关系疏离风险，如果纠纷发生时，基层政府及村委会未妥善解决，可能会引致公信力风险。若基层社会发生社会关系疏离的现象，不仅会给契约风险埋下隐患，还会在口耳相传的过程中损害政府公信力。如果政府公信力不足，可能加剧契约风险和社会关系疏离风险。

生态风险环境 U_4 中的农地质量受损风险 U_{41}、粮食安全风险 U_{42}、农田生态系统可持续风险 U_{43} 相互影响。如果农地质量受损，粮食安全可能受到威胁，同时不利于农田生态系统的持续性。若粮食种植面积大幅减少，"非粮化"日趋严重，将不利于农田生态系统的平衡稳定。而农田生态系统的不可持续将影响农地质量并威胁粮食安全。

第二，不同元素集之间的相互关系。政治风险环境 U_1 对经济风险环境 U_2 和文化风险环境 U_3 影响程度较高，对生态风险环境 U_4 也存在一定程度的影响。如果社会保障体系不完善，生活困窘的农户可能为快速变现而"卖"地导致农地性质变更。还可能影响职业农民和返乡人才职业满意度，从而间接影响流入方的持续经营，引发持续经营风险。流出方农户如果过于依赖农地的社会保障功能，可能在生计受到威胁时会选择要回土地，引发履约风险和社会关系疏离风险。

如果家庭基本生计难以得到保障，农户通常会减少学习机会，进而可能会因法律知识认识不清引发契约风险。流出方农户在生计受到威胁时一般会求助于政府，如果这种求助未得到妥善解决可能引致公信力风险。当社会保障不完善时，农地的产出是农户重要的收入来源之一，为扩大产量他可能产生采用不恰当行为损害农地质量的行为，使粮食安全受到威胁，农田生态系统不可持续。

基层社会的不稳定可能会引发流入方经营的不稳定性，诱发持续经营风险并给正常履约带来阻碍。此外，社会的不稳定性还可能影响农户之间的社会关系，引发社会关系疏离风险。基层社会的合理诉求如果未被满足，诱发公信力风险的概率非常大；如果农地流转中行权混乱，可能导致流转准入宽松，引致农地性质变更风险、履约风险、契约风险、公信力风险、农地质量受损风险、粮食安全风险以及农田生态系统可持续风险。

经济风险环境 U_2 对文化风险环境 U_3 影响程度最高，对政治风险环境 U_1 和生态风险环境 U_4 影响相对较低。多方管理主体的介入，可能会为流入方的持续经营带来不良影响，引致持续经营风险。如果行权混乱，还可能使维权过程遭遇推诿等不当处理方式，损害政府公信力；农地作为流出方农户重要的生计资产，如果因性质变更导致其变相"失地"，可能引致社会保障风险和社会稳定风险、契约风险、社会关系疏离风险、农地质量受损风险、粮食安全风险以及农田生态系统可持续风险。如果政府相关部门没有很好解决此问题，还可能引发公信力风险。

如果流入方的持续经营受阻，可能会在利益传导机制下，引发社会保障风险、社会稳定风险、契约风险以及社会关系疏离风险。也可能在利益诱导下，选择撂荒或改变农地用途，从而引发农地质量受损风险、粮食安全风险以及农田生态系统可持续风险。如果因为营商环境的恶化导致经营难以持续，政府公信力可能会受到损害；若履约难以如期进行，则可能引发社会保障风险、社会稳定风险、契约风险以及社会关系疏离风险。而违约产生的纠纷如果未被合理解决，还可能引致公信力风险。

文化风险环境 U_3 对其他三种风险环境影响程度均较高。契约风险导致的权益受损可能会连带社会保障风险、社会稳定风险、行权混乱风险、农地性质变更风险、持续经营风险以及履约风险的发生。并可能在权利义务不明晰的状况下引发农地质量受损风险、粮食安全风险以及农田生态系统可持续风险；如果社会关系疏离，农户的社会资本受损，可能引发社会保障风险和社会稳定风险。此外，社会关系疏离还可能给流入方持续经营和正常履约造成影响，甚至在报复心理的驱使下破坏农地质量和农田生态系统。

公信力是政府与民众之间形成的一种信任机制，一旦被打破，可能引致社会稳定风险和行权混乱风险。公信力受损还可能影响基层社会自下而上的信息反馈，扩大农地性质变更风险、持续经营风险、履约风险、农地质量受损风险、粮食安全风险以及农田生态系统可持续风险。农地作为农户重要的生计资产，如果质量受损，可能影响其社会保障功能，引发社会稳定风险。

生态风险环境 U_4 对其他三种风险环境影响程度均处于较低水平。农地二次流转时，如果流入方发现农地质量受损，可能影响其持续经营和正常履约，并产生契约风险和社会关系疏离风险。若相关部门未妥善处理农地质量受损带来的纠纷，还可能会损害公信力；粮食安全关乎国家战略，可能会连锁引致社会保障风险、社会稳定风险以及公信力风险；农田生态不可持续可能引致社会保障风险、社会稳定风险、持续经营风险、履约风险、契约风险、社会关系疏离风险以及公信力风险。

借助网络层次分析法，可以定量与定性地分析西部地区农地流转不同风险类别之间发生概率的相对排序与各风险因素之间相互关联的程度。以便于有的放矢地采取有关风险防范措施，同时也为不同风险类别之间关系的分析提供了科学清晰的量化依据。

农地流转风险评估的结果一方面呈现西部地区在这一经济事项中存在风险的主次程度；另一方面也指明了风险防范的方向及先后顺序。农地流转风险的防范中，政府作为政策的制定者，承担着依靠规制的约束与激励引导农地流转相关主体行为的职责，需要将各项防范措施融入现行农地流转政策中，不断地完善农地流转相关政策。因此，有必要对西部地区农地流转现行政策实施的绩效做以评价分析。

四　风险视域下西部地区农地流转政策实施绩效分析

西部地区的农地流转政策自实施以来，在实践中得到了不断的完善，如前所述也取得了一定效果，促进了区域农业经济的发展与农户生计水平的提升。研究采用扎根理论研究法基于田野调查资料对风险视域①下该地区农地流转政策的实施效果进行了分析。

（一）研究方法及数据分析

扎根理论是从原始资料出发，通过编码和译码的过程上升至系统理论的定性分析方法，主要以深度访谈作为收集资料的主要方法，适用于松散资料的总结深化。

研究以对西部地区 12 个省份的典型村落所做的深度访谈资料为主，以相关二手资料为辅进行分析（见表 4-19）。访谈人员主要包括农户、村委会等基层工作人员以及农经站或农地流转组织相关人员。以实地访谈或在线访谈的方式进行，采用录音和笔记的方式记录访谈内容。

表 4-19 开放性编码分析

原始资料的初步概念化	概念化	范畴化
经济产出量增加	经济效益	效益性
吸收劳动力	社会效益	
补贴发放不合理	政策执行过程中的抱怨	公众回应性
收入增加	成本收益率	效率性
流转意愿强烈	公众对政策的需求迫切性	公众回应性
家庭劳动力合理配置		
剩余劳动力转移	切合城镇化发展需要	必要性
防止土地撂荒	盘活闲置资源	必要性
农地生态被破坏	政策执行过程中的抱怨	公众回应性
村委会流转合规性质疑	政策执行过程中的抱怨程度	公众回应性
村貌改变	社会产出量	效益性
吸引返乡人才	切合乡村振兴需要	必要性
流转政策好	对政策的总体评价	公众回应性
政策宣传	政策宣传力度	公众回应性
思想观念改变	对政策的理解程度	
思想观念改变	政策价值感知	公众回应性

① 此处的风险视域主要表现为调查资料中关于"农地流转"的相关信息均是围绕风险探讨的。

211

续表

原始资料的初步概念化	概念化	范畴化
不了解国家相关政策	政策宣传不足	公众回应性
劳动力就近吸纳	利益分配合理性	公平性
完善基础设施	切合乡村振兴战略	必要性
专业化管理	技术投入量	效率性
环境污染治理	环境产出量	效益性
产出大幅提升	经济产出量	效益性
流转后就业困难	对政策的期待	公众回应性
流出方农户权益受损	政策执行过程中的抱怨程度	公众回应性
农民综合素质提升	公众满意度	公众回应性
农民"市民化"	切合城乡一体化战略	必要性
政策配套服务不完善	对政策的期待	公众回应性
政策落实的及时性不足	影响政府公信力	效率性
向偏远地区政策倾斜	政策因地制宜的必要性	公平性
流转价格低	利益分配不合理	公平性
被迫流转	政策执行方式的接受度	公众回应性
未真实享受政策优惠	政策执行部门的协调度	公众回应性
流转纠纷解决无门	政策执行部门的协调度	公众回应性

政策的实施效果主要包括"成效显著度""社会反馈"两个主范畴。而成效显著度主要通过"效益性""效率性"两个副范畴体现,社会反馈主要包括"必要性""公平性""公众回应性"三个副范畴(郭鹏飞等,2018)。

对其他访谈样本进行编码分析,未产生新的范畴,因此,可认为其通过饱和度检验。

(二)研究结果分析

研究结果表明(见表4-20),西部地区农地流转政策实施的效益性、效率性、必要性、公平性以及公众回应性均达到了一定预期,实施效果总体良好。

表4-20 开放式编码分析结果

主范畴	副范畴	初始概念
成效显著度	效益性	经济产出量增加；吸收劳动力；环境污染治理
	效率性	收入增加；村貌改变；专业化管理；政策落实的及时性不足
社会反馈	必要性	剩余劳动力转移；防止土地撂荒；吸引返乡人才；完善基础设施；农民"市民化"
	公平性	劳动力就近吸纳；政策向偏远地区倾斜；流转价格低
	公众回应性	补贴发放不合理；流转意愿强烈；家庭劳动力合理配置；农地生态被破坏；村委会流转合规性质疑；政策宣传不足；流转思想改变；流转后就业困难；流出方农户权益受损；农民综合素质提升；政策配套服务不完善；被迫流转；未真实享受政策优惠；流转纠纷解决无门

效益性方面，规模化经营相对于传统农户分散经营而言，经济产出量有所增加，且通过创造就业岗位吸纳了部分劳动力，专业化的经营管理也在一定程度上缓解了粗放式经营带来的环境污染问题；就效率性而言，流出方农户在"人地解绑"后，收入有所增加。与此同时，流入方在建设农业设施的过程中带来了村貌的改变，具有更高的社会效应。并且他们专业化的管理使效益率提升。但政策落实的及时性不足也使政策服务效率不高。

政策实施的必要性方面，西部地区农地流转政策的实施加速了剩余劳动力转移和农户心理与生活层面的"市民化"，进一步促进了新型城镇化发展。农地流转政策也切合了西部地区人口老龄化的现实，一定程度上防止了因劳动力不足引起的土地撂荒，盘活了闲置资源。并在流转过程中完善了农村基础设施，吸引了人才返乡就业创业。

就政策实施的公平性而言，流入方在经营过程中就近吸纳劳动力给农户带来公平感，提升了他们的满意度。流转价格低也是调研过程中农户的普遍反馈，一方面，农户对于农地价格有较高的心理预期；另一方面，的确存在以低价强制流转的现象。这可能引发农户不公平感。此外，偏远地区的农地流转往往规模较小，流转价格较低，流入方和流出方均期望通过国家政策倾斜提高自身收入。

从公众回应性来看，西部大部分地区的农户流转意愿强烈，认为农地流转是实现家庭劳动力合理配置的重要手段，政策接受度较高。农地流转政策的实施也打破了大部分农户"土地要在自己手里才踏实"的传统观念，"解放"出来的劳动力的转移可能会促使他们进城务工学习新的就业技能，提高自身综合素质。然而，农地流转政策实施过程中也存在农户被迫流转、流转后就业困难、农地生态被破坏、权益受损但解决无门等真实困境，使流出方农户对政策满意度下降。对于流入方而言，由于政策宣传不足和配套服务不完善，可能不清楚享受的政策优惠和补贴发放的标准，导致其质疑政策实施的合规性，降低其流转参与的积极性和满意度。

上述分析表明西部地区农地流转政策实施绩效总体良好，大部分地区农户对农地流转有着较好的政策认识，流转意愿强烈。但也存在政策落实不及时、被迫流转、流转后就业困难、农地生态破坏、农户权益受损等现实问题，随时有可能引发农地流转风险，对相关主体产生危害，带来损失。因此需要不断地完善农地流转风险规制，采取措施防范农地流转相关风险。

第五章

西部地区农户可持续
生计状况考量

第一节　西部地区农业发展与农户生计状况

一　西部地区农业发展状况

（一）西部地区农业经济规模增长

改革开放以来，中国农业发展取得了长足的进步，截至 2020 年，国内生产总值（GDP）年均增长 4.5%，其中水稻、小麦、玉米产量年均分别增长 1.1%、2.3%、3.9%；棉花（4%）、油料（6.1%）、糖料（5.2%）、水果（11.1%）产量以及蔬菜面积（5.1%）的增速更为明显；肉类、水产品产量年均增长 5.7%、7%（"中国农业发展战略研究 2050"项目综合组，2022）。农业增长及结构优化不仅提升了城乡居民的粮食安全水平，也满足了人们食物消费与营养改善的需求。同时，在一定程度上推动了农村非农就业的增长，促进了农村经济转型和农户收入的提升。

随着全国农业经济的高速发展及西部大开发战略的实施，西部地区农业经济也取得了一定的成绩。但受限于相对落后的发展基础及生态自然等因素的影响，区域内一些对自然环境依赖性较强的地方农业经济仍发展缓慢，农业经济发展在全国总体处于中等水平。

1. 农业投入发展状况

农业生产离不开劳动力、土地、机械动力及资金等要素的投入，要

素投入规模的增加是评价与判断农业整体规模扩张的重要方式。面对
"十四五"的机遇和挑战，国家对第一产业生产的投入体现了中国农业
扩张的速度。早期西部地区农业生产受要素禀赋限制，土地肥沃程度不
高、资金密集度不足、水资源短缺、土地细碎化，在一定程度上制约了
农产品产量的增加及区域内基础设施的建设及农业生产力的合理布局。

土地和资本是农业生产两个最基础的要素，因此可以用农作物总面
积代表土地要素投入，农业机械总动力代表资本要素投入来衡量农业投
入状况（王璐等，2020）。中国国家统计局历年分省数据表明，西部地
区各省份农业机械总动力代表的资本要素投入 2012—2020 年总体呈增
长趋势（见图 5-1），其中四川省的农业机械总动力投入从 2012 年的
3694 万千瓦增加至 2020 年的 4754 万千瓦，是西部地区农业投入最高
的省份，农业要素投入的增加能够促进生产各环节规模经济实现最优。

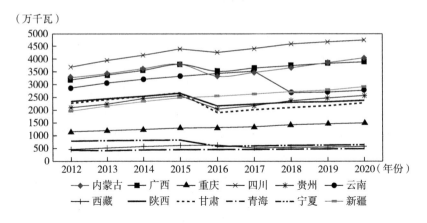

图 5-1　西部地区农业机械总动力

资料来源：《中国统计年鉴（2021）》。

扩大生产离不开土地利用优化，图 5-2 统计描述了西部地区
2012—2020 年农作物总面积的变化。历年统计年鉴数据显示，西部地
区农作物总面积整体上存在小幅度增长，除内蒙古外，其他地区变化较
平稳。由于土地的有限供给及城镇化快速发展，农地面积的扩大受限，
重新配置土地利用规划，成为新时代背景下农业技术面临的一项新
挑战。

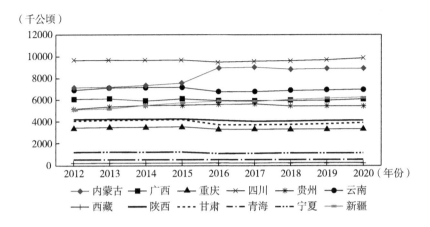

（千公顷）

2012 2013 2014 2015 2016 2017 2018 2019 2020（年份）

内蒙古　广西　重庆　四川　贵州　云南
西藏　陕西　甘肃　青海　宁夏　新疆

图5-2　西部地区农作物总面积

资料来源：《中国统计年鉴（2021）》。

2. 农业产出发展状况

农业产出的增长变化在一定程度上反映了区域内农业供给的质量。刘英恒太（2022）借助核密度分析、结构分解分析与归因矩阵分析，运用既定年份中国地区农业产出状况评价了中国整体农业供给与内部需求。在生产力和技术发展推动下，中国农业生产布局发生较大演变，鉴于西部地区特有的区域资源、综合比较优势以及社会经济条件，中国粮食、蔬菜、水果、畜牧业的重心开始向西部地区快速倾斜，并且呈现出稳定增长的趋势，区域内逐步形成了西北地区以小麦、肉羊、棉花、水果、糖料作物为主，西南地区以水稻、蔬菜、生猪为主的农业产出布局。

图5-3表明，2012—2020年西部地区12个省份在农村建设用地不断扩张的发展态势下，严格执行耕地保护制度，落实粮食安全，不仅有效地预防了耕地"非粮化"现象，并且实现了农业产出粮食总产量的小幅度增长，其中内蒙古以粮食为主的农业产出增长率最高达到28.7%，形成了坚实的粮食供应与储备基地。

3. 农村经济发展情况

在乡村振兴和西部大开发战略双重政策支持下，中国西部地区农村经济得到长足发展，第一产业总产值增速稳步提升，农村居民的人均收

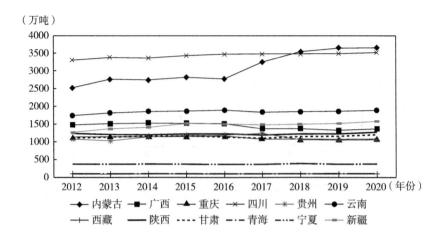

图 5-3 西部地区粮食总产量

资料来源：《中国统计年鉴（2021）》。

入水平也逐年升高。2012—2020 年西部地区 12 个省份农林牧渔业总产值均实现了稳步增长，基本达到乡村振兴战略的预期要求，农村经济得到整体发展（见图 5-4）。

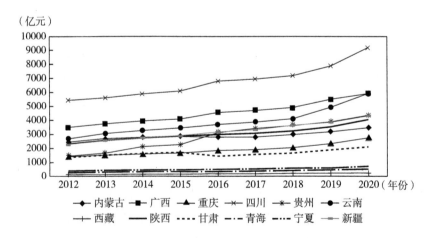

图 5-4 西部地区农林牧渔业总产值（按当年价格计算）

资料来源：《中国统计年鉴（2021）》、西部各省份 2021 年统计年鉴。

在农业经济发展推动下，西部地区农村居民的收入与消费水平稳步提升。改革开放以来，中国西部地区农村居民人均收入水平大幅提高，

1985 年农村居民人均纯收入仅有 324.23 元，到 2020 年已达 6026.61 元，名义收入增长了 5702.38 元（国家统计局，2021）。可见，在乡村振兴和西部大开发背景下，西部地区的民生保障水平大幅提高，民生状况不断得到改善。

（二）西部地区农业产业结构立体多元

1. 农业产业多元化状况

产业振兴是乡村振兴战略的首要任务，农业产业兴旺能够带动农村特色化生产、经营与管理的发展，将集体组织、农户、社会资本等各经济体融合到产业链发展中。西部地区的农业发展离不开产业的带动，在乡村振兴战略和西部大开发战略布局下，西部地区农业产业结构与链条不断优化，农作物逐渐多元化，农业产业升级带动西部地区各省走出一条新的发展道路。

西部地区农业产业发展不仅体现在结构立体与作物多元上，还表现为各产业间的协调同步。《中国西部开发开放报告（2019）：新时代乡村振兴之路》中提到的，西部地区的振兴之路是由产业驱动的，利用当地的自然地理资源、现代生产技术和农村人力资本等基础条件，因地制宜地形成了各乡村的主导产业，区域内各省份的农业产业特色以及省域差异主要体现在农林牧渔业的产业格局、产业发展效率及产业发展成本等方面，这些特色与差异进一步推动了整个地区乡村产业的协调发展。

目前，中国西部地区已经分化出了独具特色的产业布局。西北地区主要发展特色的种植业产品和经济作物，例如甘肃马铃薯基地、陕西水果基地、青海优质胡麻、油葵等特色油料作物、宁夏名贵中草药产业等。内蒙古借助富足的草地资源，调整农业结构，开发草业和畜牧业，将传统放养模式改革为圈养，并开发出旅游和生态观光服务；西南地区则是利用特殊气候和山地环境，发展特色农产品与农业生态观光旅游，其中云南、贵州和四川主要发展优质烟叶、中草药以及特色园艺产品等。

2. 农业规模经营发展状况

农业规模经营旨在判断西部地区的产业发展成果。规模经营程度越高，产业多元化和土地资源集约化越明晰，农业产业链条越丰富，越能推动西北地区原有的小农状态向现代农业转化。乡村振兴战略背景下，农业规模经营和集体经济组织建设已成为农业转型发展的必然趋势，中国西部地区在农业规模经营发展的道路上成绩显著。

区域内各省级政府大力发展土地规模经营，通过整合生产资料，在完成农村承包地确权的基础上，培育了一批从事特色农产品加工、销售等的农业产业化龙头企业、家庭农场与种植大户，并积极扶持各类市场中介组织，发挥其在技术服务、产品销售方面的带动作用，推进农业规模化经营。新型规模经营主体的主要作用是把资源优势转化为经济优势，龙头企业充分利用国家重点扶持的各项政策，依托特色农产品标准化生产基地建设，落实构建以"农户+企业"为代表的多主体联合组织形态。四川省与陕西省在实践中摸索出以农业科研机构和大中专院校为依托的"科研机构+企业+农户"的新型模式。四川省农科院与成都周边县市联合成立农业公司，通过企业管理模式转变了传统农业的主体形态。

农业规模经营的另一途径为发展集体经济。西部地区各省以农村集体经济组织条例推动农村集体产权制度改革，集体经济组织形式改变了小农经济细碎化分散化的经营。相较于传统分散性小农经营模式，农业规模经营在一定程度上缓和了小生产与大市场的矛盾。甘肃、青海、宁夏、贵州等分别成立了专业合作社与土地股份合作社，通过自主经营以及集中劳动力与土地的方式，利用捆绑利益对抗市场风险。此外，合作社与企业经营联合是规模经营的另一种模式，该形式可以发挥企业的管理与销售优势，激发农村资源的活力。

（三）西部地区农业技术成果与时俱进

1. 农业现代化发展

国家一直对西部地区农业发展给予了极大支持。先后投入不少资金用于西部地区农业发展的基础设施建设，改善区域农业生产条件，区域农业科技水平有了显著提高（施淑蓉，2014）。农业现代化发展依托的科学技术、大数据云平台、现代农业服务体系与生态农业等，在一定程度上减轻了资源与环境对农业的束缚。西部地区农业现代化的实现路径多与电子商务融合，与时俱进地开展直播平台，推广特色农产品，拓宽了农村经济发展途径。通过电子商务把西部地区农产品推广至各地，有利于打响品牌知名度。

《西部电商发展报告（2021）》① 显示，西部地区农村电商呈爆发式增长，取得了不菲的成绩。2020 年，西部地区新入淘创业者人数增幅首次超越其他地区，领跑全国。新入淘创业者同比增幅的前 10 名中，西部省份占据 9 席，且增速全部超过 200%。其中，宁夏、云南、贵州、青海和甘肃位列全国前五，宁夏新入淘者增幅高达 420%；物流方面，2018—2020 年东西部地区包裹运送的平均时长缩短了 16 小时。

依托盒马鲜生、京东 7fresh、菜鸟等西北物流，西部地区各省建立起覆盖整个区域的物流中心，保证农产品冷链与生鲜的全国收发。同时，各地政府在乡村振兴层面出台政策，帮助企业建立数字农业集运加工中心、品牌孵化中心等。四川李子柒、云南大益茶、陕西秦岭木耳、甘肃八宝茶等品牌涌现出一批网红新农人，他们通过网络直播、短视频平台等开展电商销售，为自家农副产品、文旅产品、原生态风光等"代言"。

2. 农业绿色发展状况

生态与绿色发展是农业可持续发展的重要一环，农业绿色发展状况展现了西部地区农业的产业布局与治理现状。在城乡融合与生产技术转变的新阶段，高质量发展对农业生态也提出了相应的要求。《西部蓝皮书：中国西部发展报告（2021）》中构建了"三农"基本实现现代化的生态环境战略支持，具体包括农业绿色引领发展、产品供给侧提质增效、农业规模化生产和产业多元融合等内容，其中农业绿色引领提供了可持续发展的外部生态环境。

基于绿色引领发展战略，西部区域内各级政府加大了科技兴农、生态农业的政策扶持力度，形成了"政府、社会、农村"三位一体的绿色生态农业经济体系，为西部地区生态保护与经济发展提供了协调的"软环境"与"硬设施"。其中，黄土高原区域开展了水土流失与水土保持的综合治理，还联合西北干旱沙漠地带积极推动退耕还林工程，并在沙漠地带开展治沙、固沙行动。内蒙古与青藏高原地区注重草地资源保护，合理利用草地进行科学畜牧，同时提升水资源的利用效率，实现

① 《西部电商发展报告（2021）》由中南财经政法大学数字经济研究院联合阿里巴巴发布。

可持续发展。西南喀斯特地区在发展"三农"的基础上，引进种植适宜作物，增加生物多样性，重构生态结构，缓和生物系统的退化。

（四）西部地区劳动力素质逐步改善

中国农业经济结构的主导产业已经普遍由传统小农转变为产业化发展，提升农村劳动力素质成为农业转型发展、产业结构调整的迫切需求，劳动力素质的提高有助于促进农业产出，推动乡村振兴战略落实。2021年中央人才工作会议上，习近平总书记提出，到2025年，在关键核心技术领域要拥有一大批战略科技人才、一流科技领军人才和创新团队；推动高水平人才高地建设，同时着力建设吸引和集聚人才的平台；要下大气力全方位培养、引进、用好人才。

国家在农业领域中对农村劳动力素质同样作出全面要求。2020年中央一号文件提出"要培养更多知农爱农、扎根乡村的人才，推动更多科技成果应用到田间地头。深入实施科技特派员制度，进一步发展壮大科技特派员队伍"；2021年中央一号文件《关于全面推进乡村振兴加快农业农村现代化的意见》中同样指出，要培育高素质农民，组织参加技能评价、学历教育，设立专门面向农民的技能大赛，吸引城市各领域人才到农村创业，参与乡村振兴和现代农业建设。西部地区各级政府均意识到，目前的农业发展需要科技和创新，而劳动力综合素质水平直接影响着现代农业的科技创新发展动力。在粗放式、高能耗的传统农业向标准化、绿色的现代农业过渡中必须打好坚实的基础，而提升农户劳动力素质是西部地区获得长足发展的关键。

2021年，西部地区开展的"新型职业农民"培训活动效果显著。政府组织专业技术人员开展农技、农机、养殖等科普与培训，帮助农民适应现代科学技术，使他们迅速融入生产一线。同时联合企业人力资源部门培养农民的市场意识与管理能力，定期开展电子商务、物流培训、订单处理等课程。此外，教育职能部门也在不断改善农村办学条件，在义务教育、职业教育、成人教育阶段进行普及与完善。各地政府加大了对农林类高校和中职院校的投入，拓宽农林类学生的资助路径，为人才赋能农业现代化发展助力，推进了乡村振兴战略与农业供给侧结构性改革的有效衔接。

二 西部地区农户可持续生计现状

(一) 西部地区区域概况与调查说明

1. 研究区域概况

西部地区为中国经济地理分区,包括重庆市、四川省、陕西省、云南省、贵州省、广西壮族自治区、甘肃省、青海省、宁夏回族自治区、西藏自治区、新疆维吾尔自治区、内蒙古自治区,涉及 12 个省份。西部地区土地面积为 678.1589 万平方千米,占全国总面积的 70.6%。第七次全国人口普查数据显示,西部地区总人口为 38285 万人,占全国总人口的比重为 27.12%,较 2010 年上升了 0.22 个百分点。其中,四川省以 8367 万的人口总量位居西部第一、全国第五;广西壮族自治区以 5013 万的人口总量位居西部第二、全国十一;云南省以 4721 万的人口总量位居西部第三、全国十二(国家统计局人口和就业统计司,2021)。

西部地区社会经济发展中,位于四川盆地的重庆、成都均列入了全国十强城市,地处关中平原的西安则位列全国前二十名。除四川盆地和关中平原以外,其他区域内的省份绝大部分属于中国经济欠发达、需要加强开发的地区。

西部地区的资源供给呈现出数量丰富、质量区域异质的特征。特别是天然气和煤炭储量,占全国比重分别高达 87.6% 和 39.4%。与全国平均水平相比,西部地区的土地资源拥有较多的人均耕地面积和绝大部分草原面积。其中,土地面积占全国的 71.4%,人均占有耕地 2 亩,是全国平均水平的 1.3 倍。此外,西部地区的耕地后备资源总量大,未利用土地占全国的 80%,其中 5.9 亿亩土地适宜开发为农用地,有 1 亿亩土地适宜开发为耕地,占全国耕地后备资源的 57%(国家统计局,2021)。

2. 调查过程说明

西部地区地域辽阔,经济文化差异较大,为了熟悉西部地区农地流转以及农户生计可持续现状,掌握区域内农地流转风险及其对农户可持续生计的影响,为政府部门制定相关政策提供依据,研究设计了调查问卷及访谈问题,对区域内 12 个省份的典型村落及相关部门实践者进行了实地调研。调查分为实地考察与问卷调研两部分,调查的具体对象包括各典型村落的农户、村干部、合作社等经济组织以及执政部门的相关负责人。

调查问卷的主要内容分为四个部分：第一部分是对农户基本信息的收集，包括农户的年龄、性别、文化程度、所处地理位置等；第二部分是对农户视角下农地流转风险相关信息的获取；第三部分是对农户可持续生计水平评价信息的收集，包括农户的收入来源、资金支出等生计资本与生计方式相关的信息；第四部分为农地流转风险对农户可持续性生计的影响，主要以农地流转前后农户家庭收入及其他生计资本的变化及存在问题来体现（见附录）。问卷从 2018 年 7 月开始发放，历经三次大的调研及数次补充调研，共收集问卷 1581 份，剔除答题行为不合规范的样本，剩余有效问卷 1540 份，问卷有效率为 97.4%。

研究通过招募及筛选①，最终确定了西部地区 12 个省份家在农村的 63 名本科生和研究生作为调查者，对 44 个典型村落进行调研。在对调查者进行专业的调查培训后，要求他们以文字、录音、视频、案例、照片等形式记录调查过程，留存相关资料，发表自己的感想，最终形成调研报告。例如，《甘肃省双塔村农地流转风险及对农民持续生计影响研究调研报告》通过实地走访访谈的方式进行调查，将发现的具体问题、现状及自己的感想写进了报告，并提出相应的农地流转风险规避措施。

（二）西部地区农户可持续生计现状分析

1. 西部地区农户可持续生计相关方

研究农户可持续生计的根本目的是提高农户收入及其来源的稳定性，收入来源取决于农户的谋生方式，任何谋生方式都意味着一种资源配置组合。人多地少、劳动力稀缺都会导致利益相关方产生冲突，因此基于农地流转的大背景研究农户可持续生计时，首先要明确相关的利益主体有哪些。现实中西部地区农地流转的主体通常包括流转双方、农村集体经济组织、政府部门以及中介组织四个主体。

（1）农地流转双方。生计是农户在社会中最主要的行为方式，即"建立在农户家庭能力、资产（包括储备物、资源、要求权和享有权）

---

① 筛选的标准包括：学生本身调查能力及综合素质达到基本的要求，能够胜任调研工作；学生家庭所在的村落具有一定规模的农地流转，村落具有研究的典型性。

和活动基础之上的谋生方式"（黎春梅等，2021）。可持续生计是农户对所选择谋生方式的长期性、稳定性提出的要求，英国国际发展署（DFID）开发的可持续生计框架（Sustainable Livelihoods Framework，SLF）将生计资本分为人力资本、社会资本、自然资本、物质资本及金融资本五类。生计过程是农户通过对其拥有的生计资本进行合理配置转换与组合，达成某种生计策略，这种生计策略最终会产出生计结果。

土地作为自然资本，是农户拥有的除自身能力外最重要的生计资本。农户对土地的利用方式及从土地中取得收入的属性，均会影响其生计策略组合，关系到他们生计方式的可持续性。这一影响的传导体现在农地流转过程中交易双方自然资本发生的变化。

第一，农地流出方。流出方作为农地使用权的提供者，其身份可能是家庭承包经营背景下的小农家庭，也可能是大规模经营的家庭农场式农户，农地流出后自然资本的改变对他们生计方式的影响明显不同。

以小农经济为主的农户在农地流出后不得不面对生计的转型（牛星等，2018），重新整合生计资本。当农地作为一种自然资本被流转出后，农户的生计资本会减少为四种或以四种为主①，作为理性经济人，他们会重新审视剩余资本的禀赋价值，结合自身追求的目标对生计资本进行新的配置。农地转出的租金收益会增加农户的金融资本，改变他的收入结构，同时这种转出还可以解放家庭主要的劳动力，推动农户生计方式选择的动态化程度（何国平，2020）。因此，农地流转后小农家庭农户的失地适应能力以及生计可持续能力，与其拥有的其他四种生计资本禀赋密切相关。

而家庭农场的劳动力数量一般较多并且劳动属性相对稳定，农地流转后其经济效益一般不会发生大的改变。家庭农场流出农地的行为一定程度上会改变村落的人地关系，而土地利用方式的变化很可能引致农村社会经济空间结构和农户生计方式的改变，加速农村劳动力向非农就业地转移，农户生计模式从单一向复杂化转变，小农经济模式向规模经营模式转变，居住方式也由散居向聚居转变。

---

① 家庭联产承包制下的农户流转行为往往是流转其所拥有的全部或绝大部分土地，因此基本失去自然资本，此处分析一般情况。

第二，农地流入方。流入方在获得土地经营权后，成为整合土地资源、优化土地利用格局、治理土地生态环境，带动农村发展的重要主体。不同流入方的农地利用模式与资源组合具有差异性，这在一定程度上会影响当地农户的生计策略，进而影响他们生计的可持续性。目前农地流入方以种植大户与新型规模经营主体为主，种植大户一般是集体内部拥有一定资本实力、对农业经营回报有较好预期的农户，能够通过规模经营增加农业收入（张一晗，2021）。新型规模经营主体具有多元性，包括乡村旅游集团、家庭农场、农民合作社以及农业龙头企业等类型。

流入方主体对农地的利用方式受各自主营业务影响，种植大户会在主营粮食作物或是经济作物中做出选择。粮食作物一般为劳动力和资本节约型经营对象，对农地资源禀赋的要求相对较低，对劳动力的农业技能水平要求也不高。由于不受劳动力知识水平的约束，粮食作物会匹配更多的农业机械，促进大量闲置农地的转出，释放农村劳动力（张超正等，2021），加快农村劳动力非农转移，改变农户的生计策略和收入结构，影响农户生计的可持续性。

相反，经济作物往往需要劳动力和资本的密集投入，对农地、资本、机械化、劳动力的禀赋要求相对较高，流入方精力会较多地投入在经济作物的培养上。因此，当种植大户选择经营经济作物时，若参与非农就业会"损失"部分劳动力，降低农业经营利润（杨世龙等，2015）；若其生计模式为纯农型，则可以充分利用农业劳动力，增加农业生产劳动报酬和经营利润，限制农村劳动力向非农转移。

流入方主体为新型农业经营主体时，对农地的利用更为多样化，如开发乡村旅游项目、绿色生态庄园等（刘笑言等，2020）。随着流入方主体的多元化发展，农户会逐渐降低对农业的依赖，释放出更多的劳动力资源，增加非农就业的可能性。产业的改变会增加当地就业机会，提升农户生计选择的多样性，多样性生计有利于解决单一生计存在的脆弱性问题。此外，为了拓宽旅游服务，乡村旅游地区会完善道路、水利及照明等基础设施建设。同时，开发绿色生态庄园有助于改善当地生态环境，农户生计的可持续与保护环境联系紧密，良好的生态环境会大幅度降低洪涝灾害及干旱等自然问题，缓解农户生计脆弱性程度（王蓉等，2021）。

（2）农村集体经济组织。第一，农村集体。劳动力和土地均属于生产资料,在土地归国家和集体所有的背景下,村集体成员必须以户为单位登记,从而形成农户,并且农户的社会活动和生产活动都受农村集体管理。农村集体是由人口和土地构成的一个社会经济空间,两者之间的比例决定了农地市场、生产资料交易市场及农产品交易市场的和谐性。中国西部地区农村人口与土地资源分布的主要特征为地广人稀、土地贫瘠且经济发展相对较弱,村集体内部生产资料与劳动成果的交换并不多见,较难形成有效的农地交易市场,多数农户以小农经济为主,呈现分散化、碎片化特征,维持着自给自足的生活方式。

西部地区较少的人口与相对较慢的经济发展环境使当地农户的生计方式较为单一,形成典型的小农经济。不少村落面临着市场缺失、自然风险较高、机械化程度低、技术落后等困难,更突出的是教育的缺失(张蕊等,2020);中国东部地区农村人口稠密,农地资源禀赋相对较高。多数地区农村农地市场较为成熟,农户对自身资本能够灵活配置,生计策略选择多样化。

第二,村民委员会。相关法律法规对村集体的界定中,村民委员会是村民自我管理、自我教育以及自我服务的基层群众性自治组织,实行民主选举、民主决策、民主管理、民主监督。以村民自治为基础的"乡村政治"格局下,村集体是乡镇政府传达和执行国家意志的代理人,受乡镇政府委托具有协助行政的职能,在功能上相当于基层政府在农村的代理者(程久苗,2020)。在注重人情礼俗的乡村社会,为了提升农户的可持续生计水平,需要依赖乡村网络化、协同化的基层治理模式,依靠村民委员会不断权衡公共利益与农户家庭私人利益。

目前的乡村自治环境下,村民自治的内容包括自我管理、自我教育与自我服务。区别于国家强制力的保障,村民委员会的群众性体现为村民之间的相互帮助、先进模范的带头作用以及每个村民的自觉意识,农村特色的社会环境也由此维系。在村民委员会群众性的影响下,各村的自治章程、村俗民约在一定程度上构成了农户基础文化体系,或者其精神内核。作为村集体的一分子,村民委员会制定的章程和民约比国家的法律政策更容易影响农户的价值判断,并且农户之间的沟通和归属感也来自村民委员会的群众性。因此村民委员会深层次地影响着农户的发展能力及生计决策能力。

（3）政府部门。在农地流转背景下，农户实现可持续生计的过程中，单纯依靠任何一方主体力量都难以实现可持续生计的目标，需要政府、社会组织和农户的共同努力。其中，作为政策的制定与执行者，政府处于重要的引领地位。政府需要积极培育有助于各方密切协作的社会环境，注重制度建设、体制优化及机制创新的匹配，使三者共同发力，形成实现可持续生计目标的动合力。农户可持续生计相关方"各级政府部门"，按照行政级别可划分为中央政府、地市级政府以及乡镇级政府。

第一，中央政府。在农户生计的可持续发展中，政府行为是不可或缺的，它所起到的作用是引领性的。中央政府提出战略布局，随后出台相关政策为战略服务。国家战略是一个国家对未来发展方向做出的中长期规划，政策是为了达到战略目的，对相关群体行为等方面做出的规定，一般以法律法规的形式体现。中央政府在保护耕地数量、确保粮食安全及提高农业经营效率等方面起决定性作用，宏观层面上它会注重粮食安全、人地关系及产业转型等方向，微观层面上会关注农户生计非农渐变及生计多样性选择等问题，服务于人民大众。

农户生计变化是动态的，当中央的环境、政策制度发生剧烈变化时，农户往往会转变生计策略以适应新的人地关系。目前在中央可持续发展战略背景下，退耕还林、易地搬迁、生态补偿等政策相继出台，农户是生态系统服务的主要提供者和参与者（王一，2020）。在自然和社会共同构成的动态化环境中，生态系统供给改变与资金补偿合力影响着农户拥有的生计资本及采取的生计策略。例如生态补偿可能会使农户的自然资产下降，但其余生计资产均会大幅增加，同时还会促使农户向非农业转移，提高其生计的非农化程度。

第二，地市级政府。地市级政府在农户生计可持续过程中具有解读与推动作用。地市级政府首先需要解读中央制定的基本政策，在遵守国家指导方向的前提下，因地制宜发展落实中央政府的土地政策，确保粮食安全目标（马贤磊等，2016）。在推动农村经济发展方面，地市级政府需要解读中央政府的利益诉求，发展绿色生态农业，保护环境与资源的可持续开采利用。

其次，地市级政府是中央政府政策的具体落实与执行者，其执行力是农村资源配置循环的直接推动力。地市级政府是否支持农地资源流转和农户非农转移，需要根据该区域经济发展的情况进行评估与判断。通过推动土地流转，地市级政府一方面可以增加土地税收，另一方面也可以吸引投资，创造就业条件，聚集劳动力刺激消费。地市级政府还可以通过指导辖区内各村镇的主营经济作物或发展方向，干预市场产品的供需来调节当地经济。

第三，乡镇级政府。乡、镇级政府作为直接面向农户的基层政府组织，最接近农户生活，了解农户的实际情况，通常负责执行地方政府制定的具体事务性工作。部分农村地理位置较为偏僻，农户受教育水平相对不高，基层政府需要清晰明确地传达地方政府的办事章程，保障农地流转和农户非农转移劳务合同的合规性。因此，基层政府的执行和沟通能力会对农户生计资本配置与信息分析水平产生较大影响，农户生计策略转变过程中，乡镇政府参与效率与农户成果转变的数量通常成正比。乡镇政府对农户可持续生计的参与主要体现在城乡社会保障、城市落户以及对农户技能培训等方面。

乡、镇级政府通常承担着处理农户生计转型过程中出现的纠纷，维护农民的权益，监察土地流转效果及劳动仲裁等事项。作为中央政府的直接代表，基层政府也是一个重要的权益主体，它在处理农村事务的过程中，不仅传递着政府的合规性，代表着政府的权威，而且也能直观地了解农户的诉求，创新国家政策在当地运行的有效形式，是国家与农户完成信息交流的有效结点之一。

（4）中介组织。第一，农村经济合作社。农村经济合作社是农村新型农业经营主体的重要一员，也是农村劳动力成果与外界交换的中介组织。研究借鉴韩红蕾（2021）的观点，认为合作社是在农村家庭承包经营基础上，同类农产品的相关经营生产者或同类农业经营生产服务的利用者、提供者，实施民主管理、自愿联合的一种互助性经济组织。农户以各自生产资料入股的合作社，农户以"股东"身份获得土地的租金和股权分红。农村经济合作社减少了大规模搜寻交易对象的信息成本与陌生流转交易双方的谈判成本，以及双方履约阶段的交易成本。在节约交易成本的基础上，农村经济合作社解决了单个农户信息不对称的天然弱势地位，提高了农户在农产品市场上的竞争力，有效推动农业规模经济的发展。

合作社的组织原则与优势能够增强农户主动传达信息的意愿。这种方式不仅推动了农户生产的规模化和专业化，促进农户群体向农业或非农业专业化道路发展，还能推进农村劳动力转移市场和土地流转市场的协调发展，进一步完善农地流转市场，从而减少小规模的土地流转带来的劳动力兼业化和种植作物类型的多元化与非专业化。同时，合作社能够激励农户生计的多样性与非农转移，促使具有非农业比较优势的农户通过转出土地，实现非农就业的稳定化和职业化。

第二，服务型中介组织。服务型中介组织一般出现在农户生计策略转型中，在农户农地流转和劳动力转移过程中给予信息收集、合同合规、委托代理、估价等服务（江淑斌等，2018）。比如农地估价服务中心、农村产权交易中心、各地人才劳动力资源市场，它们的创办性质与规模大小影响农户相关业务的办理进度，从而作用于农户生计的选择。

中介组织一般由民间组建或政府与民间合作组建。比如农村产权交易中心，由地方农经站与民间合作组建，而土流网及土聚网等组织一般由民间互联网公司组建（陈姝洁等，2015），这两种组建方式的中介机构利益诉求和收入来源均不同。

由政府和民间企业合作组建的服务组织一般有固定的、有组织地进行产权转让的场所，是依法设立不以营利为目的的法人组织。作为中介服务机构，它本身并不参与农地交易或人力资源的转移，只是为双方提供必要的场所、设施及交易规则，保证农地流转过程顺利进行。由于它是不以营利为目的的政府行为，具有一定的滞后性，因此难以扩大农地流转市场以及劳动力转移市场，但在解决主体纠纷、维护市场公平中起到重要作用。

由民间企业组建的中介机构，其收益来源是收取客户的中介费用。机构内人员工资及办公费用需要大量的服务业务收入来维持，因此促使民间组织的中介机构优化服务（黄建伟等，2017），并宣传农地流转和劳动力转移的相关政策和措施。市场化的中介机构刺激了它们自身规模的扩大，并且使其服务得到优质的提升，促使农户生计转型，影响农户生计的可持续性。

（5）各主体间冲突与平衡的共生体。农户生计作为一种多元参与的谋生方式，其逻辑是多元主体形成的共生体（见图5-5），市场对共生体的资源配置起决定性作用。在此基础上发挥政府、农户、中介组织以及村集体的主体功能，进而达到稳定和抗风险目的。每一个主体都对自身行为可能造成的后果有一定的预见性，尽可能地趋利避害，从而实现各自的利益诉求与目标。

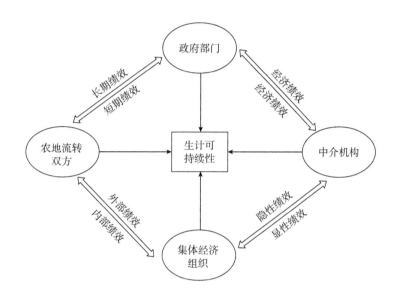

图5-5 农户可持续生计相关主体共生体

四个主体之间相互具有关联性，两两产生的绩效博弈共有十二种结果。结合研究目的，此处只考虑资源配置中的冲突与平衡，如土地资源的配置、劳动力的配置以及资金的配置等。借鉴李燕（2020）实证分析青海省失地农户可持续生计后提出的，土地配置中主体的博弈状态；孙晗霖等（2021）在农户贫困治理中，塑造的政府行为与农户补偿诉求之间的博弈结果，研究从长短期绩效、经济绩效、内外部绩效、显隐性绩效四方面，分析了农户可持续生计四个主体间的冲突与平衡。

第一，各主体利益诉求。在可持续生计过程中，普通农户是最广大的群体，农户的利益追求是资源利用最大化，即获得更高的农业收入、务工收入和农地流转租金。对此，各级政府均应该承担引导与约束的责任。中央政府的利益诉求是国家层面的，期望提高农业经营的效率、推进农业现代化建设、改善农民的生活水平、确保耕地红线与粮食安全、保证农产品的质量、完善社会保障与加强绿色生态建设等；地方政府的利益诉求是追求当地财政收益最大化，表现在地方经济是否得到发展以及如何实现 GDP 的高速增长和提高财政收入上，把发展地方经济放在职责首位，推进大量招商引资的项目。

村集体作为土地资源的所有者，其利益诉求是当地农村经济、社会及生态环境的整体提升，即对集体内自然环境、道路交通、农业设施、就业机会等方面的改善，以及劳动力外移和土地流转等生产资料经过交换后，对集体内部人文环境的改变；中介组织具有专业、灵活、高效等优势，因此成为农户生计可持续过程中的重要补充力量，以及组织农户的实际推动力量。中介组织的利益诉求是在提供专业服务时收取服务费用，同时追求自身业务范围的拓宽与业务量的增加。

第二，各主体的冲突与平衡。中央总体规划下达到地方，需要得到地方政府重视以及政策支持与资金扶持。各级政府在国家粮食安全与生态农业上达成一致目标，而农户的利益诉求是实现土地的高产出率，因此难免使用农药和化肥，过度的使用会对土地肥力造成伤害，使土地的长期绩效减弱，这就与政府诉求发生冲突。对此，政府通过政策约束力与农户达到平衡，强制要求农户放弃部分农药的使用，或者退出耕地将其转为林地，农户损失的收益由政府给予一定补偿。

村集体期望在农户农地流转、劳动力转移和农业生产这三种生计方式上，提升村落的内部精神文化与基础设施建设。这需要政府的政策和资金支持，以及农户要有社会责任感和更高层面的自我价值追求，具体措施包括建设文化馆、赞助祠堂建设等。然而，农户的利益诉求是效益最大化，因此只有农户的社会责任感与认同感达到集体要求时，村集体与农户的利益诉求才会达到平衡。

中介组织是提升农户可持续生计能力的重要推手，在常年提供服务基础上，需要充分发挥自身能力及社会认同等优势，建立业务人脉与网络，业务量的提升会促进农地流转市场和劳动力市场的扩大与完善。市场主导与政府主导难免产生冲突，中介组织难以灵活、高效、独立、自主地适应市场；再者，由于其活动在政府的监管下，政府要求的自上而下权力体系与网络型组织体系也会产生冲突。因此平衡这些冲突的关键在于权力的下放，使社会组织能够更好地在政府部门的指导下补充组织力量，完善农户生计的多样化。

共生体系统内各主体间的冲突能否达到平衡直接影响农户生计的可持续性，持续健康的发展离不开政府、农户，以及其他各种资源的有效合理配置。只有各主体充分了解自身角色定位，充分发挥各自能力，明确发展理念，进行合理化行为的塑造与实施，才能实现共生体系统内部的稳定与和谐。

农户可持续生计系统中，农地流转双方、集体经济组织、政府部门和相关中介组织四个主要的相关方基于自身的利益诉求在冲突与平衡中相互博弈，影响着农户个体的可持续生计决策与结果。以此为基础，分析农户可持续生计的具体内容及影响因素，有助于厘清农户可持续生计决策的过程，挖掘农地流转背景下约束与激励农户提升可持续生计水平的切入点。

2. 西部地区可持续生计内容与影响因素

农户可持续生计体系中农地流转双方、集体经济组织、政府部门和相关中介组织等以不同的角色相互博弈，共同对农户的可持续生计状况产生着不同的影响。农地流转过程中，农户在相关方及其他内、外部因素共同作用下进行着生计策略的选择，形成了差异化的生计结果，影响着他们实现生计可持续目标路径的选择。

（1）农户可持续生计基本内容。生计问题研究中，绝大多数围绕着英国国际发展署（DFID）在 20 世纪 90 年代初提出的可持续生计分析框架（SLF）进行，该研究框架强调了脆弱性背景下农户生计资本、生计策略和生计结果之间的相互作用、相互影响（耿亚新等，2021）。脆弱性是一种承受灾害和损失的潜能，涉及承受、应对、抵抗灾难以及从这些影响中得以恢复的能力，可持续生计中的脆弱性分析通常有风险因素、抵御风险的能力和社会服务体系三大指标（苏芳等，2009）。生计的脆弱性实质上就是在风险社会背景下，农户日常生产生活中的风险因子影响农户行为，使之做出一系列抵抗风险的措施，其措施的有效性直接影响农户可持续生计效果。

风险背景和脆弱性在一定意义上都是农户行为的环境基础，研究以SLF 为基础，结合中国农地流转过程中农户生存风险背景的基本情况和实际需求，认为农户可持续生计基本内容包括农户生计资本类型、生计能力水平、生计策略选择和生计结果反馈。

如图5-6所示，农户自然（N）、物质（P）、金融（F）、人力（H）和社会（S）五大生计资本在农地流转后重新进行配置和组合，并与生计能力共同作用于农户，从而影响其土地流转前后生计策略的选择。不同生计策略的选择最终产生不同的生计结果类型，同时新的生计结果又对最初生计资本情况的变动产生反馈。农户生计资本、生计能力、生计策略和生计结果四者共同作用于农户的生计质量水平和后续发展规划，对其可持续生计状况产生影响。

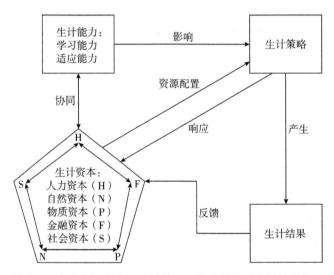

图5-6 农户生计资本、生计能力、生计策略及生计结果关系

第一，农户生计资本类型。英国国际发展署构建的可持续生计分析框架以及国内外学者在研究生计资本时普遍认为农户拥有自然、物质、金融、人力和社会五种生计资本（时朋飞等，2021）。生计资本之间相互影响、共同作用，为农户生计策略的选择和发展奠定基础。

自然资本一般是指生计所必需的自然资源和环境因素，包括无形资本和有形资本两种。大气、水土和生物多样性等公共资本构建了人们赖以生存的生活环境，是影响人们生活的关键性元素。而有形的资产如土壤、树木等，可以直接用于进行生产活动获取经济利益的，则是一部分人生计的主要来源。农户对于自然资本的依赖性普遍很强，农地流转过程中，土地资源发生转移和变动，会引发农户的生计方式出现相应的改变或转型。

物质资本包括用以维持生产生活的基本生产资料和基础设施。农户在进行相关生产过程中所使用的生产工具和生产要件、以实物形态存在的生活必需品和拥有所有权的房屋、车辆等均为农户的物质资本（雷晓康等，2021）。通过租赁或有偿服务市场取得的可以使用的工具或其他设施，用于提高农户生产水平、维持生活可持续的都可以作为农户的物质资本。

金融资本主要是农户在生产生活中获得的用来维持生计或提高生活水平的家庭资金积累和流动。这里金融资本的概念不同于经济学的范畴，农户参与农地流转所获得的租金、从事其他工作或生产取得的报酬、政府政策补偿型收入和家庭其他收入以及储蓄都是农户的金融资本。农户金融资本实际上是家庭现有储蓄存量加上各个渠道实现收入资金的总和。

人力资本代表着能够追求生计稳定、实现生计目标的家庭劳动力数量及质量状况，包括农村家庭劳动力的人数、健康状况以及受教育程度和家庭规模等（黄益平等，2022）。人力资本是其他四种生计资本的基础保障，农户有足够水平的劳动力，才能维持基本生活的可持续。农地流转的租金难以支撑家庭生计运行时，农户就需要寻找其他生计方式，以获取额外的劳动经济收入，人力资本是农户家庭能否拓展收入来源、促进生计水平提升的重要性因素。

风险社会背景下，社会资本即农户利用自己的社会资源实现生计目标或抗击外部风险的资本。社会资本纵向垂直包括农户从事生产或工作中的上级和领导、村委和政府等，横向水平包括农户的社会组织、亲朋好友和家族体系等社会关系。社会资本的作用是增强人们相互信任和相互之间的合作能力，并使其他机构对于农户的需求给予更及时的反应。

第二，农户生计能力水平。深入研究可持续生计的过程中，钱伯斯（R. Chambers）明确界定了生计能力，指出生计能力不仅指行动者面对脆弱性环境时的被动调适能力，还强调他们主动处理、应对冲击并不断利用、创造机会的能力（李雪萍等，2020）。研究认为，农户的生计能力是农户结合生计资本重新配置继而进行生计策略选择的一种自身的禀赋和实现生计目标的潜在能力。

农户的生计能力总体可以从两方面分析。微观层面上，农户生计能力主要集中在农户及家庭自主发展方面，农户通过学习或利用已有的知识技能获取资源以满足自身发展。宏观层面上，农户生计能力体现在政策赋予方面。生计能力是政府给予的在土地或就业安置及社会保障方面的能力，也可以看作农户适应风险环境及应对市场变动，实现生计可持续的能力。生计能力实际上是能力与过程的结合体，是由行动者的内生能力与外在资源赋予组合而成的能力结构，它既是行动者脑力与体力的结合，也是各种社会关系网的承载。

在农地流转过程中，农户的生计能力涉及从农地开始流出到就业选择再到后续发展整个过程中农户的学习能力和适应能力。学习能力包括资源获取能力、政策利用能力和专业技能学习能力。农户对于自然资源及物质资源获取的敏锐度决定了他们的生活基础，通过对相关政策法规的深入了解和就业相关专业技能的主动学习，有利于农户在规定适用范围内最大限度为自己争取权益，以获得家庭生计水平的提升。适应能力具体包括风险规避能力、市场适应能力、关系维护与拓展能力。农户生存环境受自然条件、政策变动等因素影响存在一定风险，在可持续生计过程中自身对风险环境和市场行为的适应能力直接影响到农户生计水平的优劣。对于家庭、亲朋好友以及社会关系等社会资本的维系与发展同样是农户生计能力的一种体现。

第三，农户生计策略选择。生计策略是农户依据生计资本的配置和自身生计能力水平程度进行的一种生计方式的选择。农户要想取得积极的生计成果，需要拥有不同类型的资产，单靠一种类型的资产是很难产生人们追求的生计多样化结果的。而农户对每种资产的可获得性都是有限的，于是他们不得不寻求能够开发和综合利用他们现有资产的途径来维持生活。因此，生计策略即为了维持和改善家庭生活，家庭及其成员根据现有的生计资本所采取的活动组合。

生计策略的选择就是要促进农户生存经营和发展机会的多样性，人们对资产利用的配置和经营活动的恰当选择，便于实现他们的生计目标、提升生计可持续性。农户生计策略包括其生产活动、经营方式、投资策略、生育安排等（杨伦等，2020），在考虑制定生计策略时，需要考虑社会环境背景的影响以及制度和组织外部环境的影响。农户生计策略是动态的，并随着外界环境条件的变化而不断调整、改变着对资产利用的配置和经营活动种类与比例的构成。

农地流转农户生计策略选择的影响因素可以分为内生驱动性因素和外生推动性因素两大类。内生驱动性因素以农户的生计资本状况和自身生计能力水平为基础。农户生计资本的数量和多样性促进了农户生计策略的多样性，不同生计资本的组合也会影响农户生计策略类型（郭秀丽等，2020）。同时，生计能力水平的高低限制了农户再就业方向的选择，自身技能丰富、学习能力强的农户会更易于找到稳定可观的工作。

影响农户生计策略的外生推动性因素包括农户所处的自然环境和政策制度等。一方面，农户所处的自然环境为生计策略的选择提供了物质基础，农户的初始生计策略往往对自然环境具有强烈的依赖性。农户参与农地流转后，自然资源产生变化，农户往往会改变原有生计策略，实现生计策略转型。另一方面，以组织结构、政府政策、村委体系等为代表的政策制度会引导农户生计策略的转型，在经济欠发达地区，农地流转政策和农户生活补助制度对农户生计策略转型的影响尤为显著。

第四，农户生计结果反馈。生计结果是农户受生计资本和生计能力影响而做出相应的生计策略选择，最终产生的一种新的生产生活方式。农地流转过程中农户参与农地转出获取租金，继而尝试开展新的就业途径和工作渠道，生计结果既是农户新生计方式的体现，又是农户生活质量和生计水平的反映。

生计结果包括农户就业方向的选择、家庭收入情况水平、生活满意度和幸福指数等（张钦等，2019）。农户参与农地流转之后，一方面收取农地租金；另一方面满足劳动力要求的人口会选择再就业，通过外出务工或自主经营等渠道获得额外的资金流入，部分农户利用自身社会资本和生计能力重新获取稳定的工作或生产方式，得到良性生计结果。农户家庭收入水平提升、生活满意度和幸福指数上升侧面反映出生计资本重新配置及生计策略选择的有效性；反之则证明所选生计策略对于自身发展的不适用性，获得的可能是非良性的生计结果。

农户生计资本、生计能力、生计策略和生计结果四者相互影响、相互制约，在风险环境社会背景下为农地流转农户的后续生计方式改变和调整奠定基础。自然、物质、金融、人力和社会五大生计资本是农户赖以生存的基本条件，其中自然资本和人力资本对于农户生计状况尤为重要。

农地流转后农户自然资本发生变动，家庭现有劳动力可能需要重新规划就业方向与发展路径，劳动力的质量和水平等人力资本与农户的生计能力协同作用于农户生计策略的选择。农户学习能力和适应能力越强，则发展路径越丰富、生产或工作方式的可选择性越广、收入和生计可持续性也越稳定。生计策略的选择决定了农户的发展方向，家庭收入和生活水平等客观因素是其策略运行优劣程度的一种表现形式，也是在生计策略规划下获得的农户最终生计结果的体现和反映。

生计结果在反映农户现阶段生活质量的同时也会对农户的生计资本产生新的影响和配置。随着农地流转的深入，农户逐渐尝试获得新的就业渠道，比重最大的生计资本开始倾斜和转移。生计资本发生变动意味着农户的生产生活方式和重点产生变化，由此进行五个生计资本的重新配置和利用（汪超，2019），从而对生计策略的选择做出最有利的调整。

（2）农户可持续生计影响因素分析。农户生计是否可持续受内、外部多种因素共同影响。外部宏观因素主要影响其客观生计资本的转化和积累，从而间接反映出农户进行不同生计策略选择的原因以及生计水平的最终发展情况。从农户自身出发的主观影响因素一般是直接导致农户做出相应就业转移和生计策略转变决定的关键性因素。外部环境基础或变动影响农户现有生计资本，对农户进一步寻求适合的生产生活方式产生推动作用，农户自身的禀赋是其风险应对及生计发展能力和逻辑的策略水平，二者共同作用于农户家庭，对农户后续生计的可持续状况产生影响。

首先，外部环境宏观影响因素。外部环境的宏观影响因素主要包括自然资源①、社会发展、公共服务和政策措施四个方面。外部环境是相对于农户自身而言的外界驱动力，也是影响农户做出生计决策和决定其

---

① 自然资源包括大气、土壤、水资源和生物多样性等，由于土地对农户影响重大且生计意义特殊，故此处只考虑土地资源。

生计是否可持续的客观因素。外部的宏观影响因素具体细分内容如图 5-7 所示。

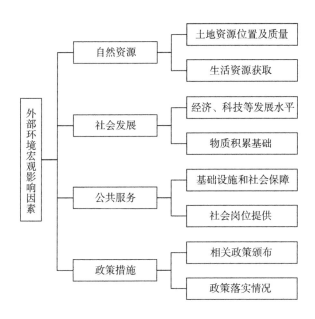

图5-7 农户可持续生计外部环境宏观影响因素结构

对于农户而言，将赖以生存的土地资源进行流转是一个改变家庭整体生计发展方向的重大决定。他们将农地流转收入和政府的政策补贴转化为财产性或转移性收入①，在此基础上进行家庭劳动方式的转变和从事后续生计活动的多样化发展（杨琨等，2020）。农民的土地资源等自然资本会切实影响到他们自身的受益情况，土地位置优越、土壤状况良好、更适合当地粮食作物或经济作物生产的农地在流转时易获得更高的收益，也为农户的后续生活和生计策略的选择发挥正向作用。

自然灾害的冲击会导致农民土地资源受损，农地收益减少，家庭金融资本积累下降，则会影响农户获利水平和后续生计策略选择的资本配置。从收入及生计多样性角度看，农地的转出虽然对农户家庭收入中农

---

① 财产性收入指家庭拥有的动产和不动产等资产所获得的收入；转移性收入指国家、单位、社会团体对居民家庭的各种转移支付和居民家庭间的收入转移。

业的份额产生影响，但能够增加农户的生产生活渠道，促进其对于新的生计和就业方向的追求，一定程度上有利于拓宽农户的生计渠道，实现其生计的可持续发展。

农户参与农地流转之后获取的收入有一部分被用来改造家庭生活设施、改善生活水平。家庭的住房情况越好、物资积累越丰富、出行条件越便捷，农户可持续生计信心水平越高（李名峰等，2021）。优渥的居住条件和良好的生活状态与农户的生计形成良性循环，家庭固定资产和生活耐用品增多，资源获取更加容易，越丰富的物质水平和家庭建设越能带动农户生产生活动力，从而获取更富足的物资和财力的积累，维持农户生计的可持续性。

科技是社会发展的重要引擎，是建设经济社会发展的革命性推动力（李燕，2020）。经济和科技的发展是国之根本，也是社会大环境下解决好"三农"问题的基本要求，经济、科技的发展水平及政策变化会影响农户后续生计方式转变的结果。以农业生产为主的农户在部分土地流转之后，剩下的土地资源可以继续进行生产，科学化、自动化的农业工具的采用会增加其农产品产出和农业经济提升的驱动力。社会科技和经济发展通常会增加对劳动力需求，也能够为参与农地流转的农户提供更多的社会岗位，使农户在非农就业的选择上有更丰富的决策空间，收入的多样化能够进一步影响农户生计的可持续性。

相关政策的实施和落实可以提高参与农地流转农户的生活水平，改善他们的生活质量，为可持续生计发展提供制度保障。强化后期政策法规的实施效果与生计可持续性发展通常呈显著的正相关关系（张少龙等，2022），农户获得政府帮助的情况对其可持续生计的信心具有显著影响，过于依赖政府政策帮扶反而不利于自身的发展。农户对相关政策补助产生的依赖性会降低自身对于其他生产生活方式的追求，削弱他们实现自我价值的心理，对后续生计策略的选择及再就业渠道产生负面的影响。

农地流转意味着农户可能暂时失去以往赖以生存的生产资料，其拥有的各种生计资本状况会发生一系列变化。农地流转农户在土地流转之后会有一段适应和重新选择就业方式的时期，如果农户不能从长远发展的角度利用好农地流转产生的新型收入方式及对未来生计方向及时做出调整规划，就会影响家庭的可持续生计能力，表现出生计脆弱性。农户的生计脆弱性具有相对性和动态性（江易华等，2020），在有效利用政府政策扶持帮助下，通过自身的努力和家庭禀赋提升抵抗风险的能力，可以帮助农户实现生计的可持续发展。

其次，农户发展微观影响因素。基于农户自身的微观层面，影响其可持续生计的因素主要有自身观念、劳动能力、从业意向和社会关系四类。农户参与农地流转之后的生计方式和再就业选择实际上是环境驱动联合其主观意识和自身能力推动形成的。农户会从实际情况出发，结合自身条件和基础生计资本对未来生活方向做出规划调整，一定程度上改善其生计状况，得到良性生计结果并维持其可持续是政府及参与农地流转农户的共同目标。农户的可持续生计发展能力建立在家庭资源禀赋和家庭生计发展策略基础之上，农户的生计资本对其可持续生计也具有重要影响（胡江霞等，2021）。农户发展微观影响因素具体内容如图5-8所示。

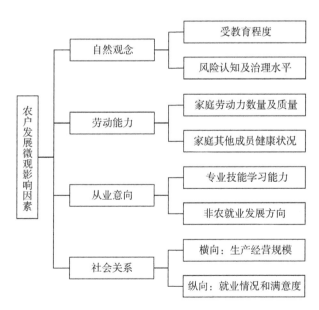

图5-8 农户可持续生计内部微观影响因素结构

通过教育增加农村人口知识、技能、经验和信息水平，被认为是人力资本积累最直接有效的途径，有助于提高劳动力素质，激发内生潜力，增加收入（孙晗霖等，2021）。相关技能培训和教育可以为参与农地流转农户提供多种就业方式和工作内容的指导，直接扩容个体知识存量，从而提升自身未来的社会竞争力和发展潜力，使其更好地进行就业途径的选择，获取较好的就业机会，增加收入方式（汪德华等，2019）。农户家庭中青少年受教育程度的提升有助于增加家庭的人力资本，减少社会排斥，提高以后就业的社会融入度和适应能力，为其自身带来更高的报酬回报，稳定金融资本积累和生计的可持续性水平（余应鸿，2020）。

在脆弱性环境中，家庭抵抗突变和冲击的能力越强，应对风险的策略越及时有效。胡江霞（2018）通过对三峡库区石柱县移民相关数据的分析，指出生计风险评估能力可以预测生计风险的概率，采取配置最优的生计资本策略以降低生计风险损失，提高生计的可持续性。农户对于风险的认知水平和抵抗风险的治理水平很大程度上决定了其家庭在外部环境发生变动情况下的生计能力。农地流转之后农户的生计资本发生变动，外部环境同时发生变化，农户需要利用自身对于风险的感知和调控能力决定下一步的生产生活方式。在面对市场风险、医疗风险、养老风险等风险时，有良好风险预测和控制能力的农户家庭更容易应对各种生计阻碍，从而做出适当的生计策略以分散风险因子，提高个体的可持续生计水平。

农户劳动力的质量、数量及健康水平是家庭人力资本的体现，也是其实现可持续生计的关键因素。人力资本的高低不仅可以帮助农户做出科学合理的生计决策，而且是农户抵御各种生计风险、实现可持续生计发展的关键。农户家庭若有因大病、慢性病等疾病风险带来的劳动力缺失，人力资本减弱，投入生产或再就业的人口缩减，就会导致家庭收入降低，财富积累减少（胡江霞，2021）。农户家庭劳动力的质量和数量一定程度上决定了其收益的创造水平，对农户的可持续生计发展产生着重要的影响。

农户的专业技能水平决定了农地流转后家庭就业的发展方向，其资本获取水平在很大程度上取决于其对社会和环境的快速适应能力。农地流转后，农户可能由先前以农业为主的生产生活方式转变为外出务工就业，进入新的环境体系中，原有的社会关系网会受到冲击。掌握一定知识技能的农户在劳动力市场中更具有优势，拓展社会交往的范围会更广，获得发展机会也更多，推动其社会关系网从相对单一的亲缘和血缘关系延伸至地缘和业缘关系（江易华等，2020），对农户生计的可持续发展具有积极作用。

在农村社区，农户亲朋好友等社会关系的数量在一定程度上影响着农户家庭的社会地位和收入水平（孙晗霖等，2021）。社会资本不仅会影响农户后续发展的城市化融入，也会影响其获取人力资本的条件和方式（杨琨等，2020）。农户原始的社会资本以横向的亲戚、同乡为主，在农村原本的生活状态下，亲戚、同乡行为对个人的影响显著（李燕，2020）。农地流转之后，外出就业的农户在一定程度上扩大了自身的关系体系，增加了纵向的工作体制关系网。对于社会关系的维护和就业情况的认可水平也影响着农户的生计发展，就业情况良好、工作满意度高的农户家庭可持续生计水平通常会得到提升；反之，就业渠道局限、工作薪酬不理想的农户家庭容易产生就业问题，从而影响生计水平，降低农户后续的可持续生计能力。

研究从风险背景出发，分析了可持续生计中农户生计资本类型、生计能力水平、生计策略选择和生计结果反馈四大基本内容与其内在联系，以及实现可持续生计目标过程中多方影响因素的作用路径。在此基础上结合西部地区经济社会发展的现实，可探究区域内农户生计资本、生计能力、生计策略以及生计结果的状况。

3. 西部地区农户生计资本现状

自然资本指的是农户家庭维持生计的自然资源禀赋，包括土地、水资源等。对农户而言，土地是家庭最基本的自然资本与生存保障（卢志强等，2021）。被调查的西部地区典型村落自然资本的农户人均耕地面积中，有效调查问卷频数最高四项为50亩、100亩、20亩、30亩，频数分别为37、36、26、24。问卷结果显示，经过加权平均获得的接受调研的西部地区样本农户人均耕地面积为38亩，远远高于西部地区人均耕地面积2亩的官方统计数据。以上调查结果与年鉴数据略有出入，一方面是受调研样本数量限制；另一方面因为样本均来自西部各省份，包括新疆、内蒙古及西藏等区域，部分样本中被调研的农户有将草场等地当作耕地的现象存在，所以造成人均耕地面积较大的结果。也在一定程度上说明了调研村落的典型性与代表性。西北地区干旱少雨，西南地区多山地耕地，西部地区在农地禀赋上的这些缺陷，影响了区域农业经营成本与收益，土地资源和水资源加大了农业成本，引发"靠天吃饭"脆弱性背景下的自然风险发生概率相对较大。

人力资本是农户生计模式创新的主要推动力，包括劳动力年龄、健康状况、文化程度、家庭劳动力占比等。人力资本决定了农户驾驭其他资本的能力和范围，人力资本水平较高的家庭，在非农生产领域具有比较优势，能够促进农户由纯农型向非农型转化。调查的统计数据表明，参与调查的西部地区农户平均年龄在 50 岁左右，他们的学历以初中、高中为主，说明被调查的农户受教育的水平普遍不高。人力资本的禀赋在一定程度上决定了西部地区农户的就业前景，农户对收入的驱动力较低，使其很少选择非农就业，大多数仍从事纯农业生产。

金融资本是农户拥有的金融资源，包括储蓄存款、融资借贷能力等。对农业生产者而言，金融资本和物质资本可以互相转化，金融资本对农户生产投资有重要影响，可支配资金能力影响农户的机械化水平与经营规模，支配资金较充足的农户可以通过加大物质资本中的生产工具支出，帮助其从事专业化农业生产。金融资本充足的家庭，对农业依赖性较小，更倾向于转出土地，从事非农经营。西部地区农村金融起步较晚，发展不均衡，与距离省会城市较远的农户相比，省会城市周边的农户融资渠道较多，借贷能力较强，这些农户在信贷市场上的融资能力可以有效缓解生产上的资金约束，增强他们的租金支付能力以及生产投资能力，改善其住房与耐用品。因此，西部地区农户的金融资本目前存在区域异质性现象。

社会资本是农户在社会交往中建立的非制度化合作规则与关系网络，这种相互联系和沟通会影响农户资源获取与要素配置行为。社会资本对农户农地流转行为的影响主要体现在信息传递功能上，由亲缘与地缘关系构成的社会网络为农户获取市场信息要素提供了重要支撑。调查显示，西部地区是多民族融合的地区，特别是在甘肃、四川、云南、贵州省份的部分地区中，民族多元是其主要的生存理念以及生产生活方式。这种民族文化地域性造成的相对封闭与分割体现了其脆弱性，在一定程度上制约了西部地区社会资本的整体发展。

4. 西部地区农户生计方式现状

随着城镇化进程的推进，西部地区农户生计逐渐呈现出以农耕收入为主、非农收入经营为辅，农产品产业加工次之的发展现状。在参与农户生计调查的 964 份有效样本中，针对家庭主要收入来源的调查结果显示，选择农耕收入的农户数占样本总量的 63.8%；涉及农业产业经营的农户数占 27.18%；而非农收入农户的占比为 50.83%（见图 5-9）。

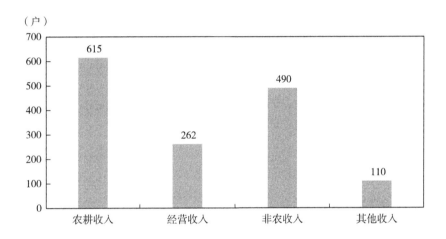

图 5-9　参与调研的西部地区农户收入来源人员分布

收入来源与农户从事的工作交叉统计显示（见图 5-10），以农业耕种为主的农户中，农耕收入占 91.92%，产业经营收入和非农务工收入占比分别为 21.01% 和 44.24%。从事农产品产业经营的农户中，产业经营收入超过 70%，农耕收入和非农务工收入占比分别为 40.91% 和 36.36%。非农就业农户中，非农务工收入占 68.25%，农耕收入与产业经营收入占比分别为 30.79% 和 15.87%，其他途径获得收入占比 27.30%。

其中，主要从事农业耕种农户的特征表现为，劳动力数量相对较多且人均耕地面积大，但资本积累少；主要从事农产品产业经营农户的特征则表现为劳动力数量相对较少、受教育年限长，生产性固定资产存量及总纯收入较高，耕地面积较少；非农就业农户的特征表现为家庭人口数及劳动力数量较多，由于以外出务工为主，其耕地面积和生产性固定

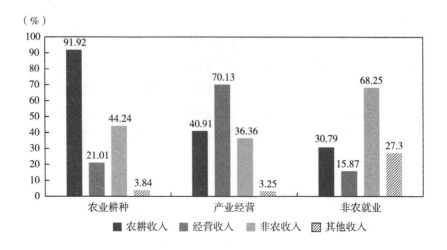

图5-10 参与调研的农户收入来源与从事工作交叉统计

资产存量少，比较注重在社会谋生技能的掌握与自身素质提升。收入来源视角下的农户生计，既可以通过各类收入比重的大小直接描述生计的重心，也可以间接反映农户资源的空间配置和资本组合模式。西部地区典型村落农户调查结果显示，越来越多的农户为了稳定生计，把劳动力配置到非农领域，农户生计方式呈现出多元化趋向，但仍存在一定的优化空间。

5. 西部地区农户生计结果现状

西部地区农户的收入方式呈现出的多元化特征，这不仅有利于对抗单一生计的脆弱性，而且能够缓解自然风险与政策风险、市场风险可能引发的减产危机。随着兼业生计方式的发展，西部地区农户的家庭收入来源也呈现出多渠道特征，工资性收入、经营性收入、财产性收入和转移性收入成为四个主要的来源，弥补了单纯农业生产的高成本，预留了劳动力和资金转移的空间，农户农业劳动时间和非农劳动时间的配置逐渐科学化。从调研数据来分析，中国西部地区的福利效应较为明显，样本中75.21%的人对目前的衣食住行教育及生活状态满意，并且对未来的生活持乐观态度。

西部地区农户的风险意识较传统，其应对风险时的首选策略是动用储蓄或借钱等类似的方式，较少主动采取金融手段、分散风险、可持续发展等其他风险规避方式。纯农生计可以通过购买保险的方式来对抗自然风险，非农生计可以选择保健健身方法对抗健康风险，兼业生计则可以选择培训管理能力对抗经营风险，典型村落中还有约 6.21% 的农户在面对风险时缺少解决方法，这在一定程度上说明了西部地区农户的防范风险意识不足，应对风险时欠缺积极心态和手段。

西部地区农户的生计结果还包括生产过程中肥料使用的减少与农户食品、饮水安全的增加等。这些也体现了自然资源供给稳定性的提升与绿色生态观念的发展，政府通过大力推行退耕还林、封山育林等政策，保证了自然资源的可持续利用。

三 西部地区农地流转对农户可持续生计状况影响

（一）农地流转前后农户生计特征对比

研究以农地流转作为关键时间节点，探求农地流转给农户生计资本、生计能力、生计策略和生计结果带来的变化，并就流转前后的状况作以对比，以清晰地把握农户在农地流转过程中的生计动向，分析西部地区农地流转对农户可持续生计的影响。

1. 农地流转前后农户生计资本对比

（1）自然资本"X"形变化。土地资源是农户最重要的自然资本，包括土地本身和相关产出。农地流转前，自然资本一般在农户生计资本中所占比例较大，农户主要以农业经营为主。农户利用土地自主经营时土地数量处于较高水平，同时土地利用也相对合理，因此土地质量相对比较稳定。农地流转后，流出方中多数农户会选择转出大部分土地，保留少量土地自用，少数农户选择将其土地全部转出，此时流出方自然资本因其数量的减少处于较低水平（赵立娟等，2021）。

因为流入方土地数量的大幅增加，其自然资本水平也有所提升。实践中，多数流入方经营行为规范合理，土地质量较为稳定，此时自然资本水平较高。但也存在流入方由于过度追求利益，节约成本，导致土地质量受损，自然资本水平降低的例外情况。例如，当流入方从事农业经营时，需要利用塑料薄膜保持土地温度，在农作物生长成熟后为了节约成本，未及时去除土地中留存的塑料薄膜，进而导致土地被污染，影响土地耕种质量；同时流入方在土地上进行非农业经营时的土地固化和房屋建设也会影响复耕后的土地质量，降低自然资本水平。但多数情况下，流入方自然资本在农地流转后大幅增加。流出方与流入方的自然资本在农地流转后的变化幅度较大，变化方向相反，呈"X"形（见图5-11）。

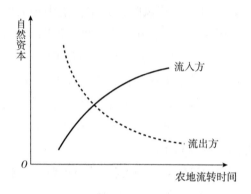

图 5-11　自然资本"X"形变化趋势

（2）物质资本横"Y"形变化。物质资本主要包括基础设施和生产资料，主要有：农户负担得起的交通条件（道路、运输工具等）、安全的住所、足够的饮水与卫生设施、清洁的能源和负担得起的通信和信息服务费等。生产资料包括生产工具、设备、种子、肥料、农药、传统与先进技术等①。农地流出方和流入方农户的物质资本在农地流转后会分别产生一定程度的降低和增加，随后维持在一个较为稳定的水平，呈横"Y"形变化（见图5-12）。

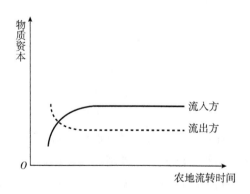

图 5-12　物质资本横"Y"形变化趋势

---

① 根据 DFID 有关资料整理。

由于土地流转租金收益有限，因此流出方农户基本不会增加在基础设施和生产资料方面的投入；而随着自然资本的减少，流出方农户拥有的农业经营方面的生产工具、设备、种子、肥料、农药等生产资料的数量也会有所下降，经营重心大多转移至非农经营，进而降低其物质资本水平。

流入方在生产经营过程中会购入大量生产用具，包括各类工具和所需器械，还可能根据经营需要在土地现有基础上增设相关基础设施，因此农地流入方在土地流转后物质资本会增多。

（3）金融资本横"K"形变化。农户金融资本包括农户农业经营与非农业经营获得的资金。2020年国内农村居民人均年经营收入达到6077.4元（国家统计局，2021），各区域发展情况不同经营收入会有所浮动，土地流转租金水平则与各地农民生产经营收益水平相当，大多数略高于自主经营收入，但差额较小。此时农户金融资本主要由生产收入组成，其收入水平有限，融资诉求较低，通过其他金融方式获得的资金也非常有限。流入方基础的金融资本总体会高于流出方，因此二者金融资本变化不产生交集，随着农地流转流出方金融资本缓慢增加，流入方前期金融资本有所减少，但随着后期经营活动规模稳定其金融资本会有所回升，二者变化趋势呈横"K"形（见图5-13）。

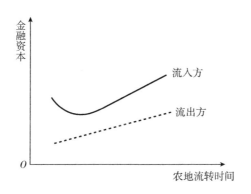

图5-13 金融资本横"K"形变化趋势

资料来源：《中国统计年鉴（2021）》。

土地流出后，流出方中原先以农业经营为主的农户会选择在周边地区务工，收入与自耕相比有明显提升，因此金融资本水平增加较多；兼顾农业经营与非农业经营的农户主要种植效益较高的时令作物，利用农闲时间外出务工，即便其转出土地所获得的租金与自主耕种收益持平，土地流转后其务工时间会有所增加，因此金融资本也会有所提升，但幅度较小；从事非农业经营的农户在土地流转前未通过土地产生收益，因此土地流转租金会增加该类农户的金融资本，但由于目前全国范围内土地流转资金水平普遍不高，其金融资本增加幅度较小。同时，收入水平的提高也增加了农户的融资需求，因此农户会更多地通过农村信用社等机构贷款，这也增加了农户的金融资本（袁士超等，2021）。

流入方在农地流转初期，因为支付土地租金和前期经营资金，金融资本会有所下降。在流入方经营步入正轨后，收益稳定，平均成本降低，其金融资本则逐渐增加，增加幅度根据经营效益的不同而变化。

（4）人力资本"O"形变化。农户的人力资本主要体现为其家庭劳动力数量及质量状况，主要包括家庭劳动力人数、健康情况以及受教育程度等。农村家庭人口普遍较多，非劳动力人口占一定的比例，劳动力负担较重，劳动力供养比高。并且由于农村经济基础相对较差，客观上农户的教育资源分配不均，表现为教育模式较落后、师资力量不充足、学校配套建设不先进、学校数量不多等；主观上农户受教育意识薄弱，长期教育成本投入难以获得短期的可得收益，导致农户的平均受教育程度不高。

农户总体身体健康程度变化不大，但由于老龄化问题的加重，农户家庭平均劳动年龄不断增长，农户身体健康风险越来越大，劳动年龄和健康状况的变化使农户家庭劳动质量逐渐下降，人力资本水平缓慢降低。农户家庭人口除学龄子女外，其余劳动力的文化水平均已固定，农地流转带来的人力基础红利在短时间内较难明显体现，但在长期的家庭人力资本发展里，子女的教育水平会有较大程度提高。

农地流入后的生产经营会产生较大的用工需求，此时流入方招聘更多员工使人力资源数量增加，同时为了提高生产经营效率和水平，流入方会增加人力资源方面的技能培训和职业教育投资，这些培训会提升流入方的人力资源质量水平，其人力资本也随之提高。如果流入方生产经营处于成熟期或机械化程度较高，农地流转并不产生额外的人力需求，此时流入方人力资本水平保持不变。

流出方与流入方在农地流转后其人力资本都有所增加，但由于流出方人力资本变化具有一定延迟性，因此流入方在农地流转初期人力资本增长然后维持在较为稳定的水平，而流出方人力资本增长的时间较为靠后，二者变化曲线闭合呈类"O"形（见5-14）。

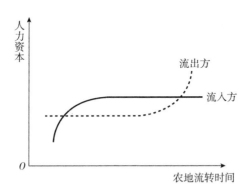

图5-14　人力资本"O"形变化趋势

（5）社会资本反"J"形变化。农户的社会资本主要为其相关的社会关系和参与的社会组织，具有提高互助、参与决策、实现共同目标和对外集体诉求的能力包括正式的组织、团体成员；直系亲属、亲戚、邻居、朋友之间信任、互助和交换关系等。由于农户所处环境的局限性，其社会关系主要为亲戚、同村村民和从事非农业经营活动认识的相关人员等，社交半径窄、社会关系简单。

以农业经营为主的农户因就业方式单一，其社会关系常常局限于同一村落内村民和农产品经营相关人员，土地流转后他们的就业方式逐渐多样化。在这一过程中，其社会关系得到丰富、与同一村落以外人员的联系更加紧密，因此社会资本有所增加。兼顾农业与非农业经营的农户和以非农业经营为主农户的社会关系和联系已较为固化，土地流转过程中其社会关系和联系基本不会增加，因此社会资本没有明显变动。

流入方在农地流转的过程中增加了与农户、农村集体经济组织和中介组织交往的密切程度，但由于农地流转中这三类群体组成基本较为固定，因此流入方社会资本增加幅度较小。无论是流出方还是流入方，农地流转后其社会资本都在原有基础上有一定增长，但增长幅度不大，呈反"J"形（见图5-15）。

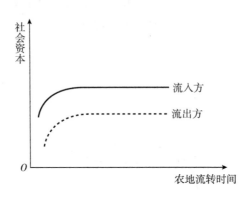

图5-15　社会资本反"J"形变化趋势

自然资本作为农户最主要也是直接参与农地流转的生计资本，其变化最为显著；物质资本、金融资本、人力资本和社会资本间接参与农地流转经济事项，出现了不同程度的变化，但变化幅度较小。其中物质资本、金融资本、人力资本（流入方）和社会资本水平变化发生在农地流转较早期，随后逐渐稳定，而人力资本（流出方）的变化则较为缓慢，在农地流转后较长时间才会有所体现。

2. 农地流转前后农户生计能力变动

生计能力是能力与过程的结合体，它包括行为人的内生能力和外在资源禀赋，是二者组合而成的能力结构。具体而言，生计能力可视为行为人的内生能力、外在资源禀赋所带来的能力以及它们所包含的生产要素的"复制"与"转化"过程。农地流转过程中，农户的生计能力是指他们通过充分利用土地流转后生计资本存量与外界有利条件，不断整合资源、学习新技能、适应新环境并促进自身可持续发展的能力与过程。如前所述农户生计能力包括学习能力（资源获取能力、政策利用能力、专业技能学习能力）和适应能力（风险规避能力、市场适应能力和关系维护与拓展能力）。

（1）学习能力总体提升。农地流转带动了农户信息与资源信息传输的速度，为农户学习能力的培养提供了良好的环境基础，因此无论是主动或被动参与农地流转，农户的学习能力水平整体都得到了一定的提升。

资源获取能力是农户对不同类型的资源进行选择、配置和重新组合，使之具有较强柔性的能力。农地流转增加了农户获得的资源量，推动了其对资源的再利用，促进了农户资源获取能力的提升（赵锋，2015）。农地流转前农户生计方式较为固定和单一，因此其能够利用的资源十分有限，同时农户生计水平相对不高也使农户缺乏资源获取意识，因此农户资源获取能力处于较低水平。农地流转激发和焕活了农村土地的生机，也推动农户积极地思考和参与资源获取与配置活动。农地流转过程中，交易双方需要重新选择主要生计方式所需的生计资本，调整各个生计资本比重，进一步优化其生计状况，相应地也提升了其资源获取能力。

农地流转关系到参与农户的生计发展，使农户增加了对政策内容的关注与了解，其政策利用能力逐步提升。由于农户受教育程度普遍不高，同一村子内能够识别并理解农村各项政策的农户数量相对有限，农户土地未发生变动时，其生产经营较少与政策挂钩，因此农户大多不会主动了解农村政策内容。然而，农地流转不仅仅引发了农地经营权的转移，还与区域农村及其产业发展相关，与农户自身根本利益息息相关。因此，以农地流转相关政策为切入点，农户逐渐增加了对相关政策法规的关注，以便根据政策变动尽快调整生计方式，其政策利用能力被提升。

农地流入方就业环境的变化与流出方生产经营的需求促使参与农户不得不学习更多的知识与技能，其专业技能学习能力进一步增强。农地流转前农户以土地经营为主，其专业技能学习以农业技术为主。当农户收入主要来源于土地经营时，为了提高单位收益，农户会有意识地向当地农业技术培训机构学习关于提升作物质量和土地肥力的专业技术；此外，当地政府为提升农户种植收益和特色作物种植水平，会不定期组织农户进行相关农技知识的学习。因此，在内外驱动的共同作用下，绝大多数农户具有一定的专业技能学习能力。

土地转出使流出方生计更加多样化，这促使农户去掌握更多的专业技能来维持与改善其生计，此时农户的专业技能学习主要以务工所需技能为主，其专业技能学习能力被提升，但因其就业方式有限，专业技能学习范围较小，专业性较低，专业技能学习能力提升幅度有限。流入方土地面积的增加意味着其经营规模的扩大，为了提高经营效益，流入方会学习多个方面的专业技能知识，其专业技能学习能力会明显提升。

（2）适应能力两极分化。农户的适应能力与农户参与农地流转的进程和结果密切相关，但不同农户农地流转的情况可能存在较大差别，因此农户适应能力的变化也不尽相同。

农户的风险规避能力在不同情况下的变化趋势截然不同。当农户参与农地流转后顺利地拓展了较为稳定的收入方式，同时农地流转租金收入正常，没有出现拖欠租金、地力下降等纠纷时，农户生计进入可持续发展的良好阶段，此时农户所具备的各项生计资本水平可观，生计策略基本合理，能够产生稳定的收益，此时农户的抗风险能力有所提高，其风险规避能力也会得到提高。

但无论是流出方还是流入方，参与农地流转时都会面临有一定的风险，当农地流转租金以及农地流转后农地的利用方式出现问题，农户限于自身有限的能力，还未能找到稳定的生计方式过渡到新的可持续生计状态时，农地流转未能给农户带来理想收益，农户自身还需要不断消耗现有的生计资本维持生计，此时农户生计脆弱性较高，风险规避能力也随之降低。

市场适应能力是农户充分认识市场生计环境并做出自我调整的能力，能够调整并适应农地流转带来变化的农户其市场适应能力会得到提升（赵锋，2015）。农地流转前，农户面对的主要是农业经营市场（包括粮食作物市场与经济作物市场）和务工市场。一方面，农户面对的市场较少，其自我调节和支配需求较低；另一方面，这些市场波动幅度普遍不大，农户在生产经营过程中已经逐渐适应这样的波动。

这种情况下，农户的市场适应能力处于较低水平。农地流转事项打破了农户以往的生存节奏，给农户带来更多选择的同时也带来了风险，促使农户不得不根据自身条件和外界环境逐步进行调整，以适应农地流转带来的变化，维持生计可持续发展，因此农户的市场适应能力会得到提升。

农地流转进程顺利与农户生计方式增加都会提升农户的关系维护与拓展能力，反之下降。如果农户的农地流转交易顺利进行，那么流转过程中农户与交易方、农村集体经济组织、政府部门以及中介组织之间因农地创建的长期稳固的关系，自然会提升农户的关系维护与拓展能力。

除此之外，农地流转能够推动农户"走出去"，即农户在农地流转后多样的生计方式会在一定程度客观拓展其社会关系网，进一步提升农户的关系维护与拓展能力。但也有少数农户的农地流转过程和结果并不理想，由于农地流转过程中参与方较多，土地关系复杂，当产生关于租金和土地利用方面纠纷时，农户为了维护自身权益很有可能损伤其他参与方权益，此时农户的关系维护与拓展能力有可能会下降。

3. 农地流转前后农户生计策略转变

当所处环境或家庭状态发生变化时，农户会通过转变生计策略来适应新的人地关系，城镇化与乡村的裂变是农户生计转型的重要动力之一（熊正贤，2018）。土地流转过程中农户生计资本发生变化时，农户往往会改变生计策略以适应新的生产关系，与其他因素相比，农户生计资本对生计策略变动的影响表现得更加直接和明显。

（1）农户生计策略类型划分。现有文献对农户生计策略分类的划分一般有三种方法：一是根据农户参与生计活动情况对生计策略进行划分（Scoones I.，1998；李聪等，2013）；二是按照农户某项活动收入占总收入的比重来划分（刘倩等，2020；肖轶等，2021）；三是通过聚类分析对生计策略进行划分（蔡洁等，2017；周丽等，2020）。

以上述划分类型为基础，结合研究主题内容，可按照某项收入占家庭总收入的占比 60% 以上，如农业、林业、养殖、非农（务工和非农经营），将农户生计策略分为以下 3 种类型。农业、林业或者养殖收入占家庭收入的 60% 以上，则定义为传统生计专业化；非农（务工和非农经营）收入占家庭收入的 60% 以上，则定义为非农生计专业化；农户没有任何一项收入占家庭收入的 60% 以上，则定位为多样化生计，如表 5-1 所示。

表 5-1 生计策略类型划分

生计策略类型	主要收入来源及比重	主要生计资本
传统生计专业化	农业收入比重≥60%	人力资本、自然资本
非农生计专业化	非农收入比重≥60%	人力资本、金融资本
多样化生计	任一项收入≤60%	人力资本、物质资本

（2）农地流出方生计策略再选择。传统生计专业化类型农户在农地流转后会逐步向非农生计专业化和多样化生计转变。中国绝大多数农户最重要的自然资本就是土地，通过土地所获得的收入也是农户收入的主要来源之一，通常农户经营承包的土地越多、农副产品收入和土地资产越高，越能吸引家庭劳动力从事农业活动，降低从事其他工作的可能。因此，农地流出方多以人力资本和自然资本为主要生计资本，农地流转前的生计策略多为传统生计专业化。随着土地流出，这类农户所拥有的自然资本水平显著下降，金融资本与物质资本水平逐渐高于自然资本水平。此时，农户根据其金融资本和物质资本水平的不同，由传统生计专业化向非农生计专业化和多样化生计转变。

剩余少部分以非农生计多样化和多样化生计为主的农户主要以人力资本、金融资本和物质资本为主，土地流转后其金融资本和物质资本变动幅度都较小，因此这两类农户生计策略基本不变（赵立娟等，2017）。

（3）农地流入方生计策略再选择。大部分农地流入方生计策略与农地流转前保持一致，少数流入方会从传统生计专业化向非农生计专业化和多样化生计转变。农地转入方经营往往具有一定的规模，机械化程度高，经营规模效益高，有着良好的规模化农业生产经验，因此农地流转后他们更愿意继续从事农业经营活动，在其现有基础上扩大种植规模或增加种植种类，其生计策略还是以传统生计专业化为主。

少数原先以农业经营为主的流入方经营效益增长较慢，不符合其增长预期，但沉没成本使得其无法完全放弃已有的土地和物质资本，这时流入方很可能会由农业经营转向服务业经营，或者将二者结合。例如农家乐、种植园和采摘园等经营方式。选择非农生计专业化生计策略和多样化生计策略的这类农户通过增加农地转入的规模，以自然资本为基础，维持既有生计策略以达到生计资本与生计结果协同发展。

4. 农地流转前后农户生计结果比较

随着乡村振兴战略和农地流转新型土地经营模式的实施，农户生计结果水平普遍得到提升，但农户参与农地流转后其生计状况的改善并不明显，只有极少数农户取得较为良性的生计结果，还有小部分农户因农地流转产生的风险而危及其可持续生计。因此，现阶段农地流转对农户生计的正向作用整体并不显著，通过农地流转带动乡村发展，提升农户生计水平还有许多问题需要解决。

（1）农地流转前后农户生计现状概述。实行家庭联产承包责任制以来，大多数农户均以家庭经营为主，少数外出务工或以其他方式谋生农户的土地也是在同一村落内亲戚朋友间自愿流转，自行商议流转价格。这一阶段，农户收入水平大多较低，极少数农户通过外出务工和有技能的农业经营发家致富提升其收入水平。因此，自发流转阶段农户的生活质量不高，生计目标主要为追求物质收入的增长和生活水平的提升。

随着农业经营体系的改革，以家庭为单位的土地经营模式逐渐向"适度规模"经营模式转变，在政府的引导下，出现了农业合作社、生产大户、家庭农场以及农业龙头企业等多种经营模式。这种背景下，农地流转从非正式的自发小规模流转逐渐发展成为以村集体带头的规范化大规模流转。

农地流转后农户从繁重的种植业活动中得以解放，有了更多时间和精力，除少数农户仅依靠地租生活外，大多数农户在地租收益的基础上，还会选择外出务工、打零工、农业雇工活动和扩大农业经营面积等多样化的生计策略维持与改善生计。此时农地流转的程序更加规范，农户流转土地的面积也更具规模化，所以农户有更多的时间和空间拓展生计方式，整体收入水平逐渐提升。乡村振兴战略进一步推动了农村基础设施建设，农户的生活环境质量得到明显的提升。

（2）农地流转后农户生计结果的类型。实地调研中发现，农地流转的租金与农户自己耕作土地时获得的收益相差并不是很大，参与农地流转的农户除极少数"离土又离乡"的外出务工之外，大多数农户仍依赖并参与与农业相关的生计方式。

部分农户依靠外出务工、打零工和农业雇工活动维持与改善家庭的生计，受自身能力限制，其务工范围有限，所以收入虽然有所增加，但增加幅度较小。多数农户由于各种原因依然停留在满足自家的生产和生活消费上，因此农户生活现状并没有因为农地流转得到明显的改善。也有一部分农户通过扩大农业生产面积，把握好时机并且充分利用政府补贴从而获取了更高收益。收入的大幅增加和对当地农业生产的贡献，使他们获得了生活质量显著提升的幸福感，同时也因此能有机会参与村集体治理，获得一定决策权。

除此之外，部分地区由于农地流转规范性不完善可能带来生态风险环境，从而降低了农户的生计资本水平，进而影响了他们的生计结果。例如，农户转出的土地质量下降会在很长时间内降低土地给他们带来的收益水平，同时还会对生态系统产生不利影响；农地流转产生的经济纠纷不仅减少了参与农户收入，也不利于农户人际关系的发展，降低了他们生活的幸福感（陆继霞，2018）。

（3）农地流转对农户生计结果的影响。农地流转后农户生计结果稳中向好。规模化规范化农地流转开始后，农户逐渐不再被土地牵制，可以根据自身就业意愿脱离农业生产选择其他类型的生计活动，通过个性化就业提升其收入水平。金融资本的增加和生计环境的提升都可以提升参与农地流转农户的满足感与幸福感。同时规范的农地流转在很大程度上规避了农地流出后农户的风险与经济损失，为农户提供了利益保障。农地流转还为有经营头脑的农业大户提供了发展机遇，他们在自身努力和政府的帮扶下开拓当地特色种植产业，发掘地区农业经营潜力，创造和解决了周边区域农户的就业问题，还能带动当地其他农户走上专业化农业经营道路，提升其农业生产效益。

但从事农业经营的农户与生产大户也面临着政策支持和农业技术进步的要求，这是他们当前急需解决的生存与发展困境。选择了非农生计专业化和多样化生计的农户，其永久或暂时地离开土地到城市从事各种非农活动也并非一定是家庭理性的与最优化的生计选择，农户身份带来的限制使其无法完全脱离农村。

此外，尽管有较多农户在土地流转后有意从小农转向农业雇工，但大规模机械化农业生产客观上弱化了对农业雇工的就业需求，在一定程度上限制了农业雇工群体的扩张。对于流转后土地利用质量的监管，目前国家并无明确的程序与要求，部分土地流入方为了盲目追求利益而可能会弃土地质量和环境于不顾，这不利于国家高质量农田建设和粮食安全的发展，也影响了流出方农户未来收回土地后再利用的效益。

通过对农地流转前后农户生计特征进行对比，能够更加深入和细致地了解农地流转行为与农户可持续生计之间的互动情况，为进一步分析农地流转农户生计模式提供帮助。

（二）农地流转对西部地区农户可持续生计影响

1. 农地流转促进西部地区农户生计方式转型

（1）生计方式从由单一发展为多样。农户选择何种生计方式主要是由自身拥有生计资本的数量与质量决定的，生计资本拥有量越多的家庭，选择的范围往往越大，并且能够在各种生计方式中灵活转换，以保护他们的生计能力（赵立娟等，2017），同时提升对抗生产生活风险的防范效果。农地流转后，农户从繁重的种植业活动中获得解放，从事非农生产活动的时间和精力增多，农业生产所需资金的获取渠道开始多元化，这些都有利于他们对生计方式的选择与组合。

与东部地区相比，西部地区社会经济发展相对缓慢。农地流转大规模实施前，多数农户处于传统小农的生产状态，以农耕为主要就业形式。新型城镇化发展速度与社会资本投资的相对不足，使就业岗位供给有限，能够提供给外出务工农户的机会更加有限。农地流转后，一方面农地流入方的自然资本拥有量增加，丰富的自然资本代表着流入方可能拥有更高质量的耕地以及更优良的农业生产条件，他们更倾向于选择农业型生计方式，集中资源发展农业种植，促进农业规模化发展。

另一方面农地流出方的自然资本拥有量相对减少，流转带来的土地租金在一定程度上增加了金融资本，当生产资料减少时，农业生产对劳动力的需求降低，为劳动力的转移创造了条件，也对农户选择混合型和务工型生计模式提供了显著的正向影响。总之，农地流转改变了交易双方的生计资本，扩展并影响着他们生计策略的选择，推进了参与流转农户的生计方式由单一朝多元化发展。

（2）促进劳动力合理配置。由于农户在时间和资本上具有局限性，掌握稳定、高回报生计方式的农户通常不愿分散其有限的资源到其他生计类型中，这使农户生计逐渐走向专业化。在农地流转过程中，农地流出方往往选择放弃农业，同时选择非农的生计方式；而未参与农地流转的农户和农地流入方则保持了对农业的热情，自由选择扩大农业生产规模（宋菊香等，2021）。在农地流出方、未参与流转农户、农地流入方三个主体中，农户的劳动效率并没有显著性差异，但农地流出方在外出务工活动上花费的时间可能最多，而农地流入方在非农活动中花费的时间可能最少。

农地流转后，农户的自然资本结构发生了改变，促使他们重新配置剩余土地和现有劳动力。对西部地区典型村落调研的结果显示，参与调研农户的家庭人力资本现状呈现出老龄化，且受教育程度不高的特征。老龄化的劳动力为了保障生计，大多趋向于选择最基本的农业生产；受到教育程度限制的劳动力则选择农业或养殖业、建筑业、运输业及零售业等非农就业。农地流转以市场配置为基础进一步分化了劳动力的配置，使其朝着效率更高的方向分流。

2. 农地流转改善了西部地区农户的生计结果

（1）提高农户收入水平。2016 年中国人民银行联合财政部、农业部出台《农村承包土地的经营权抵押贷款试点暂行办法》，此政策的出台使农村土地得到金融层面的激活，这对促进经济发展和提高农户收入至关重要。与未参与流转土地的农户相比，参与农地流转农户的收入在结构上发生了一定的变化，农业收入比例相对减少，非农收入所占比重逐渐增加，农户收入总体增加并呈多元化。农村居民的人均可支配收入逐年上升，工资性收入成为其主要来源。

随着土地资源"沉睡资本"的释放，西部地区农户收入大幅增加。农地承包经营权的流转使社会资本向农村集中，进一步整合利用了农村土地，提高了农地的利用效率。西部地区利用扩大集体经济组织、培育扶持新型规模经营主体等政策，不断地在改变农村经济体组织形态，帮助农户以租金或者分红的形式提高收入。农地流转租金提升了农户财产性收入，对其家庭收入产生正向且显著的促进作用。《中国农村统计年鉴（2021）》中将中国农村居民按东部、中部、西部及东北地区分组后发现，不同区域的人均可支配收入存在一定的差距。东部地区经济发达，农民人均可支配收入最高达 23556 元，同比增长 8.7%；西部地区农民人均可支配收入 15608 元，比上年增长 9.3%。虽然西部地区的农民收入总体上低于东部地区，但增速明显呈上升趋势，并且差距逐渐缩小（见图 5-16），区域发展的不平衡不充分问题正在逐步改善。

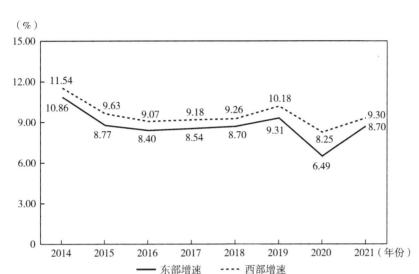

图 5-16　西部与东部地区农民人均可支配收入增速变化比较

（2）改善土地资源配置。农地流转使闲置、细碎的土地获得集中利用，规模经营提高了农地资源的利用率。农地流转能促进农业经营规模化，农地经营权的有序流转和农业经营的适度规模发展可以保障农民权益、实现农业现代化和稳定农村发展。农地流转有利于推动农地向"种植大户"转移，降低土地细碎化程度，实现农地的集中化经营，带动粮食增产和农业增效。政府的积极培育促进家庭农场、农民合作社以及农业龙头企业等新型经营主体迅速发展（王一清等，2018；李政通等，2022；杨义兴，2022；杨广亮等，2022）。适度规模化经营与掌握了科学管理理念的新型经营主体的良好互动，能够推动农业产业的高质量发展，提高农地的利用效率，促进土地资源的合理配置。

西部地区农地资源丰富，由于经济发展相对滞后，土地细碎化与闲置化程度高，土地集约节约利用空间大。农地大规模流转有效地解决了这一问题，提高了资源配置的效率。通过农地流转，将农地流转到使用价值高的地方，一方面实现了农业规模效益；另一方面提高了农地的利用价值，同时也促进了农户家庭人力资源的合理配置。通过流转西部地区不仅提高了农地的利用效率，还增加了农户的收入，促进了区域内农村农业经济水平的整体发展。

3. 农地流转提升了西部地区农户可持续生计水平

自 2014 年起，国家连续多年发布中央一号文件缓解农业生产与资源约束之间的矛盾，强调在资源环境约束趋紧的背景下，农业发展应转变方向，既要确保农产品的有效供给，又要进一步加强农业资源保护，实现农业绿色可持续发展。为寻求农地利用的可持续集约化路径，新型农业主体往往会根据流转农地的生产范围转变其利用方式，优化生产要素结构，拓宽可持续生计框架中的农户生计资本和生计策略内容，间接地推进了农户可持续生计水平的提升。土地规模化经营能够改变小农经济粗放式自给自足的生产环境，改善农业主体的组织形态，催化出集体经济组织和规模经营主体，使农业作物增产增收、农业产品和服务保质保量，并且实现品牌化发展，为农户增加就业机会，同时改善内外部环境，增强自身驱动力，可以从整体上改善农户可持续生计水平。

西部地区农户可持续生计水平提升的路径主要为农业要素的有效流动，通过合理配置资源，实现农业规模化经营，进而改善农户生计状况。农地流转过程中，农业要素配置的变化，会对农业产出和农户收入产生重要影响，进而改变了农户生计活动的种类和构成，形成了差异化的农户生计结果，因此农地流转有助于提升西部地区农户的可持续生计水平。农业现代化进程中，农户生计的可持续性、农地价值认知和农地流转三者之间相互影响，农户生计的可持续性水平会影响其对农地价值的认知；而农地价值的认知会对农地利用集约化产生影响，具体表现为对农户流转决策的影响，故相关部门应该引导农户科学规范地参与农地流转，以提升农户的可持续生计水平，形成良性循环发展路径，助推农业现代化的发展。

第二节　西部地区农户可持续生计特征、约束条件及内容

一　西部地区农户可持续生计特征的形成

农户可持续生计的基本内容包含以风险与脆弱性背景为环境基础下的农户生计资本类型、生计能力水平、生计策略选择和生计结果反馈。

基于不同的风险与脆弱性背景，各地区的农户行为的环境基础存在差异，因此农户可持续生计的基本内容也呈现出不同特征。中国西部地区农户可持续生计特征不仅受到稳态的自然因素与社会因素的影响，而且自 2000 年"西部大开发"战略提出以来，动态的经济因素与行政因素的影响作用逐渐占据主导地位。由于物质利益关系的变化，影响西部地区农户可持续生计的经济和行政因素实质上是各相关主体对其利益诉求的行为选择，在多方的行为博弈下形成了整体利益格局，由此显现出特定的农户可持续生计特征。

（一）相关主体的利益冲突与行为选择

1. 相关主体的利益冲突

利益问题是人类生存和发展的根本问题，马克思指出："把人和社会连接起来的唯一纽带是天然必然性，是需要和私人利益。"由于物质利益关系的变化，各相关主体因利益冲突而采取不同行为，改变利益格局，从而对农户可持续生计产生重要影响。西部地区农户可持续生计相关主体的利益冲突主要体现在以下三个方面，如图 5-17 所示。

图 5-17 西部地区农户可持续生计相关主体的利益冲突

第一，政府利益与个体利益的冲突。西部地区的经济发展水平相对落后，农户生计可持续发展面临地方政府的财政约束，政府利益与个体利益的冲突较为普遍，集中体现在政府与个体在经济资源和环境资源的争夺，以及政府对个体利益的侵占上（何爱平等，2016）。在西部地区政府主导的经济开发中，政府一方面希望大力发展农村经济，但又无法通过严格的环境规制降低生产和生活带来的环境成本；另一方面，地方政府应中央政府的要求，虽具有建设生态环境的愿景，却无法提供充足的财政支持。自中国开始实行退耕还林政策以来，西部地区就开始了大规模的生态恢复工程，虽然退耕还林政策对生态文明建设起到了显著作用，但由于通货膨胀的影响，以亩为单位的固定补贴额使退耕还林农户的实际收益不断减少，长远生计问题未能得到有效解决。

同时，随着财政补贴的陆续到期，补贴不到位降低了政府的信誉度，使农户长期参与退耕还林的积极性受损（邵传林等，2010）。"一带一路"倡议提出的西部大规模经济合作工程同样面对类似的问题，道路建造、管道铺设、能源开采等过程中开发使用了大量生态资源，对西部地区生态环境造成一定的影响，政府对西部农户的补贴不足或缺失则会加剧政府利益与个人利益的冲突，从而对农户可持续生计产生影响。

第二，经济利益与生态利益的冲突。西部地区农户生计可持续发展过程中涉及的利益问题，最直观的内容是各相关主体的经济利益与生态利益的冲突与对立，主要表现在企业与农户个体之间。当前，西部地区注重培育特色产业，实施经济产业化、市场化升级，处于"西部大开发"加速发展和以"一带一路"倡议为支点的全方位协调发展阶段。企业是经济合作的载体，也是市场化升级的主体，但西部地区的企业，尤其是资源型企业的初始技术水平较低，在获取企业利润、扩大企业规模的同时会不可避免地经历大生产与大排放阶段，从而损害农户的生态利益。

罗振华（2021）在西部地区水电开发项目的社会冲突形成机理研究中发现，企业行为会造成环境、安全、经济这三方面的影响，直接导致了农户的风险感知和不满情绪，进而影响农户行为（罗振华，2021）。其中环境因素对农户生计可持续性的影响最大，主要表现在企业生产经营导致的局部气候改变，出现了旱涝灾害、水质污染、土壤污染、粮食减产等问题，使农户进行农业生产成本升高，意愿不断下降，甚至影响到农户的生活质量与健康，迫使其转变生计策略，生计可持续性降低。

第三，整体利益与局部利益的冲突。西部地区农户可持续生计相关方还存在局部利益与整体利益的矛盾，主要体现在城市居民与农户之间。该区域城市与农村之间经济发展差距较大，大部分生计水平较低的人口多集中于农村和偏远少数民族聚集地。西部地区的经济发展主要以城市经济为中心展开并向周边农村地区辐射，城市作为资源需求地从中获得的收益最大，而作为资源供给地的农村获益最小，导致城乡间差距扩大，在技术条件落后的情况下，为了发展经济，农村地区往往会采取粗放式的资源开采和农业经营，农户个体为了改善生计结果，更有可能选择"一家两制"、外出务工等生计策略，不仅面临资源浪费和环境破坏的风险，还使城乡差距进一步扩大，加剧农村经济发展与区域生态环境的矛盾，降低农户生计可持续性。

2. 相关主体的行为选择

利益冲突引发西部地区农户可持续生计相关主体对自身行为不断进行调整，而主体行为选择受到政策制度的引导与约束。地方政府、企业及农户家庭三大行为主体在"经济人"的理性驱使下追求己方利益最大化，在现有典型制度背景下选择了不同的行为策略，基于此构成了三者之间的动态博弈，三方主体行为在相互调试、作用的过程中，逐步形成了各自利益最大化的边界，共同构成了西部地区可持续生计系统的整体局面。

第一，转移支付制度下地方政府公共支出结构扭曲。Sigman (2014) 认为财政分权会减少地方财政收入，导致地方政府减少对生态建设、环境保护的投入。自1994年中国实施分税制改革后，地方政府的财政能力更加依赖于地区经济的发展水平，为了解决西部地方政府公共物品供给不足的困境，中央政府通过转移性支付对地方政府提供财政补贴，还针对少数民族地区专门设立"民族地区转移支付"制度。孙晗霖（2020）等研究发现公共服务对于精准脱贫农户生计稳定作用尤为显著，加快完善公共服务体系是乡村振兴的核心契合点，但在财政分权和基于党委领导干部政绩考核标准的影响下，公共支出结构出现"重基本建设、轻人力资本投资和公共服务"的明显扭曲（傅勇等，2007），如2022年西藏提出重大基础设施类项目61个，计划投资461亿元，但保障和改善民生类项目仅32个，计划投资75亿元①。西部地方政府财政对教育、卫生等非生产性公共物品的投资缺乏积极性，直接

---

① 西藏自治区民政厅发布《2022年西藏共安排重点建设项目181个一季度开复工率达43%》，http：//mzt. xizang. gov. cn/zxzx/xzzw/202205/t20220511_297934. html。

影响当地农户生计资本的配置结构及其空间分布特征，从而降低农户可持续生计发展的资源优势和空间可能性（李松有，2020）。

第二，环境规制下企业负外部性转移。企业在发展过程中以低制裁代价换取了高经济效益，造成了资源浪费、大气污染及生态环境恶化等问题，很大部分原因是政府宽松监督下企业粗放式发展带来的外部不经济。在经济进入高质量发展新时期后，为了改变以环境污染为代价换取财富增长的模式并推动企业生产技术进步，政府对企业尤其是资源型企业实行严格环境规制。但研究发现中国西部地区的环境规制并未起到明显推动企业技术进步的作用，地方企业选择与上级部门实施"合谋"，以躲避环境规制，形成与地方政府的利益博弈。

一方面，由于西部地区经济相对落后，企业面对强有力的环境规制时，无法通过技术创新来控制污染，而是通过贿赂环境监管部门或形式上的生态补偿来减轻政府对其规制的力度；另一方面，企业通过提供合同工岗位、直接对农户提供经济补偿或直接与当地农户签订协议等方式，将企业生产的负外部性一定程度上转嫁给当地农户，从短期看，这既减轻了企业单独承担污染排放的成本压力，也增加了农户的生计资本存量和生计策略多样性。但从长期看，随着农业现代化进程的推进和重拾土地的"再小农化"群体不断增加，农户对自然环境质量的需求程度会更高，企业的这种行为会导致农户面对更大的自然环境脆弱性风险和生计可持续发展成本。

第三，生态补偿机制欠缺下农户家庭劳动力的跨产业配置。生态环境是一种公共产品，具有成本自担、收益共享的特性。地方政府出于经济理性，为解决生态环境"搭便车"行为，会尝试通过生态补偿机制来改善资源环境的收益分配，但农户作为生态文明建设的行为主体，其生计安全很难从现有的生态补偿制度获取有效保护，政府对农户个体参与生态建设予以补偿存在不合理。一方面，地方政府希望农户提供足够的资源进行生态文明建设，但又很难按照初始的政策向农户提供相应的经济补偿；另一方面，地方政府期望农户不断提供生态资源以便进行长期生态环境的治理与改善，但又以生态资源的公共属性为由限制农户通过市场化方式获取经济收益。

因此，西部地区大多数农户为了改善生计，追求自身经济效益最大化，在生态补偿机制欠缺的"推力"和城乡巨大收入差异的"拉力"作用下，会选择跳出地方政府的生态补偿制度，选择跨产业配置家庭劳动力，即同时从事农业生产经营和参与非农劳动产业。数以亿计的农户家庭劳动力充分参与非农工资性劳动市场，在优化农户生计资本结构配置等方面具有显著作用（王志章等，2021）。

（二）西部地区农户可持续生计的特征

1. 农户可持续生计特征内涵

可持续生计（Sustainable Livelihoods）的探讨源阿马蒂亚·森（1982）关于贫困问题的研究。1987 年世界环境和发展委员会在报告中首次对其定义为："可持续生计指个人或家庭为改善长远的生活状况所拥有和获得的谋生的能力、资产和有收入的活动。"（郭华等，2020）研究进一步深入结合中国农户自身特性与外部环境因素，在第三章将"可持续生计"界定为："当个人或家庭为改善长远的生活状况所拥有和获得的谋生的能力、资产和有收入的活动，能够在外界压力和冲击下得以恢复且不削弱自然资源基础时，这种生计被认为是可持续的。其中资产不仅包括金融财产（如存款、土地经营权、生意或住房等），还包括个人的知识、技能、社交圈、社会关系和影响其生活相关的决策能力。"

此处秉承上述可持续生计界定，将生计的可持续性分解为压力承受能力、冲击恢复能力、资产增长能力以及生态适应性四个方面，并从不同地区农户的生计状况在这四个方面表现出的差异对其进行描述和归类，以对异质性的农户可持续生计特征进行表征。因此，研究将农户可持续生计特征界定为："农户的生计状况在压力承受能力、冲击恢复能力、资产增长能力以及生态适应性上所表现出的特殊性。"

2. 相关主体行为选择形成的西部农户可持续生计特征

西部地区农户可持续生计的各相关主体为满足自身利益诉求，基于短期内特定的自然因素与社会因素进行着不同的行为选择，不断改变着整体利益格局，形成了当前西部地区农户可持续生计的特有表征。

第一，西部地区农户生计压力承受和恢复能力较强，但生计资本增长能力欠缺。分税制改革后，地方政府财政能力决定着地区经济发展水平，为了缓解财政压力、获取中央政府对地方的财政支持和政策优惠，多数西部地方政府更偏向于生产性项目投资，缺乏对非生产性公共物品投资的积极性，尤其是缺乏对能改善农村地区教育、卫生条件的公共物品投资的热情，造成很大一部分区域多数农户人力资本和物质资本的欠缺。陈灿平（2018）在对西部地区新生代农民工贫困脆弱性评价研究中发现，所有类型的生计资本都和贫困脆弱性是负向因果关系，其中减少贫困脆弱性最有效的生计资本是人力资本，其次是自然资本和物质资本（陈灿平，2018）。

西部地区农户家庭为了改善生计，更倾向于选择非农型或兼业型生计策略。这种选择：一方面，增加了区域内农户进行农地流转和外出务工的数量，促进农户生计策略多元化，有利于增强其生计压力承受和恢复能力；但另一方面，由于西部农村地区教育条件有限、人力资本欠缺，进城务工的农户受限于自身知识技能和学历水平，难以获取高劳务报酬来改善和提升其生计资本结构与存量。因此，西部地区政府公共支出结构的扭曲，导致农户生计呈现出高承压、低增长的特征。

第二，西部地区农户生计的生态适应性较弱。由于西部地区整体经济发展质量偏低，在高门槛阶段下环境规制的正向促进作用不显著（张鑫等，2022），严格的环境规制使区域内相当一部分企业难以在资金与技术力缺乏的情况下通过技术创新来控制对环境的污染，而是通过"寻租行为"以减轻被规制的力度或与当地农户进行非正式的排污权交易。长此以往，环境污染和能源开采导致农户的自然资本受损，纯农型农户、专业大户、家庭农场、农民合作社、农业企业等新型农业经营主体不得不面临自然环境脆弱性风险，且在不具备足够技术能力的条件下，为了提高农作物产量和经济效益，部分新型农业经营主体会选择增加化肥、农药、除草除虫剂的使用量，从而形成"环境恶化—化学物质使用增加—环境更加恶化"的恶性循环，严重威胁到区域内农户生计的生态适应性，对西部地区农户生计可持续性产生显著的负向影响。

综合以上，西部地区农户的可持续生计呈现出高压力承受能力、高冲击恢复能力、低生计资本增长和低生态适应性的特征。要提升区域内农户的可持续生计水平，相关决策者必须清晰地认识到这些特征，并运用制度规制科学地予以引导与矫偏。运用制度规制激励与约束农户行为，促使其可持续生计特征向好发展时，农户生计可持续发展的约束条件是决策分析的必要关联因素。

二 西部地区农户可持续生计约束条件

西部地区农户可持续生计在相关主体行为选择下形成了独有的高压力承受能力、高冲击恢复能力、低生计资本增长及低生态适应性的特征。该特征表明西部区域内农户生计的可持续发展仍受到各方面的约束，要提升区域农户生计水平，确保其生计发展的可持续性，还需从生计本身的视角对其相关制约因素进行分析。

可持续生计分析框架（SLF）是围绕解决生计问题而展开的，揭示了一个理解生计的框架，通过把对生计的理解集成到一个分析性工具之内，指出了提高生计可持续性的潜在机会，尤其适用于洞察生态、社会、经济脆弱的西部地区农户生计可持续发展问题和制约因素，在提出有效解决生计可持续发展行动中可以成为一套行之有效的集成分析框架和规划研究工具（崔晓明，2018）。因此，研究从 SLF 视角出发，将西部地区农户可持续生计的约束条件分为脆弱性背景、社会结构和过程转变、生计资本三个方面，对西部地区农户可持续生计的约束条件进行分析（见表 5-2）。

表 5-2　　SLF 视角下西部地区农户可持续生计约束条件分析

	脆弱性背景	社会结构和过程转变	生计资本
约束条件	区位劣势 生态弱势 经济发展水平低 小农思想深厚	政策下农户异质性产生抑制效果 "退耕还林" "易地搬迁"	人力资本限制 自然资本匮乏 物质资本短缺

（一）脆弱性背景的约束

区位劣势与生态弱势导致西部地区农户生计可持续发展条件先天不足。西部地区是中国"两屏三带"生态安全战略格局的重要组成部分，也是大部分河流发源地和诸多重要资源后备地，但该地区西高东低、地势起伏，大量农村零星分布，村庄间距离遥远、交通不便，气候差异显著，其中大部分地区气候恶劣且生态系统敏感性强而稳定性差，加上人类不合理活动的扰动造成自然灾害频发和生态环境退化严重（牛丽楠等，2022）。

面对明显的区位劣势和生态弱势，西部地区农户为维持生计水平，纯农型农户在较低水平耕地质量和较高频率自然灾害条件下需投入更多的生产成本以保证粮食或经济作物的产量，兼业型和非农型农户则需接受更低的农地流转收益，或者投入更多的时间和经济成本外出务工。因此，区位因素和生态环境是制约西部地区农户生计可持续发展的主要脆弱性背景。

经济与社会环境是制约西部地区农户可持续生计发展的重要障碍。西部地区作为中国主要欠发展地区，经济发展面临诸多问题，经济增长以投资拉动为主，投资效率不高；产业转型升级困难，缺乏核心竞争力；外部需求市场不足，全球化红利不再；收入分配不合理，制约了消费对经济的拉动作用（温涛等，2019）。西部地区经济总量在全国经济总量中占比较低，尤其在农村经济发展方面，农村地区固定资产投资水平不足城镇水平的 10%；人均收入与东部地区差距较大，2019 年西部地区人均收入不足东部的 61%（范恒山，2022）。

西部地区农户生计可持续性受到严峻挑战，地方经济发展水平欠缺，农户生存空间相对闭塞，与外界联系相对较少，一方面，限制了农业规模化和现代化的发展，导致农业经济聚集程度和农村信息化程度偏低；另一方面，民众思想相对保守，小农化的"恋土情结"严重，导致农地流转频率低、面积小，不利于农户生计策略由纯农型向兼业型和非农型转换，限制了农户生计策略的多元化发展，制约了农户生计可持续发展。

（二）社会结构转变的局限

SLF 中"社会结构转变"涉及政策、制度、法律法规与公约等官方机构或社会组织所制定的用于影响生计的规则。自 1999 年中央提出实施"西部大开发战略"以来，以"退耕还林""西气东输""易地扶贫搬迁"为代表的一批对西部地区发展影响深远的重大项目，以及中央政府对西部地区大量的转移支付政策相继启动，对西部地区生态建设和经济发展起到了巨大推动作用；从 2003 年《中华人民共和国农村土地承包法》正式出台到 2013 年《关于加快发展现代农业进一步增强农村发展活力的若干意见》的提出直至今时，国家一直鼓励和积极引导农村土地承包权有序流转，发展多种形式的适度规模经营，在促进农户非农就业、创业、提高农户收入等方面成果斐然。但由于西部地区农户存在地域异质性，天然存在的劣势生计条件使农户对政策刺激的短期反应及其带来的长期影响不同于其他地区，"社会结构转变"对其生计可持续发展存在可能的抑制效果。

退耕还林政策的实施对中国乃至世界的环境保护和可持续发展作出了重大贡献，但也可能成为部分农户生计可持续发展的约束条件。我国西部地区多山地，对于山区的农户，一方面，部分农户高估退耕带来的收益，如退耕后改种经济林产品，但由于经济林产品及林下经济作物受气候影响极大，"看天吃饭"为农户生计带来巨大的不稳定因素和风险；另一方面，部分农户在退耕后试图将资本转移至畜牧业上，但由于生态环境的脆弱性和区位因素，工业生产被限制，放养活动也被禁止，使农户可选的生计手段减少，限制了其生计可持续发展（李树苗等，2010）。

易地扶贫搬迁旨在以搬迁的方式打破外部脆弱的生存环境对贫困人口生计的限制，带来的要素聚集效应能够有效帮助贫困农户转变生计方式，调整生计策略。但对西部农户来说，易地搬迁是对其生计现状的一种巨大的外部冲击，可能成为农户生计可持续发展的桎梏。其一，西部地区农户人力资本薄弱，因病因残致贫比例高，虽贫困户医疗报销比例较高，但家庭劳动力患病或残疾需要人力成本的投入，仍限制了农户的生计策略选择，承受了较高的健康风险。其二，西部地区大部分安置点距迁出地距离远、地理环境差、农业集约程度低，搬迁农户农地流转困难、被迫抛荒，难以得到生计补偿（高博发等，2022）。

如同农地流转政策，其目的是为加快发展现代农业、进一步增强农村发展活力而鼓励和支持承包土地向专业大户、家庭农场、农民合作社流转，但农地流转可能会让农户的自然资本明显减少（张建等，2020），且具有"布罗代尔钟罩效应"（王劲屹，2019）。社会结构转变过程中，政策制度与法律法规具有一定程度上的普适性，即使从宏观和长期角度看对西部地区农户生计可持续性具有高效的促进和推动作用，但由于西部地区不同地域农户存在一定的差异，短期内也难以避免地出现生计发展与制度要求间的不匹配，对农户生计可持续发展产生抑制作用。

（三）生计资本结构的限制

从生计资本存量与结构的角度看，人力资本是西部地区农户生计可持续发展过程中最主要的限制因素（黎毅等，2021；刘菊等，2016）。集中体现在西部地区农户家庭劳动力受教育程度普遍不高，加上老龄化进程加快，人口红利逐渐消失，使农户生计策略多元化存在多重压力。一方面，西部农村地区的教育发展状况长期不佳，大量农村劳动力学历较低，纯农型农户自身较难以科技与技术创新实现作物增产，生计水平难以通过种植作物提高，低技术力的小农农业使其面临较高的环境破坏风险。

另一方面，较低的劳动力质量使得西部地区兼业型农户和非农型农户不得不面对逐渐"融城困难""返乡无力"的双重压力。大量岗位随着中东部产业转型升级对劳动力的职业技能提出了更高的要求，劳动力技能与岗位需求产生结构性失衡。同时，城市房价长期居高不下，大量进城务工的农户在城市居无定所，使西部地区农户"融城困难"。此外，《中国农村发展报告（2020）》显示，农民工数量中超过一半属于"新生代农民工"，他们没有参与过任何农业生产活动，既不愿意也不会返乡从农，导致其"返乡无力"。

自然资本和物质资本是西部地区农户生计可持续发展过程中的重要约束条件。西部地区约有48%的土地是沙漠、戈壁、石山和海拔3000米以上的高寒地区，适宜从事农业生产活动的土地面积占比小，且破坏性地质活动频繁，地质灾害及次生灾害频发（郭俊华等，2020）。对区域内农户而言，整体上土壤质量肥力不足，农作物产量与多变的气候密切相关，导致农业种植成本相对较高，且人均耕地面积相对不足；经济欠发达致使农户生产资料相对落后；基础设施与公共服务供给的水平相对较低，这些均会引发农户自然资本与生计资本结构上呈现出嵌套式风险，加大了其生计水平提高的难度，对农户生计可持续性产生不可忽视的威胁。

三 西部地区农户可持续生计内容

西部地区农户可持续生计在相关主体的利益冲突与行为选择下形成

独有的特征，农户生计的可持续性同时受到环境背景、政策制度等外部因素和农户生计资本结构等内部因素的限制。因此，区域内农户可持续生计的内容也呈现出独有特性。

西部地区农户可持续生计内容包含农户的生计资本、生计能力、生计策略和生计结果四个部分。其中生计资本包括自然资本、人力资本、金融资本、物质资本和社会资本五个部分，农户生计资本的存量与结构在区域内部各有不同；农户的生计能力分为学习能力与适应能力，是衡量其生计可持续性的重要指标；西部地区农户的生计策略分为纯农经营型、兼业型和非农务工型三种，既是农户家庭对生计资本配置的选择，也是农户生计能力的展现；西部地区农户的生计结果集中体现在农户收入和幸福感增减状况两方面，是其生计策略选择的直接后果，也是农户对脆弱性背景、生计资本结构以及生计能力的间接反馈。

（一）西部地区农户生计资本

根据 SLF 划分的生计资本内容，西部地区农户的生计资本也包含自然资本、人力资本、金融资本、物质资本、社会资本五个部分。但由于中国西部地区与中部、东部、东北地区在区位、生态、经济与社会等方面存在明显差异；西部地区地域辽阔，内部各地区地形种类多样、气候类型差异巨大，因此其内部各地区农户生计资本的内容也不尽相同。

自然资本泛指实现生计策略所需的自然资源及相关服务。西部地区农户的自然资本一般包括拥有的土地及农副产品、林地及林产品、生物资源及生物多样性程度、环境服务等。由于西部地区面临区位和生态上的脆弱性风险，农业风险高、回报低等天然弱质性，与其他地区相比，西部地区农户拥有的自然资本呈现出存量相对不足、结构不合理的特征。西部各地区农户的生计资本也存在差异，以云、贵、川、渝为代表的西南地区多山地、多水源，农户自然资本中林地及林产品、水源等存量高；以甘、宁、青、藏、新疆、内蒙古为代表的西北地区，林木疏散，多荒漠草原，其农户自然资本以耕地、草地及农副产品为主，且存量较低。

人力资本指个人及家庭劳动力的知识技能、健康状况等指标。西部地区农户的人力资本是制约其生计可持续发展的主要因素，与其他地区相比，在家庭劳动力受教育水平、健康状况、技能水平等方面均低于中东部地区，但在家庭人口规模上略高于其他地区（黎毅等，2021）。农户人力资本是其他四种生计资本的基础保障，因此在区域内的分布情况与各地区教育机构与R&D经费支出省份分布趋势一致，川、渝、陕等高校和技术型企业集中省份的农户人力资本存量相对较高，西藏、新疆、内蒙古等省份相对较低（温涛等，2019）。

金融资本指实现生计目标所需的资金积累及流动性，包括现金、存款、可获得贷款、养老金等。西部地区农户的金融资本一般用农户家庭人均年收入、获得贷款的机会及获得补贴的机会来表征。由于西部地区经济欠发达，人力资本薄弱，无论是纯农型农户，还是兼业型或非农型农户，相比中东部地区其家庭人均年收入较低。此外，中央政府对西部地区实施大量的转移支付，部分接受政府救助的家庭即使没有工作也能获得一定收入，而家庭成员找到工作却会面临失去政府救助的可能，因此西部地区相当一部分农户为了降低生计来源的不确定性，反而会降低其选择兼业型或非农型生计策略的可能性（耿亚新等，2021）。因此，西部地区农户的金融资本存量较低，且存在较大的配置优化阻力。

物质资本通常指能够提高生计水平的基本生产资料和基础设施，一般通过家庭固定资产、住房安全与质量、食品及饮水设施、生产设备与工具、技术手段等衡量。中国西部地区农田水利等基础设施、农机装备以及农业现代化水平相对中东部地区较低，且西部地区农户处于山地、高原地区，限制了大型农机设备普及，因此西部地区农户的物质资本水平总体处于相对较低水平。

社会资本指实现生计目标过程中所拥有的社会资源，一般用社会和亲缘关系或联系、正式或非正式的组织、对外的集体诉求、公共准则等测量指标。通常在全国范围内，农户社会资本在所有生计资本中的指标值居中偏高，因为在中国农村，农户以村落聚集，村庄内农户会形成以地缘、血缘等关系相互联系的社会网络，加之农村地区通常具有较强的宗族观念，会更加注重对社会网络关系的维护。西部地区农户的社会资本总体上与中东部地区差距较小，但在其内部有明显差异，如新疆、内蒙古人多地广，村落规模较小，且零星散布，农户间社会关系网络松散，导致其社会资本存量低；而陕西关中平原、四川成都平原村落密集、农机社会普及率相对较高，农户社会关系网络紧密，社会资本存量高。

（二）西部地区农户生计能力

Chambers（1992）等将生计能力概括为个人或家庭应对威胁和冲击的能力，以及感知机会的能力；Melissa（1999）等认为生计能力是人们在活动中完成生计行为的权利与获得的结果。国内多数学者用生计资本直接测度生计能力（丁士军等，2016；刘伟等，2019；刘格格等，2022），但生计资本并不等同于生计能力，无法全面反映生计能力，因此，研究在生计资本测量农户可持续生计能力方法的基础上，注重外部环境与内部差异的影响，从学习能力和适应能力两方面分析了西部地区农户的生计能力，其中学习能力包括资源获取能力、政策利用能力和专业技能学习能力；适应能力包含风险规避能力、市场适应能力以及关系维护与拓展能力。

第一，西部地区农户学习能力相对匮乏。西部地区人均耕地 2 亩，相较于全国平均水平更占优势，但气候、土质、水源的综合配置状况相对较差，导致西部地区农户实际占有的农地资源相对匮乏，因此资源获取与政策利用是农户短期内应对自然环境脆弱性风险的必然之举。首先，西部地区农村金融起步晚，农户金融资本存量低且增速慢，内生资源匮乏加上外部支持力量薄弱，使得西部农村地区金融发展存在明显失衡，本就短缺的金融资本仅集中于省会城市及城市周边农户，只能进行小范围内的金融资本推动农业生产规模扩大或生产技术改进，零星分布在偏远地区的农户仍处于落后状态。

整体的低水平、不均衡农业生产力使得西部地区多数农户固守小农经济，与其他地区差距进一步拉大，不仅缺乏农业资金融资渠道，而且资源获取意识也不足；其次，由于西部地区农户人力资本薄弱，农户受教育程度普遍偏低（以初中、高中为主），农户对政策的理解能力不充分，短期内部分农户可能会认为易地扶贫搬迁、生态移民、促进农地流转等政策会损害自身利益，对政策产生抵触情绪，进而影响政策的执行效率；同时，该区域农户受教育程度相对偏低，即使有政府或专业机构对其提供培训的机会，农户接受新知识和技术的效率低下也限制了他们对专业技能的学习能力。因此，西部地区农户总体上学习能力普遍不高。

第二，西部地区农户适应能力稳步提升。西部地区农户风险规避能力受其拥有的自然资本与物质资本存量和当地政策制度影响。地域特征产生的生态和资源脆弱性，使区域内农户面临较高的原生风险，但"西部大开发"战略实施后，以"青藏铁路""西气东输"等为代表的一系列重大基础设施建设项目相继启动，以"退耕还林""全面停伐"等转移支付政策相继出台，使得西部地区农户物质资本不断丰富，风险抵抗力和生计稳定性不断增强；市场适应能力是农户充分认识生计环境并做出自我调整的能力，西部地区农户面对的主要是农业经营市场和劳务市场，一方面，由于区域内自然环境、经济发展水平及农户自然资本存量的现实原因，西部地区纯农型农户未经历较大农业经营市场波动；另一方面，区域内兼业型和非农型农户在接受生态补偿的情况下选择外出务工，面对劳务市场的波动具有一定适应性。

随着中国生态补偿制度逐步完善，农地流转现象不断活跃，西部地区农户市场适应能力稳步提升；农户关系维护与拓展能力的基础是农户的社会资本，西部地区农户的社会资本存量与中东部地区虽然差距较小，但仍不及中东部地区。可能原因是西部地区相对来说地广人稀，人均耕地面积较大，村与村、农户与农户之间物理距离相对较远且零散分布，加上基础设施总体水平相对较低，出行和交流成本相对较高，导致其总体社会连接度不高，因此西部地区农户在关系维护与拓展能力方面有所欠缺。总体上看，西部地区农户适应能力起点较低，但稳步提升。

（三）西部地区农户生计策略

生计策略是农户依据生计资本的配置和自身生计能力水平进行的一种生计方式的选择，西部地区农户生计策略对生计资本和生计能力存在一定的敏感性。依据收入来源的视角，将西部地区农户生计策略划分为纯农经营型生计策略、兼业型生计策略和非农务工型生计策略，由于兼业型生计策略占比较大，将其再细分为农业服务加工型、农业种植兼业型和非农务工主导型。研究根据西部地区农户生计策略选择的分布状况，结合西部地区外在环境因素和农户生计资本与能力状况，对农户生计策略进行分析。

西部地区调查样本中选择纯农经营型生计策略的农户家庭占总数的21.6%（见附录）。这类农户家庭最突出的特征为人力资本匮乏，一方面表现在家庭劳动力结构失衡，这类家庭以老人、小孩和病残青壮年等不具备完全劳动能力的成员为主，由于行动能力的限制，这类农户无法外出务工以换取劳务性报酬，只能通过轻量化的农业种植来维持生计；另一方面，相当一部分纯农经营型农户家庭虽然有健康青壮年劳动力，但因家庭劳动力数量较少，家庭成员中有老人、小孩需要照料，被家庭牵制在农村无法外出务工，只能通过农业经营维持生计。

但两者存在差别，前者因家庭劳动力结构失衡而从事的农业生产活动往往只能支撑其维持基本生活，受耕地质量、水源、气候等自然环境因素的制约较大，一旦农作物收成欠佳，就会严重影响到农户家庭生计水平，所以这类纯农经营型农户往往也是潜在的脱贫户；后者选择纯农经营型生计策略是因为家庭劳动力数量少，但相对前者其劳动力的健康状况正常，因此，这类农户家庭在进行农业耕种时不仅可以通过种植粮食作物维持基本生存，还可以通过种植经济作物获得一定的农业经营收入，提高其生活质量。西部地区大部分选择纯农经营型生计策略的农户家庭属于后者。

西部地区调查样本中选择兼业型生计策略的农户家庭占总数的57.9%（见附录）。这类农户占比最高，也是西部地区最普遍的生计策略类型，这类农户人力资本和物质资本存量相对较高，家庭劳动力在数量和质量上都优于纯农型农户，通常家庭的部分劳动力外出务工，部分劳动力留在农村从事农业生产经营活动。多元化的生计策略使这类西部地区农户家庭拥有多种收入来源，外出务工可以使家庭获得较高的劳务性报酬，从事农业生产经营活动还能得到政府的相关补贴，大大降低了生计脆弱性风险，因此西部地区选择这种生计策略的农户数量保持增长趋势。

但随着中国的产业转型的不断升级，中、东部地区兴起了大批技术集中、科技支撑性强的行业，这些行业对劳动力受教育程度要求较高，农村农动力很难融入；一些劳动密集型行业岗位（如外卖骑手、邮递员、流水线工人等）逐渐被机器或智能设备代替，使受教育程度普遍较低的西部地区农村劳动力就业受到严重影响，生计脆弱性风险增长，相当一部分西部地区农村劳动力被迫返乡，重新进行农业生产活动。这种"再小农化"的趋势，使西部地区选择兼业型生计策略的农户数量增长稍有放缓。

西部地区调查样本中选择非农务工型生计策略的农户家庭数量占总数的 20.5%（见附录）。这类农户家庭的关键特征表现为劳动力受教育年限长、程度高，但劳动力数量少，且耕地面积少。由于西部农村地区教育条件有限，教育质量总体相对偏低，因此这类农户家庭占比最少。与兼业型农户相比，非农务工型农户最大的区别是由于其家庭中外出务工的劳动力拥有足够高的收入，使留在农村的家庭成员不需要从事农业生产活动也能保持较高的生计水平。随着西部地区农村教育的改善和发展，选择非农务工型生计策略的农户比例会逐渐上涨。

（四）西部地区农户生计结果

生计结果是农户受生计资本和社会结构与过程转变的影响，选择特定的生计策略产生的一种结果，即一种新的生产生活方式。生计结果既包括收入的变化和满意度的改变，也包含生活质量的变化和生产行为的改变。西部地区农户生计结果的变化集中体现在农户收入的增长和农户幸福感的提升两方面。

第一，西部地区农户收入的增长体现在两个维度。首先，区域内农户实现了收入的绝对增长。2014—2020 年，西部地区农村居民人均可支配收入从 8295 元增长到 14110 元，农村居民人均消费支出从 7202 元增长至 11821 元。随着西部地区乡村振兴战略的实施，区域内农户生计可持续水平得到了较大程度的提升；其次，西部地区农户收入的增长还体现为其收入来源的多元化发展。农户根据自身生计资本存量与结构的调整，从单一的纯农型生计策略发展为纯农型、兼业型和非农型三种并存的生计策略，使其收入方式从单一的农业收入扩展到工资性收入、经营性收入、财产性收入和转移性收入等多种收入方式，不仅提高了收入数量、拓宽了收入渠道，还缓解了因自然环境、政策制度、市场行情等单一脆弱性背景给农户生计带来的风险冲击。

第二，西部地区农户的幸福感水平得到提升。卢志强（2021）等的研究表明，对于西部地区农户而言，物质、金融和社会资本是他们生活满意度的主要影响因素，人力和自然资本对西部地区农户生活满意度也具有正影响。在"西部大开发"和"乡村振兴"背景下，西部众多农村地区基础设施项目落地，金融支农也逐渐驶入"快车道"，农户的物质资本和金融资本一定程度上都得到了提升，如住房状况的改善、家庭收入的增加等；农业现代化和机械化水平不断提高，易地扶贫搬迁政策在西部多地取得不菲成效，使农村人口聚集度有所提升（陈文烈等，2022），社会关系网络不断拓展，农户社会资本与中东部地区差距逐渐缩小；中国特色生态文明建设在西部地区实践的成功（郭明军，2020），以及国家在西部高等教育和农村地区职业教育方面投入的加大，使西部地区农户自然资本和人力资本结构得到一定程度的优化。调研数据表明，西部地区 75.21% 的农户对其家庭衣、食、住、行、教育及生活状况感到满意，充分说明西部地区农户的幸福感得到提升（见附录）。

第三节 西部地区农户可持续生计模式分析

一 农地流转农户主要生计模式分析

在农地流转过程中，参与农户的生计资本往往因农地的流出或流入而发生变动，生计资本的变化会影响其生计策略的调整与选择，进而形成了多样化的生计模式。依据主要收入来源、收入水平、经营方式与经营产业占比等因素可以将参与流转农户的生计模式划分为多个不同的种类，研究以生计成本和生计能力水平作为比较维度，通过矩阵图将参与农地流转农户的生计模式划分为粗放式分散式农业经营、规模化标准化农业经营、兼业型综合经营、服务型专业经营四个主要范畴。

（一）农地流转农户主要生计模式矩阵图分析

在前人研究的基础上，结合实际研究的调研结果，可以构建如图 5-18 所示的农地流转农户主要生计模式矩阵图。矩阵图纵轴度量农户选择不同生计模式的生计成本，即某种生计模式的准入门槛，主要表现在农户为选择该生计模式所付出的劳动力、物资调配、管理技能、资本支出等投入成本；矩阵图横轴度量农户选择不同生计模式的生计能力，重点评估农户在不同生计模式下学习能力及适应能力水平。此外，生计模式所要求的农户生计能力越强，生计模式的持续经营与自然条件的相关性越低，盈利水平的波动性越小，因而横轴的测量尺度也可以间接反映出各个生计模式的盈利收益情况。

图 5-18　参与农地流转农户主要生计模式矩阵

　　将纵轴、横轴的投入产出度量相结合，以主要收入来源及从事行业为标准可以大致区分出粗放式分散式农业经营、规模化标准化农业经营、兼业型综合经营、服务型专业经营四种主要的生计模式象限，但具体的生计模式种类并不局限于上述图示的四种类别，可以按照主要的特征归纳至相应的象限。各个生计模式象限的划分在相对性比较之下产生，不以固定数值为参考，以实现矩阵分类的普遍适用性。

　　此外，不同生计模式在同一地区是可以共存的，并显现出更替迭代的趋势，例如中国西部内陆地区大部分农户依然以粗放式分散式农业经营为主要生计模式，却也伴随着农地流转、资本下乡等政策引进而出现规模化标准化农业经营和兼业型综合经营等生计模式；中国东部沿海地区如广东省、江苏省及山东省在推进规模化标准化农业经营的过程中，不断涌现出服务型专业经营等新型生计模式。

　　（二）农地流转农户主要生计模式的特征分析

　　1. 粗放式分散式农业经营

　　粗放式分散式农业经营指的是以家庭为单位的农户独立进行农地耕种或畜牧经营，缺乏科学的农作物管理技术指导，尚未形成正式的规模组织，收入来源主要为种养经营等经营性收入，收入水平相对较低。该种生计模式与农户自然资本禀赋密切相关，主要依靠家庭劳动力完成周期性的经营，对劳动力投入要求高，并受到季节气候及地理地形、土壤肥力等自然条件的显著影响，收益水平相对低且不稳定，生产效率低下，具有环境适应能力弱、生计模式准入门槛低的生计经营特征，需要通过扩大生产规模、加大技术投入、增强管理培训等方式推动此种生计模式升级。

由于此种生计模式对技术投入等生计成本与生计能力水平要求较低，并且沿袭了中国农耕生活的历史传统，故在全国范围内分布广泛，是各地推进农地流转前农户主要的生计模式，随着中国生产力水平的提高及科学耕种技术的普及，粗放式分散式农业经营的生计模式逐步向集约化方向发展。

2. 规模化标准化农业经营

规模化标准化农业经营指的是种植专业户、机械化家庭农场、机械化集体农场等规模经营主体扩大生产规模，合理配置劳动力、管理技术及经济投入，提高农地产出效率与农产品商品率，实现生产要素利用效率最大化的经营方式。在适度规模经营前提下，此种经营方式通过提高生产要素的利用效率，以标准化、机械化的生产方式降低了单位面积的投入成本，突破了原有的粗放式发展模式，增强了环境适应能力。该模式虽然生计成本总量相对提升，但实际上单位成本下降，不仅解放了劳动力，而且取得了规模效益，成为多数集体经济发展选择的主要生计模式。

以中国甘肃省为例，省内庆阳市西峰区彭原镇周寨村、张掖市甘州区新墩镇双塔村、庆阳市西峰区周庄村、天水市麦积区琥珀镇罗家村等均通过农地流转建立了以村委会牵头的专业合作社等新型农业主体。当地村集体通过引入机械化生产种植，科学管理作物培养过程，实现了果树、粮食等作物的规模种植经营，而且实地调查反馈的结果表明，当地参与农地流转农户的满意度普遍较高，家庭收入大部分实现了成倍增长，进一步推动了农地流转的普及。

3. 兼业型综合经营

兼业型综合经营指的是以家庭为单位的农户在进行传统农业经营的同时，主动选择多种其他经营生计方式，如进城务工、自主创业等非农化经营生计，工资性收入占比提升，实现家庭收入渠道多元化的经营方式（蒋永穆等，2020）。该种生计模式下，传统农业经营依然受到自然环境条件的牵制，多数非农化经营往往在农歇阶段进行，其经营情况普遍依赖于传统农业经营情况的变化，因而兼业型综合经营环境适应能力一般，同时也对家庭农户的经营能力提出挑战。该种模式中，虽然家庭收入渠道的多元化分散了家庭收入不稳定的风险，但对劳动力的配置协调、农业经营技术的投入要求，提升了该种生计模式的准入门槛，对农户的生计能力水平也提出了一定要求。

调研过程中发现，随着农地流转的推进，四川省成都市青白江区城厢镇绣川河社区及阆中市河溪镇鸡公岭村出现了越来越多的兼业型经营家庭，工资性收入在此类家庭中的占比显著提升。因为家庭成员进城务工的比例升高，家庭年收入水平提高的同时稳定性也逐步升高。此外，也出现了小部分就此举家迁往城市的家庭，将流转土地彻底交由转出方全权经营。兼业型综合经营的生计模式提升了家庭金融资本与物质资本的储量，对家庭收入有显著的正向反馈，需要注意的是，此种生计模式下家庭中青壮年劳动力往往因投入产出效率的自然配置而选择多地分居的务工生计模式，带来了农村空心化、老龄化及留守儿童等社会问题。

4. 服务型专业经营

服务型专业经营指的是村集体、乡镇企业等牵头建设当地特色农产品产业链，发展观光园、乡村旅游等服务型第三产业，推动当地产业结构转型升级，转移性收入、财产性收入占比提升，收入水平较高的经营方式（牛文涛等，2022）。此种生计模式的主要盈利来源由单一的农业产品经营收入逐步转变为企业加工包装运输第二产业收入与观光服务第三产业创收，环境适应水平不断提高，收入的稳定性相应地增强。但由于该种生计模式需要大量资金积累，对生产技术、机械普及与企业服务经验提出更高要求，其生计成本与生计能力是四种生计模式中最高的。

为实现新时代乡村振兴战略，中国2021年5月颁布的《关于进一步做好国家级田园综合体建设试点工作的通知》指出，支持有条件的地区开展国家级田园综合体建设试点将成为探索建立政府引导、市场主体积极参与、可持续的农业农村生态资源价值实现机制的重要一步。在国家政策的引导与支持下，全国各地已经出现了此种生计模式的成功范例。中国江苏省无锡市阳山镇集大型生态农业、旅游度假及农林园艺居住于一体，富有"田园东方"美称；安徽省合肥市肥西县官亭镇"官亭林海"产业园区在保留乡村原生态基础之上发展现代农业产业园，实现城乡融合；黑龙江省富锦市以湿地共邻洪州村、低碳养生工农新村、满族风情六合村、朝阳民俗文化村、赫哲故里噶尔当村以及农家美食村为重点发展全域旅游，打造以稻田文化为主题的田园综合体。以田园综合体为典型表现形式的服务型专业经营生计模式虽然对农村基础设施、生态资源条件等要求较为苛刻，但是其能够促进第一、第二、第三产业的深度融合，带来的经济、生态及社会效益将吸引越来越多的乡镇探索适于自身发展的服务型专业经营模式。

表5-3 四种农户生计模式的基本特征

生计模式	劳动力配置水平	土地规模	收益水平	管理经验	科学技术
粗放式分散式农业经营	缺乏科学配置	小	低	少	低
规模化标准化农业经营	科学规划高效配置	大	较高	较多	较高
兼业型综合经营	合理配置	较小	较高	较少	低
服务型专业经营	科学规划高效配置	大	高	多	高

结合以上四种农户生计模式的基本特征，分别对劳动力配置水平、土地规模、收益水平、管理经验、科学技术等生产要素投入及产出进行比较，可获得表5-3四种农户生计模式的基本特征表。其中，粗放式分散式农业经营在细碎化土地上进行传统小户经营，欠缺专业的管理技术指导，难以抵御自然灾害等环境风险；规模化标准化农业经营通过规模化整合土地，引进管理经营与科学技术，普及机械化耕种，促进劳动力配置最优化，降低了平均成本，实现规模收益；兼业型综合经营模式下，农户合理配置家庭劳动力，兼顾农业与非农业生计，实现旱涝保收，分散了经营风险；服务型专业经营的生计模式对经验、技术、人才等投入要求高，以打造第一、第二、第三产业相结合的生态链与利益链为主要经营方式，能够实现可观的规模化经营效益。

（三）农地流转对农户生计模式的影响

1. 推动农户生计模式多元化

农地流转客观上推动了农地的规模化整合，焕活了人力、资本、技术等生产要素，催生出多样化的生计模式种类。以图6-11的生计模式矩阵图为例，流转后农地细碎化程度下降，农地规模化种植、机械化生产促进了规模化标准化农业经营生计模式的发展；农地流转后解放的劳动力得到充分配置，推动了兼业型综合经营生计模式的产生；在物质资本与信息资本不断积累的条件下，服务型专业经营开辟出了全新的农户生计模式发展路径。

对于参与农地流转的农户而言，农地转出行为对农业化、农业趋兼业化和非农趋兼业化具有显著的负效应，而对非农化具有显著的正效应；农地转入行为对以农业为基础的变动类型具有显著正效应（陈良敏等，2020）。转出方农户一方面享受着稳定的地租收益；另一方面也将部分劳动力资源从农地上"解绑"，生计策略保守型农户能够在农业经营基础上开展多种其他方式的生计维持，生计策略激进型农户则能够以稳定农地地租收益为兜底进行非农化经营的尝试，扩大了家庭农户生计模式自主化选择的空间，为农户生计模式的多元化发展注入了农户自身的主观能动性。

农地转入方在农地转入后进一步放大了自然资本的规模优势，不仅可以提高自然资本的配置利用效率以实现规模化标准化农业经营，而且在自然资本储量增长的基础上，其与金融资本、社会资本的有机结合也探索出了以种植观光、休息旅游等为代表的田园综合体生计经营模式。除了上述生计模式的经营开展，农户的谋生方式也将随着农地流转的深入推进产生出更多的新形态。

2. 促进农户生计模式转型更迭

农地流转不仅能推动农户生计模式出现多元化的种类，也促进了农户生计模式的转型与更迭。主要表现为：一是粗放式分散式农业经营逐步向规模化标准化农业经营过渡；二是兼业型综合经营和服务型专业经营日益发展成熟，成为未来转型的重点方向。

粗放式分散式农业经营既是农地流转前多数农户的主要生计模式，又成为农地流转后收益绩效不佳农户被动选择"再小农化"的结果。但是，此种高投入、低产出的低效生计模式在农地流转顺利推进的过程中将逐步被取代。随着农地流转背景下农业机械化水平的提高与标准化管理经验的推广，粗放式分散式农业经营转型将不断进化为规模化标准化农业经营，为农地转入方提供收益更高的生计结果。

此外，兼业型综合经营与服务型专业经营显现出未来农户生计模式的升级方向。随着农地流转的推进，农户物质资本、金融资本、社会资本的提高推动了农户离农化进程，一方面与农户生活水平提高、生活方式转变有关，另一方面也可能是因为社会保障体系的完善、住房安居工程的展开等国家政策的兜底性扶持使得农户对农地依赖下降，农地转出农户在利益导向追求的刺激下，往往有能力且有意愿选择兼业型综合经营等非农化生计模式，促进了该类生计模式不断成熟壮大，此种表现也在赵立娟等（2017）、陈良敏等（2020）的相关实证论文中得到验证。对于农地转入方而言，在选择规模化标准化农业经营的基础上，服务型专业经营的高环境适应力与高收益水平对其产生巨大吸引力，成为农地转入方普遍期望的经营形态。

农地流转参与农户的主要生计模式按照生计成本和生计能力水平可大致分为规模化标准化农业经营、服务型专业经营、粗放式分散式农业经营和兼业型综合经营四大类，并且适应不同地区的自然和人文条件发展形成了各自的特征。农地流转事项一方面推动了农户生计模式的横向维度变宽，即生计模式种类增多；另一方面也促进了农户生计模式纵向维度的变深，即生计模式变化更迭。为了提升农户的可持续生计能力，不同生计模式的可持续生计安全水平成为引导农户生计方式变革的尺度。

二 西部地区农户可持续生计模式类型

依据生计成本和生计能力水平的差异，研究将农户生计模式划分为粗放式分散式农业经营、规模化标准化农业经营、兼业型综合经营和服务型专业经营四个大类。在此基础上，结合调研情况和西部地区农业发展现状，对这四大类农户生计模式进行了不同程度的再分类与详细分析。

（一）粗放式分散式农业经营

粗放式分散式农业经营是指以家庭为基本生产单元，参照家庭或亲友既往的经验，缺乏科学的农作物管理技术指导；尚未形成正式的规模组织，自主进行农业经营以满足家庭消费需求的生计模式。在对西部地区典型村落实地走访及问卷调查的基础上，研究以农户生产种植作物属性为区分界限，将西部区域内农户粗放式分散式农业经营细分为纯粮经营、经济经营和半粮半经 3 种生计模式。

1. 原始的纯粮经营

粗放式分散式纯粮经营是指以家庭为生产经营主体，在缺乏农业技术指导情况下依据农户以往种植经验，以谷类、薯类或豆类粮食作物为种植对象，自主进行农业经营的生计模式。西部地区能够进行大面积平原种植的地区并不多，耕地大多面积小而且分散，存在许多地形复杂而又相对偏远的地区，这些地区经济发展相对落后，农业技术发展有限，因此以自给自足为特征的粗放式分散式纯粮经营生计模式在该地区占据主导地位。

随着粮食作物平均种植成本的上升，纯粮经营农户的种植成本也随之增加；国家出台的粮价保护政策在一定程度上减轻了粗放式分散式纯粮经营农户的生产压力，但粮价上涨空间有限，经济作物的价格一般随行就市，通常其种植的效益高于粮食作物。在巨大的效益差面前，越来越多的农户开始放弃粮食作物的种植而选择种植经济作物，导致粮食作物种植面积不断缩减。

在对四川省的调研走访中，研究发现土地资源少且适度规模经营支持不足是阻碍粗放式分散式纯粮经营农户有效扩大生产规模的主要因素。同时相当一部分农户表示金融与技术是他们最需要的要素支持，尽管国家对农户金融要素支持的力度在逐年增大，但实际中的金融资源支持多集中于贫困群体、支持方式单一、获取门槛高等问题一定程度上制约了农户规模经营的发展。调研中还发现部分农户曾尝试扩大生产规模，但因缺乏技术指导而流于失败，并且多数受访者都表达了他们对农业技术的迫切需求。由此可见，金融资源和农业技术的供给是改善粗放式分散式纯粮经营农户生产效率的关键。

2. 顺应市场的经济经营

粗放式分散式经济经营与纯粮经营生计模式较为相似，不同的是该类生计模式农户以果蔬、药材等经济作物以及养殖业、畜牧业等效益较高的农产业作为经营对象。在纯粮经营成本逐渐增高而效益有限的情况下，越来越多的农户选择能够为家庭带来更高收益且顺应市场的经济经营。目前，西部区域内处于城郊地理位置的农户大多选择以果蔬为种植对象，依托区位优势，为城市居民供应相关日用品，以获得较为稳定的收入来满足家庭消费需求。这类农户虽然生产经营链基本完整，但其收入受果蔬市场价格和气候影响严重，一旦果蔬市场供求发生变化或遭遇较多极端天气，农户的收入就会产生较大波动。

新疆、内蒙古地区因其天然的地理环境优势，较多农户选择以养殖或畜牧为生计模式。粗放式分散式的养殖与畜牧生计模式有助于农户根据市场变化灵活调整其持有牲畜的数量，一定程度上能够减少遭受市场波动的损失；但受经营规模和技术的约束，粗放式分散式养殖与畜牧生计模式收入增幅有限，无法为农户带来更高的收益。

对于多数少数民族聚居发展较为闭塞的山区而言，粗放式分散式农业经营虽然规模小，相对封闭且较为脆弱，但该生产模式的适宜性确实存在。以云南省怒江傈僳族自治州独龙江乡为例，该乡地处山区，原始生态环境保存完好，雨季长、气候温暖、湿润，但地形复杂，种植区零星分散。当地基层政府立足于独龙江乡自然条件，选择适合山地种植的中药材"草果"，带动当地农户发展区域特色支柱产业，至 2018 年底全乡 6 个村全部脱贫，贫困发生率降至 1.3%，其脱贫经验被誉为"独龙江模式"。

3. 适度优化的半粮半经经营

纯粮经营受限于粮食作物的价格导致其收益有限，经济经营受市场供需波动等外在因素影响收入不稳定性较高，因此粗放式分散式农业经营中有相当一部分农户会选择将纯粮经营与经济经营相结合的生计模式，既保证了家庭基本的生活物资需要，还在一定程度上提升了家庭收入。这一生计模式普遍存在于西部地区农村：四川省西部和东北部以及重庆市以薯类和油菜籽为主要种植组合；四川省南部和贵州省西北部以薯类和烟叶为种植组合；云南北部以豆类、薯类、油菜籽和烟叶为主要种植组合（陈漫等，2022）；河西走廊疏勒河流域中下游和黑河上游地区（民乐、瓜州县等）则以薯类和药材为主要种植组合（王旭阳等，2022）。

粗放式分散式半粮半经生计模式虽然在一定程度上优化了农户的生计状况，但受制于粗放式分散式农业经营的框架，缺乏足够的技术与资金支持，难以进行规模扩张，不利于进一步实现增收。除此之外，半粮半经生计模式下农户的组织化程度较低，缺乏充分的市场信息，农户经营大多处于单家独户状态，与市场交流信息严重不对称，因此，产生风险蒙受损失的可能性较高。

（二）规模化标准化农业经营

规模化标准化农业经营是指专业大户、家庭农场、联户经营等一户或多户为经营主体，从事农业规模化、商品化、集约化生产经营，且家庭主要收入来源为农业收入的新型农业生产经营模式。粗放式分散式农业经营与规模化标准化农业经营同属纯农业经营生计模式，因此两种模式细分的组合基本一致，包括纯粮经营、经济经营和半粮半经3种生计模式。

1. 扩大规模的纯粮经营

规模化标准化纯粮经营是以粮食作物为种植对象的规模化标准化农业经营生计模式。自乡村振兴战略实施以来，农村经济总体上呈现出快速发展的态势，农业产业化和城乡一体化趋势不断加强，农村涌现出了一批新型规模经营主体，例如家庭农场、种植大户和农村合作社等。这样的背景下，传统"小农"种粮方式也逐步向规模化、专业化、现代化的方向转变：粮食种植规模不断扩大，出现了大量替代人工的各类农用机械，实现了更为高效的农业生产经营。

内蒙古中西部地区通过土地流转形成了许多马铃薯种植商品化农场。借助规模经营的优势，农场通过引进新品种、改良栽培技术不仅提升了马铃薯的质量还增加了农产品的产量，同时通过机械化应用大大提高了作业能力和农业装备水平。当前内蒙古中西部地区已经成为全国五大马铃薯主产区之一，当地农户70%的收入均来自马铃薯产业（金黎平等，2021）。

相较于普通农户，规模生产者在粮食生产中面临更大的生产投入和市场风险，对资金和保险的需求也更加强烈。但农村办理信用贷款的流程较为烦冗，国家尚未出台专门的优惠政策来缓解农户的经济负担，使规模生产者普遍存在自有资金积累少、融资渠道窄、贷款门槛与利息高、发展资金不足等困难。同时，粮食规模生产者的经营素质和对产品销售渠道的拓展能力依然有限，种植的粮食作物大部分以原粮和粗加工的形式出售，大多数生产者还处于种粮、卖粮的简单再生产之中，销售渠道窄、在粮食价格形成中没有话语权，后继发展能力不足。

2. 逐渐成熟的经济经营

规模化标准化经济经营包括以经济作物为种植对象的农业经营和规模化畜牧业经营。随着农业现代化的进步，小规模、分散化的经济经营已经不能满足农户的需求，以多种形式适度规模经营是加快转变经济作物发展的有效途径。同时，与粮食作物相比，经济作物的规模效应更为显著，这也促使更多的经济经营农户向规模化标准化经营模式转变。

目前，西部地区各省市区域特色农产品大多已形成规模化标准化经营模式。例如，云南临沧、普洱、西双版纳地区的茶叶种植园区；新疆阿克苏地区的林果产业园；陕西眉县猕猴桃种植及副产品加工产业园区；内蒙古锡林郭勒生态养殖加工产业链等。其中，眉县以猕猴桃产业为特色农业产业，逐步发展成为全国猕猴桃标准化生产示范区和全国优质猕猴桃生产基地。截至 2021 年，眉县猕猴桃种植面积达 2.01 万公顷，约占耕地面积的 85%，年产量达到 50 万吨，且种植规模呈不断上升趋势。眉县猕猴桃种植面积占全国的 18%，其产量占全国的 29%，产值近 128.33 亿元，形成了从制种到种植以及加工和技术培训等一系列产业链。眉县全域近 95% 的农民以猕猴桃种植为主要经营产业，猕猴桃产业经营收入占全县农民总体收入的 87%（孙姝博，2022）。

整体而言，规模化标准化经济经营能够降低农户生产成本，为农户带来更高收益，但由于经济经营中的农产品商品性更强，市场波动更为剧烈，受影响因素更多，因此生产经营面对的风险种类更多，风险造成的影响也更大，而规模化标准化经济经营主体的抗风险能力不尽相同，一旦其无法抵御风险，农户蒙受的损失相较于规模化标准化纯粮经营也会更大。

除此之外，规模化标准化经济经营带来的土地"非粮化"，粮食安全问题也是学术界关注的重点。农地经营者作为"理性人"，在粮食作物种植成本不断增加，非粮作物种植虽具有一定风险但预期收益明显更高的情况下，大多选择经济经营（常伟等，2020），土地"非粮化"日趋严重。

3. 创新型半粮半经经营

虽然规模化标准化粮食经营或经济经营相较于粗放式农业经营能够在一定程度上提升种植效益，但单一的粮食经营收益过低，经济经营风险较高,规范化标准化农业经营将二者结合,形成了一种更为科学效益更高的创新农业经营方式。基础的规模化标准化半粮半经生计模式即在普通农田种植中按一定比例分配粮食作物与经济作物的面积,随着农业技术的进一步发展,不少农户探索出更为先进的创新型半粮半经种植模式。

宁夏回族自治区平罗县将水稻种植与水产养殖相结合形成立体生态农业生计模式,根据稻鱼共生理论,水稻吸收肥料,净化水质;鱼类生活在良好的稻田环境中,摄食优质鲜活饵料。2021 年平罗县稻鱼综合养殖相较于常规水稻种植每亩净增利润近 550 元,大幅度提升了种植效率与收入(赵淑琴等,2022)。新疆维吾尔自治区根据其地区农业特色,大力发展种养结合的循环经济模式,农户将种植业与养殖业相结合,有效利用种、养殖产生的废弃物,生产成本降低,经济效益提升(曹宏斌等,2022)。

作为新兴的农业生产模式,规模化标准化半粮半经生计模式在提高生产效率和收益的同时,也存在匹配政策不足、缺乏激励机制、相关政策的执行存在一定难度等问题。当前对半粮半经模式的发展,虽然有一定激励政策,但具体的、有针对性的政策较为匮乏,同时政策衔接不够,如现有的政策大多是关于种植业与养殖业发展的,但有助于二者协调共同发展的政策相对缺乏。除此之外,新型生产模式的农业技术仍处于探索与发展之中,对农户要求会更高,能够顺利开展此类生计模式的农户数量有限,现阶段还无法实现大规模推广。

(三)兼业型综合经营

兼业型综合经营是指农户在从事传统农业经营的同时,主动选择其他非农业经营的生计方式,例如外出务工、自主创业等的生计模式(蒋永穆等,2020)。研究以农户从事非农业经营时雇佣关系的不同,将兼业型综合经营细分为依赖型兼业型综合经营和自主型兼业型综合经营两种生计模式。

1. 依赖型兼业型综合经营

从事农业经营的同时又作为被雇佣方从事非农业经营的农户生计模式可称为依赖型兼业型综合经营。随着工业化、城市化的快速发展,城镇就业机会不断增多,而纯农经营效益有限,大量农户开始探求新的生计模式。西部地区城郊地带的农户距离小城镇近，受小城镇经济辐射明显，因此大量农户在城镇中兼业，除此之外交通便利的乡村中也存在大量城镇兼业农户，兼业经营成为城郊地带农户的普遍生计模式。研究在调研走访中发现，依赖型兼业型综合经营在兼业型综合经营中占比较大，这类农户大多从事报酬低、体力型、流动性和暂时性劳动。虽然此类兼业经营收益相较于纯农经营会更高，灵活性强，耗费精力少，但其稳定性较差，面对的风险更多，无法成为农户生计的长久之策；另一方面，大量依赖型兼业型农户对农地的占有在一定程度上也不利于土地的适度规模经营。

宁夏回族自治区东南部的西吉县是"候鸟式"依赖型兼业型综合经营农户的代表地。这些农户一方面保留土地，大部分时间用于务农，大多采取粗放式分散式经营的方式，以减少投入规避风险；另一方面在农闲时间外出务工，农业经营收入有限，所得农产品多用于满足自家需求，当市场行情好、农产品价格高时收获的农产品会出售以获得更高的收益（韩国明等，2012）。

2. 自主型兼业型综合经营

兼业型综合经营中，少数一部分农户立足农村生产生活和农户的物质需求，除农业经营之外，以经营者身份从事粮油坊、小商店、采摘园、农家乐、农产品销售等个体经营。自主型兼业型综合经营促进了农村自然经济向商品经济的转化，使农村资源得到充分的利用，从根本上改变了农村自给自足生产占主导地位的传统格局。

传统农民是典型的"理性小农"，他们会遵循市场经济理性原则组织和实施农业生产，以实现生产要素配置效率最大化（陆继霞等，2022）。因此当部分农户生计资本储量较为充足时，他们会选择以经营者身份对其拥有的生计资本进行重新规划，以进一步提升收入水平和生活水平。在这个基础上，一部分农户会选择在其所在村落开展商品经营，包括粮油、农机农种等销售；另一部分农户会立足农业经营作物，开展采摘园等农业种植附属活动；还有一部分农户会利用电子商务，实现农副产品产地直销经营，种植销售一体化，既降低了生产成本，又增加了收入渠道。自主型兼业型综合经营农户总体数量相较于依赖型更少，但也是西部区域内一种较为普遍的生计模式。

在村落内进行商品销售的农户具有较为稳定的市场和更短的经营链条，个体经营风险较小；其余开展采摘园以及从事电子商务直销的两种农户都有不同程度的经营限制。利用农作物种植开展采摘园等种植附属活动的农户依赖于农作物采摘季限制，自主经营创收时间有限，无法带来长期稳定的收益。通过电子商务销售所种植作物的农户受限于物流，储藏等经营中必需环节的实际状况，其经营成本及经营能否开展受到一定制约，盈亏水平不稳定。

（四）服务型专业经营

服务型专业经营是指在村集体、乡镇企业、政府部门的牵头带领下建设当地特色的农产品产业链，发展乡村旅游、特色食宿等服务型第三产业，或完全脱离农业经营从事其他类型经营的生计模式（牛文涛等，2022）。包括乡村旅游、商业经营、非农就业3种生计模式。

1. 乡村旅游

乡村旅游是以广大乡村地区作为旅游目的地，以乡村地方特色为主要吸引力，通过多样的互动体验和丰富的文化内涵创造"食住行观"一系列的旅游项目，并以此为载体周边农户参与旅游经营的生计模式。围绕乡村旅游服务型专业经营，拓展出包括观光景区，特色餐饮、休闲住宿和特产商店等一系列经营方式。乡村旅游景区周边农户作为在当地生活多年的居民，承载着当地深厚的文化底蕴，并具有独特方便的工作条件，因此成为参与景区经营的主要人员。

西部地区复杂多样又极富特色的生态地貌是发展乡村旅游的沃土，各省市纷纷以景点为依托构建起乡村"多产业综合体"。内蒙古自治区新巴尔虎左旗立足以草原、森林、河湖为代表的自然旅游资源，构建了草原生态观光、休闲度假、健康养生、牧业体验、优质畜产品展销、商贸物流等复合型多业综合体系，实现了牧区的多业深度融合、互补互助、协同发展。贵州省荔波县以全域旅游带动全域振兴，树立了景城"一体化"建设和景村"融合化"发展的"荔波样本"（郭景福等，2022）。

乡村旅游作为近年来农村发展的主要方向之一，大大改善了乡村的整体建设水平，提升了农户收入。但随着乡村旅游"遍地开花"，其旅游内容同质化也越来越严重，许多景区在发展中没有立足于当地特色，在赚取营业初期的收益后就放弃对景区的维护与优化，对当地的生态建设造成了一定的负面影响。同时，乡村旅游"热"也带来过度开发的问题，不少景区采取了透支自然环境资源来获取经济利益，影响了当地生态建设的发展。

2. 商业经营

随着交通网络和信息网络的快速发展，农村与城市之间的"距离"不断缩短，农户经营不再局限于乡村之内，部分有一定资本积累和经营头脑的农户会选择利用这样的发展趋势脱离农业经营，选择更为灵活的商业经营，主要包括农机农种销售租赁、乡村商店、电商销售等多种方式。

乡村商店是较为普遍的农户商业经营模式，作为最简单最基础的经营模式，乡村商店经营农户只需要着眼于其商店所在村落农户的商品需求，市场较为稳定，商品需求较为单一。农机农种销售租赁是近年新发展起来的农户商业经营模式，目前农村机械化生产越来越普遍，但农机购买成本较高，因此购入农机农户数量有限，部分农户瞄准市场上大量农机需求，衍生出自己购买农机赚取农机租赁费用的商业模式，除此之外，还与具有农机购买实力的农户对接进行少量农机销售。电商销售也是大多数农户进行商业经营的选择，在甘肃省武威市民勤县，部分农户跳出自产自销的传统经营方式，作为中间商联系种植农户与买家，根据买家需求灵活收购农产品，规避了自产自销时供求差额过大的风险。

农户的商业经营在一定程度上推动了农村经济的发展，优化了农村资源利用情况，满足了新时代农户的需求。但农户作为资本市场的初入者，其资本存量有限，因此抗风险能力较低，脆弱性较高；同时商业经营对金融资本需求较大，但西部地区农户金融借贷体系尚不完善，借贷要求高、额度有限，农户经营规模因此受到限制。

3. 非农就业

除上述两种生计模式以外，随着农村发展与社会进步，具有一定专业技能、通过农业经营积累一定生计资本以及不再计划从事农业生产的农户会选择脱离农村，在城镇从事与其专业技能相匹配的其他工作。

广西八桂女子就业服务中心以非农就业农村妇女为服务对象，通过为农村妇女提供就业岗位、就业培训和就业信息等帮助这部分劳动力解

决就业问题，其中"八桂月嫂"品牌被评为广西优秀劳务品牌。截至
2019 年，八桂已培训学员 14.6 万名，13.7 万名获得了人力资源和社会
保障部颁发的职业资格证书。同时八桂女子就业服务中心还参与政府组
织的"春风行动"，"精准扶贫"以及广西金绣球巾帼家政培训"大篷
车"等活动，深入到近 100 个贫困村屯引导贫困妇女、失业妇女及农
村妇女，帮助其树立正确就业观。

尽管非农就业对经济发展的贡献毋庸置疑，它是农民对于自身发展
的一种"理性选择"，是改善农村劳动力严重的"内卷化"情况和"糊
口经济"难以维持家庭生计时的一种选择（王志章等，2021），但非农
就业引致的人口迁移直接导致乡村人口减少，农业产业发展动力缺失，
成为乡村衰退和空心化的一个重要因素；另一方面，劳动力流动"筛
选"后留守在农村的多为老人、妇女和儿童，这部分人具有极高的同
质性，文化水平不高，劳动能力相对较弱，社会网络关系闭塞，容易被
排斥和边缘化，极易导致农村内部更严重的贫富分化、农村治理和社会
管理成本加大等问题。

三　西部地区农户可持续生计模式形成路径分析

（一）内生动力对农户生计模式的影响

农户的内生动力与生计模式相互作用形成动态循环。一方面农户内
生动力的强弱影响着他对生计模式的选择，另一方面农户在既定生计模
式下的经营结果会反作用于他的内生动力，二者之间不断循环作用，形
成一个动态变化的闭环。农户内生动力包括生计内容、微观约束条件和
可持续生计相关方三方面，农户会在此过程的某一静态节点上根据其内
生动力水平作出阶段性生计模式的选择。

生计内容主要包括生计资本和生计方式。生计资本作为农户可持续
生计的基础，其资本存量在一定程度上影响着农户生计方式的选择，不
同的生计方式会衍生出多样的生计模式。例如，自然资本丰富的农户大
多会选择农业经营或多元化生计方式，而选择农业经营的农户也会根据
其人力资本水平的差异，最终选择不同的生计模式：劳动力年龄较小，
技术水平较高的农户大多选择开展规模化标准化农业经营；劳动力数量
较少、年龄偏大、技术较差的农户则以粗放式分散式农业经营为主。选
择多元化生计方式的农户一般既不愿放弃其拥有的自然资本又期望适当

提升家庭收入，但因其人力资本的有限性，通常会选择作为被雇佣者去务工，这类农户以依赖型兼业型综合经营为主。当农户以特定生计模式开展经营后，其生计资本也会随之发生变化。

微观约束条件通常包括人力资源、思想观念、政策认知度和社会关系网络四个方面内容。这四个方面的约束限定了农户生计模式选择的范围，思想观念更为先进的农户在选择生计模式时，主要考虑的是兼业经营或服务型专业经营，很少考虑农业经营；政策认知度更高的农户在从事农业经营时更倾向于规模化标准化农业经营。当农户在现有微观约束条件下依据效用最大化原则选择了某生计模式，且在生产经营过程中其人力资源的质量、思想观念、政策认知以及社会关系网得到利好的发展，这些变化反过来会修订农户的微观约束条件，形成一个正负向的影响闭环。

农户可持续生计相关方中联系最紧密的是政府和企业。层级较高的政府部门主要通过相关政策来影响农户生计模式的选择，政策内容往往代表未来所在区域农业和乡村发展的方向，具有一定导向性，农户通常倾向于紧跟政策，以方便享有相应的优惠与利好措施；村集体组织主要以合作社的形式推动农户生计模式选择的层级，通常合作社会将农户的土地资源集中，统一规划作物的种植与指导技术，促使更多农户将生计模式从粗放式分散式农业经营向规模化标准化农业经营转变。

企业主要指在农村当地开展经营的龙头企业，龙头企业作为资本下乡的主要载体，能够吸纳大量农村劳动力，这为农户提供了更多生计模式的选择，同时辐射带动了当地农业的发展，促进了从事农业经营农户生计模式的进步。龙头企业对生产原材料的大量需求带动了生产大户和家庭农场等新型农业经营主体的兴起，基于减少分散农户与龙头企业的交易成本的需求，组织化程度较高的专业合作社快速地发展起来（李云新等，2019）。

（二）外生动力对农户生计模式的作用

外生动力对农户生计模式选择的影响是单方面的。从长期来看，农户群体经营发展水平在一定程度上也会影响外生动力，但这种影响程度相对较弱，同时鉴于外生动力在对农户生计模式的选择中主要起到引领作用，因此研究中将外生动力对农户生计模式选择的影响界定为单方面。外生动力主要包括城乡二元结构、农业技术发展、人民需求变化及乡村发展政策。

一般意义上的城乡二元结构是指现代化过程中的城乡发展不平衡。中国城乡二元结构的特别之处在于这个结构的形成与特定制度安排有关，其中最关键的是计划经济时期建立的户籍制度[①]。随着城镇化发展与城乡体制的持续改革，城乡二元结构的内涵和性质也在不断发生变化，农户在获得自由进城就业和居住权利的同时，也能够继续在农村享有获得基本生产生活资料的身份。农户作为"能动主体"嵌入中国式城乡二元结构，随着农业经营生产效率的提高，农村出现了大量的剩余劳动力。与此同时城市的新兴产业需要大量的劳动力，因而越来越多的农村劳动力流向城市，逐步拓展出了兼业型综合经营与服务型专业经营的生计模式，农户生计选择呈现出了多样化的趋势。

农业技术推广是服务现代农业发展的基础性工作，它的顺利开展是提升中国农业种植业生产能力的关键，也是提升种植业生产水平的核心。现代农业发展中，农业种植技术、农肥农械使用技术和病虫害防治水平都在不断发展，这些技术的推广使中国农业种植业生产结构不断被优化，可供农户选择的种植对象持续增加，为农户跳出传统的纯粮经营选择效益更佳的经济经营创造了条件。此外，机械技术、绿色种植技术在农业种植中的推广，节约了人工成本，提升了农业种植产业集成化程度，改变了生产动力，实现了种植业的生态效益，优化了整体产业结构，使规模化标准化农业经营生计模式逐步成为农业生产的主流。

随着经济社会的不断发展，中国第二、第三产业逐渐超过第一产业成为主导产业。如图5-19所示，1978—2020年，中国第一产业在国内生产总值中的构成不断减少，第二产业有所提升，而第三产业则呈稳步上升的趋势[②]。中国共产党第十九次全国代表大会的报告提出"中国特

---

① 1958年1月，全国人大常委会第91次会议讨论通过《中华人民共和国户口登记条例》，形成了最初的户籍制度。在整个计划经济时期，户籍制度确立了户籍身份作为国家分配粮食、就业和相关福利的标准。

② 该结论由《中国统计年鉴（2003）》《中国统计年鉴（2011）》《中国统计年鉴（2020）》相关信息总结得出。

色社会主义进入新时代，中国社会主要矛盾已经转化为人民日益增长的美好生活需要和不平衡不充分的发展之间的矛盾"，伴随着经济结构和社会主要矛盾的变化，人民需求也在不断升级与进步，对农户生计模式的适时调整提出了新的要求。在此背景下，衍生出了服务型专业经营这一新型农户生计模式。

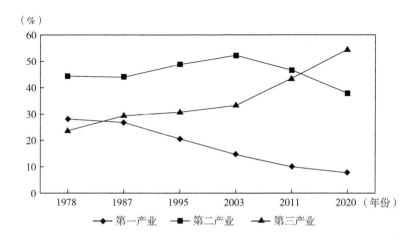

图5-19 1978—2020年国内生产总值构成变化

乡村发展政策是农户生计模式产生的重要引领。1983年中央一号文件提出农业从自给半自给经济向较大规模的商品生产转化，以及从传统农业向现代农业转化的"两个转化"。这一政策背景促进了农户生计模式由传统农业经营逐渐向规模化标准化农业经营模式的转变。2007年中央一号文件提出建设现代农业是社会主义新农村建设的首要任务，进一步推动了规模化标准化农业经营的发展，促使更多农户选择此类生计模式。2017年党的十九大报告将乡村振兴正式上升为国家战略，提出"产业兴旺、生态宜居、乡风文明、治理有效、生活富裕"的总要求。2022年党的二十大报告提出，全面推进乡村振兴。坚持农业农村优先发展，坚持城乡融合发展，畅通城乡要素流动。扎实推动乡村产业、人才、文化、生态、组织振兴。深化农村土地制度改革，赋予农民更加充分的财产权益。农户生计模式也不再拘泥于单纯的农业经营，与地区情况相结合发展出了更丰富、更个性化的兼业型综合经营与服务型专业经营生计模式。

（三）农户生计模式的最终形成

内生动力和外生动力共同作用形成了不同种类的农户生计模式。内生动力作为与农户自身相关的基本要素，代表了农户在某一节点的生计状况，生计状况较差的农户所能选择的生计模式类型有限并且层级较低，而生计状况较好的农户则可以根据其内生动力中各个要素的水平及自身发展意愿更灵活地进行生计模式选择。

农户在内生动力基础上，对生计模式的选择有了一定范围，除了基于农户自身情况外，外生动力作为宏观背景，也会影响农户对生计模式的选择。对内生动力较弱且生计模式选择范围较小的农户而言，外生动力能带来一定增益，为其提供了更优生计模式选择的可能。对于内生动力较强的农户，外生动力是其生计模式选择的重要参考，能够帮助他在较大范围的生计模式中做出最优选择。

农户选择相应的生计模式并进行经营，一定时期后该模式的经营结果就会对其内生动力和外生动力产生反馈。首先是农户内生动力中的基本要素水平会发生变化：各生计资本出现不同程度的增减变化，生计资本比重随之变化，同时微观约束条件对农户生计模式选择范围的限制也有所调整，持续生计相关方对农户的带动程度也随着农户生计状况的改变而变动。此时，外生动力虽不会因为农户生计模式经营而发生明显变化，但外生动力对农户生计模式选择范围的影响会因为农户上一节点生计模式的反馈而发生相应的转变。

研究将农户在内生动力与外生动力影响下选定某种生计模式，并在此模式下经营，以及该生计模式向内生动力与外生动力进行反馈视作一个完整的生计模式形成路径（见图5-20）。该循环是动态的闭环，农户在这一动态变化过程中的某一节点进行选择，这一节点是相对静态的。农户的内生动力与外生动力在接受前一生计模式反馈后发生改动，进入下一个生计模式选择循环，以新的静态节点状况为基础重新选择其生计模式。

（四）西部地区农户生计模式的可持续发展

随着经济社会的发展，西部地区农户的生计模式也从早期传统的"生存型"向现代"发展型"过渡转变。在此过程中，农户生计模式的

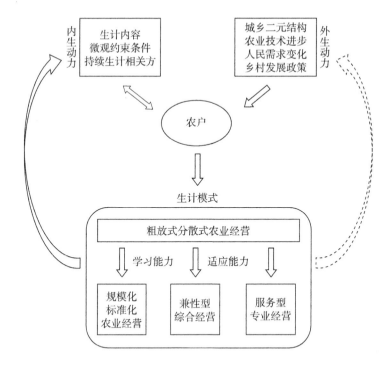

图 5-20 西部地区农户可持续生计模式形成路径

层级并不是持久不变的，随着外界有利条件的增多，作为个体的农户会遵循效益最大化的决策原则不断地进行积极的尝试与探索，努力提升生计模式的水平。粗放式分散农业经营向规模化标准化农业经营转型，依赖型兼业型综合经营向自主型兼业型综合经营转化是生计模式升级的主要路径。

在生计模式形成的循环路径中，农户生计内容、微观约束条件和持续生计相关方等都是动态变化的。在资源重置过程中，当影响农户生计模式选择的生计资本或某约束条件发生了利好的变化，同时农户的适应能力和学习能力恰好也正向发展时，农户就可能选择出优于上一阶段且与其差异较大的生计模式类型，实现了生计模式的转型。生计模式的转型与升级是农户在生产经营过程中进步的体现，也是农户生产经营的长期趋势，通过合理恰当的生计模式转型与升级，能够提高农户资源利用效率，顺应乡村振兴战略下农村发展的方向，在推动乡村经济建设的同时也能实现农户家庭生计良性持续的发展。

生态环境与生计模式存在耦合互动的紧密关系，传统生计模式大多受制于自然环境的约束，该生计是处在一定生态环境中的农户为满足农户家庭基本需求而维持生存的最低手段和策略。生计模式的选择作为农户生存的最初战略，是人的身体及其文化长期适应自然环境的创造性结果，每一种生计方式的产生都是农户适应区域环境实践性的转化过程。文化作为人类进行交流普遍认可的一种意识形态，涉及地域的历史、生活方式、风土人情以及价值观念等方方面面，并且会在传承中不断地升华与更新，它凝结于生态与生计之中又游离于二者之外。

生计模式、生态环境与区域文化是三个相互作用与相互影响的关联层面，它们之间存在耦合互动的共生机制，传统生计模式大多融嵌于自然环境的约束范畴，而农户在实践中积累了丰富的生计理性。农户在互有差异的生态格局基础上，经过不断实践形成了适应本土发展的生计方式，将山、水、地、树、气候等生态元素进行最优组合再造，在特定的空间和有限的资源中实现人与自然的和谐共生，彰显了绿色发展的生态理念，以达到农户可持续生计的最终目标。随着高质量发展理念在农业农村发展中的不断渗透，生计—生态—文化三元结构耦合发展将成为西部地区未来农户生计可持续发展的新方向。

第四节　西部地区农户可持续生计安全测评

参与流转农户的生计模式是农户可持续生计安全评价的重要内容。通过对不同生计方式下农户可持续生计安全水平的跟踪测量，能够有效推动生计模式的转型升级，促进农户生计能力的可持续提升。

一　农户可持续生计安全基本内涵的界定

实现可持续生计安全是农户生计决策的目标之一，其与生计环境、生计结果以及生计能力的良性互动有助于解决中国农民增收、农业发展、农村稳定的"三农"问题。关于农户可持续生计安全的基本内涵，学界从宏观与微观两个角度进行了诠释与发展。宏观层面上，Swaminathan 于 1991 年首次提出了可持续生计安全的概念，即作为一种生计选择，可持续生计安全包括生态安全、经济效益与社会公平三个维度，是可持续发展最基本的需求，试图衡量生态、经济和社会之间的冲突和协同关系（石育中，2016）。Chambers 和 Conway 则将生计的可持续性分为社会和环境两个维度，此种分类既关注了生计对全球自然资源的外在影响，即环境可持续性，又强调了生计的内在能力以保持承载力的持续和增强，即社会可持续性。

微观层面上，毛舒欣（2018）将家庭生计安全定义为一个家庭或社区具有能维持和提高收入、资产和社会福利，并保障家庭从风险中恢复可持续发展的能力。赵靖伟（2011）则认为生计安全以农户可持续发展为目的，主要由能力安全、资产安全和行动安全组成，具体包括背景环境安全、生计资产安全、生计策略安全、结构和制度安全以及生计成果安全。

借鉴学界的各观点并结合第三章中的理论基础，研究以农户为微观主体对象，将可持续生计安全定义如下："为改善长远的生活状况，个人或家庭所拥有和获得的谋生能力、资产和经营的稳定性与发展性。"稳定性主要表现为对内外部生计环境压力的承受能力与恢复能力，即农户生计能够保持一定阶段内的收入水平与生活状况相对平稳；发展性则表现为农户生计能够适应生计环境、生计资本与生计能力的变化，并推动生计结果的正向改善。

研究认为可持续生计安全的内涵主要包括能力安全、资产安全、行动安全与脆弱性安全四个考察维度，其中能力安全与行动安全是农户可持续生计安全的动力来源；资产安全是农户可持续生计安全的基本核心，行动安全表现为从静态时点的角度衡量农户可持续生计安全数量；脆弱性安全则实时追踪反馈了农户可持续生计安全的变化，从动态时段的角度反映农户可持续生计安全质量。

二 基于改进的 PSR 模型农户可持续生计安全评价体系

（一）评价体系的理论基础

研究中农户可持续生计安全评价体系以经济合作与发展组织（OECD）和联合国环境规划署（UNEP）建立的"压力—状态—响应"（PSR）指标框架模型为基本思路，以英国国际发展机构（DFID）建立的可持续生计分析框架为主要内容，结合 SEI 和克拉克大学建立的脆弱性分析框架，构建了基于改进的 PSR 模型农户可持续生计安全评价体系。

"压力—状态—响应"（PSR）模型最早由加拿大统计学家 Rapport 和 Friend 提出，经过经济合作与发展组织（OECD）和联合国环境规划署（UNEP）发展为广泛应用于监测环境可持续发展性问题的评价框架。此模型中"压力"反映了风险源的形成原因，回答了"为什么会出现风险因素"的问题，是"状态"发生改变的根源；"状态"显示了"压力"所带来的风险应对结果，解释了"面对风险因素出现了什么结果"的问题，是"响应"产生的动机；"响应"则是对"压力"与"状态"的直接反馈，阐明了"面对风险因素如何做"的问题（刘革等，2021）。

该模型的强逻辑性与可实践性不仅能够显示农户生计的当前状态，而且可以反映导致农户可持续生计状况改变的原因及应对结果，评价人、资源及环境三者相互制约与依存关系之中的生计可持续性水平，具有较强的研究及实践价值（张博胜等，2021）。1993 年，经济合作与发展组织（OECD）进一步提出了改进的 PSR 模型，即"驱动力—压力—状态—影响—响应"（Driving Force – Pressure – State – Impact – Response，DPSIR）概念模型，为探讨宏观经济运行与生态环境发展之间的关系提供了范本。

为了更好地分析和评价微观农户生计安全状况，研究将 PSR 模型与脆弱性分析框架耦合联用，基于此构建了 PSRA 模型。关于脆弱性分析比较一致性的意见主要概括为受灾度、敏感性和恢复力三个维度。其中，受灾度是指一个地区或群体蒙受灾难或危险的程度，敏感性是一个系统对冲击或压力的反应程度，恢复力是一个系统面临冲击或压力时通过应对或适应避免损害的程度。

由于传统的 PSR 模型一般是基于风险外部作用逻辑链条对农户生计可持续问题进行评价的，为缓解对农户面对的压力进行抵制或恢复承受能力分析，充分考虑农地流转的各个利益相关方。研究引入了农户生计安全的脆弱性分析，反映出生计环境对农户施加的冲击力，并描述了农户生计对于不同风险源的敏感性，提出了处理改进的措施。同时刻画出利益相关主体对于农户生计状况变化而做出的行动，反馈了农户生计内在的可持续性，形成"压力—状态—响应—调节"的逻辑闭环。

（二）评价体系的基本原则

研究中基于 PSRA 模型农户可持续生计安全评价体系融合了"压力—状态—响应"（PSR）指标模型、可持续生计分析及脆弱性三大理论分析框架，为使农户可持续生计安全评价全面客观地反映农户生计的基本状况，适应中国区域经济与社会发展情况，应用时需遵循以下基本原则。

1. 可持续发展性原则

可持续发展性原则既是研究中农户可持续生计安全评价体系的构建目标，又是基本宗旨。评价体系以农户生计安全的可持续性为导向，重点考察农户生计在面临内外环境压力时的稳定性与发展性。同时，在选取具体的评价指标时，需要充分考虑农户、资源以及环境之间的协调性与适应性，促进农户生计资本配置合理化、生计决策理性化、生计结果趋优化。此外，为使该评价体系具有可推广性，需要根据区域特点灵活确定评价指标的选取及量化标准。

2. 科学系统性原则

农户生计系统与生计安全系统开放复杂，具有深刻的概念及丰富的内涵，要求指标体系具有科学严谨、全面完整的涵盖面（赵靖伟，2011）。因此，在评价农户可持续生计安全时，相关指标需要适应生计系统的发展层次；能够反映出农户生计的阶段性变化；在科学的基础上揭示其内在发展规律。各个指标的概念需要明确其基本内涵，确定合理的量化标准，能够衡量或反映农户可持续生计安全的情况。

3. 可应用性原则

首先，农户可持续生计安全评价指标的选取需要具有可获得性与可比性。即能够通过抽样调查或典型调查的方式获得，能够基于现有统计体系进行量化计算，各个指标在一定阶段内的含义、范围等具有相对稳定性，能够连续反映一定时期内农户的生计安全状况，适应不同区域内农户的主要生计模式特征，从而利于研究特定地区内农户可持续生计安全的长期变化趋势。

其次，农户可持续生计安全评价体系的构建需要具有可理解性与实际应用性。即在遵循国际惯例的同时彰显中国特色，便于基层农户切实参与应用评价体系，切实关照农户生计需求，充分反映区域农户生计的真实情况，能够指导中国"三农"政策的制定、调整和实施。

（三）评价指标体系

基于 PSRA 模型农户可持续生计安全评价体系的具体评价内容包括压力（Pressure）、状态（State）、响应（Response）、调节（Adjustment）四个维度，分别对应评价农户的能力安全、资产安全、行动安全、脆弱性安全，形成农户可持续生计安全指标性的评价体系，全方位地展示农户的可持续生计安全水平。

1. 压力：能力安全

"压力"是指农户生计外部环境变化对其可持续生计安全所施加的外部风险效应，以及内部生计条件改变给农户可持续生计安全带来的负面影响。对于农户而言，外部环境压力表现为自然条件恶化所带来的生存阻碍与社会物质、地位弱势所造成的生活困难，具体表现为农户生计经营需要面临的自然灾害风险、粮食安全风险、生存风险、失业风险、贫困风险、社会地位风险等；主要考察农户生计安全内涵中"能力安全"的部分，即农户的生计环境适应能力与风险控制能力，反映农户是否能随生计环境的改变维持原有生计经营方式、是否具有生计维持的风险意识，保持生活水平相对稳定，将生计不稳定性因素控制到低水平。具体的测量指标有自然灾害面积（张锐等，2013）、环境污染程度（王鹏等，2018）、家庭非劳动力人口比例、人均日常消费额增长率、农业生产投资增长率、通货膨胀率、地区失业率（陈明玉等，2015）等。

2. 状态：资产安全

"状态"是农户生计面临内外部环境变化后的产物，是"压力"所带来的外在表征，既包括内外部生计环境对农户生计经营活动的承载能力，又包括生计环境对农户生计经营的限制与约束（张博胜等，2021）。一般通过外在的物质指标反映出一定阶段内相对静态的农户生计资本的储量与质量变动状况以及生计结果的优劣变化，体现出农户的生计资产安全状况，即在"压力"出现前后农户生计资产数量相对稳定、质量相对均衡。具体的评价指标有人均耕地面积（王洋等，2020）、城乡居民人均消费支出比、GDP 增速、老年人抚养比、自然灾害直接经济损失、城乡人均住房面积（刘革等，2021）等。

3. 响应：行动安全

"响应"是指农户在面对"压力"后针对"状态"所采取的措施与反应，即在变动后的生计环境中，为适应生计资本变化，改善生计结果，农户对原有生计模式进行调整或改变，理性做出相应的生计决策。主要表现为农户生计策略再选择的能动性与适应性，即农户可以有能力且有意愿自主调整，甚至更换生计策略，并使该生计策略适应新的生计环境，促进资源配置、生产经营最优化，实现预期的生计目标。具体的评价指标有农户对农地流转的满意度、流转农户社会保障覆盖率、家庭劳动力就业率、户均从事生计活动的种类（陈明玉等，2015）等。

4. 调节：脆弱性安全

"调节"是贯穿于"压力—状态—响应"中的必要环节，在"压力"转化为"状态"的过程中，"调节"是农户生计安全的恢复能力，即能够维持生计结果处于相对稳定的水平，降低生计压力带来的损害；由"状态"产生"响应"的过程中，"调节"是农户生计安全的可持续能力，即能够及时动态调试生计决策，并反映生计决策对环境变化的适应程度；在"响应"作用于"压力"的过程中，"调节"是农户生计安全的抗压能力，即生计结果、生计能力与生计环境共同作用，促进生计安全系统形成良性循环。具体的评价指标主要为"压力"前后带来的评价指标变化值，如家庭年收入差值、家庭劳动力数量年变化（赵立娟等，2021），或者体现为农地流转制度的变化、政府财政支出援助的"三农"项目数量、政府对于农地流转支持政策及扶持力度等（崔晓明等，2017）。

基于上述分析，由"压力—状态—响应—调节"四部分内容所构成的 PSRA 模型农户可持续生计安全评价框架如图 5-21 所示，各个部分内容相互作用，与可持续生计安全的内涵紧密结合，农户可持续生计安全的"压力"影响着其"状态"的变化，进而做出相应的"响应"，通过"调节"的方式促进整个农户可持续生计安全系统运转，分别在不同环节重点探究农户生计能力安全、资产安全、行动安全以及脆弱性安全的变化情况，为总体的农户生计安全可持续性评价提供依据。

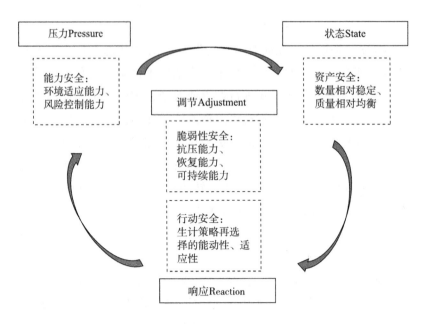

图 5-21 基于 PSRA 模型农户可持续生计安全评价框架

（四）农户可持续生计安全评价体系的量化检验及方法选择

农户可持续生计安全的指标性评价主要在指标测量选取以及权重分配这两个环节涉及量化计算与演绎，根据对不同地区的特征以及可持续生计安全内涵的组成，选择与之相适应的量化方法。此外，由于可持续生计安全系统与自然科学、人文地理等交叉学科息息相关，跨学科多领域的集成研究方法也成为农户可持续生计安全评价的必要辅助手段。目前指标的调查测量方法主要包括抽样调查法、参与式乡村评估法（Participatory Rural Appraisal，PRA）以及文献调查法；指标的权重确定方法以德尔菲法、主成分分析法以及熵权法等为主（汤青，2015）；交叉学科的辅助方法则有鲁棒性分析法、时空格局分析法以及 BP 人工神经网络分析法等。

1. 指标调查测量方法

（1）抽样调查法。抽样调查法作为一种非全面调查，是根据随机原则从总体中抽取部分实际数据以反映总体大致情况的调查，可以分为概率抽样与非概率抽样两类（李海波等，2005）。抽样调查法能够克服因样本群体数量庞大、难以全面调查的问题，通过对选取的样本进行一手资料的调查研究，推断预测总体单位的实际情况。为了控制抽样调查法的抽样误差，要求对样本的筛选坚持代表性、可比性、全面性等抽样原则。概率抽样中的简单随机抽样法和分层抽样法在测定农户生计指标时有广泛的应用，姚予龙等（2018）根据建档立卡贫困户人口、资产、收入等数据分层抽样对西藏贫困农牧民生计进行入户调研；卢志强等（2021）为调查全国农户生计资本特征对生活满意度的影响，对中国东中西部省份先采取分层抽样法缩限抽样范围，再采用简单随机抽样法进行入户调查访谈，兼顾了全国各地区的样本差异。

（2）参与式乡村评估法。参与式乡村评估法（Participatory Rural Appraisal，PRA）是在乡村、社区等项目构想、实施、评估中普遍应用的调查研究方法，尊重当地人的知识、文化和生活方式是 PRA 评估法的基本立足点，即在工程方案的选择、设计、决策、实施、评价以及调整过程中充分考虑当地居民的意愿和建议，以确保政府的引导方向与移民的生产和生活方式、价值取向、行为偏好和意愿等一致，达到真正的惠民于心。此种方法适用于调查范围规模小、统计数据少的调查群体，并且改变了调查群体的被动从属地位，主要调查工具有实地考察、半结构访谈等。黄文娟等（2005）采用此种方式探讨了湖南壶瓶山国家级自然保护区的可持续发展情况；马国璇等（2022）通过使用参与式乡村评估法对农户采取面对面的入户问卷调查，基于可持续生计框架创新性引入了农户主观满意度的第六类生计资本。

（3）文献调查法。文献调查法是一种间接的非介入式的信息数据调查方法，能够突破时空限制对大规模群体进行调查研究，具有高效便捷、低成本的调查优势，但需要对文献的真实性、专业性及权威性进行严格把控。在对农户生计的调查研究中，文献调查法主要表现为对国家统计局发布的数据、政府发布的政策公告、前人学者创设的理论模型等进行梳理、归纳与借鉴。石育中等（2016）在测量陕南秦巴山区可持续生计安全评价体系的次级指标如森林覆盖率、人均 GDP、就业率等，采用国家统计局权威公布的相关数值；耿亚新等（2021）使用 2018 年中国家庭追踪调查（China Family Panel Studies，CFPS）数据覆盖了中国 25 个省份以探讨农户生计资本和区域异质性对生计策略的影响；赵立娟等（2021）选取大型微观入户调查项目（CFPS）的 2010 年、2012

年、2014 年、2016 年和 2018 年的全国 25 个省份的样本数据以精准评估耕地转出对农户家庭贫困脆弱性的影响。

2. 指标权重确定方法

（1）德尔菲法。又称专家调查法，通过收集专家关于某个问题的意见，匿名归纳整理后再次反馈各位专家获取新的意见，多次重复该步骤以取得一致的意见。此种方法能够充分运用专家的科学知识与经验，同时由于匿名性能够克服一定的主观干扰，具有科学性、专业性等优势。在可持续生计安全评价体系建立过程中，学者大多利用该方法进行指标的实际选取以及权重的具体分配，或与层次分析法相结合应用，以实现对难以定量分析的指标做出合理评价。苏飞等（2015）在对杭州城市边缘区居民生计安全评估的过程中使用专家打分法，确定了生计资本的指标权重及量化赋值。刘格格等（2022）为测度生态补偿对水源地农户可持续生计能力的影响，选择咨询该领域专家及富有经验的技术工作者以确定相应的指标评价体系与主观赋权。

（2）主成分分析法。主成分分析法是遵循数学降维思想的统计方法，通过将原来多个变量重新组合为一组新的、相互无关的、少数的综合变量，根据需要从中选取个别综合变量以设法反映更多原变量信息。该方法通过数学量化计算的方式来排除指标间相互作用的干扰，客观便捷地过滤筛选过多信息量，并保留关键性信息，使问题分析化繁为简，因而在农户生计评价的研究领域有广泛的适用。袁梁等（2017）综合运用主成分分析法与因子分析法，科学计算出生计资本、生态补偿政策和生计能力的指标权重；杜巍等（2019）采用主成分分析法为就地就近城镇化农民工的生计资本指标权重赋值，避免了主观因素带来的偏差；江易华等（2020）利用主成分分析法提取出了决定失地农户家庭生计恢复力的主要因子。

（3）熵权法。采用无量纲化的归一方式，以代表信息量大小的熵值判断指标的离散程度，进而判定该指标对综合评价的影响程度。作为一种代表性的客观赋权法，该方法突破了主成分分析法、因子分析法等只受数据方差影响的局限性，能够全面真实地反映指标数据所包含的信息，避免了人为的影响因素，具有良好的效度和信度。但由于该方法对于指标数据值有严格要求，难以处理数据极端值，故学界产生了改进熵值赋权法（林同智，2015）。此外，该种方法的研究思路也能够良好适应农户生计评价体系的指标赋权，宁泽逵（2017）采用熵权法测算出陕西省长武县巨家镇农户的可持续生计资本指标权重，为精准扶贫的开展提供数据支持；杨琨等（2020）运用熵权法定量计算了兰州安宁区失地农户可持续生计状况；张晶等（2020）利用改进的熵权法分析了甘肃省榆中县贫困人口的生计资本状况和生计活动方式。

3. 交叉学科辅助方法

（1）鲁棒性分析法。鲁棒性是工程学的概念，其基本含义是抗干扰性、坚实性、稳定性，广泛应用于生态学、控制理论、统计学等具有复杂系统的学科领域。综合指数的鲁棒性分析是在标准化方法和权重方法发生变化的情况下保持综合指数得分和排名的方法，是针对综合指标构建过程中的主观选择，避免结果不确定性的分析工具，有助于提升科学预测的质量。在农户可持续生计安全评价领域，此种方法多用于评价体系内相关生计指标的不确定分析，检验评价结果的可信度与透明度。石育中等（2016）使用鲁棒性分析法构建可持续生计安全指数值排名，反映陕南秦巴山区农户的可持续生计安全情况；黄安琪等（2020）利用鲁棒性分析法检验了安徽省城市生态可持续性的可信度，完成了对当地 16 个省市的可持续生计安全评价。

（2）时空格局分析法。充分利用地理学相关工具，如 GIS、GPS、RS、地理空间可视化技术与大数据分析技术等，能够为农户可持续生计的时间序列变化、空间分布变化提供可视化技术支持，同时推动了农户可持续生计安全评价由定性走向定量、由静态走向动态、由过程到模式的转化和发展（赵雪雁，2017），因而农户可持续生计安全评价与相关地理技术手段的结合逐步成为当下研究热点。何仁伟（2014）通过使用空间自相关模型计算分析了影响四川省凉山州山区聚落农户可持续生计发展水平的影响因素，以可视化地理分布图展示当地农户生计发展状况；朱霞等（2021）利用遥感技术、GIS 空间叠加分析技术等划分了武汉市农业生态区生态安全空间格局圈层，为当地居民生计、国土空间规划等提供基础研究。

鲁棒性分析法在农地流转研究中充分发挥了提升量化结果科学性的工具优势，但具有计算烦琐的弊端；时空格局分析法则为形象化分析农地流转生计评价结果提供便利，因而以上两种方法已经在农地流转领域得到一定范围的应用。由于"农地流转"的研究领域涉及地理学、农学、管理学等多个学科，交叉学科的研究方法日益显现出多样化的趋势。此外，赵靖伟（2014）创新性地使用了 BP 人工神经网络分析法以实现对陕西省农户生计安全状况的动态预警，进一步丰富了评价农户生计安全的研究视角及方法应用，但由于该方法对使用者数理能力要求较高，计算过程较为复杂，目前尚未被推广适用。

4. 研究采用的方法

为探讨中国西部地区农户实际生计安全状况及地域差异性分布特征，研究基于 PSRA 模型农户可持续生计安全评价框架，综合使用抽样调查法、参与式乡村评估法、文献调查法选取样本数据，对中国西部地区 12 个省份的典型村落进行阶段性实地调研与采访，并将所获得的一手资料与政府文件、统计年鉴、官方权威报道等二手资料进行三角验证，从而保证样本数据的可靠性、准确性及时效性。

在进行指标体系的量化计算时，研究主要将熵权法与综合指数法相结合，不仅能够适应基于 PSRA 模型农户可持续生计安全评价框架的逻辑路径，全面展现评价西部地区农户生计安全的各项因素，而且能够客观反映西部地区农户实际持续生计安全水平，实现定性描述和定量分析相结合。最终，基于评价体系的量化结果构建西部地区农户可持续生计安全水平时空格局演化图从而清晰形象地反映农户可持续生计安全水平，为农户生计安全的可持续发展与完善提供基础理论支撑。

三　西部地区农户可持续生计安全评价

随着西部地区农户生计模式转型升级趋势的向好发展，区域内农户的生计能力得到整体提升，以生计能力为核心的农户可持续性生计安全水平也获得相应改善。研究利用改进的 PSRA 框架，建立了由能力安全、资产安全、行动安全和脆弱性安全四个维度，居民消费价格指数、自然灾害面积、人均消费额增长率、农户固定资产投资额等 17 项指标构成的评价体系，对区域内农户的可持续生计安全进行了测评，以期掌握区域内农户可持续生计安全状况并提出改进的路径。

（一）指标的选取与构建

1. 能力安全维度"压力"指标的选取

农户生计活动的开展是外界环境产生压力的主要来源之一，同时外界压力也影响着农户生计安全的水平，二者关系密切。从农户角度，可将生存范围分为自身、社会和环境三个层次，相应的压力也来自环境背景、社会风险和自身生计三个方面（赵靖伟，2011）。对于西部地区农户而言，其生计环境的资源背景压力多源自水土流失、土地荒漠化等自然灾害的频发，故采用"自然灾害面积"指标直接反映生计环境带来的资源背景压力；由于中国东西部经济发展不均衡，城乡发展差距大，西部地区农村经济发展仍有很大空间，农户消费水平及实际购买力有待提高，因此选择"居民消费价格指数"指标来反映通货膨胀率，度量社会风险；在农户生计维持过程中，人口结构、生产资料的投入等构成了主要的压力，故"人均消费额增长率""农户固定资产投资额"等指标能够显示这一方面的实际情况。

压力指标同时也反映了农户生计安全内涵中的"能力安全"维度，即农户的生计环境适应能力与风险控制能力。生计环境适应能力是对已发生的压力事项承受情况的考量，体现为"居民消费价格指数""自然灾害面积"等指标；风险控制能力是对潜在压力事项应对程度的考察，表现为"人均消费额增长率"和"农户固定资产投资额"指标。其中，负向指标有2项，分别是居民消费价格指数和自然灾害面积，其数值越大，对农户生计能力安全的负面影响越严重。正向指标有2项，主要是人均消费额增长率和农村住户固定资产投资额，其数值越大，对农户生计能力安全的正向作用越显著。

表5-4　　　　西部地区农户可持续生计能力安全维度的指标

维度	参考指标	评价指标	指标性质
能力安全	环境适应能力	X_1 居民消费价格指数	－
		X_2 自然灾害面积	－
	风险控制能力	X_3 人均消费额增长率	＋
		X_4 农户固定资产投资额	＋

注："＋"表示指标为正向指标，"－"表示指标为负向指标。

2. 资产安全维度"状态"指标的选取

农户生计状态是农户和环境动态协调、适应的不确定性结果，主要包括农户面对生计压力时相应产生的外在表征及环境对农户生计活动的承载程度两个方面。西部地区农户抗压后的生计结果可以直接通过"人均可支配收入水平""人均住房面积""老年人抚养比"及"人均受教育年限"等指标显示；受西部地区地理性质及产业发展结构的影响，"人均耕地面积"能够反映当地自然环境及资源对农户生计开展的承载能力。

另外，农户生计状态直接表现为农户生计资产状况（刘倩等，2018），生计压力出现前后的生计状态变化直观地反映为农户生计资产的浮动性变化，因此生计状态即是对农户生计资产安全的评价。量化农户生计的有形资产可以反映农户生计资产的数量水平，因此研究选取了"人均耕地面积""人均收入水平"等指标；"人均受教育年限""老年人抚养比""人均住房面积"一定程度上代表了农户受教育程度及生活状况等无形资产水平，反映了农户生计资产质量的优劣。其中，正向指标有4项，包括人均耕地面积、人均可支配收入水平、人均住房面积及人均受教育年限，其数值提高，农户生计资产状况越趋向安全。负向指标有1项，为老年人抚养比，其数值增加，农户生计资产状况越趋向不安全。

表 5-5　　　西部地区农户可持续生计资产安全维度的指标选取

维度	参考指标	评价指标	指标性质
资产安全	生计资产数量	X_5 人均耕地面积	+
		X_6 人均可支配收入水平	+
	生计资产质量	X_7 老年人抚养比	−
		X_8 人均住房面积	+
		X_9 人均受教育年限	+

注："+"表示指标为正向指标，"−"表示指标为负向指标。

3. 行动安全维度"响应"指标的选取

农户生计响应是农户为应对生计压力、改善生计状态所作出的生计策略调整和生计行动改变（朱霞等，2021），既包括生计压力后对原有生计模式的维持，具有生计选择适应性；又有对原有生计模式的改良和新型生计模式的探索，体现为生计选择能动性。因此，农户生计响应状况可以展现农户生计安全中行动维度的水平。

西部地区农户家庭劳动力的开发情况是生计选择的直接体现，其中"农户家庭生计满意度"和"农户最低社会保障覆盖率"等指标对农户可持续生计的开展具有基础性作用和兜底性保障，反映了生计选择的适应性水平；"家庭劳动力就业率"和"农户非第一产业就业比例"等指标充分显示了农户自主积极探索生计选择多样性的机会，故成为生计选择能动性测评的参考指标。同时，以上4项指标均表现正向作用，即其数值越高，农户生计行动安全水平越高。

表 5-6 西部地区农户可持续生计行动安全维度的指标选取

维度	参考指标	评价指标	指标性质
行动安全	生计选择适应性	X_{10} 农户家庭生计满意度	+
		X_{11} 农户最低社会保障覆盖率	+
	生计选择能动性	X_{12} 家庭劳动力就业率	+
		X_{13} 农户非第一产业就业比例	+

注："+"表示指标为正向指标，"-"表示指标为负向指标。

4. 脆弱性安全维度"调节"指标的选取

农户生计的调节存在于"压力—状态—响应"框架中的各个环节，受外部社会环境和自身变化的双重影响，主要的表现结果为农户可持续生计安全的恢复能力水平和可持续能力水平。因此，选取"政府农林水财政支出增长率""第一产业建设项目投资增长率"等指标衡量外部变化对于农户生计安全能力的影响，选取"农户恩格尔系数差值""家庭劳动力数量年变化"等指标显示农户生计自身调整的结果，通过以上指标变化数值的差异测试农户生计的调节水平。

农户生计脆弱性是农户在生计调节过程中所表现出的突出特征，即农户面对内外压力时，由于农户自身对扰动敏感及缺乏应对能力，而使其生计结果易于遭受损失（吴郁玲等，2022），故农户生计调节水平间接反映了农户生计脆弱性的程度。由于农户生计脆弱性同样源于外部性变化和内生性差异，故农户生计调节水平的指标选取和种类划分也适用于农户脆弱性的安全测试。除农户恩格尔系数差值为负向指标以外，其余3项指标均为正向指标，其数值越趋于正向增大，农户生计脆弱性越趋于安全。

表5-7　　西部地区农户可持续生计脆弱性安全维度的指标选取

维度	参考指标	评价指标	指标性质
脆弱性安全	外部性变化	X_{14} 政府农林水财政支出增长率	+
		X_{15} 第一产业建设项目投资增长率	+
	内生性调整	X_{16} 农户恩格尔系数差值	–
		X_{17} 家庭劳动力数量年变化	+

注："+"表示指标为正向指标，"–"表示指标为负向指标。

（二）权重的测量与赋值

1. 原始数据获取

通过整理来自《中国统计年鉴（2021）》《中国农村统计年鉴（2021）》《国民经济和社会发展统计公报》、各个省份统计年鉴及财政厅报告等原始数据，并且结合研究实践调研整合的数据，综合计算得到表5-8西部地区农户可持续生计安全评价的12个省份17个指标的初始数据。其中，居民消费价格指数、自然灾害面积、农户固定资产投资额、农户非第一产业就业比例4项指标由《中国农村统计年鉴（2021）》直接得到；人均可支配收入水平、老年人抚养比、政府农林水财政支出增长率、第一产业建设项目投资增长率、农户恩格尔系数差值、家庭劳动力数量年变化6项指标通过查询西部12个省份2021年统计年鉴得到相应数值；人均受教育年限和农户家庭生计满意度2项指标由研究实际调研获得具体数值；人均消费额增长率、人均耕地面积、人均住房面积、农户最低社会保障覆盖率、家庭劳动就业率5项指标由各省份统计年鉴（2021）得到原始数据后综合计算得出。

表5-8 西部地区农户可持续生计安全评价原始数据

指标	重庆	四川	云南	贵州	西藏	陕西	甘肃	青海	新疆	宁夏	内蒙古	广西
居民消费价格指数	102.3	103.8	103.9	103.1	102.1	102.5	102.1	102.5	102	101	102.7	103.5
自然灾害面积（千公顷）	159	633	1225	233	9	532	396	43	638	175	2368	279
人均消费额增长率（%）	7.84	6.38	7.9	5.83	5.9	4.03	2.36	6.97	4.46	2.27	27.8	3.2
农户固定资产投资额（亿元）	21.4	169.6	166.9	52.4	27.38	224.1	75.1	28.7	91.7	36.9	126.1	145.3
人均耕地面积（亩/人）	1.34	1.4	3.43	2.88	2.9	2.98	6.54	3.13	9.41	7.12	17.77	2.16
人均可支配收入水平（元）	16361	15929	12842	11642	14598	13316	10344	12342	14056	13889	16567	14815
老年人抚养比（%）	25.48	25.3	15.4	17.93	8.1	19.21	18.49	11.54	11.1	13.7	17.9	19
人均住房面积（平方米）	53.7	47.84	32.18	49.23	41.15	42.7	31.92	28.6	24.39	32.5	31.34	53
人均受教育年限（年）	7.65	8.9	6.74	8.4	6.8	8.15	8.3	4.4	10.14	7.62	6.52	8.1
农户家庭生计满意度（%）	80.56	64.62	69.84	86	55.56	68.89	65.08	79.03	95.77	81.36	89.19	33.33
农户最低社会保障覆盖率	2.97	6.66	10.38	11.67	5.63	7.81	11.88	11.17	12.94	15.68	17.06	11.66
家庭劳动力就业率（%）	88	57.14	93.98	65.28	85.05	81.34	94.49	75.3	48	48.49	72.97	52.4
农户非第一产业就业比例（%）	34.38	31.65	19.02	30.71	42.5	27.36	16.27	34.86	22.17	33.06	3.28	28.96
政府农林水财政支出增长率	6.99	3.95	-1.5	2.5	-37.15	17.6	8.24	-13.67	15.39	16.18	-0.82	21.03
第一产业建设项目投资增长率（%）	25.8	35.6	-9.1	48.1	18	6.2	37.01	-9.1	7.7	13.7	31	9.9
农户恩格尔系数差值	1.8	1.93	0.025	-0.3	0.021	2.08	1.69	-0.004	-0.03	0.01	1.2	3.7
家庭劳动力数量变化	0	0.04	0.21	0.02	-0.03	0	0.04	0.09	0.58	0	-0.52	-0.14

2. 指标无量纲化处理

由于各评价指标数据数量级存在差别，并且指标间正负向性不同（王洋等，2020），因此对各项指标数据进行无量纲化处理，该指标进行无量纲处理后的数值分布于 [0, 1]，使数据具有可比性。

$$正向指标：R_{ij} = \frac{x_{ij} - \min x_j}{\max x_j - \min x_j} \tag{5-1}$$

$$负向指标：R_{ij} = \frac{\max x_j - x_{ij}}{\max x_j - \min x_j} \tag{5-2}$$

式中：x_{ij} 为指标原始值；R_{ij} 为标准化值；$\max x_j$ 和 $\min x_j$ 为指标最大值和最小值。

对上述指标进行无量纲化处理，可获得西部地区农户可持续生计安全评价的无量纲化指标数据（见表5-9）。

3. 熵权法的应用

在关于西部地区农户生计安全评价的研究中，由于选取的各指标单元对于总评价的贡献不同，为客观反映各指标对总评价的权重指数，研究选取熵值法确定指标权重。

（1）计算第 j 项指标在第 i 年的比重 f_{ij}；

$$f_{ij} = \frac{R_{ij}}{\sum\limits_{i=1}^{m} R_{ij}} \tag{5-3}$$

（2）计算指标熵值 e_j；

$$e_j = -\frac{1}{\ln m} \sum\limits_{i=1}^{m} (f_{ij} \ln f_{ij}) \tag{5-4}$$

式中：当 $f_{ij} = 0$ 时，令 $f_{ij} \ln f_{ij} = 0$。

（3）计算指标权重 W_j。

$$W_j = \frac{1 - e_j}{\sum\limits_{j=1}^{n} (1 - e_j)} \tag{5-5}$$

4. 综合指数法测算

根据指标评价体系所得权重，结合西部地区农户生计安全的实际情况，选择综合指数评价法测算西部地区农户生计安全的综合可持续水平，最终获得西部地区农户可持续生计安全指数表（见表5-11）。

表5-9 西部地区农户可持续生计安全评价标准化数据

指标	重庆	四川	云南	贵州	西藏	陕西	甘肃	青海	新疆	宁夏	内蒙古	广西
居民消费价格指数	0.5617	0.0445	0.0100	0.2859	0.6307	0.4928	0.6307	0.4928	0.6652	1.0100	0.4238	0.1479
自然灾害面积	0.9464	0.7455	0.4945	0.9150	1.0100	0.7883	0.8460	0.9956	0.7434	0.9396	0.0100	0.8955
人均消费额增长率	0.7918	0.8490	0.7895	0.8706	0.8678	0.9411	1.0065	0.8259	0.9242	1.0100	0.0100	0.9736
农户固定资产投资额	0.0100	0.7411	0.7278	0.1629	0.0395	1.0100	0.2749	0.0460	0.3568	0.0865	0.5265	0.6213
人均耕地面积	0.0100	0.0137	0.1372	0.1037	0.1050	0.1098	0.3265	0.1190	0.5012	0.3618	1.0100	0.0599
人均可支配收入水平	0.0431	0.1125	0.6086	0.8014	0.3264	0.5324	1.0100	0.6889	0.4135	0.4403	0.0100	0.2915
老年人抚养比	1.0100	0.9996	0.4300	0.5756	0.0100	0.6492	0.6078	0.2079	0.1826	0.3322	0.5739	0.6372
人均住房面积	0.0100	0.2099	0.7442	0.1625	0.4382	0.3853	0.7531	0.8664	1.0100	0.7333	0.7729	0.0339
人均受教育年限	0.5762	0.7940	0.4177	0.7069	0.4281	0.6633	0.6894	0.0100	1.0100	0.5710	0.3793	0.6546
农户家庭生计满意度	0.7664	0.5111	0.5947	0.8535	0.3660	0.5795	0.5185	0.7419	1.0100	0.7792	0.9046	0.0100
农户最低社会保障覆盖率	0.0100	0.2719	0.5359	0.6275	0.1988	0.3535	0.6424	0.5920	0.7176	0.9121	1.0100	0.6268
家庭劳动力就业率	0.8704	0.2066	0.9990	0.3817	0.8070	0.7271	1.0100	0.5972	0.0100	0.0205	0.5471	0.1046
农户非第一产业就业比例	0.0241	0.0228	0.0171	0.0224	0.0277	0.0209	0.0159	0.0243	1.0100	0.0235	0.0100	0.0216
政府农林水财政支出增长率	0.7687	0.7164	0.6228	0.6915	0.0100	0.9511	0.7902	0.4136	0.9131	0.9266	0.6344	1.0100
第一产业建设项目投资增长率	0.6201	0.7915	0.0100	1.0100	0.4838	0.2775	0.8161	0.0100	0.3037	0.4086	0.7111	0.3422
农户恩格尔系数差值	0.4850	0.4525	0.9288	1.0100	0.9298	0.4150	0.5125	0.9360	0.9425	0.9325	0.6350	0.0100
家庭劳动力数量年变化	0.4827	0.5191	0.6736	0.5009	0.4555	0.4827	0.5191	0.5646	0.0100	0.4827	0.0100	0.3555

317

表 5-10   西部地区农户可持续生计安全的指标评价体系

维度	评价指标	属性	权重
能力安全	X_1 居民消费价格指数	-	4.745%
	X_2 自然灾害面积	-	1.962%
	X_3 人均消费额增长率	-	1.730%
	X_4 农户固定资产投资额	+	7.897%
资产安全	X_5 人均耕地面积	+	10.795%
	X_6 农户人均可支配收入水平	-	5.370%
	X_7 老年人抚养比	+	3.856%
	X_8 农户人均住房面积	-	5.427%
	X_9 农户人均受教育年限	+	2.399%
行动安全	X_{10} 农户家庭生计满意度	+	2.379%
	X_{11} 农户最低社会保障覆盖率	+	3.349%
	X_{12} 家庭劳动力就业率	+	6.006%
	X_{13} 农户非第一产业就业比例	+	31.814%
脆弱性安全	X_{14} 政府农林水财政支出增长率	+	2.157%
	X_{15} 第一产业建设项目投资增长率	+	5.087%
	X_{16} 农户恩格尔系数差值	-	2.650%
	X_{17} 家庭劳动力数量年变化	+	2.379%

表 5-11   西部地区农户可持续生计安全指数

省份	能力指数	资产指数	行动指数	脆弱性指数	综合值	排名
重庆	0.1194	0.0567	0.0785	0.0725	0.3271	12
四川	0.1799	0.0765	0.0409	0.0801	0.3774	8
云南	0.1626	0.1145	0.0975	0.0546	0.4292	6
贵州	0.1189	0.1022	0.0714	0.1050	0.3974	7
西藏	0.1357	0.0633	0.0726	0.0603	0.3320	10
陕西	0.2698	0.1023	0.0759	0.0571	0.5051	3
甘肃	0.1713	0.1703	0.0996	0.0845	0.5256	2
青海	0.1217	0.1051	0.0811	0.0477	0.3555	9

续表

省份	能力指数	资产指数	行动指数	脆弱性指数	综合值	排名
新疆	0.1806	0.1624	0.3700	0.0841	0.7971	1
宁夏	0.1813	0.1290	0.0578	0.0770	0.4451	5
内蒙古	0.1241	0.1827	0.0914	0.0670	0.4652	4
广西	0.1810	0.0642	0.0344	0.0480	0.3275	11

（1）计算西部地区农户生计各指标的安全水平 Y_i；

$$正指标：Y_i = \begin{cases} 1, & X_i \geq S_i \\ \dfrac{X_i}{S_i} \times 100\%, & X_i < S_i \end{cases} \qquad (5-6)$$

$$负指标：Y_i = \begin{cases} 1, & X_i \leq S_i \\ \dfrac{S_i}{X_i} \times 100\%, & X_i > S_i \end{cases} \qquad (5-7)$$

（2）计算西部地区农户生计各维度的安全水平 I_i；

$$I = Y_i \times w_j \qquad (5-8)$$

式中：Y_i 为处理数据后各指标的安全指数；I 为各指标原始数据经过计算后的安全值；w_j 为各指标的体系权重。

（3）综合测算西部地区农户生计安全水平 T；

$$T = \sum_{j=1}^{n} \sum_{i=1}^{m} (Y_i \times w_j) \qquad (5-9)$$

式中：T 为西部地区农户生计安全水平综合值；m、n 为总数。

5. 农户生计安全评价标准的划分

西部地区农户可持续生计安全的标准划分综合参考了部分学者的相关研究成果（张博胜等，2021；朱霞等，2021；徐珊等，2019；李敬等，2021；罗海平等，2022），并将定量化计算结果保留两位小数后纳入考量，最终将西部地区农户可持续生计安全评价标准划分为表5-12所示的4个等级。

表 5-12　　　　　　　　　　可持续生计安全评价等级标准

等级	可持续生计安全指数区间	含义	代表省份
Ⅰ	[0.00, 0.35)	风险级	西藏、广西、重庆
Ⅱ	[0.35, 0.50)	敏感级	内蒙古、宁夏、云南、贵州、四川、青海
Ⅲ	[0.50, 0.75)	良好级	甘肃、陕西
Ⅳ	(0.75, 1.00]	安全级	新疆

（三）结果的形成与分析

1. 农户生计安全评价的结果

由表 5-8 西部地区农户可持续生计安全指标评价体系可知，行动安全对农户生计安全的可持续性影响权重最高，为 43.55%；资产安全次之，为 25.45%；能力安全和脆弱性安全的影响权重分别为 16.33%、12.27%。其中，农户非第一产业就业比例、人均耕地面积、家庭劳动力就业率、农户人均住房面积、农户人均可支配收入水平以及第一产业建设项目投资增长率 6 项指标的占比分别为 31.81%、10.80%、6.01%、5.43%、5.37%、5.09%，均是提升西部地区农户可持续生计安全水平的重要指标。

根据表 5-11 西部地区农户可持续生计安全指数及表 5-12 可持续生计安全评价等级标准，中国西部地区各省份农户可持续生计安全水平大多处于风险级和敏感级，良好级和安全级别省份较少，农户生计安全仍具有一定提升空间。新疆农户可持续生计安全水平排名第一，为安全级别；甘肃和陕西处于良好级别；内蒙古、宁夏、云南、贵州、四川、青海 6 个省份为敏感级别，处于安全临界值范围；西藏、广西、重庆 3 个省为风险级别，需要加强提升农户生计安全的可持续性。

2. 农户生计安全评价的分析

根据西部地区农户可持续生计安全评价体系的权重分配，行动安全占比 43.55%，是形成并提升农户生计安全可持续性的首要动力，行动安全的状况优劣会迅速传导，影响农户整体生计安全水平。资产安全的权重为 27.85%，资产安全是农户生计安全的物质基础，成为维持农户生计安全可持续性的主要动力。此外，能力安全和脆弱性安全分别占比 16.33%、12.27%，构成了建立农户可持续生计安全的重要发力点，成为提升农户可持续生计安全的关键补充。在行动安全、资产安全、能力安全及脆弱性安全水平协同提升的条件下，农户可持续生计安全的水平会不断增强。

在农户可持续生计安全的构成中，能力安全方面，农户固定资产投资指标权重为7.90%，成为能力安全提升的关键，固定资产的储量直接影响了农户应对生计环境变动的物质基础能力，农户对固定资产的投资数量显示了保持生计安全稳定性的能力。资产安全方面，人均耕地面积指标占比为10.80%，是保持农户可持续生计安全水平最重要的指标，耕地作为农户最基本的生计资产，不仅发挥了维持农户基本生活的兜底保障作用，而且耕地产量的高低关系着农户主要的经济收入来源，故人均耕地面积成为农户资产安全的重中之重。

对于行动安全而言，农户非第一产业就业比例指标权重占比高达31.81%，是评价行动安全水平的首要要素，显示了农户生计策略选择的适应性和能动性水平。脆弱性安全方面，第一产业固定资产投资增长率指标权重为5.09%，该指标直接说明了政府、农户等社会各界对第一产业的支持力度，是维持农户生计安全的重要外部保障。

四 西部地区农户可持续生计安全的地域格局

（一）农户可持续生计安全状况的地理异质性

西部地区农户可持续生计水平多处于敏感级别，偏北地区农户生计安全水平优于偏南地区，基本以河西走廊为轴线呈中心对称分布。而农户可持续生计安全所包括的能力安全、资产安全、行动安全以及脆弱性安全水平在地理分布上存在显著的差异性，体现了生计环境对农户生计经营的限制和约束，同时也反映出农户生计经营对生计环境的改造作用。

首先，关于能力指数，陕西、新疆、宁夏3个省份的能力指数处于领先地位，显示出其对生计环境的适应能力与风险控制能力较强，以上地区农户能够适应生计环境的变化，合理利用生计资源，维持自身生计稳定性；贵州和重庆两地农户能力指数明显低于西部地区其他省份，该地农户和生计环境的关系需要进一步统筹协调。

其次，关于资产指数，内蒙古、甘肃、新疆3个省份的资产指数较高，以上3个省份人地矛盾不突出，生计资源较为丰富，而且农户的生计经营能够充分开发利用所拥有的生计资产，夯实了农户生计安全的物质基础；重庆和四川两个区域人地矛盾较为突出，成为其资产指数提升的主要阻力。

再次，关于行动指数，新疆、甘肃、云南、内蒙古4个省份的行动指数在西部地区各省份前列，此类地区农户生计策略再选择的能动性与适应性较强，农户有能力及时快速应对生计压力，调整生计经营方式，维持生计安全的可持续性；四川和宁夏两个省份的农户行动指数提高空间较大，需要探索培养农户生计经营开展的自主性以提升农户生计安全的可持续性。

最后，关于脆弱性指数，贵州、新疆、四川、宁夏、重庆5个省份的脆弱性指数较高，这些省份农户具有较强的生计安全恢复能力，善于协调生计安全系统各部分资源的配置；青海、云南、陕西3个省份农户有待加强对生计安全系统运行的调节能力，亟须提升承受生计压力、利用生计资产、控制生计风险的综合能力。

值得注意的是，以新疆、内蒙古为代表的民族自治区域的农户生计安全水平较高，在西部各省份中处于前列地位，具有进一步提升的基础优势。总体来看，虽然各省份农户可持续生计安全水平存在地理分布的异质性，但是西部地区农户生计安全整体区域差异性较小，发展较为均衡，普遍需要进一步提升可持续生计安全水平。

（二）农户可持续生计安全与生计地理环境的关系

西部地区农户可持续生计安全评价体系各指标权重以及各个省份的综合评价水平表明，农户生计安全的可持续性既依赖于原生的生计地理环境，又展现了对生计地理环境开发和利用的一面，主要表现为农户可持续生计安全水平的分布受到生计地理环境的约束，而且能够基于生计地理环境的条件进行调适。

1. 生计地理环境对生计安全的制约性作用

西部地区农户可持续生计安全水平的生计地理环境约束性体现于：能力指数越高的省份往往农户生计安全的可持续性越强；相反，能力指数越低的省份往往农户生计安全的可持续性越弱。例如，陕西、新疆、甘肃等省份能力指数分别为0.27、0.18、0.17，处于领先地位，其综合生计安全水平也居于西部地区各省份前5的位置；而重庆、贵州的能力指数均为 0.12，其生计安全水平也滞后于西部地区其他省份。

由于能力指数同时也是生计环境对农户生计压力的测量，能够直接反映农户开展生计的环境状况。重庆、贵州两地人口密度较高，广泛分布着喀斯特等特殊地质地貌，域内耕地面积总量较小，且存在着一定城镇化建设挤占农地的问题，极大地约束了该区域内农户生计安全水平的可持续建立，成为进一步提升农户生计安全水平的阻力。

2. 生计安全对生计地理环境的能动性作用

农户可持续生计安全对生计地理环境的能动性体现于资产指数、行动指数以及脆弱性指数对农户生计安全的综合作用，即在能力指数较低的情况下，通过大力整合资产指数、行动指数以及脆弱性指数，实现了农户生计安全综合水平质的飞升。西部地区最具代表性的省份是内蒙古自治区，其能力指数仅为 0.12，却以高达 0.18 的资产指数、0.09 的行动指数以及 0.07 的脆弱性指数，实现了农户生计安全综合水平位次的大幅提升。虽然内蒙古自治区农户面临着高通货膨胀的社会风险以及农户生计资产投资动力不足的内外生计环境压力，但是因其普遍能够充分利用数量充足的耕地，优化配置土地要素及劳动力要素，促进生计资产利用效率最大化，加之当地政府对农户生计扶持及保障力度较大，使内蒙古自治区具有较高的资产指数和行动指数，有力地实现了对农户生计安全的提升。

此外，也存在个别省份，如广西壮族自治区，虽然具有相对质量较佳的生计环境，面临较小生计压力，但因采取的生计行动往往具有较低的生计抗压性，农户生计经营的积极性亟须调动，生计资产运营能力及生计行动和调节能力仍待提升，导致其最终表现出相对较低的农户可持续生计安全综合水平。

五 西部地区农户可持续生计安全提升的策略

（一）推进地区差别化治理

由于西部各省份在能力指数、资产指数、行动指数以及脆弱性指数方面出现了数值分异和组合差异，故可以以此类差异为依据划分出各省农户生计安全差别化提升的空间格局，该空间格局主要分为重点保持区、首要提升区和关键整治区（曲衍波等，2017）。在差别化治理提升的地理格局下，西部地区各省份能够更为清晰地把握农户可持续生计安全提升的着力点，高效率地采取相应整治措施。

1. 重点保持区：推进末梢细节性生计安全治理

重点保持区以新疆维吾尔自治区、甘肃省和陕西省为主要代表，该区域的省份在能力指数、资产指数、行动指数、脆弱性指数方面均有较为突出的表现，区域内农户综合生计安全水平相对较高，多处于良好级别和安全级别。在后续的农户安全提升工作中，维持当前可持续生计安全水平的稳定性是该区域省份的主要工作。

制度末梢是制度建设方式转型的着力点，往往也成为制度效能提升的瓶颈。农户家庭作为生计安全水平提升的最小治理单元，是农户可持续生计安全水平整体提升的重要组成部分，因此该区域需要着重关注细节性可持续生计安全治理，将治理单元末梢延伸至各县、村级区域，充分调动农户家庭生计安全提升的积极性，将可持续生计安全提升的模式从依靠由上而下的推动转变为由下而上和由上而下相结合的治理形式，树立市、县农户可持续生计安全治理模范，推广成功经验，保持农户生计安全的可持续状态，促进区域内农户可持续生计安全水平稳中求进。

2. 首要提升区：完善健全生计应对配置机制

首要提升区包括重庆市、贵州省、西藏自治区、青海省和内蒙古自治区5个省份。本区域内的省份资产指数、行动指数、脆弱性指数优于其能力指数，说明农户现有的生计资产、生计结果和生计行动能够抗衡生计压力。因此，提升该区域内农户可持续生计安全水平的关键在于充分优化生计资产的配置，通过提升农户生计行动的针对性，引导农户选择因地制宜的生计策略，释放农户生计经营的潜力，提升农户可持续生计安全能力。

值得一提的是，以贵州省六盘水市"三变"改革为典型的资源配置方式提供了协调农村资源、资本和农户三者之间关系的有效解决方案，通过重构乡村社会资本空间和社会秩序空间，促进了乡村"人口—土地—产业"的可持续转型。此外，鼓励区域内各个省、市开展以大数据应用为基础的资源配置改革，引入外来专业技术人才，搭建农业资源信息的共享平台，优化乡村集体经济组织的管理水平，提升农户生计策略的有效性，推动区域内可持续生计安全水平的快速提高。

3. 关键整治区：实现参与主体多方位协作治理

关键整治区主要包括四川省、云南省、宁夏回族自治区和广西壮族自治区，该类省份具有的指数特征为能力指数突出，资产指数、行动指数、脆弱性指数表现稍显落后，即区域内农户的生计资产、生计行动以及生计安全调节能力难以消解生计压力，需要生计参与的各方主体全方位提升农户生计经营的开展模式和生计成果的利用方式。

农户可持续生计内、外部相结合的帮扶在此过程中尤为重要，既需要国家政府对农户生计经营的持续介入，起到动员群众、输入和分配资源以及信息沟通的作用，又需要基层组织相应的统筹配合，发挥精准落实、监督反馈的作用。具体而言，不仅需要国家直接输入财力、物力、人力等直接支持，建立可持续生计安全绩效与基层官员升迁挂钩制度，而且要激发农户生计安全提升的内生动力，培育农户开展生计经营的积极性，实现以技术和人才为支撑提高农户可持续生计的质量效益。

（二）促进治理长效化转型

农户可持续生计安全的提升并非一蹴而就，在农户生计安全已经暴露弊端后再进行被动补救收效是甚微的（陈明玉等，2015），因此要探索持续性推进西部地区农户可持续生计安全优化转型的治理路径，做到事前防范预演、事中协调控制和事后监督反馈，并将农户可持续生计安全管理贯穿于农户生计展开的全过程，实现农户可持续生计安全的稳中向好。

1. 关注可持续生计安全的过程管理

提升西部地区农户可持续生计安全水平需要加强对其生计安全的过程管理。在农户生计安全平稳运行、未受到重大生计风险扰乱时，区域内的各省份应当根据当地实际情况建立本省农户可持续生计安全预警系统，展开对农户可持续生计安全水平的定期和不定期评价，通过实时监测农户可持续生计各指标的动态变化，反馈农户可持续生计安全的薄弱点，判断农户可持续生计安全提升的发力点，为同类型区域生计安全评价提供参考，也为区域可持续生计发展战略的制定和可持续生计安全管理提供科学依据（赵靖伟，2014）。

在农户可持续生计安全处于不稳定的波动阶段，应在逐步引导农户调整生计经营策略的同时，做好农户可持续生计的兜底性外部保障，兼顾生计经营过程中农户、政府、第三方中介的统筹协调，推动形成农户自身救济、政府外部帮扶、第三方中介衔接配置的生计风险控制格局，提高可持续生计安全管理工作的效率。在农户可持续生计安全恢复稳定性后，应进一步规范可持续生计安全恢复的工作运行，自上而下地开展可持续生计安全恢复的总结工作，积极带领农户进行生计安全维持工作的过程回顾，探索归纳实现农户可持续生计安全稳定的成功道路，为其可持续生计安全管理积累成功经验。

2. 疏解可持续生计安全的系统冲突

农户生计安全系统和生计环境系统关系密切、相互影响，在农户可持续生计经营的全过程中，关注两个系统的相互衔接和耦合是可持续生计安全管理的肯綮所在。为实现两个系统的良性耦合，要求农户持续开展以生计环境的承载力、恢复力为范围限制的生计资本利用和开发活动。

为此，一方面要探索农户生计经营的高质量发展道路。坚持强化2022年中央一号文件所指出的现代化农业基础，提升耕地等农田开发质量，做到开发和保护并重，加大力度扩大农业技术研发及设备投产的范围，走绿色农业的发展道路。

另一方面应开拓农业生计经营的多元化发展道路。疏解第一产业发展压力，推动农户积极就业和自主创业，引导县域富民产业有序成长，促进农村第一、第二、第三产业融合发展。最后要坚持各生计主体的协同发展道路。平衡生计相关主体的利益，妥善处理开展生计相关的经济利益与生态利益的关系，化解农户生计经营和生态环境保护之间的冲突，优化农业生产结构和区域布局，推进完善生态补偿机制，同时加强生态环境监管，保障农业生态安全（罗海平等，2022），实现人与环境、人与资源的协调发展。

第六章

西部地区农地流转风险对
农户可持续生计影响分析

前述研究结果表明，西部地区农地流转风险的类别主要划分为社会保障风险、行权混乱风险、社会稳定风险、持续经营风险、履约风险、农地性质变更风险、契约风险、社会关系疏离风险、公信力风险、农地质量受损风险、农田生态系统可持续风险、粮食安全风险十二类，它们蕴含于农地流转过程中，一旦条件具备，就会成为现实的危害，对农户的可持续生计带来不良影响。

对西部地区各省份农户生计可持续生计安全水平的测评结果表明，大多数省份的生计安全水平处于风险级和敏感级，良好级和安全级别省份较少，农户可持续生计安全仍具有较大的提升空间。因此，有必要探究西部地区农地流转风险对农户可持续生计的影响，为规范农地流转，提升农户可持续生计水平对策的提出提供理论依据。研究不仅从学理上探究了西部区域农地流转风险影响农户可持续生计的机理、传导路径与效应，而且在此基础上提出了前者影响后者的理论模型与假设，并基于相关数据对假设进行了检验。

第一节　西部地区农地流转风险影响
农户可持续生计机理分析

风险事件是由产生、控制和接受风险的相关因素构成的系统（陈振等，2018），系统内部的风险源、风险受体及控制机制三大构成部分相互影响，在风险系统中暴露的风险受体在具有危害性的风险源与具有保障性控制机制的共同作用下，产生相应的风险结果。同时，风险结果和风险系统在风险环境中相互关联，形成了封闭循环。鉴于此，结合西部地区农地流转与农户可持续生计发展现状，借鉴黄锐等（2021）研究成果，研究构建了西部地区农地流转风险作用于农户可持续生计的机理图（见图 6-1）。

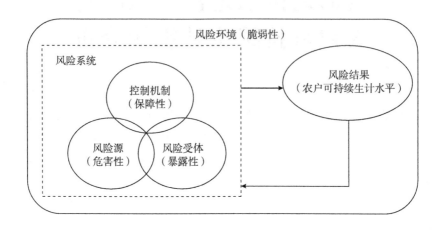

图 6-1　西部地区农地流转风险影响农户可持续生计的机理

其中，风险环境主要表现为西部地区地理环境对农户生计脆弱性的约束，农户、政府、第三方中介组织等农地流转相关主体作为直接风险受体，承受着来自社会、经济、政治以及文化等环境中风险源的危害，他们会通过调整生计资本、生计策略组合来实现控制机制的保障性作用，最终影响风险结果，即农户的可持续生计水平。同时，农户的可持续生计水平反作用于风险系统，在与风险系统、风险环境的互动中追求长期可持续性的实现。

一　西部地区农地流转风险作用于农户可持续生计机理构成的特征

西部地区农地流转风险对农户可持续生计水平影响的风险系统由风险源、风险受体和控制机制三部分组成，风险源对暴露于风险环境中的风险受体有直接危害作用，控制机制则能在一定程度上保护风险受体和风险结果免受风险源侵害，风险受体在风险系统中具有一定暴露性。

（一）西部地区农地流转风险源的危害性

风险源产生于风险环境，其危害性直接影响农户生计的可持续性。在西部地区政治、经济、文化以及生态环境中，共存在八项风险源，对农户可持续生计产生着可能的不良影响。

在政治环境中，中国西部地区农地流转仍存在配套机制不完善、农地行权混乱两大突出风险因素，相应会产生社会保障风险、社会稳定风险以及行权混乱风险等。由于西部地区大规模农地流转处于起步阶段，预流转阶段的农地产权问题在各级政府、村集体以及农户之间有待厘清，研究调查走访中发现西部各个省份均存在此类产权纠纷，阻碍了农地流转的规模性开展。农地流转实施过程中，转出方农户的社会保障性问题表现突出，这种保障不仅体现为对转出方农户的经济帮扶方面，而且还应该关注他们身份转变、心理调节以及合法权益维护等方面的相关问题，需要通过跟踪、反馈农地流转后农户实际生计状况，实现对农地流转带来的政治风险环境的管理和控制。

在西部地区的经济环境中，风险源主要表现为流转主体的利益冲突和相关制度规则的不完善，由此产生了农地性质变更风险、持续经营风险以及履约风险等。在有限理性经济人身份下，基于不同的视角，农地流转各相关主体的利益诉求存在分歧。基层政府更关注流转绩效的实现程度，流入主体追求经济效益的完成水平，流出主体关切自身生计的可持续状况，而中介主体则注重交易达成的质量和数量。在政府利益和个体利益、经济利益和生态利益、整体利益和局部利益的博弈中，可能会出现农地性质变更、农地质量下降、履约终止等危害性风险事件，对农户可持续生计产生直接威胁。同时，农地流转过程中农地交易、行政行权、纠纷维权等相关制度规章的更新滞后，会加剧对农户生计可持续性的危害。

中国西部地区文化环境中产生的风险源主要为转出方农户综合素质普遍不高和相关信息不对称，由此带来了契约风险、社会关系疏离风险以及公信力风险等风险类别。农户综合素质普遍不高主要表现为其受教育程度有待提升以及法律意识需加强，样本村落的调研结果显示西部地区农户人均受教育年限普遍为6—8年，主要依靠当地村委会组织学习、理解并应用法律法规和国家政策，信息获取渠道相对闭塞单一，而且受传统人情社会的影响，很难实现规范化农地流转，由此产生的相关流转纠纷，限制了农户生可持续生计水平的提升。

西部地区生态环境中的风险源既存在于内生性的自然灾害多发，又表现为参与主体对流转农地的不当使用和管护以及投入不足等外生性人为破坏，容易产生农地质量受损风险、粮食安全风险、农田生态系统可持续风险等。西部地区自然灾害面积普遍高于中东部省份①，给农户可持续生计带来了一定挑战。此外，在农地流转实践过程中，转入方"非农化""非粮化"经营现象多发，出现了随意变更农地使用性质、不当使用化肥数量等毁约、违约问题，严重影响了农户农地流转的意愿。而在违约、毁约风险事件发生后，农地的管理和保护责任难以明晰落实，农户的合法权益面临保障困境，进一步威胁到其生计的可持续性。

（二）西部地区农地流转风险受体的暴露性

风险受体暴露于风险环境中，是风险源的直接作用对象。在西部地区农地流转过程中，风险受体既表现为农地所依存的生态系统，又表现为风险结果的直接承担者，即参与农地流转的各方主体，特别是处于弱势地位的参与流转的农户个体。

在生态系统方面，中国西部地区土地、矿产、水能等资源丰富，农地资源以草地、林地为主，人均耕地资源占有量较小，农地资源质量较低，普遍存在粗放式资源利用问题。在农地流转推进过程中，区域农地流转总规模在逐年放缓，其对农业可持续发展的积极作用有待加强（夏玉莲等，2014），流转带来的农地污染、用途变更、生态变更等负面效应对当地生态系统的平衡与运行造成了不良影响，进而间接地影响了农户生计的可持续性。

参与西部地区农地流转的各方主体中，流出方身处法规困境和生计困境。由于风险环境中法律规章的制定有待更新、执行有待提效、应用有待普及，自身契约意识和维权意识较为薄弱，以家庭承包经营户、集体经济组织以及以其他方式取得农地经营权的企业或个人所代表的流出方主体在风险环境中往往处于弱势一方，其提升家庭生计质量、改善村

---

① 通过比较各省份对应年份的统计年鉴相关数据可以发现此现象。

落居住环境的基本利益诉求在农地流转的实践中容易被忽视。

受西部区域发展主客观条件的限制，流入方同样面临着相似的法规困境，并对经营环境提出更高要求。为实现其投入产出的回报诉求，流入方身处配套设施建设、人才技术引入、流转租金商榷等成本投入和土地规模化经营、流转政策补贴等效益产出的博弈之中，可能受到契约风险、法律风险、经营风险等多重风险危害。对于以各级政府、农村产权交易中心为代表的农地流转监管机构而言，其监管职能的发挥依赖于法制环境的建设和行政职责的明晰划分，受到法律风险、行权风险以及公信力风险的制约，其监管效能也影响着参与流转主体利益诉求的达成。以外生型中介组织、金融型中介组织和村委会等为典型代表的中介组织，作为农地流转主体的枢纽，肩负着信息互通的重要职责，可能会受到契约风险、社会关系疏离风险、社会稳定风险以及可持续经营风险的危害。

（三）西部地区农地流转控制机制的保障性

控制机制是农户通过配置生计资本、调节生计策略，充分利用内、外生计资源阻止或降低风险源产生危害的可能性（黄锐等，2021）。西部地区农户为实现有限理性下的利益最大化和道义理性下的生存互惠平衡，在区域特征、个体差异和家庭特征等风险系统要素影响下，往往会产生不同的风险偏好程度，通过组合生计资本以控制和管理农地流转风险，从而保障自身生计的可持续性。根据参与农地流转农户控制机制中各个生计资本的配置比例，可以将其分为风险规避型农户、风险中性型农户以及风险偏好型农户。

风险规避是农户对待风险作出响应的主要构成类型，该种类型的农户普遍受到有限生计资本约束，倾向于作出保守的生计决策。在西部地区农地流转过程中，风险规避型农户偏好维持原有生计决策不变，参与农地流转的可能性较低（杨卫忠，2018），基本通过降低自然资本的不稳定性，以农业主导型和补贴依赖型等生计组合实现对自身生计可持续性的保障。

对于风险中性型农户而言，其对风险的感知、响应均不敏感，通常以生计效益最大化为出发点进行生计决策。风险偏好型农户则倾向于选择多样化种养、组织合作和外部分担等事前风险管理策略，对农地流转具有相对较高的参与意愿，更善于发挥家庭金融资本、人力资本以及社会资本最大化作用，根据随机生产函数，随着风险增加，此类农户为维持自身生计的可持续发展，其投入更多生产要素的意愿会越发显著。因此，务工主导型、非农经营主导型的生计组合成为该类型农户的普遍生计决策。

上述农地流转风险作用于农户可持续生计机理的构成特征客观地表征了农地流转风险系统中各因素的博弈关系。风险源受主客观环境的影响，可能对暴露在外的风险受体产生危害，在这一过程中，农户基于有限理性经济人假设的最大化效益追求与道义理性互惠的平衡，形成了具有保障作用的风险控制机制来实现自身可持续生计水平的提升。要进一步从制度的视角在农地流转风险系统中探寻提升农户可持续生计水平的具体对策，还需要深入地分析该系统内部运行与外部循环的路径。

二 西部地区农地流转风险系统的内部作用

西部地区农地流转风险作用于农户可持续生计水平的机理系统中所包含的风险源、风险受体和控制机制三大子系统，彼此之间相互关联，子系统的内容要素彼此作用，构成不断循环的反馈结构。总体来看，按照系统运行效果可以将西部地区农地流转风险系统内部作用划分为良性循环和低效运转两个类型，需要积极地根据区域农地流转风险系统的作用机理寻求提升内部系统运行效率的路径，系统内部示意图如图6-2所示。

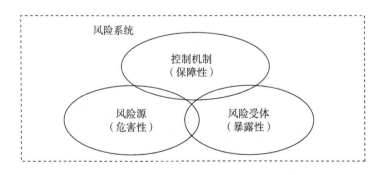

图6-2 西部地区农地流转风险系统内部示意

（一）风险系统内部的良性循环

具有良性内部循环的农地流转风险系统内部运行秩序相对稳定，能够充分发挥各子系统的特征导向，并且对风险环境和风险结果具有积极的作用，有助于提升西部区域农户可持续生计水平。该种类型的风险系统普遍需要同时满足多项条件：首先，风险源的危害性能够在最大限度上被削弱；其次，控制机制对风险源能够发挥控制作用，对风险受体能够实现保障作用；最后，风险受体能够充分利用控制机制，对风险源作出相应的积极反应。

风险系统的内部是否能够达成良性循环往往可以通过农户生计满意水平、农户生计能力、农户生计安全等指标反映。在中国西部地区，农户家庭生计满意程度是风险系统达成良性循环的直接反映，农户生计能力的可持续性作为影响农户生计可持续发展的重要因素，其中专业技能学习能力和适应市场能力是对其生计可持续性影响程度最为关键的因素。对西部地区实地调查走访中发现内蒙古自治区和新疆维吾尔自治区农户生计满意度超过89%，具有相对较高的农户生计安全水平，该区域内的风险系统运行水平相对较为良好。

（二）风险系统内部的低效运转

风险系统内部低效的运转模式是指农地流转风险系统内部运行秩序有待调整优化，其应对风险环境压力的能力或对风险结果的改善效应仍有待加强，满足以下任一条件即可认定为内部运转低效的风险系统：第一，风险源的危害性无法被削弱；第二，控制机制对风险源难以实现控制作用，对风险受体的保障作用尚不突出；第三，风险受体较难与控制机制形成积极互动，多是被动适应风险源带来的压力和变化。

中国西部地区农地流转过程中，风险系统的内部运行普遍仍处于低效运转状态，大多难以同时达到三个子系统循环效率最佳的水平。例如，重庆市农户可持续生计安全指数具有较高的行动指数，却在资产指数和脆弱性指数方面表现平平，意味着该地区在控制机制方面基本能做到及时识别风险和积极应对风险，却仍需要提升对风险源危害作用的削弱效率；而广西壮族自治区的能力指数、资产指数均位列西部地区前列，却因行动指数不足而难以充分发挥风险系统的正向作用，表明该省农户对农地流转风险的控制机制仍需进一步改进，应激发农户自身主观能动性，释放农户探索生计模式可持续化道路的潜力。

三 西部地区农地流转风险系统的外部循环

农地流转风险对农户可持续生计的作用机理不仅仅存在于风险系统内部，其外部的作用路径也是需要关注的重要环节。如图6-3农地流转风险系统的外部循环图所示，在西部地区农地流转风险系统外部，以风险系统为中介纽带，风险环境和风险结果各自通过两条路径分别作用，产生直接或间接的影响和关联。风险环境不仅通过影响风险系统间接作用形成农户可持续生计水平的风险结果，而且能够以其脆弱性特征直接限制风险结果的改善和提升。另外，风险结果既可以对风险系统形成反馈性的调节作用，进而对风险环境产生相应的效应，也可以直接改造风险环境的脆弱性。

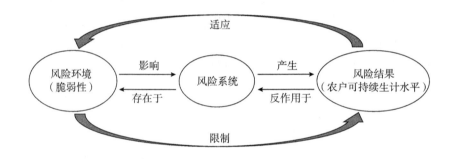

图6-3 西部地区农地流转风险系统的外部循环

（一）西部地区风险环境对农户可持续生计水平的限制作用

风险环境的脆弱性是制约风险结果水平提升的外部要素。在西部区域农地流转过程中，影响农户可持续生计水平提升的脆弱性风险环境主要表现为经济发展的非均衡性、环境开发的低耐受性以及社会演进的不均匀性。

西部地区经济发展的非均衡性不仅表现为其整体经济发展水平在全国范围内不占优势，而且也体现在区域内部各省、市之间存在的经济发展差距方面，如2021年甘肃省农户人均可支配收入水平仅为10344元，而内蒙古自治区、重庆市农户人均可支配收入均超过16000元[①]。此

---

① 各省份对应年份的统计年鉴。

外，西部地区各省份农地流转市场的发展进程较为缓慢，普遍落后于中国中东部区域，土地交易量规模小于中国中东部地区[①]，定价模式仍以流转双方自主协议定价和政府指导参考定价为主，农地流转市场机制发展成熟空间有待提升，一定程度上加剧了农地流转风险。

环境开发的低耐受性主要体现为中国西部地区自然地理环境承载力相对有限，多发自然灾害，由此带来不可抗力的农业生产风险，2021年除西藏自治区、青海省外，其余西部各个省份自然灾害面积均达100千公顷以上，内蒙古自治区自然灾害面积尤甚，达2368千公顷[②]。此外，在推进经济发展的过程中，西部地区还曾出现过以牺牲自然资源换取当地经济快速飞跃的突出矛盾，对区域生态环境的可持续性发展造成了不良影响，从而限制了当地农户可持续生计对环境的适应与利用。

社会演进的不均匀性一方面体现为政治环境的城乡二元差距和行政效果不一，另一方面表现于法治建设的滞后性和重土情结的根深性。虽然中国西部地区城乡二元经济结构呈现弱化趋势，但与中东部地区仍存在差距，仍需加强乡村振兴的制度供给，切实做好流转农户的"市民化"保障工作。在西部地区农地流转过程中，作为事项推进的主导方，基层政府出现了不少"滥作为"或"不作为"的两极化现象，为农地流转的推进带来巨大挑战。此外，实际走访中还发现，西部地区环境的脆弱性突出地显现为各地各类法治建设程度的不一以及农户重土情结的普遍统一。因此，农地流转多在缺乏法律规范和过多"乡情"渗透指导下进行，参与流转农户的合法权益缺乏保障，对其生计的可持续性带来较大的影响。

（二）西部地区风险环境对农户可持续生计水平的间接影响作用

风险环境通过风险系统的中介枢纽作用，影响着农户的风险感知和风险态度，进而对农户流转农地的风险决策产生作用，最终带来不同的风险结果，间接表现为农户可持续生计水平的高低。西部地区农地流转作为一种土地权利让渡的风险事件（杨卫忠等，2018），根据农户对该项风险事件的主观心理态度，可以将其分为风险厌恶、风险中立和风险

---

① 相关比较数据来源于第三方土地中介服务网站：土流网（www.tuliu.com）。
② 各省份对应年份的统计年鉴。

335

偏好三种类型。

对于风险厌恶类型农户而言，农户在农业生产中对农业技术及产品的接受程度相对较慢，更加倾向于风险规避，其参与农地流转的可能性往往也较小（王倩等，2019）。在对西部样本区域农户的实际调查中发现，大部分群体对参与农地流转仍存有一定抵触心理，对农地流转的风险规避程度较高，往往倾向于维持固有生计模式的延续，以保持生计结果可持续水平的相对稳定性，但这也在一定程度上阻碍了生计模式的更新迭代，产生了可持续生计水平提升的惰性。

风险中立类型的农户对生计风险的感知不敏感，较难体现其对生计经营模式明显的风险态度，往往更需要借助外力推进其生计模式的发展，因而相对缺乏提升生计结果可持续性的内生动力。调查走访中发现，西部区域中此种类型农户并不占少数，风险中立的生计态度在一定程度上削弱了风险环境对农户可持续生计水平的间接影响作用，往往直接根据风险环境的变化作出相应的被动调整。

对于风险偏好类型的农户而言，其对先进的农业生产技术和更新的经营模式具有较高的风险接受性，对农地流转的参与程度往往更高。在中国西部地区，受经济社会发展水平和自然资源禀赋的影响，重庆市、陕西省等地区农户更倾向于接受和参与农地流转，并对原有生计经营模式进行探索和创新，很大程度上促进了非农经营、兼农经营的发展和壮大，为农户生计可持续性带来更多样的分化渠道和提升路径。

（三）西部地区风险结果对风险环境的适应效应

风险结果直接存在于风险环境之中，能够自动应对风险环境的压力变化，并作出一定的调整。在不经过风险系统中介的作用下，风险结果对风险环境的适应效应主要表现为适应地区自然资源禀赋发展的固有生计经营模式和农户原有的生计资本储备变化。

以固有生计经营模式为例，西部地区农地资源的用途类型主要基于草地、林地发展形成畜牧业和种植业，虽然人均土地资源较东部地区较多，但并不具有人均耕地资源优势，且受到自然灾害和地形地势的影响，农地质量水平总体并不高。同时，由于区域内经济和技术水平发展有限，存在一定的土地资源利用问题。

新疆、甘肃、四川、云南为主的青藏地区海拔较高，水资源相对丰富，基本以种植业为主要生计模式，流转后的农地用途也多以粮食作物种植为主，部分地区扩大了水果、菌类等经济作物的种植规模。内蒙古、宁夏、新疆阿尔金山以北、甘肃祁连山以北、陕西秦岭以北组成的西北地区受到水资源和耕地资源的限制，多以畜牧业经营为主要生计模式，流转农地在猪牛羊禽养殖的基础上，扩展了粮食和经济作物的规模种植模式。广西、重庆、陕西秦岭以南，四川巴颜喀拉山横断山脉以东以及云南横断山以南构成的西南地区基础经济水平相对较高，原有种植经营初具规模，在农地流转的整合下，进一步提升了农地利用效率和农作物商品化程度，水果、茶叶等经济作物成为流转农地的主要用途。

西部地区农户生计资本变化方面，自然资本的储备变化与农地流转关系密切，随着农地经营权的流转和让渡，流入方的自然资本会随农地转入而增加，流出方的自然资本会随着农地转出而减少。自然资本的质量与农地利用水平息息相关，在流转履约风险和土地利用风险的作用下，农户规避自然资本质量下降的可能性相对较低。调查走访中发现西部样本区域农户的物质资本在农地流转过程中通常表现为流入方总体趋向增加，而流出方总体趋向减少，这可能和区域内农地流转市场发展的程度有关。

对样本区域的调查显示，多数农地流转会促进交易双方金融资本的增加。流入方在经历农地转入及资本支出后，会借助规模经营进一步夯实自身金融资本的基础，总体实现金融资本的良性积累，而流出方在获得土地租金后金融资本也会在短期内迅速提升，整体向好。由于人力资本自身积累具有缓慢性和反应的延迟性，流出方和流入方在农地流转后需要经历较长的稳定期，且双方人力资本的积累方向与主体自身的综合素质密切关联。农地流转后，流入方具有社会资本的天然优势，其资本基础普遍优于流出方，一般情况下流转事项本身对流入方和流出方均有正向促进作用，因此双方社会资本在经历农地流转后均有所提升。

（四）西部地区风险结果对风险环境的间接关联效应

风险结果是风险环境中风险系统运行的产物，同时能够同风险系统互动耦合，在风险环境内部形成动态的持续循环。在西部地区农地流转过程中，风险结果直接表现为农户选择的粗放式分散式农业经营、规模化标准化农业经营、兼业型综合经营和服务型专业经营四种生计模式。不同模式下的生计可持续水平不同，反映了农地流转的政策成效性和社会反馈性，一定程度上刻画出了风险结果对风险环境间接关联效应的强弱。

西部地区进行粗放式分散式农业经营农户的生计模式又可划分为纯粮经营、经济经营和半粮半经三种具体生计模式。三种生计模式下的农户普遍对自然环境依赖程度较高，抵御风险的能力相对较弱，更易受到自然灾害、作物价格波动、交易市场变化、地理地形区位等风险源危害。这几种模式多是农户受自身生计资本限制被动作出的生计决策，可持续性水平有待提升。

进行规模化标准化农业经营的西部地区农户，根据种植作物属性可以将其生计模式细分为纯粮经营、经济经营和半粮半经三种。此类生计模式的发展与农地流转的推进密不可分，选择此模式的农户多为流入方，由于经营规模的扩大、管理技术和人才的引入、农机设备的投放，生产作业流程更为专业化、商品化、规范化，降低了单位生产成本，很大程度上扩散了生产经营风险，提升了农户生计抵御风险源危害的能力，可持续性经营水平有所提升。

按照农户的能动性，可将西部地区兼业型综合经营农户划分为自主型兼业型综合经营和依赖型兼业型综合经营两种生计模式。选择该类生计模式的农户通常是作为农地流出方，在从事原有农业的基础之上，他会不同程度地参与非农经营，一定程度上实现了生计收入渠道的多样化以及收入水平的提升和稳定。但受农户自身社会资本与人力资本的限制，农户从事非农经营的门槛较高，非农生计经营的可持续性仍存在较大不确定性。

西部地区村集体、乡镇企业、政府部门牵头发展的服务性专业经营生计模式按照发展项目可细分为乡村旅游、商店经营、非农就业三种从属生计模式。此类产业化经营模式具有相对成熟的商业经营逻辑和较为先进的农地整合能力，能够充分发挥当地区域特色，并且以村集体、乡镇企业、政府部门等的扶持为兜底保障，拉动农户生计状况的改善，在内外助力之下，具有较高的可持续性水平。

农地流转风险系统中，风险源在内部作用与外部循环系统中作用于风险受体，借助既定的路径影响着农户可持续生计水平，并产生不同的效用。

第二节 西部地区农地流转风险影响农户 可持续生计传导路径与效应

依据农地流转风险影响农户可持续生计的机理分析，西部地区农地流转风险系统中的控制机制、风险源与风险受体共同作用于风险结果（农户可持续生计水平），农户可持续生计水平也会反作用于风险系统。在此基础上进一步分析农地流转风险影响农户可持续生计的具体过程及结果，梳理西部地区农地流转风险从诱发到形成—传播再到影响的传导路径，并且筛选出区域内农地流转对农户可持续生计的突出影响效应，有利于深化对问题的认识，为探讨前者对后者的具体影响奠定了基础。

一 西部地区农地流转风险影响农户可持续生计路径分析

西部地区农地流转中客观存在诸多风险源，在各方参与主体不当行为的诱导下，容易引发 12 种不同类别的流转风险，分别蕴含于政治、经济、文化和生态四种风险环境。这些风险在农地流转过程中持续传播，最终对农户可持续生计产生正负向影响。研究将农地流转风险对农户生计产生影响的传导路径分为三个阶段：首先是风险诱发阶段，此阶段中存在着西部地区农地流转中主要的八种风险源；其次是风险形成—传播阶段，在此阶段风险被诱发形成，并以相关参与主体为传播体传播至风险受体——农户与生态系统；最后是风险影响阶段，这一阶段农地流转相关风险作用于农户与生态系统，并产生了不同的主效应（见图 6-4）。

（一）风险诱发域

农地流转风险源的存在是其风险形成、传播与造成影响的先决条件，也是农地流转风险诱发的客观原因。因此，追溯到风险诱发的初始阶段，将第四章中提到的农户综合素质普遍不高、参与主体利益需求存在一定差异、农地产权不明晰、相关配套保障措施不到位、有关流转制度规则不完善、流转激励政策不充分、基层政府的政策执行能力有待提高以及相关信息不对称八项风险源分为制度因素与非制度因素，探讨西部地区农地流转在风险诱发阶段客观存在的漏洞与不足。

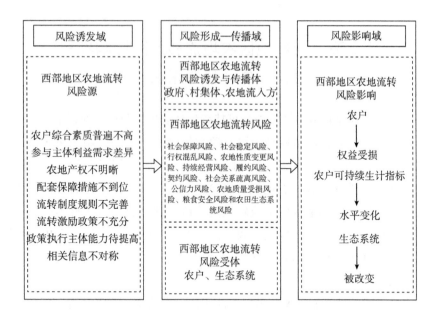

图 6-4　西部地区农地流转风险影响农户可持续生计路径

制度因素的影响贯穿于农地流转"事前、事中、事后"全过程。农地流转前，农地产权不明晰以及流转激励政策不充分都会为后续流转工作的顺利推进埋下隐患，其中农地产权制度的模糊会导致社会公共利益界定不清，为风险的发生制造前提（陈振，2021）；在农地流转中，流转制度规则不完善以及政策执行主体能力不足，均容易导致基层政府在农地流转过程中充当的角色十分强势，村委会实际上沦为基层政府的代理人，难以发挥其集体组织职能是导致农地流转风险频发的又一根本原因（程久苗，2020；蒋永穆等，2010）；最终在农地流转后，配套保障措施不到位会导致农地流转留有后顾之忧，当农户家庭主要劳动力选择外出务工时，留守儿童、独居老人等问题无从解决，从而增加了农地流转风险发生的可能性。

目前西部地区的农地产权体系存在较大发展空间，农地流转相关法律法规有待完善。尽管国家出台了多项措施推动西部地区农地流转的发展，但流转规制效应的发挥需要经历较长时间。当前区域内仍存在参与主体权利义务不明晰、各级政府与村集体之间沟通不畅、基层政府执政越位等的现象，均可能诱发农地流转风险。公平、自愿是农地流转的基本原则之一，但现实中这项原则却常被忽略。

非制度因素主要包括农户综合素质普遍不高、参与主体利益需求有差异以及相关信息不对称等风险源。农地流转中，受限于"普遍较低的知识文化水平，较差的流转信息接收与处理能力，部分职能部门疏于土地流转政策法规的宣传教育"，使农户在农地流转的对话中通常处于下风。而以农民专业合作社及农业企业为代表的流入方主体，对流转土地的经营水平相对较高，并且与相关职能部门关系较为密切，其收集与处理信息的能力较强，因此在与农户的对话中处于优势地位。他们容易借助信息不对称的漏洞，制定出符合自身利益的流转协议，为侵害农户权益制造机会。

西部农村作为传统农业地区，由于经济欠发达、信息流通迟缓，区域内农户的文化水平相对较低。农户普遍缺乏对土地所有权系统性的认识，对于农地"三权分置"理解不透彻，"土地私有"观念根深蒂固，多数农户认为农地流转后便不再归自己占有，对日后生计问题较为迷茫，削弱了其土地流转的意愿。此外，西部地区农户的法律意识和规则意识相对薄弱，农地流转合同的签订普遍不规范，并且缺乏解决纠纷的能力，出现纠纷后容易带入个人感情，因此存在巨大的风险隐患。

（二）风险形成—传播域

西部地区农地流转过程中，风险源是客观存在的，当参与流转各主体的不当行为诱发风险源时，这些风险源便会显化为社会保障风险、社会稳定风险、行权混乱风险、农地性质变更风险、持续经营风险、履约风险、契约风险、社会关系疏离风险、公信力风险、农地质量受损风险、粮食安全风险以及农田生态系统风险12种具体的风险，存在于政治、经济、文化与生态四个风险环境中。风险形成后，以参与主体为传播体持续传播，最终由风险受体承担，对农户可持续生计造成一定的影响。

西部地区农地流转参与主体主要包括农地流出方（农户）、农地流入方、农村集体经济组织（村委会）、政府部门以及中介组织（农村经济合作社与服务型组织）。受限于普遍不高的综合素质与能力，农户在农地流转过程中的主导作用较弱，更多地呈现为被动一方，被动地接受流转与承受风险。而农地流入方、政府部门和村委会的主导作用相对强于农户，同时这些主体涉及的风险源较中介组织典型，因此研究中将政府部门、村委会和农地流入方界定为农地流转风险诱发与传播者，将农户界定为风险受体。

风险形成阶段，政府部门、村委会及农地流入方的行为都有可能诱发农地流转的风险。例如，西部地区基层政府往往忽视地区发展实际情况，盲目制定农地流转目标。在流转过程中若对政策执行主体的激励不足，一味追求流转规模，出现强制流转事件，容易引发行权混乱风险与公信力风险。此外，耕地撂荒压力大、集中连片流转难、宅基地低效利用引发村庄"空心化"等问题在西部农村占一定比例，这些问题是集体经济组织即村委会在农业发展和农地利用管理中"缺位"的突出表现。村委会既为村级自治机构，又受到基层政府的行政约束，其与政府共同作为基层管理者对农地流转实施治理。但由于自主性不足，村委会难免忽视农户需求，因此村委会作为公众利益在农村的代表和国家意志的行政末梢，其职能发挥水平很大程度上决定了风险发生的可能性。

风险传播阶段的媒介依旧是参与农地流转过程的各方主体，尤其是政府、村委会以及农地流入方。其中，西部地区的农地流入方主要以种植大户与新型规模经营主体为主，其农地流转行为均受利益驱动。由于该区域农地流转准入机制建设存在较大提升空间，部分不具备农业生产经营能力和履约能力的流入主体也能顺利参与农地流转；加之流转合同签订不规范导致的流入方故意拖欠流转租金、随意更改流转期限等现象时有发生，极易诱发并传播履约风险；同时流入方若缺乏对农地科学合理利用的能力，极可能会产生农地"非粮化""非农化"、农地过度利用、撂荒等现象，农地质量受损风险、粮食安全风险和农田生态系统风险可能被传播，最终作用于风险受体，降低农户可持续生计水平与破坏生态环境。

（三）风险影响域

农地流转相关风险被传播后，开始作用于风险受体。风险受体指风险结果的直接承担者，在西部地区主要为农户与农地生态系统。风险影响阶段，不同种类的农地流转风险一方面会影响农户权益及其生计指标；另一方面会对西部地区生态系统的平衡与运行造成影响。

西部地区农地流转风险在多数情况下会直接损害农户权益。首先，对农户权益影响较为突出的是履约风险，农地流转契约一般分书面与口头两种形式，受限于法律意识的不足与人情风俗影响，绝大多数农户会选择口头约定的农地流转契约形式。尽管口头契约节省了签约成本，但其履约风险可能会大于书面契约。其次，尽管有部分农户选择签订书面合同，但其合同的规范性不足，通常不进行备案管理，同样也会影响合同效力的发挥。最后，为了简化签约成本，部分村庄选择集中签订流转合同，村委会擅自与流入方签订合同，导致农户缺乏知情权，不利于农户自愿、自由地流转农地，也不利于充分保护农户的土地承包经营权。

村委会角色的混淆与冲突，很大程度上影响了农地流转程序的运转及其收益的分配。目前西部地区规模较大的农业园区、龙头企业等若想顺利地租赁到较大面积的土地，必须借助村委会的协调，甚至是直接与村委会签订合同，再由村委会与农户进行协商。这样的情况下农户处于极其被动的从属地位，在流转收益的分配上存在巨大隐患。

除对农户权益造成损失外，多数情况下农地流转风险会对农户生计指标造成负面影响，并表现为农户生计水平下降。首先，农地质量受损风险可能会直接导致农地质量变差以及农地产出水平降低，这些严重的不可逆影响会降低农户自然资本的存量；其次，农地流转后农户不得不重新配置家庭劳动力与生计手段，但一般农户缺乏对非农领域的了解与判断，非农就业技能不足，往往导致其在非农就业领域获得的工资性收入较低且变数大，使流转农户的家庭储蓄积累变缓；再次，履约风险可能会影响其农地流转收益，影响到农户的金融资本水平；最后，社会关系疏离风险在一定程度上影响了农户的邻里关系，这有可能会威胁到农户的社会资本。

农地流转风险在很大程度上增加了西部地区农户生计压力。农地流转前，农户生计既可以依靠土地又能够依靠非农业，农地经营解决基本生计问题，非农业生计方式解决发展问题；农地转出后，农户生计只能依靠农地流转收益与非农业生计方式，但目前西部地区农地流转租金普遍较低，农地流转风险会导致流转收益缩减，而非农业生计方式收益具有不稳定性，农户将会面临生计困境。

此外，农地流转风险还会对生态系统造成负面影响。2020年，习近平总书记在山西考察时提出要牢固树立"绿水青山就是金山银山"，建设生态文明，功在当代，利在千秋。农田生态系统风险和农地性质变更风险可能会导致原有的生态系统服务功能丧失，影响生态系统的正常运转以及生态环境的维持（王玲等，2021）。生态环境一旦遭到破坏，便会以水土流失、土地沙化、雾霾和频繁的自然灾害等多种形式危及区域生态安全。可见，农地流转作为一种经济活动，其风险在生态方面的负外部效应非常显著，甚至可能导致社会公众福祉水平的下降。当地生态系统平衡与运行遭到破坏后，农户赖以生存的环境变差，间接地影响了农户生计的可持续性。

农地流转风险通常不利于农户可持续生计水平提升，但这并不意味着农地流转风险在任何时间段内对农户可持续生计只存在负面影响。在各种风险环境的长期影响下，农户往往会根据自身的生计资本和不断更新的政策环境改变其生计策略选择，期间农户的风险管理水平和生计能力在一定程度上会得到提高，会间接促进其可持续生计水平的提升。或者，当农地流转风险对农户的某项生计要素造成负面影响时，可能会刺激农户对其他方面生计要素的诉求，最终反而促进了农户可持续生计水平总体得到提升。因此，农地流转风险影响域不能一概而论，需要具体问题具体分析。

二 西部地区农地流转风险影响农户可持续生计效应分析

依据西部地区农地流转风险影响农户可持续生计的路径逻辑，农地流转的各类风险在多数情况下会对当地农户可持续生计带来威胁。主要表现为农户权益受损、可持续生计指标水平降低以及生态环境遭到破坏。然而，作为"有限理性经济人"，农户在意识或发现这些负面影响后，会及时作出生计方面的调整尽可能减少自身受到的损害。在此过程中，他们的资源利用能力与风险防范能力均会得到增强，因此农地流转风险对农户的影响不仅仅是负面的，在一定程度上也反向推动了农户生计能力的提升，其影响效应表现为不同的方面。

（一）经济效益变动效应

西部地区农地流转风险影响下农户可持续生计的经济效益在不同区域变动的方向截然相反。

在生计方式多样化的西部农村地区，农户既可以选择农业经营，也可以选择兼业型综合经营或是服务型专业经营。这些地区的农户在农地流转风险产生并影响其农地流转租金收入后，会适当降低农地流转面积，同时改变其生计策略，选择兼业型综合经营或服务型专业经营中的生计方式。随着农户生计策略的转变，其收入渠道拓宽，收入水平上升，进而弥补了农地流转风险造成的租金损失。同时，多样化的生计方式一定程度上增强了农户生计的稳定性，降低了其生计的脆弱性。因此长期中，这类地区的农地流转风险为农户带来了一定的经济效益增长效应。

在生计方式较为单一的农业生产地区，农地流转风险则会给农户带来经济效益降低的效应。2022 年全国各地区农地流转平均价格[①]（见表 6-1）统计中，西部地区农地流转价格普遍低于国内其他地区。这主要是由于西部地区农地质量受损风险和农田生态可持续风险较为突出，当作物减收或者绝收时流入方的收入水平得不到保障，进而导致流出方农户面临难以按时拿到租金的风险；同时，在行权混乱风险下，政府或者村委会主导签订的流转协议价格可能无法合理反映农地的真实价值，对农户经济效益造成不同程度的损失；此外，西部地区农户自身的各种条件普遍缺乏先天资源优势，在产生经济风险环境时难以及时有效地应对，因此极易受到伤害，主要表现为收入水平的降低。

表 6-1 2022 年全国 31 省份农地流转市场价格

地区	农地流转平均价格 （单位：元/亩/年）	省份	农地流转平均价格 （单位：元/亩/年）
东部地区	700—2100	河北省	1190.8
		北京市	1852.6
		天津市	1549.2
		山东省	1140.7
		江苏省	1171.8
		上海市	2079.4
		浙江省	1078.9
		福建省	734.1
		广东省	1014.1
		海南省	744.2

① 农地流转平均价格为 2022 年第一季度 31 省份（除香港、澳门和台湾之外）水田、旱地和水浇地价格平均值。因香港、澳门和台湾参与农地流转面积极少，相关数据缺乏，因此这里只统计了中国 31 个省份。

地区	农地流转平均价格 （单位：元/亩/年）	省份	农地流转平均价格 （单位：元/亩/年）
中部地区	500—1100	山西省	735.8
		河南省	1103.3
		安徽省	773.5
		湖北省	745.5
		江西省	522.2
		湖南省	813.7
东北地区	800—1000	黑龙江省	950.9
		吉林省	948.2
		辽宁省	863.9
西部地区	300—1000	重庆市	907.1
		四川省	720.3
		陕西省	977.2
		云南省	729.1
		贵州省	534.6
		广西壮族自治区	605.1
		甘肃省	679.4
		青海省	410.9
		宁夏回族自治区	367.6
		西藏自治区	463.3
		新疆维吾尔自治区	653.4
		内蒙古自治区	527.1

资料来源：土流网（www.tuliu.com）。

（二）非农化与非粮化效应

农地流转产生的"非农化"与"非粮化"效应，在短期内会对粮食安全与现代农业发展造成一定的负面影响。在西部地区土地流转快速推进过程中，出现了很多"新型农民"改种经济效益高的作物而放弃了种粮，大量工商资本甚至改变农地用途从事非农行业经营的行为，这违背了土地流转的初衷（匡远配等，2018）。

流转主体追求效益最大化过程中出现的农地质量受损风险和农田生

态可持续风险均可能会导致农地土壤的过度酸化、盐碱和土壤沙化，甚至衍生出农地土壤的严重贫瘠化、生物资源多样性的严重缺失以及有害物质重金属的大量活化等不良问题，加重西部区域本就先前不足的土地禀赋的"贫瘠"度。因此，在流转期限到期或流入方由于主观原因中途退出后，将已从事非农的土地再次恢复为种植粮食的农田是非常困难的，这无形中限制了粮食增收潜力，增加了粮食生产压力，对中国粮食安全与农业发展造成负面效应。

农地流转"非农化"与"非粮化"效应带来的损害几乎是不可逆的。首先，农地流转中农地性质的改变极可能使耕地总面积减少，造成农业产出变动；其次，如表 6-2 所示，中国流转农地中粮食作物面积占比已经呈逐年减少的趋势，"非粮化"会在一定程度上改变土地性质，由于经济类作物或牲畜养殖与粮食作物的用地环境和要求不同，农地经过改造后往往不再适于种植粮食作物，导致粮食作物产量减收明显；最后，修复非农化农地需要投入大量人力、物力，农户一方面不具备相应能力；另一方面对农地非农化的警惕意识不够强，导致依靠农户修复农地几乎是不现实的。

表 6-2　2015—2019 年中国农地流转用于种植粮食作物情况

年份	非粮食作物（%）	粮食作物（%）	流转总面积（亩）
2015	43.31	56.69	446833652
2016	43.47	56.53	479208068
2017	44.24	55.76	512113203
2018	45.85	54.15	539020347
2019	46.84	53.16	554980363

资料来源：《中国农村经营管理统计年报（2019）》。

（三）生态环境转变效应

农地作为自然生态的重要组成部分，其质量状态与生态环境息息相关。西部地区农地流转过程中，极少有流入方遵循绿色原则科学用地、呵护生态环境，大多数土地经营者基于利益最大化的追求目标会过度开采和利用农地资源，忽略了农地的承载能力与其自身的生态规律，使农地超出正常使用限度而遭受不可逆的破坏和损伤。实际调查走访发现，区域内农地流转风险带来的生态环境转变效应主要表现为以下三种形式。

一是改变土地用途，消耗土地养分。农地流转流入方高额获得土地的最终目的是获取更多经济利益，当传统农业生产不能满足其获利目的时，流入方一般会改变农地用途，转向其他农地产出方式，以满足其对经济效益的需求。例如，将农用土地改造用作非农开发，或在基本农田上搭建温室大棚来养殖反季节水果或蔬菜，这些行为并没有考虑土地承载力以及土壤的种植条件，从而导致农地的养分被过度消耗，很难复种。

二是过度施用化学肥料和农药，采取不科学的灌溉方式，造成农地破坏和水体污染。部分流入方为了提高农作物产量，普遍会在种植过程中对农作物施加过量的化肥原料和农药，使土壤出现板结、有害物质超标等恶化情况；还有部分流入方由于缺乏农业专业知识，采取错误的方式对农地进行施肥和灌溉，导致农作物不能有效地吸收养分。然而，错误地使用化学肥料会不可避免地产生化学残留物，这些残留物无法被土壤降解，只能随着雨水或灌溉积水留存在土壤内部或进入地下水和河流，进而造成土壤盐碱化和水体富营养化，危害生态环境和人类健康。

三是不合格的流入方肆意利用农地，破坏耕地资源。随着政府部门大力发展和推动农地流转，越来越多的农地使用权流入市场。鉴于西部地区农地经营者的准入体系有待完善，部分环保意识较差、种植技术落后的经营者也能够进入农地交易市场，为了追求利益违背生态规律对农地过度利用。在其不合理的耕种方式下，农地缺少休耕期，出现了地力下降、土壤盐碱化等环境问题。同时，农地流入方出于经济效益考量，更趋向利用肥沃的耕地，而缺少对劣质耕地的修复和利用。这种良田过度利用而次等田浪费的使用方式会加速土地荒漠化的进程。

（四）邻里关系变化效应

西部地区农地流转主要有自发流转和规模流转两种方式，其中自发流转在西部地区占有较大比例。农地流转深嵌于区域内农村社会关系和文化网络之中，因此农地流转风险也会对其产生一定影响（洪名勇等，2020）。在部分农地流转程序较为规范、合同签订率较高的农村，农地

"熟人流转"占绝大多数。相对完善的流转手续使村民之间的农地流转契约风险较小，参与流转的农户双方对彼此都留下好印象，和谐经营促使同村和邻村农户之间的关系更加亲近。

"熟人社会"中农户之间的人情、信任等因素也会对农地流转产生一定的制约影响（蔡键等，2022）。在此背景下，农地流转主要参与主体往往处在同一个固定的、传承已久的交往圈，对彼此的熟悉使农户相互间较少进行理性考量，通常是基于人情信任而形成的流转交易。这样自发的流转中，多数农户会选择口头协议，有些甚至没有任何相关约定，只有少数农户会选择签订合同，但合同形式不规范，合同内容不完善，对流转双方的责任与义务也并未作出明确规定。

这种以信任和人情为基础的交易行为虽然能够节约一定交易时间与成本，但随着农地流转市场情况波动和农地流转经营变化，农地流转主体利益诉求发生相应变化，此时的农地流转协议可能需要做出改变，而缺乏书面正式材料的自发流转交易方式使这一过程的契约风险较大，极易引发流转双方利益诉求对接失败的矛盾，进而影响村民之间的感情。

（五）风险防范能力变动效应

农地流转风险对农户生计产生冲击时，短期内农户的风险防范能力会随着风险造成的相应损失有所降低。由于农地流转前的农户生计处于较稳定状态，此时农户缺乏风险意识，风险防范能力也较低。当农地流转风险发生时，农户处于较为脆弱的农业生产环境下，自身生计资本和社会资源储备又不足，面对农地流转风险时其风险管理策略往往表现出低效和被动的特征；此外，西部欠发达地区农地流转保险的保障水平、覆盖面及抗风险性普遍不足，这类正规风险分担工具的缺失或不完善导致大多数农户难以借助现代风险管理工具防范风险。因此，农地流转风险的产生，短时间内会使农户权益受损以及各项生计水平下降，当农户自身拥有的资源有限时，其风险防范能力很难得到迅速提升。

但长期来看，农地流转风险会逐渐促使农户提高其风险防范能力。农地流转过程中遭受的各种损失为农户提供了经验与教训，其风险防范意识与风险感知能力随之提升，并且能够意识到应当提前采取风险防范措施，以应对未来可能发生的风险。农户个人逐渐形成了多样化生产、外出务工、降低消费、资金借贷等"自我保险"式的风险管理应对策略。在此基础上，通过发挥自身主观能动性和外部感知能力，农户会主动调整家庭务农时间和非农就业时间的合理分配，同时提高风险发生后的补偿能力，降低生计策略脆弱性。

面对风险，农户可以寻求集体组织等非正规机制的帮助，也可以依靠政府等正规机制提供的风险缓解措施。一方面农户可以借助非正规组织合作社或村委会的资源动员、成本分担、协调监督以及获取规模经济等功能，分担部分风险；另一方面农户可以通过政府耕地保护政策、生态补贴等一系列有力措施，缓解农地流转后农地质量下降对农户生计的负面影响。

西部地区农地流转风险经过风险源的诱发、传播对农户可持续生计产生重要的影响。这些影响表现为不同的效应变动，其中较为突出的是经济效益变动效应、非农化与非粮化效应、生态环境转变效应、邻里关系变化效应以及风险防范能力变动效应，这些效应变动的分析为探讨西部地区农地流转风险影响农户可持续生计理论模型及假说提供了理论基础。

第三节　西部地区农地流转风险影响农户可持续生计理论模型的构建及假说的提出

一　研究目标及关联因素分析

（一）"农地流转风险影响西部农户可持续生计"研究目标

1. 总体目标

党的十一届三中全会明确赋予农民"更加充分有保障的土地承包经营权"，在保持农村土地承包权稳定的条件下，允许农户以多种形式流转土地承包经营权，农地流转作为一种新型农村土地改革方式被广泛推广，已成为农户提升可持续生计的有效渠道。农地流转过程中，来自政治、经济、文化以及生态环境方面的风险辐射于流转事项的参与主体，动态地改变着参与流转农户的生计环境。农户基于有限理性经济人的假设在追求效益最大的原则下，不断地进行生计策略的选择与调整，形成了不同的生计结果，最终铸就了现有的农地流转效果和农户可持续生计水平。

西部地区社会经济发展相对滞后，农地流转市场发育成熟度不足，农地流转风险发生率高，对农户可持续生计的负面影响效应相对突出。西部农村是中国重要的自然、经济以及人才资源供给区域，其发展状况对国家经济的发展举足轻重。因此，探究如何规范流转主体的行为和流转市场秩序，通过防范相关风险提高西部地区农地利用效率，促进农业生产力水平提升，增强区域农户可持续生计能力。不仅是西部地区发展的重要课题，对提升中国农业竞争力和促进农业现代化的发展也具有重要的意义。本节在西部地区农地流转风险影响农户可持续生计相关理论研究的基础上，构建了区域农地流转风险对农户可持续生计的导向分析模型，旨在为规范西部地区农地流转市场，提升农户可持续生计水平相关决策提供理论参考。

2. 具体目标

依据区域农地流转风险对农户可持续生计的导向分析模型，研究的具体目标可从影响效应与程度两方面来考虑。

第一，探讨农地流转各类风险对农户可持续生计的影响效应方向。随着城乡经济的快速发展，人地矛盾日益突出，农地流转应用越来越广泛，多方风险也随之产生。农地流转实施过程中的风险对农户生计产生的相关效应直接影响着农户未来生计可持续发展水平。风险的存在本身带有一定负面效应，但相关风险产生的危机事件对农户自身的生计行为决策并非全部是负面的影响。因此，识别并分析农地流转风险对农户可持续生计影响的效应方向，并提出相应的对策是解决农户未来的生计难题、提升生计可持续性的一种可靠的技术手段。

第二，定量分析农地流转各类风险对农户可持续生计的影响程度。不同类型的农地流转风险会对农户可持续生计产生不同的影响效果，而且这些影响的程度是不同的。研究采用多元线性回归分析模型，依据风险变量建立指标体系对影响农户可持续生计的风险权重进行了排序，以明确不同类别的风险对农户可持续生计的影响程度，获得影响农户可持续生计的主要风险因素。从而为针对性规避重大风险，提升农户可持续生计水平对策的提出提供了理论与实证的参考依据。

（二）西部地区"农地流转风险影响农户可持续生计"关联因素考量

农地流转事项中，存在源于流出方综合素质、参与主体利益需求、农地产权、保障措施、流转政策、基层政策执行主体以及信息流八个风险源的政治、经济、文化以及生态四种风险环境类型。这些环境中蕴含的风险通过不同的载体构成不同的风险路径对农户可持续生计水平产生着差异化的效应。

在农地流转风险系统中，由于农户综合素质普遍不高、参与主体利益需求存在一定差异、农地产权不明晰、相关配套保障措施不到位、有关流转制度规则不完善、流转激励政策不充分、基层政策执行主体能力有待提高、相关信息不对称八种风险源的存在诱发了不同类别风险的产生。西部地区的风险种类分别为社会保障风险、契约风险、社会稳定风险、持续经营风险、履约风险、农地性质变更风险、行权混乱风险、社会关系疏离风险、公信力风险、农地质量受损风险、农田生态系统可持续风险以及粮食安全风险。它们通过各自的风险传播路径产生风险诱发行为，并经过风险诱发因子的传播，由政府、村集体和农地流入方作为具体媒介和载体向农户扩散。

西部地区农户和生态系统是风险源作用下风险的受体，其中，生态系统的风险最终大部分也要由农户承担，因此，农户既是相关风险最终的受体，又是风险传播路径中各个渠道的作用对象。在风险生成及传播过程中，协调配置内外生计资源的控制机制会发挥作用阻止或降低风险源产生的危害性，协助农户在土地流转过程中规避部分风险，实现有限理性下的效益最大化。农地流转风险产生后会形成一定的风险影响，辐射于农户家庭生成相应的生计风险结果，具体表现为农户生产就业方式的改变、生计资本配置的转化以及收入结构的调整等。农地流转过程中，农户的风险背景和脆弱性环境会动态变化，带动着生计资本、生计能力、生计策略和生计结果等内容的变化，进而影响到农户可持续生计水平的发展（见图6-5）。

在西部地区农地流转风险影响农户可持续生计系统运行时，生计资本、生计策略、生计结果以及风险类型等关键因素成为风险影响生计导向分析模型的关联因素，因素之间呈相互关联影响的状态，构成了西部地区农地流转风险影响农户可持续生计关联因素网络图。

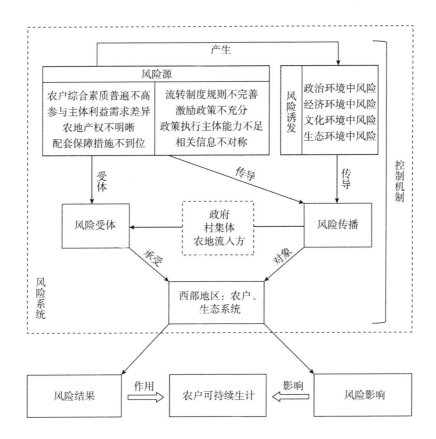

图 6-5　西部地区农地流转风险影响农户可持续生计关联因素分析

二　农地流转风险影响西部农户可持续生计理论模型构建

（一）线性回归分析模型构建

线性回归是研究解释变量与被解释变量之间线性相关情况的模型，在经济、社会、管理、生产生活中被广泛应用（高晓红等，2022）。多元线性回归是一元线性回归模型的延伸，通常包含多个自变量和因变量，即解释变量和被解释变量。多元线性回归分析法通过建立回归模型表示自变量对因变量的一种线性解释。

多元线性回归分析中，当因变量 Y 受到外界影响因素干扰时，将这些外界影响因素定义为自变量 X_i，如果 Y 与 X_i 存在一定的相关性，则可构建因变量 Y 与各影响因素 X_i 之间的多元回归模型，模型的数学表达式一般如下：

$$Y_i = \beta_0 + \beta_1 X_{i1} + \beta_2 X_{i2} + \cdots + \beta_k X_{ik} + \varepsilon_i \ (i = 1, 2, \cdots, n)$$

其中，Y 为被解释变量，X_1，X_2，$\cdots$，X_k 为解释变量；β_0，β_1，$\cdots$，β_k 为待估参数，即回归系数；ε 为随机误差项；k 为解释变量的个数；i 为观测值下标；n 为样本容量。

研究以西部地区农地流转过程中的政治、经济、文化、生态四种不同风险环境类型的指标作为自变量，以农户可持续生计水平指标作为因变量，建立多个线性回归模型。当研究对象涉及多个影响变量时，多元逐步线性回归是一种较为理想的方法，该方法能够有效剔除引起多重共线的相关变量。逐步回归的基本思想是将变量逐个引入模型并进行检验，当原来引入的解释变量由于后面解释变量的引入变得不再显著时，则将其删除以确保每次引入新的变量之前回归方程中只包含显著性变量。

逐步回归是一个反复的过程，直到既没有显著的解释变量选入回归方程，也没有不显著的解释变量从回归方程中剔除为止，保证最后所得到的解释变量集是相对最优的。研究过程中采用一元、多元和逐步线性回归进行指标和数据的处理，最终获得西部地区农地流转风险有关变量影响农户可持续生计相关变量的数值关系。

（二）研究指标体系构建

1. 解释变量指标体系

研究以西部地区农地流转的政治、经济、文化以及生态风险环境作为解释变量选取相关指标[①]。由于西部地区包含省份较多，各地区农村人口和农业发展程度存在较大差异，以相关要素总量作为指标并不能反映当地农户实际生计水平，因此研究在参考部分学者有关成果的基础上统一对各省的相关指标进行了人均化、单位面积化或比率化处理。在指标的选取方面主要是以西部地区农村社会政治、经济、文化以及生态环境发展的现状特征为基础，并借鉴前人的研究成果确定。

政治风险环境指标包括"西部地区农村养老机构数量""西部地区农村人口就业率""西部地区农村村务监督比例"和"西部地区农村法

[①] 指标数据来自《中国统计年鉴（2021）》《中国农村统计年鉴（2021）》《中国农村合作经济统计年报（2020）》《2020年城乡建设统计年鉴》、西部地区12省份统计年鉴、土流网（www.tuliu.com）以及调研数据结果。

律服务覆盖率"。成华等（2019）在测量农村基本公共服务水平时选取"每万人养老机构数量"作为农村社会保障指标，研究参照选用"西部地区农村养老机构数量"作为农地流转政治风险指标。农村人口就业率是研究农村发展的常用指标（赵桂慎，2021），人口的就业情况很大程度上能够反映农村家庭生活稳定性风险水平，因此，可以选取"西部地区农村人口就业率"作为政治风险环境指标。

钟真等（2019）在研究中将村务监督情况作为乡村治理水平的主要指标，村务监督能够对农村村务的执行情况和执行效果起到良好的监管效果，反映农村社会的组织性和政策落实能力，而西部地区村务监督情况普遍有待提升，因此可以选取"西部地区农村村务监督比例"作为政治风险环境指标。农村法律服务水平在一定程度上能够反映农民权益保障情况，西部地区农村拥有法律服务工作室或提供法律咨询的情况也代表了法治思想在西部农村渗透的程度，因此研究选用"西部地区农村法律服务覆盖率"作为政治风险环境指标。

经济风险环境指标包括"西部地区农地流转率""西部地区农地流转租金""西部地区农业生产资料价格指数"和"西部地区农产品生产者价格指数"。农地流转率反映了既定区域农地流转实施情况和流转市场的发育程度，农户参与农地流转面积占家庭承包耕地总面积越大，承担的农地流转风险很大程度上会越高，因此研究选取"西部地区农地流转率"作为评价经济风险环境指标。张明辉等（2017）在研究农地经济贡献对农地流转市场的影响时，选取了"农地流转租金"作为农地经济贡献的主要衡量指标之一，农地流转租金是农户参与农地流转实施的重要经济来源，因此可以选取"西部地区农地流转租金"作为评价农地流转经济风险环境的指标。

农业生产资料投入是农业生产的主要成本之一，衡量农业生产资料投入价格的指标是"农业生产资料价格指数"（赵洪丹等，2021）。农业生产资料价格指数可以反映农户的农业支出水平，因此可以选取"西部地区农业生产资料价格指数"作为评价经济风险环境指标。杨肃昌（2022）用农产品生产者价格指数增幅作为乡村振兴发展水平的评价指标之一，来反映农户的生产和经济状况。西部地区各省特色农业生产发展存在较大的差异，农产品输出价格切实关系到农户的可持续生计水平，因此研究参考选取"西部地区农产品生产者价格指数"作为评价经济风险环境指标。

文化风险环境指标包括"西部地区农村文化机构数量""西部地区农地流转服务机构数量"及"西部地区具有特色文化产业乡村比例"。农业经济增长与农村文化进步息息相关，建设农村文化机构有助于提升农村居民素质、扩充知识储备、增加社会融合度，文化机构的数量一定程度上能够反映农户认知水平的高低和抵抗风险的自主能动性，因此研究选取"西部地区农村文化机构数量"作为评价文化风险环境的指标。

农户在农地流转中信息获取渠道有限，为其他利益相关方的机会主义行为留下空间，流转服务机构的设立可以有效解决农户权益受损的相关问题（李景刚等，2022），降低农户参与农地流转风险，因此可以选取"西部地区农地流转服务机构数量"作为评价文化风险环境指标。西部地区特色文化产业乡村建设能够反映出乡村文化生活丰富程度和乡村文化发展的水平，体现农户生活精神富足的程度，故研究选用"西部地区具有特色文化产业乡村比例"作为评价文化风险环境指标之一。

生态风险环境指标包括"西部地区农业自然灾害损害程度""西部地区单位面积农用化肥施用量""西部地区单位面积农药使用量""西部地区单位面积地膜使用量""西部地区单位面积农用柴油使用量"和"西部地区单位面积粮食产量"。农作物受灾情况在一定程度上会影响农地收益和未来农地地力状况，夏玉莲等（2015）在研究中选取了农作物成灾和受灾面积比作为农业可持续发展的指标之一，借鉴他的研究成果，可以选取"西部地区农业自然灾害损害程度"作为评价生态风险环境指标。

农地流转可能会造成相关方追求经济利益最大化而忽视农地生态建设，加大化肥和农药施用量均会加剧农田生态系统的环境风险，因此，研究选取"西部地区单位面积农用化肥施用量"和"西部地区单位面积农药使用量"作为评价生态风险环境指标。李春友（2021）和田晓辉等（2021）在研究中均采用了地膜使用量作为农业对资源和环境的影响指标之一，西部地区生态环境质量与农业生产息息相关，因此可以选用"西部地区单位面积地膜使用量"作为评价生态风险环境指标。

农用柴油使用情况对生态环境会产生一定的负面影响，文高辉等

（2022）在研究耕地碳排放与生态效率时，选取了包括农用柴油使用量在内的五个指标进行测算，借鉴其成果研究也选用"西部地区单位面积农用柴油使用量"作为评价生态风险环境指标之一。农地流转生态风险环境下可产生粮食安全风险①，粮食产量在一定程度上能够代表农地的产出情况，单位面积粮食的产量越多，粮食安全风险相对越低，因此可以选用"西部地区单位面积粮食产量"作为生态风险环境评价指标。

表 6-3 汇总了西部地区农地流转风险的指标集、各指标的解释以及单位。

表 6-3　　　　**解释变量：西部地区农地流转风险指标体系**

自变量		指标选取	指标解释	单位
西部地区农地流转风险	政治风险环境	西部地区农村养老机构数量	农村人均养老机构数量=农村养老机构总数/农村人口总量	个/万人
		西部地区农村人口就业率	农村人口就业率=农村就业人口数量/农村人口总量	%
		西部地区村务监督比例	村务监督比例=有村务监督组织的村数/总村数	%
		西部地区农村法律服务覆盖率	农村法律服务覆盖率=建立法律服务工作室的村数/总村数	%
	经济风险环境	西部地区农地流转率	农地流转率=农地流转面积/家庭承包经营的耕地面积	%
		西部地区农地流转租金	西部地区调研样本平均农地流转租金	元
		西部地区农业生产资料价格指数	反映一定时期内农业生产资料价格变动趋势	—
		西部地区农产品生产者价格指数	反映一定时期内农产品生产者出售农产品价格水平变动趋势	—
	文化风险环境	西部地区农村文化机构数量	农村文化机构数量=农村文化机构总数/农村人口总量	个/万人
		西部地区农地流转服务机构数量	农地流转服务机构数量=农地流转服务机构总数/农村人口总量	个/万人
		西部地区具有特色文化产业乡村比例	具有特色文化产业乡村比例=有乡村特色文化产业的村数/总村数	%

---

① 参见第四章农地流转风险类型。

	自变量	指标选取	指标解释	单位
西部地区农地流转风险	生态风险环境	西部地区农业自然灾害损害程度	农业自然灾害损害程度＝农作物成灾面积/农作物受灾面积	%
		西部地区单位面积农用化肥施用量	单位面积农用化肥施用量＝农用化肥施用总量/农地面积	吨/千公顷
		西部地区单位面积农药使用量	单位面积农药使用量＝农药使用总量/农地面积	吨/千公顷
		西部地区单位面积地膜使用量	单位面积地膜使用量＝地膜使用总量/地膜覆盖面积	吨/千公顷
		西部地区单位面积农用柴油使用量	单位面积农用柴油使用量＝农用柴油使用总量/农地面积	吨/千公顷
		西部地区单位面积粮食产量	单位面积粮食产量＝粮食总产量/家庭承包经营的耕地面积	吨/亩

2. 被解释变量指标体系

研究以西部地区农户可持续生计水平作为被解释变量，农户脆弱性背景抵抗力、生计资本、生计能力、生计策略和生计结果作为一级指标构建指标体系[①]。农户脆弱性背景抵抗力指标包括"西部地区农户家庭劳动力就业率"和"西部地区农村居民人均转移净收入"。农村家庭劳动力情况是支撑其生计的根本，就业劳动力在家庭人口中所占比例越高，生活经济来源就越有保障，生计脆弱性相应越低，因此可以选用"西部地区农户家庭劳动力就业率"作为生计脆弱性评价指标。农村居民的离退休金、价格补贴、赡养收入等政府的转移性支付是农户生计保障的一部分，在农户抵抗生计脆弱性环境中起着实质性的作用，因此研究选取"西部地区农村居民人均转移净收入"作为评价生计脆弱性指标。

生计资本指标包括"西部地区农村人均受教育年限""西部地区农村人均拥有农业机械总动力""西部地区农村人均耕地面积""西部地区农村居民人均可支配收入"及"西部地区农村人口交通通信支出"。张鹏（2022）和张明珠（2022）等为代表的大量学者均对农户生计资

---

① 指标数据来自《中国统计年鉴（2021）》《中国农村统计年鉴（2021）》、西部地区12个省份统计年鉴、土流网（www.tuliu.com）以及调研数据结果。

本开展过研究和测评，基本均是通过人力、物质、自然、金融和社会五大资本进行测量。农户文化程度可以反映其家庭人力资本状况，接受教育时期长的农村人口拥有一定的自身素质积累和生计判断，因此研究选取"西部地区农村人均受教育年限"作为人力资本评价指标。

农业机械化水平在一定程度上反映了农业生产力水平和农户物质基础，通常机械化水平越强，农户生产效率越高，家庭物质资本储备也越丰富，因此研究选取"西部地区农村人均拥有农业机械总动力"作为评价物质资本指标。土地资源是以农业生产为主的农户最为重要的自然资本，农户承包耕地面积的大小直接关系到农户收入水平和生计资本存量，因此选取"西部地区农村人均耕地面积"作为自然资本评价指标。

农户金融资本一般包括经营、投资等多种收入渠道，家庭居民人均收入水平能够直观地反映农户金融资本存量，因此选取"西部地区农村居民人均可支配收入"作为评价金融资本指标。社会资本是农户与他人联系合作的社会整合度，社会资本越高，农户社会关系网越广，人际往来越丰富，社会资本具有一定的量化难度，研究借鉴张鹏等（2022）的研究成果选取"交通通信支出"，即"西部地区农村人口交通通信支出"作为评价社会资本的指标。

生计能力指标包括"西部地区农村人均食品烟酒教育及娱乐支出"和"西部地区农户人均固定资产投资额"。农村居民人均食品、烟酒、教育及娱乐支出在很大程度上可以反映出区域农户的生计水平，支出金额越多，一定程度上能够证明农户生计状况越好。因此，研究选用该项指标作为农户生计能力评价指标。通常有经济基础和资本积累的农户除了经营和储蓄收入外还会利用自身资产进行相关投资以完成资本置换和升值，如房屋及其他设施修建、生产设备购买等，合理分配并管理拥有的财产用于经济市场和自身发展的能力同样是农户维持生计可持续性的重要能力禀赋。因此，可以选取"西部地区农户人均固定资产投资额"作为评价农户生计能力指标。

生计策略指标选用"西部地区农村非农就业人口比例"来评价。生计策略是农户依据生计资本的配置和自身生计能力水平进行的一种生计方式的选择，当他所处的环境或家庭状态发生变化时，农户会通过转变生计策略以适应新的人地关系。农户一般有纯农、兼业和非农经营三种生计选择，生计策略越多样化，收入来源渠道越多元，农户生计稳定性越强。农户从事不同产业的经营在一定程度上会抵御纯农业生产所带来的风险，因此可以选取"西部地区农村非农就业人口比例"作为农户生计策略评价指标。

生计结果指标包括"西部地区农村居民非农就业收入比重"和"西部地区乡村消费能力"。庄龙玉（2020）在研究中认为农户非农化发展的决策动机是以经济利益为主，农户生计类型多元化选择有利于打开收入渠道、增加从业范围，非农就业范围越广、收入占比越高，相应的生计结果也会更具有可持续性，因此研究选取"西部地区农村居民非农就业收入比重"作为生计结果评价指标。

蒋辉等（2022）在研究中用乡村消费品零售额占全社会的比重来表示农村消费能力，以此为基础进一步探究了农村经济发展状况。消费品支出水平是农户经济能力的重要体现，而经济能力的提升是农户追求生计结果的一种反馈形式。因此，研究选取"西部地区乡村消费能力"作为评价生计结果的指标。

表 6-4 对西部地区农户可持续生计水平评价指标集、各指标的解释以及单位进行了汇总。

表 6-4　被解释变量：西部地区农户可持续生计水平指标体系

一级指标		二级指标	指标解释	单位
农户可持续生计水平	脆弱性背景抵抗力	西部地区农户家庭劳动力就业率	农户家庭劳动力就业率=农村家庭就业劳动力数量/农村家庭人口总数	%
		西部地区农村居民人均转移净收入	农村居民人均转移净收入反映农户生活保障情况	元/人
	生计资本	西部地区农村人均受教育年限	西部地区农村人均受教育年限反映农户生计的人力资本	年
		西部地区农村人均拥有农业机械总动力	农村人均拥有农业机械总动力=农业机械总动力/农村人口总量	千瓦/人
		西部地区农村人均耕地面积	农村人均耕地面积=耕地总面积/农村人口总量	亩/人
		西部地区农村居民人均可支配收入	农村居民人均可支配收入反映农户金融资本	元/人
		西部地区农村人口交通通信支出	农村人口交通通信费用支出反映农户社会资本积累	元/人

续表

	一级指标	二级指标	指标解释	单位
农户可持续生计水平	生计能力	西部地区农村人均食品烟酒教育及娱乐支出	农村人均食品烟酒教育及娱乐支出反映农户生计水平	元/人
		西部地区农户人均固定资产投资额	农户人均固定资产投资额=农村住户固定资产投资总额/农村人口总量	元/人
	生计策略	西部地区农村非农就业人口比例	西部地区农村选择非农产业就业的人口占总就业人口的比重	%
	生计结果	西部地区农村居民非农就业收入比重	农村居民非农就业收入比重=工资性收入/人均可支配收入	%
		西部地区乡村消费能力	西部地区镇区及乡村消费品零售额占社会消费品零售额的比重	%

三 西部地区农地流转风险影响农户可持续生计假说的提出

西部地区农地流转的政治、经济、文化及生态环境和流转相关主体存在的诸多问题在不同程度上诱发了西部地区农地流转的各类风险，流转过程中的各个参与主体作为风险诱发及传播体，在农地流转交易形成时最终传导至风险受体农户。这些风险会对区域农户的生计经营产生短期或长期效应，使农户生产生活方式和生计状况发生改变，从而进一步对农户的可持续生计水平造成不同程度影响。西部地区农地流转的政治、经济、文化以及生态四类风险环境十二种风险类别客观存在于农地流转系统，均有可能在不同方面对农户的可持续生计产生不同程度的影响，因此研究提出以下假说。

（一）政治风险环境总体表现为负向影响

农地流转的政治风险环境是指农地流转过程中，不合理的流转行为对国家根本制度和政府公信力带来的不确定性（陈振，2021）。西部地区农地流转的政治风险环境受农村社会保障机制和社会法治运行程序等客观因素影响，社会保障体系越完善、法治效果越显著，其与政治相关风险相对越小。相较于中东部地区，西部地区农村社会发展相对滞后，农户法律意识有待提高，社会保障机构未达到充足的人均水平，增加了与政治相关风险发生的概率。

政府颁布促进农地流转、鼓励规模经营相关政策的目的，是提高农业经营效率、推进农业现代化进程。然而，在政策执行过程中，地方政府往往会急于求成，忽视农户的流转意愿，盲目推进农地流转，引致农户的反抗情绪，甚至是土地冲突、上访事件等，也可能会诱发与政治相关风险。

农地流转过程中，农户作为农地流出方获取信息途径有限，在信息对称方面处于弱势地位；农户利益受损时维权渠道受限；农地流转交易监督存在漏洞等风险都可能会影响到农户自然资本和金融资本的存量，最终改变其生计结果水平。可见，风险能够通过改变农户的生计资本和生计结果对农户可持续生计产生负面影响，由此提出 H6-1。

H6-1：西部地区农地流转政治风险环境对农户可持续生计具有负向影响。

（二）经济风险环境总体表现为正向影响

农地流转过程中不合理的流转行为给农户带来经济损失的可能性是农地流转的经济相关风险。农地流转中，中介组织和经营方在和农户谈判过程中容易表现出虚化农户利益的态度，以达到压低流转价格的目的，导致农户经济利益流失（匡远配等，2018）。同时，西部地区各省份农地资源禀赋各异，农地流入方在经营土地过程中可能会出现各种问题，造成经营亏损，甚至无法或不能全部兑现给农户支付的流转租金，导致农户经济收益受损。

但农地流转经济风险环境下相关风险并非对农户生产生活完全产生负面影响。在一定程度上，外包出去的土地达不到预期收益的现实反而会对农户转型拓宽就业选择和收入来源起到推动作用。一般农户会在农地流转后改变生计策略，由原来的纯农经营向兼业和非农经营方向转变，多样化的生计方式弥补了流出土地可能的损失，同时会增加生计的多元化和稳定性。虽然农地流转相关问题产生的经济风险环境短期内会对农户的资产造成一定的影响，但其同样会促进生计的多方位选择和就业的多渠道发展，长远来看会推动农户生计能力的提升和生计发展的可持续性。基于此，可提出 H6-2。

H6-2：西部地区农地流转经济风险环境对农户可持续生计具有正

向影响。

（三）文化风险环境总体表现为负向影响

在农地流转过程中，不合理的流转行为和处理方式可能会引发农地流转相关方之间的冲突，产生社会矛盾。西部地区农地流转的合同签订率和相关服务机构的设置，体现了区域契约情况与解决问题的能力有待提升，导致农地租赁过程会出现多个损害农户权益的不良因素，对社会公平造成负面影响。

一味简单过度推进农地流转会促使大批农业劳动力转移至城镇务工，造成农村空心化现象。转移至城镇的多数农业劳动力很难融入城市的文化，同时由于生计适应能力的欠缺，可能短时间内无法在城镇稳定就业，生计状况受到影响。

农地流转后，多数农户会选择改变生计策略外出寻找新的就业机会，外出务工人员的增多会对原本农村的社会关系体系产生一定的冲击，可能诱发社会关系疏离风险。农地大规模流转后，部分外来资本可能会占有农村绝大多数农地面积，原本自给自足的小农成为雇佣劳动力。外来资本的到来会打破原有农村社会结构，对新社会关系的重新适应，会在不同程度上改变农户的生计资本和生计能力，从而影响农户的可持续生计水平。由此提出 H6-3。

H6-3：西部地区农地流转文化风险环境对农户可持续生计具有负向影响。

（四）生态风险环境总体表现出显著负向影响

土地的情况和生态与自然紧密相关，农地流转后流入方不合理的土地利用行为会导致农业用地生态系统结构和功能受到影响。虽然扩大土地经营规模有利于提高资源配置效率，但往往也会导致土地生态质量下降。土地承包经营者追求农产品产量扩大化的时候会增加化肥使用量，对农地质量产生危害，损害到农地流出方农户的自然资本。

粮食安全风险产生于农地流转的生态风险环境。农地流转过程中，源于农业比较利益低下以及资本逐利性的本质特征，流入方往往会调整种植结构，将收益较低的粮食作物转变为收益更高的经济作物。有的甚至直接改变农地用途，以农用地的名义在耕地上大肆建设，粮食安全很难得到保障。流出农地质量下降或变更用途都会危害农地经营权所有者农户的生计资本，农户固有的自然资本减少或减值，很大程度上会直接导致其生计结果朝负向发展，可持续生计水平也随之降低。因此，提出H6-4。

H6-4：西部地区农地流转生态风险环境对农户可持续生计具有显著负向影响。

实际上，农地流转各风险环境之间相互关联，外部环境因素同样相互交叉，而且整个农地流转系统是动态运转的，很难将各个风险环境类型做出明确客观的区分和界定，并不能绝对认为西部地区农地流转风险仅为四类风险环境下的十二类风险，且能够清晰量化。但是为了探寻事物发展的规律，研究采用较为合理的方式将西部地区农地流转风险进行归类，并将其对农户可持续生计影响提出假说及后续实证研究，以期能够抓住农地流转风险对农户可持续生计影响的主要矛盾，为针对性地制定科学合理的政策提供依据。

第四节　西部地区农地流转风险对农户可持续生计影响实证研究

一　西部地区农地流转风险类别与评价指标

如前所述西部地区地域辽阔，资源储备数量丰富，土地面积占全国的71.4%，人均耕地面积达2亩，是全国平均水平的1.3倍，且后备土地资源总量大，未利用土地占全国总量的80%，其中有5.9亿亩适宜开发为农用地，1亿亩适宜开发为耕地①。但由于西部地区经济发展水平相对较低，且存在明显的区位劣势和生态弱势，农地流转过程中面临多种风险。

西部地区地理位势西高东低，横跨一二级阶梯，地势连绵起伏，导致气候差异显著，地形地貌复杂，部分地区水资源相对匮乏。加上人类活动的扰动造成自然灾害频发和生态环境退化日益严重，形成了西部地区农地流转的生态风险环境与经济风险环境。相较于中部、东部地区，西部地区经济发展水平相对欠发达，尤其是在广大农村地区，土地政策

---

① 《第三次全国农业普查主要数据公报》（第一号至第五号）。

制度落实程度不及城镇，农地流转市场监管与规范力度亟待加强，构成了农地流转过程中的政治风险环境与文化风险环境。

（一）西部地区农地流转风险类别

按照第五章西部地区农地流转风险识别与评估的研究结果，区域内农地流转风险可依据政治、经济、文化和生态四类风险环境，划分为社会保障风险、社会稳定风险、行权混乱风险、农地性质变更风险、持续经营风险、履约风险、契约风险、社会关系疏离风险、公信力风险、农地质量受损风险、粮食安全风险和农田生态系统风险12类。

区域内农地流转风险的评估结果表明，整体西部地区农地流转的四类风险环境中，政治风险环境与文化风险环境权重最高，经济风险环境次之，生态风险环境权重排在最末位。各类风险环境权重差异较小，说明区域内农户所面临的四类农地流转风险环境呈相对均衡的状态。但在微观层面，这四类风险环境中不同风险种类的权重值差异较大，每一类风险环境中都有一种风险发挥着主导作用，例如政治风险环境中社会保障风险占主导，经济风险环境主要体现在履约风险上，文化风险环境中契约风险发挥主要作用，生态风险环境中最主要的风险种类是农地质量受损风险。

（二）西部地区农地流转风险类别与评价指标对应关系

西部地区特定的农地流转风险环境中，当相关参与主体的不当行为与对应的风险源相关联时，可能会诱发前述的12类风险。按照这种路径传播的逻辑，可以用对应风险环境中的相关指标来评价农地流转的12类风险。考虑指标的科学性和数据的可获得性，可选取如表6-5所示的具体指标与不同的农地流转风险种类型呈对应关系，为进一步分析西部地区农地流转过程中各种类风险对农户可持续生计水平的影响提供实证的理论基础。

表6-5 西部地区农地流转风险种类及其对应指标

	风险环境	风险种类	对应指标
西部地区农地流转风险	政治风险环境	社会保障风险	西部地区农村养老机构数量
		社会稳定风险	西部地区农村人口就业率
		行权混乱风险	西部地区农村村务监督比例
			西部地区农村法律服务覆盖率

风险环境		风险种类	对应指标
西部地区农地流转风险	经济风险环境	农地性质变更风险	西部地区农地流转率
		持续经营风险	西部地区农地流转租金
		履约风险	西部地区农业生产资料价格指数
			西部地区农产品生产者价格指数
	文化风险环境	社会关系疏离风险	西部地区农村文化机构数量
		契约风险	西部地区农地流转服务机构数量
		公信力风险	西部地区具有特色文化产业乡村比例
	生态风险环境	农地质量受损风险	西部地区农业自然灾害损害程度
		农田生态系统风险	西部地区单位面积农用化肥施用量
			西部地区单位面积农药使用量
			西部地区单位面积地膜使用量
			西部地区单位面积农用柴油使用量
		粮食安全风险	西部地区单位面积粮食产量

第一，西部地区农地流转政治风险环境中相关风险源会引发社会保障、社会稳定和行权混乱三种类别的风险。其中社会保障风险兼具普遍性与传导性，对典型村落调研走访的情况表明，该风险集中出现在作为农地流出方的农户家庭，特别是缺少收入来源的孤寡老人家庭。因此研究选取西部地区各省份农村养老机构数量作为衡量社会保障风险的指标。

社会稳定风险具有盲目性和非理智性等特点，极易出现"弱势群体的强势表达"现象。农户就业情况很大程度上能够体现其家庭生活的稳定性，研究将非就业农户视为能够"强势表达的弱势群体"，并以农村人口就业率作为衡量社会稳定风险的合理指标。

行权混乱风险主要指由于各级政府、村集体之间沟通不畅或审计偏差甚至是某些不作为或贪腐现象所导致的权益主体利益受损的风险。农村村务监督和法律服务可起到有效监管农地流转程序正规性和保障流转主体权益的积极作用，因此可以选取农村村务监督比例与农村法律服务覆盖率作为衡量行权混乱风险的指标。

第二，西部地区农地流转经济风险环境中存在农地性质变更风险、持续经营风险以及契约风险。其中农地性质变更风险主要源于流入方

"非粮化"或"非农化"等损害流出方利益的行为，基于理性经济人假设及该行为的隐蔽性特征；同时考虑到该行为存在不合法性因素，很难统计到相关数据或统计数据不准确；西部地区农地流转处于"加速推进"到"有序推动"的转型期，流转市场成熟度不够，流转率过高等可能存在负面影响。故研究从比较宏观的统计意义上选择用"农地流转率"来衡量农地性质变更风险。

持续经营风险是指流入方维持正常生产经营活动时所面临的不确定性，通常市场波动和农户个体重大事故会导致该类风险陡增，由于农户个体重大事故或事项的次数缺乏统计数据且损失难以量化，研究仅选用农地流转租金水平来反映市场波动状况，从而衡量农地流转交易方持续经营的风险。

履约风险指流转双方拒绝正常履行流转契约的主观可能性，实践中常见的表现形式以流入方亏损"跑路"为主。由于主观意愿的难以测量，研究选择以农业生产资料价格指数和农产品生产者价格指数来衡量农地流转交易双方亏损的可能性，从而表征农地流转过程中的履约风险。

第三，西部地区农地流转文化风险环境中包含着社会关系疏离风险、契约风险和公信力风险。社会关系疏离风险是农户间由于流转纠纷导致关系疏离的可能性，农村是典型的人情社会，邻里相处、村风民风等因素一定程度上均影响着农户间的社会关系。但农户个体间关系疏密程度难以用调研、访谈或统计数据等方式进行批量化收集与整理，因此研究选用农村文化机构数量来衡量社会关系疏离风险，并认为文化机构数量越多，越有利于促进农户间社会关系和谐。

契约风险与经济风险环境中履约风险不同，契约风险是指流出方受自身法律知识储备所限或传统思想的束缚没有进行合同签订而导致权益受损的可能性。农地流转服务机构以企业或社会团体等社会组织的形式出现，能够在很大程度上缓解农户自身"品质"上的这种劣势，因此研究选择以农地流转服务机构数量来衡量契约风险。

公信力风险是指政府对农户影响力或号召力流失的可能性。西部地区基层政府和村委会通常会不同程度地参与到农地流转过程中，而农户对政府和村委会信任支持与否直观表现在农户是否能通过政府政策和村委会主张来获取收益。通常乡村的特色文化产业是由政府或村委会牵头，带领农户打造形成，不仅有助于农地流转农户增收，还会增强农户对组织的信任感。因此，研究选用具有特色文化产业的乡村比例来衡量公信力风险。

第四，生态风险环境中蕴含的主要风险类别为农地质量受损风险、农田生态系统可持续风险和粮食安全风险。其中农地质量受损风险集中体现在农地受自然灾害、经营管理方法不当等因素而导致农地质量受到损害的可能性。西部地区气候差异明显，农业现代化程度相对较低，在应对自然灾害时无论是农户的技术措施还是政府的响应机制都存在一定程度上的欠缺。研究将农业自然灾害受损程度作为衡量农地质量受损风险的指标，能够比较宏观地反映农户应对自然灾害、环境破坏而导致农业受灾后的行动响应状况。

农田生态系统是人类积极干预自然以获取农产品的半自然生态系统，其可持续性受人类活动的多方面影响。在西部地区农地流转过程中，农田生态系统可持续风险集中体现在农户所施用的化肥、农药、地膜以及消耗的农机柴油量上，过量使用这些要素会直接对土壤、农作物和空气造成影响，从而影响农田生态系统可持续性。因此，研究选用单位面积化肥施用量、农药使用量、地膜使用量和农业柴油使用量作为农田生态系统可持续风险的衡量指标。

粮食安全风险指因耕地数量减少或粮食生产不规范导致的粮食数量和质量与实际需求不匹配的可能性。西部地区农地流转过程中，粮食安全风险更多体现在因技术力导致的粮食单位产量不足。因此，研究选择单位面积粮食产量作为衡量西部地区农地流转过程中粮食安全风险的衡量指标。

二 西部地区农地流转风险对农户可持续生计水平影响测评

西部地区农地流转风险和农户可持续生计水平在社会科学研究中均为相对宏观的概念，为了合理量化区域内农地流转风险对农户可持续生计水平的影响，研究基于数据的可获得性，依据第五章和第七章的相关内容，分别选取了衡量农地流转风险和农户可持续生计水平的具体指标参与定量分析过程。并且以区域内农户可持续生计水平指标体系中各项具体指标为被解释变量，对西部地区农地流转风险各项细化指标进行双变量相关性分析，以保证后续实证研究的合理性。为了深刻剖析各解释变量对被解释变量的影响，研究对各生计指标进行逐步线性回归分析。

（一）数据来源与说明

首先，对指标数据来源进行解释说明。前文构建的西部地区农地流转风险和农户可持续生计指标体系所收集的基础数据主要来源于国内各类统计年鉴：《中国统计年鉴（2021）》《中国农村统计年鉴（2021）》《中国农村合作经济统计年报（2021）》和《2021年中国城乡建设统计年鉴》，以及西部地区12个省份的统计年鉴[①]。对于农地流转租金等涉及市场价格的相关指标，研究参考权威性较高的第三方土地交易中介网站—土流网（www. tuliu. com）对土地流转市场价格的相关统计数据，并通过与实地调研数据进行交叉比对进行修订，以确保其科学性与准确度。对于相关统计年鉴中部分缺失的数据，研究通过其他密切关联数据计算获取，对于原始统计数据采用平均值填充、线性差分等方法进行补全。

其次，数据平均化处理必要性说明。研究区域涉及中国西部地区的12个省份，各省份经济发展水平差异化明显，导致不同地域各指标数据也有较大差异。为了剔除实证研究结果受地区经济发展水平、政策支持环境和行政区划面积等因素的外部性影响，满足实证研究对各省数据可比性的要求，研究对所收集的基础数据进行了平均化处理，如将某省农村文化机构数量除以该省农村人口总量、将某省农用化肥使用总量除以该省农地总面积，得到更具可比性的单位数据。

最后，数据标准化处理情况说明。并非所有数据都能进行平均化处理或转换为百分值数据。由于每个指标的单位不同，表达形式也存在差异，各项数据存在不同的量纲，为了消除这些数据间的差异对综合评价结果造成的影响，需要对数据进行标准化处理。同时，由于风险与生计指标中既存在正向指标，又有负向指标，对其进行标准化处理的公式也不同。研究对均化后的数据采用离差标准化处理：

[①] 在研究构建的指标体系中，各指标涉及多种基础数据，部分基础数据由于统计方式的变更无法归类，加上中国西部地区省份较多，将历年数据整合后进行实证的工作量过大，很难得出代表性和典型性的量化结果。2021年相关年鉴数据所反映的要素关联情况，是以往相关指标动态变化的结果，能够有效提取出相关信息，因此研究所采用的实证研究数据源于最新的2021年的数据。

正向指标：$x^* = \dfrac{x_{ij} - x_{jmin}}{x_{jmax} - x_{jmin}}$

负向指标：$x^* = \dfrac{x_{jmax} - x_{ij}}{x_{jmax} - x_{jmin}}$

（二）双变量相关性分析

西部地区农地流转风险环境可划分为政治、经济、文化和生态四个类别，其中每类风险环境中各包含三种不同的具体风险，研究针对每种风险选取1—3个指标进行衡量，最终在西部地区农地流转风险下形成16个具体的风险指标。同时，研究从脆弱性背景抵抗力、生计资本、生计能力、生计策略和生计结果五个方面测度西部地区农户可持续生计水平，每个方面各选取1—5个指标，共形成12个具体的农户可持续生计水平指标。

农户可持续生计水平不仅受到农户所面临的政治、经济和自然等外部环境因素的影响，而且还受到农户家庭自然、物质、金融、人力及社会资本存量和配置状况，以及由此推动选择的生计策略，农户在不同生计策略选择下最终形成的生计结果状况等内部因素的影响。

因此，西部地区农地流转风险对农户可持续生计水平的影响无法只通过农户可持续生计水平综合得分反映出来，不同的风险指标会对农户可持续生计指标产生不同方向和不同程度的影响。为了确保后续实证过程的科学性以及可行性，研究将各生计指标依次作为被解释变量，运用SPSS（v.24）软件与西部地区各省影响农户可持续生计水平的风险指标[1]分别进行了双变量相关性分析，结果如表6-6所示。

表6-6　　　　　　　　　双变量相关性分析结果

被解释变量	解释变量	R	P
农村居民人均转移净收入（元）	农地流转率（%）	0.699*	0.011
	农地流转服务机构数量（个/万人）	0.680*	0.015
	单位面积粮食产量（吨/亩）	0.584*	0.046

---

[1] 其中，影响农户可持续生计水平的风险指标包括农户家庭劳动就业率（x_1）、农村居民人均转移净收入（x_2）、农村人均受教育年限（x_3）、人均农业机械总动力（x_4）、农村家庭人均承包耕地面积（x_5）、农村居民人均可支配收入（x_6）等12个因素。

续表

被解释变量	解释变量	R	P
农村人均受教育年限（年）	单位面积粮食产量（吨/亩）	0.636*	0.026
农村居民人均可支配收入（元）	农地流转率（%）	0.703*	0.011
农村人均食品烟酒教育及娱乐支出（元）	农业生产资料价格指数（以100为基准）	0.642*	0.025
	农村文化站数量（个/万人）	−0.662*	0.019
	农地流转服务机构数量（个/万人）	0.642*	0.024
	单位面积地膜使用量（吨/千公顷）	−0.659*	0.020
西部地区乡村消费能力（%）	单位面积化肥施用量（吨/千公顷）	−0.680*	0.015
	单位面积柴油使用量（吨/千公顷）	−0.585*	0.046

注：*在0.05级别（双尾），相关性显著。

由表6-6可知，在选取的12个生计指标中，有5个分别与部分风险指标显著相关。其中，西部地区的家庭承包经营耕地流转率、农地流转服务机构数量以及单位面积粮食产量与农村居民人均转移净收入呈显著正相关。单位面积粮食产量与农村人均受教育年限呈显著正相关；家庭承包经营耕地流转率与人均可支配收入呈显著正相关；农业生产资料价格指数、农地流转服务机构数量与农村人均食品烟酒教育及娱乐支出呈显著正相关，农村文化站数量、单位面积地膜使用量与农村人均食品烟酒教育及娱乐支出呈显著负相关；单位面积化肥施用量、单位面积柴油使用量与西部地区乡村消费能力呈显著负相关。

说明农地流转风险可能对农户可持续生计中的脆弱性背景抵抗力、生计资本、生计能力和生计结果产生影响，其余风险指标与各生计指标相关性过低，参与回归模型构建的意义不大。值得注意的是，对照西部地区农地流转风险指标体系（见表6-3）和双变量相关性分析结果（见表6-6）可以发现，农地流转政治风险环境下四项风险指标与任一被解释变量（生计指标）都不具有显著相关性。故政治风险环境下相关指标均被剔除，无法进入下一步的多元逐步线性回归模型构建，也就意味着当前所构建的评价体系，暂不能验证H6-1成立与否。因此，进一步实证分析将从H6-2的检验开始。

（三）多元逐步线性回归分析及假说检验

1. 农地流转风险对农户脆弱性背景抵抗力的影响分析

由表6-6可知，西部地区农村居民人均转移性净收入作为衡量农户脆弱性背景抵抗力的主要指标之一，与风险指标中家庭承包经营耕地流转率、农地流转服务机构数量及单位面积粮食产量呈显著正相关。将以上指标对西部地区农村人均转移性净收入进行多元线性回归，回归结果如表6-7所示。

表6-7 多元线性回归结果

自变量	模型参数			模型结果
	B	Sig.	VIF	
常量	0.052	0.004		$R = 0.816$ $R^2 = 0.667$ 调整 $R^2 = 0.542$
农地流转率	0.155	0.484	2.494	
农地流转服务机构数量	0.061	0.090	1.461	
单位面积粮食产量	0.161	0.308	1.884	
因变量：农村人均转移性净收入				

其中 Sig. 表示 T 检验的显著性 P 值，表6-7中 P 值全部大于0.05，说明自变量对因变量无显著性影响，无法根据多元线性回归结果建立回归方程。自变量中家庭承包经营耕地流转率、农地流转服务机构数量以及单位面积粮食产量之间可能存在比较严重的混杂干扰，导致多元线性回归的分析无效。因此，可选择再次用以上自变量对西部地区农村人均转移性净收入进行多元逐步线性回归，并将步进输入变量的条件设为：输入的 F 的概率小于0.05，结果如表6-8所示。

表6-8 多元逐步线性回归结果

自变量	模型参数			模型结果
	B	Sig.	VIF	
常量	0.045	0.006		$R = 0.699$ $R^2 = 0.488$ 调整 $R^2 = 0.437$
农地流转率	0.458	0.011	1.000	
因变量：农村人均转移性净收入				

在多元逐步线性回归过程中，农地流转服务机构数量和单位面积粮食产量的显著性 P 值均大于 0.05，未被纳入回归模型。表中 P 值为 0.011，小于 0.05，标准化回归系数 B 的绝对值为 0.458，说明自变量农地流转率与因变量农村人均转移性收入呈显著正相关，且影响程度较高。

在西部地区农地流转过程中，农地流转率是衡量农地流转经济风险环境下农地性质变更风险的主要指标。农地流转率越高，流入方在资本逐利性的驱使下通过"非粮化"或"非农化"等手段改变农地性质，损害流出方农户利益的可能性就越大。但鉴于西部区域内各级政府为了改善农户可持续生计，鼓励加速农地流转，并对参与流转的农户给予不同程度的政策优惠或经济补偿，反而可能使农户的转移性收入增加，并在一定程度上对农户可持续生计水平产生正向作用。

因此，在当前政策制度环境下，西部地区农地流转经济风险环境中的农地性质变更风险对农户脆弱性背景抵抗力具有显著的正向影响，验证了前面提出的 H6-2（西部地区农地流转经济风险环境对农户可持续生计具有正向影响）。

2. 农地流转风险对农户生计资本影响的分析

西部地区农村人均受教育年限是衡量农户生计资本中人力资本的主要指标，与农地流转生态风险环境衡量指标之一的单位面积粮食产量呈显著正相关；西部地区农村居民人均可支配收入是解释农户金融资本的主要指标，与农地流转经济风险环境指标农地流转率呈显著正相关。研究对以上两组变量进行一元线性回归分析，回归结果如表 6-11 和表 6-12 所示。

表 6-9　　　　　　　　　　　　一元线性回归结果

自变量	模型参数			模型结果
	B	$Sig.$	VIF	
常量	0.061	0.000		$R=0.635$
单位面积粮食产量	0.264	0.026	1.000	$R^2=0.403$ 调整 $R^2=0.344$
因变量：农村人均受教育年限				

表6-9中P值为0.026，小于0.05，且标准化回归系数B为0.264，说明单位面积粮食产量对农村人均受教育年限有显著正向影响，且影响程度相对较高。作为衡量粮食安全风险的主要指标，单位面积粮食产量越高，则意味着因粮食生产不规范导致的粮食数量和质量与实际需求不匹配的可能性越低，农地流转的生态风险环境越低。

对于西部地区农户来说，单位面积粮食产量的提高更多地体现在粮食耕种时经营方法的规范性与种植技术的先进性上，这对农户学习新的耕种技术、管理方法和经营理念在一定程度上具有促进和激励作用。同时，西部各省地方政府在积极开展高标准基本农田建设过程中，以土地整治专项资金为引导，不断引入并规范社会力量的参与，为农户提供大量的种植技术培训机会，延长了西部地区农户人均受教育年限。

因此，农地流转生态风险环境中的粮食安全风险增加，会显著降低农户人力资本存量、不利于优化农户生计资本配置和西部地区农户可持续生计水平提升。验证了H6-4（西部地区农地流转生态风险环境对农户可持续生计具有显著负向影响）。

表6-10 一元线性回归结果

自变量	模型参数			模型结果
	B	Sig.	VIF	
常量	0.061	0.000		$R = 0.703$ $R^2 = 0.494$
农地流转率	0.266	0.011	1.000	调整 $R^2 = 0.443$
因变量：农村居民人均可支配收入				

表6-10中P值为0.011，小于0.05，且标准化回归系数B为0.266，说明西部地区农地流转率与农村居民人均可支配收入呈显著正相关，且影响程度较高。由前文可知，西部地区农地流转率对农村居民人均转移性净收入有显著正相关影响，而转移性净收入是人均可支配收入的组成部分，转移性净收入与工资性收入、经营性收入、财产性收入和其他收入共同组成可支配收入，西部地区农村居民人均可支配收入反映的是农户金融资本的总体状况。农地流转率越高，由其表征的农地流转经济风险环境越高，因此回归结果说明农地流转经济风险环境对农户

金融资本也存在显著正影响。

西部地区较高的农村农地流转率，对参与农地流转的农户而言，除了意味着更多的政策优惠或经济补偿，还意味着农地转出户外出务工获取的工资性收入的增长，以及农地流转后财产性收入的增长。即便农村农地流转率越高，使其面临的农地流转经济风险环境越高，但却反而使农户金融资本存量增长。这同样验证了 H6-2（西部地区农地流转经济风险环境对农户可持续生计具有正向影响）。同时，由表 6-8 和表 6-10 可知，农地流转经济风险环境不仅同时影响农户两大生计要素，且相关指标的标准化回归系数均为最高，说明农地流转经济风险环境对农户可持续生计水平的影响程度最高。

3. 农地流转风险对农户生计能力的影响分析

由表 6-8 可知，西部地区农业生产资料价格指数和农地流转服务机构数量与农村人均食品烟酒教育及娱乐支出呈显著正相关；农村文化站数量和单位面积地膜使用量对农村人均食品烟酒教育及娱乐支出呈显著负相关。将上述 4 个满足条件的自变量与农村人均食品烟酒教育及娱乐支出进行多元线性回归，回归结果如表 6-11 所示。

表 6-11　　　　　　　　　多元线性回归结果

自变量	模型参数			模型结果
	B	$Sig.$	VIF	
常量	0.025	0.647		
生产资料价格指数	0.801	0.231	1.399	$R = 0.923$
农村文化站数量	−0.051	0.626	5.092	$R^2 = 0.852$
农地流转服务机构数量	0.052	0.016	1.232	调整 $R^2 = 0.767$
地膜使用量	−0.099	0.257	5.106	

因变量：农村人均食品烟酒教育及娱乐支出

多元线性回归结果中，$Sig.$ 表示 T 检验的显著性 P 值，表 6-11 的自变量中仅农地流转服务机构数量的 P 值小于 0.05，说明只有该指标对因变量有显著性影响。为了排除自变量之间可能存在的混杂干扰，可再次用以上自变量对西部地区农村人均食品烟酒教育及娱乐支出进行多元逐步线性回归，并将步进输入变量的条件设为：输入的 F 的概率小于 0.05，结果如表 6-12 所示。

表 6-12 多元线性回归结果

自变量	模型参数			模型结果
	B	Sig.	VIF	
常量	0.094	0.000		$R = 0.880$
农村文化站数量	−0.185	0.004	1.010	$R^2 = 0.774$
农地流转服务机构数量	0.059	0.005	1.010	调整 $R^2 = 0.724$
因变量：农村人均食品烟酒教育及娱乐支出				

在多元逐步线性回归过程中，自变量中生产资料价格指数和地膜使用量的显著性 P 值均大于 0.05，未被纳入回归模型。表中的自变量农村文化站数量和农地流转服务机构数量的 P 值分别为 0.004 和 0.005，小于 0.01，两者标准化回归系数分别为 −0.185 和 0.059，说明农村文化站数量对农村人均食品烟酒教育及娱乐支出有极显著负影响；农地流转服务机构数量对农村人均食品烟酒教育及娱乐支出有极显著正影响；两者的影响程度均较低。

农村文化站数量越低，意味着农村居民可集中提高文化素质和休闲娱乐的渠道和机会越少，一定程度上会导致农户在食品烟酒教育及娱乐支出上花费更多以获取精神上的满足感。农村人均食品烟酒教育及娱乐支出是衡量西部地区农户生计能力的主要指标之一，反映农户充分认识政策环境、自身生计资本并做出自我调节的适应能力，数量越高，农户生计能力越高；农村文化站数量作为衡量农地流转文化风险环境中社会关系疏离风险的指标，数量越少，社会关系疏离风险越高。因此，农村文化站数量对农村人均食品烟酒教育及娱乐支出有极显著负影响，意味着社会关系疏离风险的增强，反而会使农户生计能力提高。

农地流转服务机构数量越多，农地流出方的农户受自身法律知识储备所限或在传统思想的束缚下不签订合同导致权益受损的可能性越低，在农地流转过程中所面临的契约风险越低。契约风险的降低，为农户减少了农地流转的时间成本和信息不对称带来的成本，使农户有更多的精力与资金投入食品烟酒教育及娱乐支出中，也就意味着其生计能力得到了提升。因此，农地流转机构数量对农村人均食品烟酒教育及娱乐支出有极显著正影响，意味着契约风险的降低，会使农户生计能力提高。

由表6-12可知，农村文化站数量和农地流转服务机构数量的标准化系数之和为-0.126，说明两个自变量总体上与因变量农村人均食品烟酒教育及娱乐支出呈负相关，这也进一步说明农地流转文化风险环境对农户可持续生计水平有显著正影响，H6-3（西部地区农地流转文化风险环境对农户可持续生计水平具有负向影响）不成立。

H6-3不成立的可能原因主要是由于农地流转相关风险长期刺激农户可持续生计能力的增长量，超过了短期内由农地流转文化风险环境对农户可持续生计能力带来的限制。实证分析结果显示，农地流转服务机构数量指标表征着农户面临的契约风险，是农地流转文化风险环境的主要构成要素之一，对农户可持续生计水平具有显著负影响，一定程度上符合H6-3。然而农村文化站数量指标所表征的社会关系疏离风险越高，越能激励农户提升物质水平的意愿，刺激农户生计能力的增长，不仅抵消了由契约风险带来的负向影响，还进一步促进了农户可持续生计水平的提升。同时也说明了农地流转文化风险环境对农户可持续生计的影响程度相对较低。

4. 农地流转风险对农户生计结果的影响分析

西部地区农地流转风险指标对各生计指标进行双变量相关性分析结果表明，西部地区单位面积化肥施用量和单位面积农业柴油使用量与乡村消费能力呈显著负相关，其他风险指标与西部地区乡村消费能力相关性过低，参与回归模型构建意义不大。将自变量单位面积化肥施用量和单位面积农业柴油使用量对因变量西部地区乡村消费能力进行多元线性回归，回归结果如表6-13所示。

表6-13 多元线性回归结果

自变量	模型参数			模型结果
	B	$Sig.$	VIF	
常量	0.089	0.000		$R = 0.685$
单位面积化肥施用量	-0.060	0.177	2.613	$R^2 = 0.469$
单位面积农业柴油使用量	-0.011	0.744	2.613	调整 $R^2 = 0.350$
因变量：西部地区乡村消费能力				

表中单位面积化肥施用量和单位面积农业柴油使用量的 P 值分别为 0.177 和 0.744，均小于 0.05，说明自变量对因变量西部地区乡村消费能力没有显著影响。由于自变量单位面积化肥施用量和单位面积农业柴油使用量均属农地流转生态风险环境下的农田生态系统可持续风险的衡量指标，自变量之间可能存在作用相互抵消或扰动的情况。为了排除结果受到自变量相互间的干扰，可选择再用以上自变量对西部地区乡村消费能力进行多元逐步线性回归，并将步进输入变量的条件设为：输入的 F 的概率小于 0.05，结果如表 6-14 所示。

表 6-14　　　　　　　　　　多元逐步线性回归结果

自变量	模型参数			模型结果
	B	$Sig.$	VIF	
常量	0.089	0.000		$R = 0.680$
单位面积化肥施用量	−0.071	0.015	1.000	$R^2 = 0.462$ 调整 $R^2 = 0.408$

因变量：西部地区乡村消费能力

自变量单位面积农业柴油使用量因显著性高于 0.05，在逐步线性回归过程中被排除。表 6-14 中自变量单位面积化肥施用量的 P 值为 0.015，标准化回归系数 B 为 −0.071，说明西部地区单位面积化肥施用量对乡村消费能力有显著负影响，影响程度相对较小。

现阶段中国农用化肥以氮肥、磷肥、钾肥和复合肥为主，由于长期大量使用，进入土壤的化肥不仅容易流入地下水成为污染物质，还会在作物中累积，危害农田生态系统和人体健康。研究中将西部地区单位化肥施用量作为农地流转生态风险环境下农田生态可持续风险的衡量指标之一，单位面积化肥施用量越低，农田生态系统可持续风险越低，进而农地流转生态风险环境越低。

单位面积化肥施用量对西部地区农户生计结果衡量指标之一的乡村消费能力呈显著负影响。可能的原因是自 2015 年起，生态文明理念逐渐深入人心，中国传统农用化肥施用量逐年降低（国家统计局，2011；2021）。农家肥及其他类型有机肥虽成本和价格更高，但肥力和吸收效果要高于传统化肥，对传统化肥具有一定的替代性。

因此，较高的单位面积化肥施用量，意味着农户或乡村消费能力越低，说明西部地区农地流转生态环境风险越高，不利于农户生计结果的改善。同时也验证了 H6-4（西部地区农地流转生态风险环境对农户可持续生计具有显著负向影响）。由表 6-11 和表 6-13 可知，西部地区农地流转生态风险环境既影响农户人力资本，又直接影响其生计结果，相关指标的标准化回归系数低于经济风险环境指标，说明其影响程度不及经济风险环境但强于文化风险环境。

三 研究结论与讨论

研究在第五章西部地区农地流转风险识别与评估的基础上，根据已识别出的农地流转风险环境类型和具体的风险种类，选取对应的风险指标；基于第七章西部地区农户生计状况考量的相关内容，以可持续生计分析框架为基础，选取对应的生计指标，以各风险指标为自变量，对农地流转风险的每个指标进行相关性分析和多元逐步线性回归分析。重点关注了以下五个方面的具体内容：一是西部地区农地流转政治风险环境对农户可持续生计影响表现并不显著；二是西部地区农地流转风险对农户脆弱性抵抗力的影响；三是西部地区农地流转风险对农户生计资本的影响；四是西部地区农地流转风险对农户生计能力的影响；五是西部地区农地流转风险对农户生计结果的影响。通过实证研究，获得以下结论与讨论。

（一）西部地区农户可持续生计不受政治风险环境显著影响

由双变量相关性分析结果（见表 6-6）可知，作为解释变量的所有政治风险环境指标与任一作为被解释变量的生计指标都不具显著的相关性。说明在当前西部地区农地流转风险对农户可持续生计影响的评价指标体系中，西部地区农地流转政治风险环境对农户可持续生计无显著影响，也就意味着目前暂不能证明 H6-1 成立。

这并不意味着 H6-1 不成立。政治风险环境下主要蕴含着社会保障风险、社会稳定风险和行权混乱风险，受限于当前所选表征风险指标数据的可获得性，其中社会保障风险和社会稳定风险仅分别能用特困人员救助供养机构数和农村人口就业率来表征，行权混乱风险仅能用村务监督比重和农村法律服务覆盖率表征。

但由于社会保障与社会稳定是相对综合的概念，单一指标并不能完全反映出经济发展水平各异、社会文化环境不同的西部各省份的相关实况。同时，行权混乱风险涉及农地流转过程中的多元管理主体，各级政府以及村集体间沟通不畅或审核偏差的程度相对抽象，村务监督比重与农村法律服务覆盖率虽能在一定程度上反映农地流转过程中权力行使的程序规范性，但在政府绩效和村务处理效率等方面的反映程度上仍存在不足。

因此，当前研究结果暂不能证明 H6-1 成立与否。研究将在下一步深入探索农地流转过程中相对复杂的政治风险环境对农户可持续生计的影响时，充分考虑以上不足，进一步完善理论分析与实证方法。

（二）西部地区农户脆弱性背景抵抗力受农地流转经济风险环境的正向影响

西部省份的各级政府为推进农业集约化规模化高质量发展、改善农户生计状况，通过政策优惠和经济补偿等形式鼓励农户进行农地流转，促进了农户农地流转意愿的提升，推动了农地流转率的提高。

虽然农地流转率的提高，使农户更容易受到农地流转过程中不稳定因素的影响，导致农户面临农地流转经济环境风险增大的可能；但另外，农地流转率的提高，会明显增加西部区域农户的转移性收入，进而增强农户脆弱性背景抵抗力，对农户可持续生计水平产生正向影响。

在当前政策制度和社会环境下，西部地区各省份的地方政府均对区域内农户可持续生计构建了不同程度的保障机制，即使农地流转经济环境风险扩大，各因素的相互作用最终也会在一定程度上促进农户可持续生计水平的提高。因此，为了有效降低农地流转经济环境风险隐患和提高农户可持续生计水平，西部地区应稳步灵活推进农地流转规模、提高农业规模经营质量，同时加强对农户权益的保障，为参与流转的农户铺好"退路"、留足机会。

（三）西部地区农户生计资本受到多类别农地流转风险环境的影响

西部地区农地流转经济风险环境对农户生计资本的影响与其对农户脆弱性背景抵抗力的影响类似，都存在一定程度的正向影响。农地流转率越高，农地性质变更风险越高，但同时也意味着农地转出家庭外出务工获得的工资性收入和流转后财产性收入的增长，有利于提高其人均可支配收入，增加农户生计资本的存量。表明农地流转经济风险环境对农户生计资本存在正向影响。

单位面积粮食产量作为衡量农地流转生态风险环境中粮食安全风险的主要指标，对农村人均受教育年限有显著正影响。粮食产量越高，粮食安全风险越小，农地流转生态风险越小，同时对农户学习新技术、新方法激励作用越大，社会力量参与程度越高，农户参与技能培训机会和意愿越高。说明粮食安全风险作为农地流转生态风险环境中的一类，对农户人力资本有显著负影响。

因此，西部地区在稳步推进农地有序流转时，需注重农地流转质量，促进农业规模化集约化发展过程中单位面积粮食产量的稳步提升，以保证粮食安全风险能够得到有效调控；同时政府还应以粮食产量为导向，为农户提供技能培训机会并鼓励农地流入方积极参与专业技术培训，以提高农村劳动力质量，提高农户可持续生计水平。

（四）西部地区农户生计能力受农地流转文化风险环境中多类别风险的影响

西部地区农村人均食品烟酒教育及娱乐支出是衡量农户生计能力的主要指标，农村文化站数量作为衡量农地流转文化风险环境中社会关系疏离风险的主要指标，对农村人均食品烟酒教育及娱乐支出有显著负影响。农村文化站数量越少，社会关系疏离风险越大，农地流转文化风险环境越突出，农户从其他途径（食品烟酒教育及娱乐）获得精神满足感的需求越大，农村人均食品烟酒教育及娱乐支出越高，另外也反映出农户的生计能力较强。说明西部地区农地流转文化风险环境对农户生计能力有一定的正向影响作用。

西部地区农地流转服务机构数量是衡量农地流转文化风险环境中契约风险的指标，农地流转服务机构数量越高，农户在农地流转过程中面临的契约风险越小，农地流转文化风险环境越安全；农地流转服务机构数量对农村人均食品烟酒教育及娱乐支出有显著正影响，表明农地流转文化风险中契约风险越低，越有利于提高农户的生计能力。

为有效防范化解西部地区农地流转文化环境中的风险，提高农户可持续生计水平，西部地区应适量增加农村文化站数量，鼓励农户积极参与文娱活动，促进文旅产业转型升级，提高农村居民消费能力；政府相关部门应在放宽农地流转服务机构准入条件的同时，鼓励社会资本进入农村，吸引熟稔管理、法律、经济和农林等方面专业知识人才回乡创业。

（五）西部地区农户生计结果受农地流转生态风险环境的负影响

西部地区单位面积化肥施用量是表征农地流转生态风险环境中农田生态系统可持续风险的指标之一。单位面积化肥施用量越低，农田生态系统可持续风险越低，农地流转生态风险环境越安全。西部地区单位面积化肥施用量对乡村消费能力有显著负影响，单位面积化肥施用量越高，说明农户在进行农业耕种时，更加注重作物的产量而非质量，更少地施用有机肥的比重或采用天然环境种植的方式，意味着乡村消费能力越低，农户生计结果水平越低。

农田生态系统是人类在农田中构造的一种具有合理生态结构和高效生态机能的生态系统，提供着全世界大量的粮食供给，但化肥的使用一方面使土壤中有机质含量不断下降，土壤性状恶化严重，农田生态系统被破坏；另一方面使得粮食产量对化肥的依赖性越来越强，降低农田生态系统可持续性。因此，西部地区各级政府在要求优化化肥施用量的同时还应提倡农户施用绿色有机肥以改良土壤质量、提高作物抗逆性和农产品品质，改善优化农田生态系统。

定量分析方法作为一种工具可以帮助人们了解事物发展的规律，抓住事物运行的主要矛盾。农地流转的过程发生在政治、经济、文化以及生态因素相互交织的环境中，各因素相互关联，相互影响，形成一个网络化影响的动态系统。很难清晰地理出某些因素之间的数量变化关系，但可以借助定量分析工具探讨与发现解释变量与被解释变量之间是否影响以及影响的方向与程度等主要状况。基于此，研究进行了上述定量分析过程，并期望为相关对策的提出提供一个指向性参考。

第七章

西部地区防范农地流转风险提升农户可持续生计水平的对策建议

第一节　西部地区农地流转风险防范对策

在对西部地区农地流转风险分析中，无论是政治、经济、文化及生态风险环境的差异，最终都集中于经济发展与公共治理的相对滞后，故对西部地区农地流转风险的规避需要遵循这两条路径方向。西部地区农地流转风险评估结果指明了风险规避的具体落脚点与措施力度，因此，研究沿着经济与治理两条路径方向，融入农地流转风险评估结果的着力点，从宏观经济大环境出发逐步缩小视角，提出了西部地区农地流转风险防范的相应对策。

一　优化西部发展环境，繁荣区域特色农业

自西部大开发战略实施以来，西部地区的区域经济环境发生了显著的变化，但是与东部地区相比，西部地区在发展上还存在较大的差距。经济增长是一个地区发展的基础，会直接影响区域产业效应、收入效应与就业效应，并通过这三个效应发散扩展到区域发展的方方面面。西部地区农地流转的持续发展中，高质量发展经济是关键环节。

第一，优化西部发展环境，以经济促进社会发展。西部地区的发展一直受软硬环境限制，尤其是涉及思想观念、管理体制、运行机制等软环境的制约。《中国营商环境报告（2020）》中大部分西部地区的营商环境只处在得分的及格线，软环境全国前50强中西部地区城市只有10

个（徐现祥等，2020）。所以，要加快西部的经济发展，就必须逐步改善当地的发展环境。

一是更新认知观念，主动学习先进管理思想，在学习国际和国内先进做法与经验的基础上，结合西部地区特色进行创新。二是健全相关政策和法律制度，以新的公共服务理念为指导，为企业在西部地区的发展提供更好的服务，创建良好的营商环境，激发社会创新创业的积极性和主动性。三是要加强政府和社会的诚信建设，促进市场的公平正义。主动对区域发展进行复盘，积极破解发展的重点和难点，力争取得实质性的进步，使企业和老百姓真正地享受到发展的好处。四是要加大开放力度，大力引进外来的各种创新资源，促进当地经济的高质量发展。

第二，发展区域特色农业，依托特色项目推动农业增收。西部地区特色产业具有独特优势与市场竞争力，但还需要不断建设开发。

一是要将区域特色融入产业发展，打造特色产业体系，将生态景观和民风民俗等特色优势提升为新经济、新业态。大力发展旅游休闲、健康养生、文化创意等服务业，打造区域重要支柱产业。二是依托特色产业的培育加快推进农村土地流转的发展。西部地区土地辽阔，生物物种繁多，污染相对较轻，区域之间特色差异明显，"因地制宜，注重特色"培育与发展农业产业，需要农地规模经营支撑，客观上会推动农地流转的发展，而农地流转的发展又会推动特色产业的培育。三是以当地农业龙头企业为引领，持续提升特色农产品基地的规模和效益，抓龙头带农，抓科技兴农，抓基地扶农，抓市场活农，同时还要多方发力，共同促进农业规模化发展。

西部地区的经济发展将带动区域内产业的繁荣，而产业的发展会带动当地农户的就业和收入，从根本上解决土地流转附带的社会保障风险和农民利益受损问题，进而减少了社会稳定风险，促进西部地区经济与社会的良性发展。

二 提高政府治理能力，完善监督问责制度

西部地区农地流转过程中离不开"政府行为"的引导与约束，农业部门在西部地区农地流转中普遍参与，农户的生产经营活动受国家、地方补贴政策、市场波动等诸多因素的影响，政府治理能力与行权效率的提高是创造农村生产良好政治环境的前提（梁伟，2022）。西部地区

当前农地流转的过程中，仍然存在公信力与行权混乱等与政府职能有关的风险，需要进一步提升各级政府的治理能力，完善相关问责制度。

第一，规范政府履职行为，提高行政治理能力。政府各职能部门之间的行权混乱风险一定程度上阻碍了农村土地资源潜力的释放。因此，一方面需要国家和地方政府合理制定农地经营的补贴政策并且确保政策的可持续性，制定详细的农业产业发展规划，引导基础农业发展，培育规模经营主体以提升规模经济；另一方面农业农村局、农村经济工作站要做好农地确权工作，建立土地台账对农地流转后的使用和保护进行监督，农经站对农地流转的过程和资料做好合规审查，保证手续和流程的制度化与标准化；最后相关部门应透明化流转信息，公开农地流转的账目明细，设立专项账户对农地流转补偿资金进行全程监控，并在流转前做好农地性质与价值的评估，确保流转公平公正，以有效地防范行权混乱风险。

第二，完善事前监督、事后问责制度，促进土地流转健康发展。建立完善农地流转事项中对各级政府的监督问责制度，及时对流转工作进行反馈，保证"监督—反馈—优化"机制的建立与有效实施。如前所述，随着农地流转制度的不断完善，西部地区流出方农户的流转意愿在逐渐增强，他们在农地流转中面临的风险也相对明确以及"政府可控"（张远索等，2020），在此基础上推动西部地区农地流转的良性运行，还需要在以下几方面下功夫。

一是明确土地流转转入方的准入资格，完善审查程序。西部地区生态脆弱性较明显，需要严格土地用途制度，降低农地性质变更风险，要在审查过程中对转入主体的开发计划、资产证明、征信、技术能力等进行全方位的评估，从而控制持续经营风险和履约风险。

二是要联合农业、生态等多部门进行协作与监督，打破各部门的行政壁垒，在修订立法与政策制定过程中要实现农业发展与生态保护的相互衔接，避免寻租腐败行为的产生。

三是要对已经出现的农地流转问题建立事后追责制度，在每一阶段对违反法律和规定的主体做到有章可循，并对相关人员进行相应的行政处罚，对相关部门责任人进行绩效考核，为农地流转的发展提供可靠的保障，有效防范公信力风险的产生。

三 规范契约签订流程，加强法律宣传教育

在西部地区乃至全国，相关法律和制度的缺失是农地流转的重要阻碍因素之一，农户自身综合素质不高，且在法律储备有限的状况下，若相关法规不完善或缺失，更容易产生契约风险。因此规避契约风险过程中应该更加关注农村土地法治建设，形成正外部性。

第一，完善相关法律规范，增强流转法规的适用性。当前土地流转法律法规数量众多、效力多层级性带来的适用性上的冲突与混乱问题，客观上要求国家进一步优化农村土地法律框架，西部地区相关部门要不断明确与农民利益密切相关的土地流转程序、流转期限及流转主体责任与权利的规定，增强相关法律在流转过程中的适用性。在此基础上逐步完善农地流转价格、收益分配及门槛准入等相关配套机制，从而保障土地流转的公平性，减少流转纠纷的发生。

同时要规范契约签订流程，西部地区法律环境发展相对欠佳，多数农户对法律认知不足，相当比例的农户在流转中采用"口头协议"的方式明确双方的权利与义务，存在极大的契约风险。加之流转对象多为同村村民或亲戚朋友，流转纠纷的产生会对农户社会关系产生负面影响。因此各层级政府应该建立健全土地经营权流转市场，完善市场运行机制，引导土地流转双方签订书面流转合同；政府要细化流程管理，如印制标准的土地流转合同文本，规范流转的具体程序，以最大限度地规避契约风险。

第二，实现农地流转事前、事中、事后的法律参与，强化流转全过程法制支持。在农地流转前，要加强法律宣传与教育，相关法律出台后，各级政府尤其是各基层政府要认真做好政策宣传和解释工作，严格按照有关政策处理问题；同时需要创新法律宣传方式，依托互联网、电视、主题讲座等线上线下途径宣传相关法律知识，也可以根据各地常出现的不同法律问题，因地制宜地进行普法宣传。事前宣传是预防土地纠纷的前提和关键，也能从思想层面消除农户对土地流转事项的防范心。

在农地流转中，政府需要建立专业的中介机构，配合政府的法律宣传，同时为农户提供土地评估、法律咨询及第三方担保等方面的法律咨询，解决农民在流转中遇到的法律问题。在农地流转后，政府要开通为农户提供法律援助的渠道，同时强化法律援助经费保障。西部地区更具

有"人情社会"的特点，因此要充分利用好乡镇社区人民调解制度及发挥乡村精英的力量，以法律为准绳，情理结合，化解矛盾纠纷，维护好各方的合法利益。通过以上途径可以有效规避农地流转的契约风险及社会关系疏离风险，保护农户的合法权利，增强农户流转土地的自信心。

四 提升农户综合素质，深化社会保障质量

西部地区农户整体受教育程度不高，掌握的技能及接受的培训相对有限，流出方农户综合素质不高是农地流转时主要的风险源之一。很大一部分农户思想上依然保持着"以地养老"的传统思想，高度重视乡土情谊，这在很大程度上制约了农民的非农就业和农地流转。因此，需要不断地提升农户的综合素质，农户综合素质的提升强化了社会保障受体自身的力量，在一定程度上深化了社会保障的质量。

第一，增加农业技能培训，提高农户的专业技能与认知。西部地区农业现代化实现的首要条件就是要提升农户的文化水平及技能等综合素质。政府部门应该聘请专家学者定期举办专题讲座，为偏远地区的农户普及种植、营销、环境保护、标准化生产及就业等相关农业知识与技能，将电子商务等现代化新知识、新技术及渠道及时介绍给农户，提高他们的认知及生产技术水平。

同时要培养农户的民主意识，引导农户由"经济人"向"社会人"转变，使广大农户真正认识自己的民主权利，积极参与村民自治的社会自我管理活动，将自我提升融入国家培养职业农民的大背景中。能够以"主人"的意识主动参与到西部地区务农人员和进城务工农户技能培训活动中，开拓自身的就业渠道，推动农村劳动力向第二、第三产业转移，增强家庭可持续生计能力，从根本上降低社会保障风险与社会稳定风险。

第二，深化社会保障本身质量，提升农户抗风险能力。西部各级政府应该全面推进城乡社会保障体系一体化建设战略，建立多元化筹资全面覆盖的农村社会保障新体制，加快完善西部地区农村多重医疗保障体系，细化医疗救助保障、基本医保和公费医疗等相关医疗保障制度，满足失地农户对最低生活保障和基本医疗保障的需求。

开发多样化农业保险产品，扩大原有保障范围。鉴于西部地区农业

地形的复杂性，在设置农业保险产品时，应根据区域内不同地域流转交易主体种植农作物的特点和模式，开发设计更加适宜当地发展的农业保险产品，满足农地流转过程中多样保险的需求。例如，可依据不同区域的地理条件，评估农地流转集约化的差异程度，并以此为基础制定差异化的农业保险费率。针对农地流转后土壤质量严重下降或农地纠纷导致农户无地可种而失业的风险，可以制定农户失业保险等险种。

完善社会保险监督管理工作，提高参与主体的积极性。对进行农业保险业务的商业性公司，特别是对于包含重大灾害保险的，政府部门可以采取一定的税费减免或者是税前累积扣除政策，以提高商业性公司推出农业保险的积极性。在相关保险工作执行中应加强监督监管，以保障保险的有效执行，维护相关主体的合法权益。健全完善的城乡保障体系，不仅能够为农户提供强有力的生计保障，降低社会保障风险。而且有利于增强农户参与农地流转的积极性，推动农地流转的健康发展。

五 发展农业数字技术，赋能乡村土地流转

比较于中东部地区，西部地区当前农地流转市场信息透明化程度相对较低，管理水平有待提升。该区域农地流转风险测评结果显示，由于信息不对称造成的持续经营风险及行权混乱风险，在风险系统中排名分别为第九和第十，这表明信息不对称在很大程度上加剧了农地流转的经济风险环境，需要采取相关措施增强信息的透明化。

第一，发展农业数字技术，搭建信息化交易平台。政府部门可以利用现代数字技术，建立覆盖多个层级的农村土地流转市场数据交易平台，整合现有土地资源，邀请农地流转相关主体入驻，强化平台的信息公开共享机制，促进土地流转交易前后的信息互换。从而打破交易当中的信息鸿沟，降低交易费用，解决信息不对称导致的一系列农地流转风险。建设完善的信息化平台有利于农业企业规避持续经营风险，同时可降低政府行权混乱风险。

第二，构建智慧化的农业种植模式，赋能乡村土地流转。首先，运用智能设备、云计算等科技手段搭建现代化的农作物生长管理体系，积极发展"智慧农业"模式，探索构建农作物的智能生产及更加精细化的智能环境管理体系。通过现代卫星技术对中国农作物的生长灾情进行模型分析，构建自然灾害预警监控系统，以便更精准地掌握降水、土壤等农业自然资源的动向，增加自然灾害预警的准确性，提前做好灾前预防工作。其次，通过农业监测设备及大数据分析对西部地区的农地资源进行整合，推行精细化综合管理，实施更为精准的施肥，浇灌等农地作业。政府部门应引导农地的集约化发展方式，推动农地规模化经营，并对行之有效的绿色种植模式予以正向奖励。最后，倡导对农业生产造成的废弃物再生利用，减少废弃物对农地造成的污染，有效降低农田生态系统可持续风险、提升西部地区农村的生态环境质量。

六 推广绿色农业种植，强化耕地保护工作

西部地区地形复杂，气候类型多样。与东中部地区比较，整体生态环境脆弱，水土流失、草原退化及土地沙漠化等生态问题严重，因此农地生态环境对于人类活动的承载力低，农地质量较差，因农地流转引发的粮食安全风险相对较高。因此，要不断提升农地的质量以保障粮食与生态安全。

第一，推广绿色农业种植技术，维护西部地区土地质量。大力推广绿色种植农业技术，通过农地补贴引导农户科学使用化肥与农药，对土地进行合理开发利用，加强测土配方施肥技术的推广及应用，减缓土壤肥力下降及养分流失；财政方面，将农业生态环境保护、农村可用耕地质量与发放的农业财政补贴挂钩，加大规模经营主体在农业生产投入方面的激励补贴、税费补贴及各种自然灾害补贴。降低经营农户在贷款与农业设施等产品方面的成本投入；划定粮食安全保障红线。为保障粮食生产安全，政府部门需要在耕地保护数量基础上，通过加大对被破坏土地的生态修复投入，进一步提高西部地区农业基础设施建设，严格划定基本农田保护红线，坚决保护好优质耕地和已建成的高标准农田，防止西部地区农地流转"非粮化"现象的进一步扩大，从而降低粮食安全风险。

第二，制定差别化农地流转政策，强化耕地保护工作。西部地区山地多，处于山区地块的农地面积小且分散，几乎没有大规模的流转交易，流转后不容易改变原有的经营模式。因此，针对西部地区的农地流转交易，首先应注重差别化农地流转政策的制定，尊重当地经济发展水平及农民认知水平差异；其次要加强对农地流转的后续监管，进一步规范农地经营权流转制度，比如防止流转农地掠夺性使用和非农化使用，切实保障农民土地财产；最后要充分发挥基层村组织的作用，推进村干部切实发挥流转后续的监督作用，指导转入方如何根据农地情况，科学使用农药及化肥，防止农地在流转后被过度消耗，保障农地质量，降低西部地区的农地质量受损风险。

从风险视域下现有农地流转政策绩效分析入手，依据西部地区农地流转风险测评的结果，沿着经济发展和政府治理两条路径，优化西部发展环境，繁荣区域特色农业；提高政府治理能力，完善监督问责制度；规范契约签订流程，加强法律宣传教育；提升农户综合素质，深化社会保障质量；发展农业数字技术，赋能乡村土地流转；推广绿色农业种植，强化耕地保护工作。基本能够针对性地有序防范西部地区农地流转的风险，保障农地交易相关方特别是农户的权益，促进当地农业的发展，为乡村振兴打好坚实的基础。

第二节 西部地区农户可持续生计水平提升对策

无论是对西部地区农户可持续生计现状的调查，还是对区域内农户可持续生计特征、约束条件、内容与生计模式的探析，以及对西部地区农户可持续生计安全的测评，均是为了掌握该区域农户可持续生计的真实状况，特别是发现存在的问题，并提出有效解决问题的相关对策，造福当地农户，促进当地农村经济的高质量发展。

一 完善公共基础设施建设，扩大农户生计资本存量

西部地区自然地理条件复杂，山地面积比例高，土地利用以传统农业为主，大部分地区气候恶劣且生态系统脆弱，是积贫积弱的集中聚集地，总体缺乏大规模种植粮食的优势。加之西部地区农业机械化水平相对较低，农业灌溉设施和乡村基础设施建设滞后，现代农业发展缓慢，严重阻碍了区域农业发展的进步以及农民的增收。

基础设施的建设不仅能为农户的日常活动提供便利，提高生活质量，而且能够拉动几倍于基础建设投入额的国民收入和社会总需求，充分发挥"乘数效应"，有效促进当地经济发展，对于维护区域脱贫成果，增加农户的生计资本存量具有重要意义。因此，西部地区应不断地完善乡村基础设施建设，加大对欠发达地区农户生活状态关注的力度。

提高农业基础设施现代化程度，坚持走生态农业的路线是扩大西部地区农户生计资本存量的基础。调查显示，西部地区被调查样本村落的人均耕地面积在亩数上占绝对优势，但区域内地形复杂，农地禀赋较差。因此，各区域应注重改造现有的低产农田，结合现代农业机械，提高单位农地产量。在干旱缺水地区，要特别注重完善水利灌溉设施，加强乡村通信、电力、交通等其他基础设施的建设，为农业的可持续发展提供强有力的支援，增加农户生计资本存量。

提高欠发达地区基础设施的建设水平，完善当地生存环境。这些地区天然气、水电、污染处理等基础生活设施以及互联网基础设施相对滞后，通过加强基础设施建设，能够改善西部欠发达地区农户的居住环境和卫生条件，提高农户生计质量。通过实施老旧交通系统升级改造工程，清除主要干道的交通阻碍，不断完善乡村交通系统网络，能够提高农户出行的便利程度，推动农产品运输、加工以及特色农业旅游等农业活动的发展，促进当地经济质量的提升。

综上，西部地区各级政府部门应充分结合当地特色，发挥创新创造活力，大力推动特色农业发展，将自然条件劣势转换为经济发展的突破点。充分发挥基础设施建设对当地经济效益的带动作用，提高欠发达地区的经济效益，扎实落实乡村振兴战略，增加农户生计资本的存量。

二 健全社会医疗保障体系，提高农户可持续生计能力

健康的人力资本对维持家庭生计稳定发挥着重要的作用，目前西部地区农户应对生计风险最主要的策略仍是动用储蓄和借钱等传统的方式，较少主动采取金融手段、分散风险以及可持续发展等风险规避手段。一旦发生失业、患病等生计事故，农户的应对手段极度缺乏，对抗风险的能力存在较大的提升空间。

完善乡村医疗保障措施，有助于维护家庭生计的稳定。当前，西部地区农户人力资本薄弱，因病因残致贫比例高，家庭劳动力患病或残疾需要照料会限制农户生计策略的选择。因此，政府应加快完善西部地区农村多重医疗保障体系，细化政府兜底保障标准、医疗救助保障、基本医保和公费医疗等相关医疗保障制度；健全新农合、基本医疗、大病保险、医疗救助健康保险机制，增大报销比例，切实提高农户可持续生计能力，斩断"贫病"恶性循环。

增设西部偏远地区的农村卫生室，改善落后地区农村医疗卫生环境。健全基本医疗、康复保健、疾病防控等医疗保障措施，解决农户看病难、出行不便等实际困难；提高乡村医生福利待遇，通过定向培养、特殊补助、继续教育、与市医院合作培训、技术指导、岗位轮转等方式吸引、培育、留住农村卫生人才，切实提高基层医疗卫生机构的专业水平，维护西部地区家庭生计稳定。

健全农村社会保障制度，加大福利性财政投入。西部地区农户可持续生计安全评价体系中，行动安全对农户生计安全的可持续性影响程度最高，行动安全中包含了最低社会保障覆盖率，健全农村的社会保障体系，有利于降低农户生计脆弱性。通过健全农村社会医疗保障体系，扩大保险的覆盖范围，有利于完善社会保险体系，强化农户自身的风险承受能力，减少因灾、因故返贫现象的发生，降低农户生计的脆弱性。

三　增加乡村教育财政支出，推动村民继续教育培训

随着全面脱贫，西部地区农村困难群众实现了从贫困人口向非贫困人口身份的转换，生计需求也发生了相应改变，需要政府部门依据实际制定对应的治理举措，不断提升农户的可持续生计水平。

为保障西部地区农户生计能力的可持续性，基层政府应把提高农户专业技能的学习能力作为切入点，加强对乡村教育的重视程度。建立起明确的制度保障，不断优化乡村教育财政支出。加大乡村教育资金的投入力度，提升资金使用效能，最大限度地发挥资金投入的作用。

大力推动村民职业继续教育向精准化、专业化方向发展。政府应根据不同地区家庭可用生计资本存量及农户个体特征、个人意愿，结合当地农民专业合作社、相关帮扶项目或特色龙头企业，有针对性地对脱贫农户进行继续教育、技术指导和教育培训，将乡村教育与农户就业紧密结合，实现精准帮扶与精准就业。不断扩大继续教育的帮扶规模，为低收入群体提供必要的就业基础和相关技能培训，有效增加农户谋生手段，提高其可持续生计资本。

加强对经营农户相关知识传授和教育培训。西部典型村落的调查数据表明，样本村落农户的平均年龄在50岁左右，家庭16—60岁劳动力受教育程度以初中、高中为主，受教育程度有待进一步提升。为此地方政府应健全农村教育体系，开设现代农民课堂，聘请相关专业人士进村

进行宣讲与培训，以提升农户整体教育水平。不断优化西部欠发达地区继续教育的资源配置，切实提升相关机构的培训质量。通过培训及深入田间实际指导，拓宽农户的视野，为他们提供科学有效的农作技术与实践经验，提升其人力资本的质量。

树立教育为先的思想观念，明确乡村教育对西部农村发展的重要意义。除了技术培训与传授外，乡村教育还应注重激发农户自身的积极性与创造性，增强农户的参与活力，提高村民的自我价值认同感。通过树立学习模范，带动村民积极参与村组织的各项活动，营造良好的集体学习氛围，提高西部地区农户整体素质。

推动村民继续教育和就业技能培训，有利于维护农户生计稳定。为其家庭成员就业上岗打好扎实的基础，切实降低脱贫农户的失业风险和成本，增加农户的生计资本存量，实现稳定增收。

四 拓宽农户多元就业渠道，丰富农户生计策略选择

西部地区目前经济发展水平较东部地区相对欠缺，农户生存空间较闭塞，农业经济聚集及农村信息化程度偏低，民众"恋土情结"较重，限制了农户生计策略选择的范围，制约了区域农户生计水平的可持续发展。

在区域农户可持续生计安全评价中，行动安全对农户生计安全的可持续性影响权重最高，是形成并提升农户生计安全可持续性的首要动力。而家庭劳动力就业率是行动安全中的重要因素，因此解决农户就业问题，是提高农户行动安全，保障农户可持续生计安全的关键点。

农村集体经济组织的发展是拓展西部地区农户就业渠道的有效平台。村集体经济的发展不仅能够有效利用当地的资源优势，而且能够实现农户就业不离家的良好夙愿。截至 2020 年年末，全国已有 531553 个村集体经济组织，较上年增长 28.6%，其中西部地区有村集体经济组织数 125256 个，只占到全国总村集体经济组织总数的 23.56%（农业农村部政策与改革司，2021），比例较少。而且现有的部分集体经济还存在税收负担过重、贷款困难等问题。西部地区要想发展农村集体经济组织，为农户提供更好的就业平台，首先要结合当地特点放宽相关经济政策，因地制宜地设立相关法规条例，明确产业化企业、专业合作社和家庭农场等新型经营主体应承担的义务和享有的权益，规范市场经营行为，加大对不正规交易行为的惩处力度，在保障农户基本生计的基础上，促进农业适度规模经营，开展多样化生计活动，改善农户生活质量，提高西部地区农村组织化程度和收入水平。

拉动外部企业投资建厂能够为农户提供多样的生计策略选择。劳动密集型企业等社会力量可以在有条件的欠发达农村建设就业扶贫车间，为困难农户提供就业机会。各级政府要鼓励企业、农业生产经营主体就近就地开展如特色手工业、文化产品等适合的特色产业经营模式，吸纳留守劳动力以帮扶困难家庭。多元主体参与的乡村经济体系能够为农户提供多元化的就业渠道，增加他们的资产性收入。

解放传统思想，鼓励农户创新谋生手段。提升西部地区农户可持续生计水平，要注重解放农户的传统思维模式，对他们进行科学文化普及，夯实"村民自治"基石，激活农民主体活力，发挥农民参与村民自治的积极性与创造性。加大对新型农业，特色产业等现代农业活动的宣传力度，树立典型模范，培养农户主动求新求变的创新意识，鼓励农户多元化就业，开展如乡村电商、农家旅游和直播带货等新型经济活动。

通过发展农村集体经济组织、吸引外部投资、鼓励农户自主创收等措施，拓宽农户就业渠道，推动农户由粗放式分散农业经营向规模化标准化农业经营、兼业型综合经营和服务型专业经营转型，从而为西部地区农户提供更多样化的生计策略选择，提高其可持续生计能力。

五 加大经营主体合作力度，优化区域经济产业结构

西部地区作为中国主要欠发展地区，经济总量在全国经济总量中占比相对较低，且存在城乡差距大、产业转型升级困难、缺乏核心竞争力等发展障碍，经济与社会环境成为制约区域农户可持续生计发展的重要因素。因此，需要不断探索发展区域农业经济的有效路径。

各经营主体的有效合作，是改善区域经济环境的有效手段。不同的经营主体基于效用最大化的原则在市场博弈中选择自己的经营策略，但它们各自都存在不可避免的制约点，需要在相互合作中实现共赢，若政府能够恰当地运用合适的调控手段，为这种共赢创造环境，那么不仅各主体间能够实现共赢，也能有效实现区域经济增长。各级政府应发挥经济帮扶、健全制度和协调各方冲突的作用，创造多元主体合作共赢的良好局面。

西部地区农村金融起步较晚，发展不均衡，借贷能力远弱于城市，

基层政府应通过组建农商银行、拓宽融资渠道等方式，为农业发展提供资金支援。相关部门应加强制度建设，不断完善多元主体的合作交易流程，规范各主体的市场交易行为。强化市场监管力度，打造公正透明的市场环境；在协同冲突方面，政府应及时地推进企业或个人投资的立项与运行，协调不同利益主体产生的冲突与矛盾，规范市场行为，疏通交易双方的沟通渠道，对多元主体合作采取必要的扶持措施，培育良好的经营主体合作风气。

优化现有产业结构，推动绿色经济发展。西部经济欠发达地区的产业比重通常是第一产业的占比最多，而第二、第三产业的占比相对较少，当地政府部门应充分认识到传统农业发展的局限性，基于区域农业耕作条件优化现有的产业结构。部分企业，尤其是资源型企业的初始技术水平较低，在获取企业利润、扩大企业规模的同时会不可避免地经历大生产与大排放阶段，从而损害农户的生态利益。

对此，政府部门在引进投资企业时，应注重优化现有产业结构，筛选绿色、经济的特色企业，削弱经济利益与生态利益的冲突，促进产业升级转型。同时，基于西部地区地形地貌的复杂性，政府部门应结合区域特色，充分发挥当地自然资源优势，不断创新决策思维和管理手段，将资源优势转化为经济优势，打造非农经济增长点。发展特色产业有助于西部乡村产业转型，实现企业与乡村的共赢，加强区域多元合作，优化区域产业结构，有效提升区域整体经济效益。

研究拓展了农地流转风险和农户可持续生计的相关理论，并分析了西部地区农地流转风险对农户可持续生计水平的影响作用，重点研究了三个方面问题：第一，识别和确认西部地区农地流转风险环境与种类，讨论农地流转过程中风险产生的原因、过程和路径。第二，以 DFID 可持续生计分析框架为基准，分析获得西部农户可持续生计的模式、内容、条件及影响因素，进而对西部地区农户生计安全进行测评。第三，构建指标体系和计量模型，运用实证分析方法，结合调研结果及面板数据，测度了西部地区农地流转各类风险对农户可持续生计的实际影响及影响程度。以此为基础，有针对性地探讨了防范农地流转风险，提升西部区域农户可持续生计水平的对策建议，先进经验的借鉴则能够充实对策的科学性与实践合理性。

第三节 规避农地流转风险提升
农户生计水平的对策

1982 年 1 月中共中央批转的《全国农村工作会议纪要》指出农村实行的各种责任制，包括小段包工定额计酬，专业承包联产计酬，联产到劳，包产到户、到组，包干到户、到组是一种高效的制度，它有效地提高了劳动者的积极性，极大地保障了国家的粮食安全。党的十七届三中全会提出了建立健全土地承包经营权流转市场的方案。按照依法自愿有偿原则，允许农民以转包、出租、互换、转让、股份合作等形式流转土地承包经营权，通过推动农地流转使农村地区生产要素的配置达到最优，农地流转能够使农村的适度规模经营获得规模经济效应。

同时农地流转也改变了农户劳动力、土地、资金及社会关系等资本的运营，促进了农户以生计方式多样化来抵抗环境脆弱性目的的实现，增加了农户的抗风险能力。但事物的发展是一个动态的过程，农地流转运作中难免会出现各种风险，造成一定的损失，因此必须采取措施规避农地流转风险，以提升农户的可持续生计水平。

一 加强农地流转机制建设，提升农户生计安全

（一）识别西部区域资源禀赋，掌握农户生计转型规律

在国家乡村振兴与西部大开发战略的推动与支持下，西部地区农业农村整体得到良好的发展，农林牧渔业等第一产业总产值增速稳步提升，农村居民人均收入水平逐年升高。区域农业差异化生产与升级初具规模，形成了不同特色的农业产业布局，特殊的地理环境和气候条件等自然资源禀赋成就了西部农村不同区域的差异化发展。西北地区呈现出种植特色农产品和经济作物的比较优势，相关农产品的发展已形成规模；西南地区的气候和山地环境独具一格，特色农产品与农业生态旅游发展迅速。

前述研究表明，西部地区农地流转呈现出整体推进缓慢，各区域推进程度各异的特征。而资源差异化利用有利于发挥不同资源禀赋的优势，推动西部地区农地流转有序发展。对此西部地区各个省份应当在发展中不断依据自身区域特征和资源禀赋，适时地调整自身农业发展方

向，稳步、多样、灵活地推进农地流转的开展。在合理推进农地流转率的同时规范流转市场的发展，尽可能规避农地性质变更、质量受损、生态系统可持续等风险。

为了实现农地流转中农户生计的可持续发展，不仅要因地制宜地识别农户生计资本，还应该重视农户生计策略的选择。只有掌握农户生计转型规律才能了解农户需求，进一步提升农户参与农地流转的比率和满意度。农户生计资本的存量是其生计策略选择的重要影响因素，不同的生计资本配置能够对农户产生不同的作用，从而影响其进行生计转型。农地流转相关政策对参与农地流转农户的扶持效果直接关系到农户生计策略的变动和探索，依据差异化的资源禀赋，为区域内不同类型农户制定不同的帮扶制度有助于农户快速完成生计转型，进入可持续生计稳定阶段。

（二）完善流转制度支撑体系，加快流转服务机制创新

在进一步完善农地流转制度体系的过程中，坚持土地公有制是中国特色社会主义性质的根本要求，也是实现农村社会生产力全面发展的制度保障（严金明等，2022）。前述研究表明：西部地区农地流转中的土地确权还有待完善，流转合同和相关协议签订不规范等状况时有发生，西部地区农户面临的契约风险程度最高。因此，土地交易应在坚持"三权分置"的基础上明确经营主体的界限与承包规则，在充分保障农户土地收益权利的环境下进一步放宽农地流转限制，建立健全西部地区土地承包经营权继承等相关制度能够增加农户进行农业生产经营的制度保护。此项措施既可以实现对农户土地权益的保护，又可以为他们的就业发展提供后备基础，降低农地流转的社会保障风险。

出租或转包是目前西部地区农地流转最主要的方式，这些方式中农户虽然可以按期收取租金且不需要承担经营风险，但农地流转中的不规范现象会导致他们和其他不同利益诉求的参与主体产生矛盾，迫切需要相关独立且权威的服务机构来调解纠纷。实证研究结果表明，以农地流转服务机构数所表征的契约风险，是西部地区农地流转文化风险环境的主要风险类型之一，对农户生计能力有显著负向影响。加快农地流转服务机构转型和机制创新是降低契约风险、提升农户生计能力的有效途径。

民间组织在农地流转中发挥的中介作用，能够有效地缓解农户与转入方的利益冲突。这些农地流转相关机构的参与显著地提高了流转的效率、减少流转矛盾、规范了流转市场秩序，促进了农户可持续生计水平的提升，值得西部地区各省份重视。同时，西部地区农村法律服务机构数量较为有限，适当增加农村法律服务不仅有利于农地流转事务的处理，对于农村法治社会整体发展也具有重要的推动作用。

（三）转变流转价格形成模式，构建智慧流转信息平台

农地流转的价格形成机制会对农户流转意愿产生决定性影响，也会影响农地市场化配置和双方利益均衡分配。农地流转价格不稳定无论是对作为流出方的农户还是作为流入方的其他主体都具有一定的风险，导致他们的财产性收入很难获得保障，农地流转市场形成和运转困难。实证研究结果显示，西部地区农地流转水平各异，流转价格多数是交易双方协商议价或由政府主导，缺乏科学系统的价格体系，构成了农地流转政治风险环境的一角。随着农地流转市场发展的日益成熟，在政府部门的监管下构建由专业机构、中介机构等参与的多主体估价体系成为一种客观需求。因此，构建合理有效的农地流转价格生成机制，能够使农地流转各参与主体的利益得到充分保障，完善农地流转制度体系的同时有助于社会稳定风险的防范。

农地流转中信息是否全面客观公开会直接关系到相关方的权益和利益，互联网信息平台的发展可以降低流转过程中信息不对称的程度，避免机会主义行为。构建或改进智慧流转信息平台能够提升农地流转信息的公开透明度，增强流转信息扩散速度，提高信息的暴露性和及时性，为农地流转各交易主体特别是农户获取流转相关信息提供便利，降低各主体参与农地流转市场的交易成本。西部农村各区域可以充分利用网络技术实现农地流转交易方式的创新，构建区域内实时交易信息平台，规范各参与主体的流转行为，减少交易投机和委托代理问题，为区域内农地流转的安全性提供技术支持。智慧流转信息平台的完善能够有效提升农地流转效率及可靠性，更好地实现农地资源配置和农户生计的长足发展。

二 促进西部农业结构转型升级，维护农地利用效果

（一）推动农地适度规模经营，平衡粮食经济作物价格

西部地区农村耕地资源有限且细碎化制约了农业的发展，农地的适度规模经营已成为政策制度设计的走向（李琴等，2019）。农地经营分散化不仅让农户个体承担了更多因独特地理和气候环境产生的经营风险，还阻碍了地区农业的整体统一化发展进程。而农地的适度规模化经营能够实现土地、生产力和市场的有机融合，在减少农户家庭承包经营风险的同时促进其收益的稳定增长。根据区域内农业的经济发展情况制定差异化的农地适度规模经营标准，能够有效提升农地利用率，保障粮食产出。

种植结构和农户收入是西部地区粮食作物耕地压力的重要来源，受农业结构调整和农户利益追求的影响，粮食作物和经济作物产出平衡需要及时进行干预和指导。前述实证结果表明，农地流转率的提高虽然促进农户了转移性净收入和可支配收入的提升，但同时也会在一定程度上降低部分农户自主经营的收益水平并带来更高的农地性质变更风险，而规模化调整种植结构可以使农地利用效益最大化，改善农户经营的收益状况，降低流入方农户农地"非粮化"的意愿。重庆市恒和村的特色产业发展和多主体经营模式是对粮食生产和经济作物生产结合的范例，西部其他地区也可以根据市场需求发挥本地农业优势，合理开展生产布局，协调粮食作物和经济作物耕种面积和价格水平，提升本地农产品市场竞争力，维持农户生计可持续发展。

（二）提高农业科技创新应用，实现农地产出水平优化

科技发展和进步是推动农业生产水平提升的关键，强化西部地区农业科技投入，提升区域内农村人均机械总动力，能够直接影响农业生产的效率和发展水平。加强农业机械科技创新可以加快实现农业标准化规模生产目标，改善人力生产弊端，提高生产效率和生产质量，新型农业技术能够在一定程度上减少损耗，抵御农业作业风险。结合西部地区特征改革种植技术可以促进低成本高收益的实现，农业新技术的应用能够实现固定种植面积的生产效益最大化，增加农户生计资本积累。创新农作方式有助于适应绿色生产和生态保护要求，绿色生产资料的应用能够有效降低农地质量受损风险。

土地资源的稀缺性决定了提高农地利用效率的重要性，农地产出水平是农地利用效率的直接体现。农地流转作为优化农村人口和土地资源配置、提升农地产出率的重要途径，实施过程中要综合考虑农户、农业和农地的供需关系。农地流转市场的完善可以促进农村劳动力的生计转型，西部地区农户流转出土地后可以实现半脱离或完全脱离农业，根据自身和环境资源禀赋选择其他经营活动，以追求更合适的生计方式。同时，农地也能够从分散经营实现规模化经营，在提升农地生产率和资源利用率的同时推动农户做出多元化的生计决策，增加生计方向和收入来源。

三　发挥市场调节作用，保障农户基本权益

（一）加快流转市场交易环境建设，提高农业资本配置效率

建设农地流转市场交易环境是农地生产和交易达成的重要条件，完善的流转市场能够为农户和各相关主体提供支持和保障。部分西部地区存在生产条件落后，农村土地资源整理缺失、道路交通设施简陋、水利设备不完善等基础建设问题，严重影响了当地农地流转效果和农业生产状况。加强农村电力通信、互联网开发、高标准农田等基础设施体系建设可以改善西部农村现有的生产环境和自然条件，加速农业产业结构调整的步伐。此外，西部地区农地流转相关服务机构的建设也应该引起重视，农地流转交易平台、评估服务、法律咨询服务的建设和完善有助于西部农地流转市场健康优质地发展。

无论是农户还是参与农地流转的其他主体，都离不开农业资本的支持，资本配置状况和效率是影响农户流转意愿的重要因素。西部地区各省域经济发展存在明显差异，各区域应因地制宜地建立相应的农村生产要素抵押和融资等相关金融配套机制，为农地流转和要素交易提供资金支持，降低农户积累金融资本、完成生计资本重新配置的门槛。在遵循西部整体流转环境和规则的基础上，出台适应当地的财政资金奖励、利息补贴或信贷担保的规定，缓解农地流转中介机构或利益主体融资困难的问题，为农户提供安全完备的金融保障，落实农地租金及时、按时到账，保护农户生计资本不受损失。

（二）开展农业劳动力教育培训，夯实农业人才队伍建设

西部地区农村劳动力教育水平普遍偏低，整合优质的教育资源、培

养新型职业农民和现代化农业生产者是农业优质发展的必然要求，也是农户提升自身素养和生计能力的现实需要。相关部门可以在农业生产、农产品流通和农业经营组织等方面进行多维度培训，以加速农户人力资本的积累。尤其是学习新型农业机械和农业技术的运用技能帮助农户摆脱原始的人力劳动，培养集技术、经营和管理于一体的新型职业农民，为提升农业生产效率和收益水平积累人力资本。提高农户素质水平有利于培养其学习能力和专业技能，能够快速解读和把握农地流转政策以及相关合同规则，对农户维护自身权益不受侵害具有重要作用，同时能相应减少农地流转的契约风险。

完善农村创业就业政策支持体系是推动乡村人才发展的重要渠道，把更多优质资源吸引到乡村建设方面可以从根本上提升农村的发展水平。对大中专毕业生、退役军人、返乡农民工以及农业科技人员提供资金支持或发展渠道，采取激励机制鼓励专业人才加入农村合作社或当地龙头企业，引进高素质人群参与农村建设，能够提高农村劳动力整体素质和专业水平。西部地区还可以充分利用区域特征和特色产业开展网络营销，拓宽农业销售渠道、增加客户群体，激发农业新活力。通过人力将传统农业生产经营与新兴社会生活方式相融合，不仅能够改变农户传统的耕作方式，提升其可持续生计水平，更能促进农业经营现代化的实现以及多领域的跨越。

四 加强农地生态环境管理，保护农户生计资本存量

（一）贯彻绿色生产原则，改进耕地生态补偿机制

西部地区的部分农业产地受自然环境的制约难以实现土地禀赋的提升，易产生农田生态系统的可持续风险。国家《"十四五"全国农业绿色发展规划》提出，西部地区要践行农业生产绿色转型，奉行生态环境保护的原则，通过变革产地环境、产品结构、生产过程及其产生的废弃物的处理方式，增加绿色优质农产品供给。因而，要从外部环境中改善政府服务组织与自身统筹协调的能力，借助政府的力量改善市场环境，提高绿色农产品交付检验标准。加强农村合作社建设，实现合作社内标准化管理，制定适合农户绿色发展的社会化服务，将绿色农业生产建立到西部农村地区，引入高质量、高效率、低污染的农业生产或衍生服务行业。应逐步将民法典提及的"绿色原则"进行各级层面法律的

细化与贯彻。从而降低农地流转的法律风险。

生态补偿机制是采用经济手段对环境污染进行防治的重要方式。现阶段，中国绿色农业生态补偿仍然面临着补偿依据不明确、相关要素界定不清晰和监管体系不完善的困境。各级部门应建立权威的绿色农业生态补偿法律规范，完善生态补偿的标准和依据，明确绿色农业生态补偿的相关要素。依据西部地区实际情况，因地制宜地确定以政策、资金补偿为主，实物、技术和产业补偿为辅的补偿方式，并引导纯农生计农户开展生态现代化生产，间接改善自然资本存量，提升自然资本禀赋。同时要健全绿色农业生态补偿的监管体系，落实监管责任。实施多样化的生态补偿方式，有助于提高西部地区农户参与生态补偿的积极性，间接增加农户生计资本中的金融资本与物质资本，也可以改善农户所处的劣势自然地理环境与随之产生的荒漠化或水土流失等问题，为农业的产业升级铺垫，赋能农户生计可持续水平的稳步提升。

（二）制定农田保护策略，落实农地用途与质量监管

西部地区自然条件差，生态脆弱，地理地形复杂，粮食生产严重依赖气候自然条件，易产生粮食安全风险。永久基本农田保护是粮食安全的重要举措，同时也符合西部地区更高比例的纯农与兼业农户生计方式。在数量上，西部地区要坚守国家18亿亩耕地红线，土地储备中心要扎实展开土地资源登记，熟悉区域内土地的位置、特征、属性及土地划分等级，保护基本永久农田的数量；在质量上，加强农地流转前后农地主体的经营范围，禁止土地利用方式违规转变，避免农用地转为建设用地从而损害土地的种植功能。政府部门可按一定比例在土地流转租金中收取质量保证金，并在年末对农地使用情况进行考核，达标的给予返还或奖励。政府采取相应监管措施能够有效控制农地合规利用，保障区域农地粮食安全。

依据前述实证研究结果，西部地区农户生计结果受农地流转生态风险环境的显著影响，其中以化肥、农药、地膜和柴油使用量衡量的农田生态系统可持续风险降低有助于提高农户生计结果水平。因此，农业部门要及时更新测土配方施肥等新兴技术，减缓土壤肥力下降和养分流失。按照平原、丘陵、草原、沙漠等土地条件，全面建立农用地土壤污染分级分类分区的精细化防控体系，维护农户自然资本，包括农业投入

品、畜禽养殖等农业面源污染综合治理，重点保障未污染的耕地、林地、草地和饮用水水源地环境风险。西部地区应制定农田保护策略，落实农地用途与质量监管，从而提高纯农生计方式农户的收入，防止农村劳动力过度转移，保障农户生计的可持续性。

（三）培育绿色生态经营企业，维护健康协调市场环境

西部地区农业发展缺少社会资本与龙头企业等新型农业经营主体的下沉，仅依靠农户自身的管理与市场信息收集容易产生经营风险。以产业延伸的带动作用培育具有地方特色的生态农业经营企业，发挥新型农业经营企业推动农村三产融合发展、推进生态农业转型、促进农户生态农业技术推广的市场优势。吸引有机、绿色、生态农业的龙头企业，以村委会为中介在保护村民权益的前提下将农地使用权交于农业龙头企业承包，发挥绿色生态企业的顶层管理与农业技术，提升西部地区土地的单产，逐渐形成农业供给侧的结构性改革。同时，龙头企业的生产管理能够改善家庭分散承包经营因种植品种不同，农药化肥的使用缺乏科学性的状况，有效减少土壤肥力退化的风险。

政府应积极地通过政策规划、补贴激励、创设平台等方式为农村产业融合的壮大营造良好环境，充分利用农业衍生的第二、第三产业的渗透优势，更多地挖掘农业的多功能性，因地制宜地发展不同农业企业与当地农村的融合方式。西部地区农村要充分发挥村集体经济组织的中介效应，通过与农业企业签订农产品购销合同、资助订单、推行股份合作模式等多种方式建立科学的利益联结机制；同时培育打造融合发展先导区，树立发展典型农业村落，有效形成绿色、协调、可持续的发展新业态，并以此去推动现代农业运营体系的低碳化、集约化以及多元化转型。因此，培育绿色生态经营企业有助于延伸农业产业链，为当地农户提供更多的生计渠道，以促进农户生计方式的多元化发展。

五　完善乡村文化基础设施，引导多元文化资源下沉

（一）发掘西部乡村特色民俗，促进文旅产业加速崛起

西部地区旅游文化资源丰富，深入挖掘利用区域内乡村特色民俗文化资源，可以促进当地农村第一、第二、第三产业的融合。依据中共中央、国务院印发《关于新时代推进西部大开发形成新格局的指导意见》，西部地区要大力发展旅游休闲、健康养生等服务业，打造区域重

要支柱产业。各地区应从自身的历史底蕴、规划发展、资源配置等方面进行分析，加强顶层设计，强化政府引导，发挥规划引领和调控发展作用，加速提升功能建设步伐，将战略思维转化为产品的具体实践，实现多元文化资源下沉。

通过完善农村治理政策与制度，引导欠发达地区农户转变生计策略，是区域生态环境改善和农户福祉水平提升的重要途径。西部地区各省、自治区应对区域内现存旅游资源进行考察，了解各区域乡村文化产业定位及建设运营情况。并且要加强旅游交通基础设施建设，加快推进国家公园体系建设，扎实推进边境旅游试验区。此外，还要积极发挥生态、民族、民俗等优势，西北陕甘宁地区可以充分发挥历史文化、民族民俗等资源优势，着力构建数字文化服务体系；西南云贵川地区可以以美丽县城县域旅游经济为中心，发挥边境风光优势。

西部地区农村分布区域较为分散，空间构成比较复杂，既有经济发展较好的城镇边缘农村，也有偏远的乡村。由于地区差异性，各地无法利用统一的政策与标准建设各具特色的乡村旅游，因此西部地区的公共文旅建设要结合当地自然环境、经济水平以及人文风俗因地制宜地开展。除发展风光旅游外，各乡村可挖掘具有民族特色的文创产品，如刺绣、手工艺编织、非物质文化遗产的手工制品等，将文化发展与经济相结合，促进农村经济发展，吸引外出人才回流。推进西部地区特色乡村文旅产业的发展，有利于推动乡村振兴的发展，为农户生计多样化提供新动能，改变原有小农、纯农的生计方式，提升农户生计抗风险能力。

（二）提升乡村文化建设地位，形成内生性文化供给

目前西部地区还存在着乡村文化衰落，文化人才缺乏，乡村公共文化建设不足的情况。提升乡村文化建设地位能够帮助村民树立积极进取的观念，利用自身意识改变积贫积弱的状况，主动学习科学文化，接受技能培训。西部多数农村地区重习俗而轻法律，将地区传统习俗作为判断是非的标准，所以首先要以倡导"优良家风"建立良俗规范，发扬中华民族仁义礼智信、勤俭孝悌廉的传统美德。从"个人品德"和"家庭美德"发展到"职业道德"和"社会公德"，通过弘扬和惩戒的手段保障自治规范，在村里推举乡村精英，为乡村居民树立典范。其次，要规划创建西部地区特色的乡村人文符号。一些特色村寨具有景观

与居住的双重功能，因此在保护其原有景观功能的前提下，遵循方便村民生活和生产的原则，进行乡村规划，解决散乱问题，统筹规划乡村道路，不仅实现村村通，更要拓宽和延伸到"户户通"和"田地通"。

依据实证研究结果，西部地区农地流转文化风险环境对农户生计能力有一定程度的正向影响。短期内，农村文化站数量越少，反而会刺激农户从其他途径获得精神满足，间接带动农村本地的物质消费水平的提升。但长期可能导致文化建设的主体地位逐步被政府及外来资本所取代，农户逐步失去了文化建设的主体地位，农户从乡村建设的"生产者"变为外来文化的"消费者"，最终为农户生计的可持续发展带来更多负影响。

因此在乡村文化建设中，要畅通当地农户表达文化诉求的渠道，考虑不同群众的文化需求；还要重视农户主体的再造教育，为相应培训提供场地与设备；以及充分挖掘根植于西部农村地区的文化资源，培育农村内生性文化，创造贴近农民生活的文化产品，形成内生性文化供给模式。要形成文化行政部门、文化志愿者、村民等多元主体构成的农村公共文化供给系统。文化建设已成为驱动生态环境脆弱区农户生计策略转型的重要因素，美丽乡村建设和大型文化下乡工程的不断推进，驱动着农户的生计策略转型，使他们的生活圈呈现出多样性转变，可持续生计能力得以提升。

在农地流转过程中，农户是风险最终的受体，这对农户的可持续生计水平带来了很大的影响。研究在理论与实证分析的基础上，探究了西部地区农地流转风险影响农户可持续生计的方向及影响程度，并从政府治理的视角有针对性地提出了加强农地流转规制建设，提升农户生计安全；促进西部农业结构转型升级，维护农地利用效果；发挥市场调节作用，保障农户基本权益；强化农地生态环境管理，保护农户生计资本存量；完善乡村文化基础设施，引导多元文化资源下沉五项措施。期望通过规制的激励与约束，引导西部地区农地流转各参与主体的决策行为，达到规避农地流转相关风险，提升农户可持续生计水平，实现追赶超越的目标。促进西部乡村振兴目标的早日实现，不断提升西部农户的获得感、幸福感、安全感以及成就感，促进区域农业农村现代化发展的实现。

附　录

《西部地区农地流转风险及对
农民持续生计影响研究》 调查问卷

尊敬的朋友，您好！

感谢您参加"西部地区农地流转风险及对农民持续生计影响研究"的调查，此调查为国家社会科学基金项目的研究内容，调查的目的是了解西部地区农地流转风险及对农民持续生计影响，为政府部门相关组织制定政策提供依据，调查对象为西部地区 12 个省份的农户、村干部或合作社等经济组织的相关负责人，请您依据以往的经验与判断对下列问题作答，不需要讨论。

本次调查采取不记名的方式，数据由计算机统一处理，您的任何资料与观点将予以保密，请您消除顾虑，感谢您的配合，我们保证此次调研信息仅用于科学研究。

"西部地区农地流转风险及对农民持续生计影响研究"课题组

2018 年 7 月 1 日

一　基本信息

1. 您所在村庄全称 _____ 省 _____ 市 _____ 县（区）_____ 村；您的年龄 _____；性别 _____；文化程度 _____。

2. 您主要从事（　　）工作。

A. 耕作　　　　B. 农业产业经营　　C. 其他（请注明　　　）

3. 您目前耕作 _____ 亩地？主要经营 _____；您的

家庭（或组织）的年收入约为＿＿＿＿＿＿＿（元）。

4. 您是否参与"土地流转"？（　　　）

A. 是　　　　　　　　　　　　B. 否

5. 您没有或拒绝参与"土地流转"的原因是（　　　）

A. 问题太多或风险太大

B. 土地流转价格太低

C. 土地是命根子，在自己手里最保险

D. 自己种可以获取比流转更多收益

E. 其他（请注明　　　）

6. 您流转农地的价格每亩地约为＿＿＿＿元，当地农地流转的价格在＿＿＿＿（元）至＿＿＿＿（元）。

7. 您是农地的（　　　）

A. 流入方　　　　　　　　　　B. 流出方

8. 您家土地以（　　　）形式在流转

A. 转包　　　　B. 出租　　　　C. 互换

D. 转让　　　　E. 其他（请注明　　　）

二　农地流转风险

9. 您认为农地流转的风险或问题主要表现在（　　　）

A. 社会安全方面

B. 农民权利受损方面

C. 土地流转政策多变

D. 土地流转法律法规不完善

E. 粮食安全受到威胁

F. 土地质量受到影响

G. 其他（请注明　　　）

10. 您认为农地流转在法律方面存在哪些纠纷（　　　）

A. 没有流转合同

B. 流转合同不规范

C. 流转价格太低，打官司不值

D. 相关法律法规不完善

E. 人们没有法律意识

F. 其他（请注明　　　　）

11. 您认为农地流转在社会安全方面存在哪些问题（　　）

A. 土地流转后要不回来了

B. 土地流转后农民生活两极分化严重

C. 土地流转后土壤质量变差，对后代生存造成威胁

D. 影响老乡感情

E. 其他（请注明　　　　）

12. 您认为农地流转中农民权益受损主要表现在哪些方面（　　）

A. 土地流转后要不回来了

B. 流转价格太低

C. 农业受天灾影响大

D. 农地质量得不到有效保护

E. 其他（请注明　　　　）

13. 您认为农地流转中粮食安全受到威胁主要表现在哪些方面（　　）

A. 改变农地用途

B. 粮食种植面积减少

C. 粮食种植中使用增产但对人身体有害的肥料

D. 其他（请注明　　　　）

14. 您认为农地流转中生态方面威胁主要表现在哪些方面（　　）

A. 土壤质量变差

B. 对自然环境危害

C. 损害林地、草地等资源

D. 其他（请注明　　　　）

15. 您认为当地农地流转中相关的政策支持主要表现在哪些方面（　　）

A. 有专门的管理机构

B. 有规范的合同

C. 对流转农户给予金融政策支持

D. 在流转农户政策方面予以优惠

E. 其他（请注明　　　　）

16. 您认为农地流转过程中存在的市场风险表现在哪些方面（　　）

A. 市场中竞争者多

B. 无法判断农产品市场未来供求状况

C. 无法判断农产品市场未来价格走势

D. 其他（请注明　　　　）

17. 您认为农地流转风险或问题产生的主要原因是（　　　）

A. 相关法律法规不完善

B. 农民知识储备不够

C. 天灾人祸

D. 管理体制不完善

E. 其他（请注明　　　　）

三　农户可持续生计

18. 您家收入的主要来源有（　　　）

A. 农耕　　　B. 产业经营　　C. 非农收入　　D. 其他（请注明　　　　）

19. 您家庭收入主要支出用于（　　　）

A. 衣、食　　　　　B. 住　　　　　　C. 行　　　　　D. 教育

E. 医疗　　　　　　F. 农地投资　　　G. 其他（请注明　　　　）

20. 您家近五年发生 _____ 次自然灾害，您家人均耕地为 _____ 亩。

21. 您认为村里贫困户致贫的主要原因是_____

_____。

22. 您对你们村的环境满意吗？（　　）您对自己家庭目前衣、食、住、行、教育及医疗生活状态满意吗？（　　）

A. 满意　　　B. 不满意

23. 上题状态不满意的话，最期望哪些方面改进？（　　　）

A. 衣、食　　　　　B. 住　　　　　　C. 行　　　　　D. 教育

E. 医疗　　　　　　F. 村里基础设施　G. 其他（请注明　　　　）

四　农地流转的风险对农户可持续生计的影响

24. "农地流转"前你家的收入约_____（元/年）；流转后你家的收入约_____（元/年）。

25. "农地流转"前后对您家庭带来的最大影响有（　　）

A. 收入提高　　　　　　　B. 生活水平提升

C. 思想认识改变　　　　　D. 其他（请注明　　　　）

"农地流转风险及其对西部农户可持续生计影响"访谈问题提纲

一　访谈对象：村委会相关工作人员

1. 请简单介绍本村的基本情况，主要关于地理位置、经济发展水平、人口数量、农地面积、主导产业、村民人均年收入以及农地流转总体现状等方面。

2. 请详细说明本村农地流转现状，即流转土地面积、流转用途、流入方与流出方情况介绍以及流转过程中是否存在各种问题。

3. 请对本村农户的衣、食、住、行、教育及医疗条件进行说明。

4. 本村农户对农地流转的意愿总体上如何？村委会是否参与农地流转？若参与，村委会以何种身份参与？本村及附近村落农地流转价格大致在什么区间？

5. 您认为农地流转对本村农户生活有哪些正面或负面的影响？

6. 本村是否发生过因农地流转而造成农户利益受损的情况？您认为农地流转存在哪些风险与问题？

7. 您希望国家或政府在农地流转相关领域还应做出何种努力？

8. 其他（可以依据实际情况调整访谈问题，并作详细记录）。

二　访谈对象：普通农户与典型农户

1. 您目前的主要工作是什么？您家是否参与了农地流转？若参与，请详细说明流转情况（流转了多少亩？流转用途？流入方情况如何？）

2. 您在农地流转中是否遇到过各种问题或困难？您认为还存在哪些风险？

3. 您对当前自己的衣、食、住、行、教育和医疗条件是否满意？您认为哪些方面还需要提升？

4. 农地流转是否改变了您的生活？如何改变的？

5. 您希望国家或政府在农地流转相关领域还应做出何种努力？

6. 其他（可以依据实际情况调整访谈问题，并作详细记录）。

三　访谈对象：农经站或农地流转组织相关人员

1. 请您对本地区农地流转情况进行详细介绍。

2. 当前本地区农地流转过程中存在哪些风险或问题？

3. 本地区农户在衣、食、住、行、教育和医疗方面总体情况如何？

4. 本地区农地流转为当地农户生活带来了哪些改变？

5. 您认为国家和政府在农地流转方面还应如何改进工作？

6. 其他（可以依据实际情况调整访谈问题，并作详细记录）。

西部地区农地流转风险评估
指标关联情况调查问卷

尊敬的先生/女士：

您好！感谢您参与本次问卷调查。本次调查希望了解您对于西部地区农地流转风险评估指标的关联情况的认识，调查问卷结果仅用于学术研究，不做他用，请您安心作答。您的意见对本次研究十分重要，再次衷心地感谢您的配合与付出！

一　风险因素释义

表1　　　　　　　　西部地区农地流转风险因素释义

维度	风险因素名称	风险因素释义
政治风险环境 U_1	社会保障风险 U_{11}	由于某种原因（如疾病、失业等）导致社会保障活动的实际结果与预期结果之间存在偏差和损失发生的可能性
	社会稳定风险 U_{12}	农地流转各参与主体合理的利益诉求长期未得到满足，进而产生影响社会稳定的可能性
	行权混乱风险 U_{13}	由于多元管理主体的存在而导致权益主体受损的可能性
经济风险环境 U_2	农地性质变更风险 U_{21}	农地流入方通过改变农地性质的方式（如"非粮化"或"非农化"）实现利益最大化目标而造成流出方农户利益损害的可能性
	持续经营风险 U_{22}	因重大事故或事件导致流入方难以维持正常生产经营活动的可能性
	履约风险 U_{23}	农地流转参与主体因主观故意或客观制约产生的影响农地流转契约正常履行的可能性

续表

维度	风险因素名称	风险因素释义
文化风险环境 U₃	契约风险 U₃₁	流出方农户受自身法律知识储备限制或传统思想束缚，不签订合同导致权益受损的可能性
	社会关系疏离风险 U₃₂	农户间由于流转纠纷而导致的关系疏离的可能性
	公信力风险 U₃₃	因不确定因素的影响，政府的政策与行为的影响力和号召力受到社会公众质疑的可能性
生态风险环境 U₄	农地质量受损风险 U₄₁	农地因流入方的不当使用所导致产能降低或污染退化的可能性
	粮食安全风险 U₄₂	因耕地数量减少或粮食生产不规范导致的粮食数量和质量与实际需求不匹配的可能性
	农田生态系统风险 U₄₃	在农地流转过程中，由于人为因素和不可抗力的自然因素使得农业用地的生态系统遭到破坏的可能性

二 填写说明

此调查问卷的目的在于了解您对于西部地区农地流转风险评估指标的关联情况的认识，如果您在表中相应位置打√，就说明您认为√所在位置的行元素能够影响其所在的列元素。如表2所示，表中的√代表着社会保障风险 U_{11} 对行权混乱风险 U_{13} 存在一定程度的影响。

表 2 　　　　　　　　　填写示例

影响 \ 被影响		U_1			U_2			U_3			U_4		
		U_{11}	U_{12}	U_{13}	U_{21}	U_{22}	U_{23}	U_{31}	U_{32}	U_{33}	U_{41}	U_{42}	U_{43}
U_1	U_{11}			√									
	U_{12}												
	U_{13}												
U_2	U_{21}												
	U_{22}												
	U_{23}												
U_3	U_{31}												
	U_{32}												
	U_{33}												

续表

被影响\影响		U_1			U_2			U_3			U_4		
		U_{11}	U_{12}	U_{13}	U_{21}	U_{22}	U_{23}	U_{31}	U_{32}	U_{33}	U_{41}	U_{42}	U_{43}
U_4	U_{41}												
	U_{42}												
	U_{43}												

三　问卷正文

表3　　　　　　　农地流转风险评估指标的关联情况调查

被影响\影响		U_1			U_2			U_3			U_4		
		U_{11}	U_{12}	U_{13}	U_{21}	U_{22}	U_{23}	U_{31}	U_{32}	U_{33}	U_{41}	U_{42}	U_{43}
U_1	U_{11}												
	U_{12}												
	U_{13}												
U_2	U_{21}												
	U_{22}												
	U_{23}												
U_3	U_{31}												
	U_{32}												
	U_{33}												
U_4	U_{41}												
	U_{42}												
	U_{43}												

西部地区农地流转风险权重调查问卷

尊敬的先生/女士：

您好！感谢您参与本次问卷调查。本次调查希望了解您对于西部地区农地流转风险相对重要性的评分，调查问卷结果仅用于学术研究，不做他用，请您安心作答。您的意见对本次研究十分重要，再次衷心地感谢您的配合与付出！

一 风险因素释义

表1 西部地区农地流转风险因素释义

维度	风险因素名称	风险因素释义
政治风险 U_1	社会保障风险 U_{11}	由于某种原因（如疾病、失业等）导致社会保障活动的实际结果与预期结果之间存在偏差和损失发生的可能性
	社会稳定风险 U_{12}	农地流转各参与主体合理的利益诉求长期未得到满足，进而产生影响社会稳定的可能性
	行权混乱风险 U_{13}	由于多元管理主体的存在而导致权益主体受损的可能性
经济风险 U_2	农地性质变更风险 U_{21}	农地流入方通过改变农地性质的方式（如"非粮化"或"非农化"）实现利益最大化目标而造成流出方农户利益损害的可能性
	持续经营风险 U_{22}	因重大事故或事件导致流入方难以维持正常生产经营活动的可能性
	履约风险 U_{23}	农地流转参与主体因主观故意或客观制约产生的影响农地流转契约正常履行的可能性
文化风险 U_3	契约风险 U_{31}	流出方农户受自身法律知识储备限制或传统思想束缚，不签订合同导致权益受损的可能性
	社会关系疏离风险 U_{32}	农户间由于流转纠纷而导致的关系疏离的可能性
	公信力风险 U_{33}	因不确定因素的影响，政府的政策与行为的影响力和号召力受到社会公众质疑的可能性
生态风险 U_4	农地质量受损风险 U_{41}	农地因流入方的不当使用所导致产能降低或污染退化的可能性
	粮食安全风险 U_{42}	因耕地数量减少或粮食生产不规范导致的粮食数量和质量与实际需求不匹配的可能性
	农田生态系统风险 U_{43}	在农地流转过程中，由于人为因素和不可抗力的自然因素使农业用地的生态系统遭到破坏的可能性

二 填写说明

此调查问卷的目的在于了解您对于西部地区农地流转风险相对重要

性的评分。调查问卷根据网络层次分析法（ANP）的形式设计，这种方法需要对不同准则下的风险因素进行两两比较。衡量尺度划分为 5 个等级，分别是绝对重要、十分重要、比较重要、稍微重要、同样重要，分别对应 9、7、5、3、1 的数值，2、4、6、8 为以上两两因素重要性判断之间的中间状态对应的标度值。

靠左边的衡量尺度表示左边的因素比右边的风险因素重要，靠右边的衡量尺度表示右列的因素比左列的因素重要。根据您的看法，在对应方格中打勾即可。

■示例：您认为对于政治风险而言，社会保障风险重要，还是社会稳定风险重要？

如果您认为社会保障风险相对于社会稳定风险绝对重要，那么请在左侧 9 数值下打勾。

表 2　　　　　　　　　　　　填写示例

A	重要性比较																	B
	9	8	7	6	5	4	3	2	1	2	3	4	5	6	7	8	9	
社会保障风险	√																	社会稳定风险

三　问卷正文

表 3　　　　　　　以政治风险为准则的风险因素重要性两两比较

A	重要性比较																	B
	9	8	7	6	5	4	3	2	1	2	3	4	5	6	7	8	9	
U_1																		U_2
U_1																		U_3
U_1																		U_4
U_2																		U_3
U_2																		U_4
U_3																		U_4

表 4   以经济风险为准则的风险因素重要性两两比较

A	重要性比较																	B
	9	8	7	6	5	4	3	2	1	2	3	4	5	6	7	8	9	
U_2																		U_1
U_2																		U_3
U_2																		U_4
U_1																		U_3
U_1																		U_4
U_3																		U_4

表 5   以文化风险为准则的风险因素重要性两两比较

A	重要性比较																	B
	9	8	7	6	5	4	3	2	1	2	3	4	5	6	7	8	9	
U_3																		U_1
U_3																		U_2
U_3																		U_4
U_1																		U_2
U_1																		U_4
U_2																		U_4

表 6   以生态风险为准则的风险因素重要性两两比较

A	重要性比较																	B
	9	8	7	6	5	4	3	2	1	2	3	4	5	6	7	8	9	
U_4																		U_1
U_4																		U_2
U_4																		U_3
U_1																		U_2
U_1																		U_3
U_2																		U_3

表 7　以社会保障风险为准则的经济风险因素间重要性两两比较

A	重要性比较																	B
	9	8	7	6	5	4	3	2	1	2	3	4	5	6	7	8	9	
U_{21}																		U_{22}
U_{21}																		U_{23}
U_{22}																		U_{23}

表 8　以社会保障风险为准则的文化风险因素间重要性两两比较

A	重要性比较																	B
	9	8	7	6	5	4	3	2	1	2	3	4	5	6	7	8	9	
U_{31}																		U_{32}
U_{31}																		U_{33}
U_{32}																		U_{33}

表 9　以社会保障风险为准则的生态风险因素间重要性两两比较

A	重要性比较																	B
	9	8	7	6	5	4	3	2	1	2	3	4	5	6	7	8	9	
U_{41}																		U_{42}
U_{41}																		U_{43}
U_{42}																		U_{43}

表 10　以社会稳定风险为准则的经济风险因素间重要性两两比较

A	重要性比较																	B
	9	8	7	6	5	4	3	2	1	2	3	4	5	6	7	8	9	
U_{22}																		U_{23}

表 11　以社会稳定风险为准则的文化风险因素间重要性两两比较

A	重要性比较																	B
	9	8	7	6	5	4	3	2	1	2	3	4	5	6	7	8	9	
U_{32}																		U_{33}

表 12　以行权混乱风险为准则的政治风险因素间重要性两两比较

A	重要性比较																	B
	9	8	7	6	5	4	3	2	1	2	3	4	5	6	7	8	9	
U_{11}																		U_{12}

表 13　以行权混乱风险为准则的经济风险因素间重要性两两比较

A	重要性比较																	B
	9	8	7	6	5	4	3	2	1	2	3	4	5	6	7	8	9	
U_{21}																		U_{22}
U_{21}																		U_{23}
U_{22}																		U_{23}

表 14　以行权混乱风险为准则的文化风险因素间重要性两两比较

A	重要性比较																	B
	9	8	7	6	5	4	3	2	1	2	3	4	5	6	7	8	9	
U_{31}																		U_{32}
U_{31}																		U_{33}
U_{32}																		U_{33}

表 15　以行权混乱风险为准则的生态风险因素间重要性两两比较

A	重要性比较																	B
	9	8	7	6	5	4	3	2	1	2	3	4	5	6	7	8	9	
U_{41}																		U_{42}
U_{41}																		U_{43}
U_{42}																		U_{43}

表 16　以农地性质变更风险为准则的政治风险因素间重要性两两比较

A	重要性比较																	B
	9	8	7	6	5	4	3	2	1	2	3	4	5	6	7	8	9	
U_{11}																		U_{12}

表 17 以农地性质变更风险为准则的经济风险因素间重要性两两比较

A	重要性比较																	B
	9	8	7	6	5	4	3	2	1	2	3	4	5	6	7	8	9	
U_{22}																		U_{23}

表 18 以农地性质变更风险为准则的文化风险因素间重要性两两比较

A	重要性比较																	B
	9	8	7	6	5	4	3	2	1	2	3	4	5	6	7	8	9	
U_{31}																		U_{32}
U_{31}																		U_{33}
U_{32}																		U_{33}

表 19 以农地性质变更风险为准则的生态风险因素间重要性两两比较

A	重要性比较																	B
	9	8	7	6	5	4	3	2	1	2	3	4	5	6	7	8	9	
U_{41}																		U_{42}
U_{41}																		U_{43}
U_{42}																		U_{43}

表 20 以持续经营风险为准则的政治风险因素间重要性两两比较

A	重要性比较																	B
	9	8	7	6	5	4	3	2	1	2	3	4	5	6	7	8	9	
U_{11}																		U_{12}

表 21 以持续经营风险为准则的经济风险因素间重要性两两比较

A	重要性比较																	B
	9	8	7	6	5	4	3	2	1	2	3	4	5	6	7	8	9	
U_{21}																		U_{22}

表 22　以持续经营风险为准则的文化风险因素间重要性两两比较

A	重要性比较																		B
	9	8	7	6	5	4	3	2	1	2	3	4	5	6	7	8	9	
U_{31}																		U_{32}
U_{31}																		U_{33}
U_{32}																		U_{33}

表 23　以持续经营风险为准则的生态风险因素间重要性两两比较

A	重要性比较																		B
	9	8	7	6	5	4	3	2	1	2	3	4	5	6	7	8	9	
U_{41}																		U_{42}
U_{41}																		U_{43}
U_{42}																		U_{43}

表 24　以履约风险为准则的政治风险因素间重要性两两比较

A	重要性比较																		B
	9	8	7	6	5	4	3	2	1	2	3	4	5	6	7	8	9	
U_{11}																		U_{12}

表 25　以履约风险为准则的文化风险因素间重要性两两比较

A	重要性比较																		B
	9	8	7	6	5	4	3	2	1	2	3	4	5	6	7	8	9	
U_{31}																		U_{32}
U_{31}																		U_{33}
U_{32}																		U_{33}

表 26　以社会关系疏离风险为准则的政治风险因素间重要性两两比较

A	重要性比较																		B
	9	8	7	6	5	4	3	2	1	2	3	4	5	6	7	8	9	
U_{11}																		U_{12}

A	重要性比较																	B
	9	8	7	6	5	4	3	2	1	2	3	4	5	6	7	8	9	
U_{11}																		U_{13}
U_{12}																		U_{13}

表 27　以社会关系疏离风险为准则的经济风险因素间重要性两两比较

A	重要性比较																	B
	9	8	7	6	5	4	3	2	1	2	3	4	5	6	7	8	9	
U_{21}																		U_{22}
U_{21}																		U_{23}
U_{22}																		U_{23}

表 28　以社会关系疏离风险为准则的文化风险因素间重要性两两比较

A	重要性比较																	B
	9	8	7	6	5	4	3	2	1	2	3	4	5	6	7	8	9	
U_{32}																		U_{33}

表 29　以社会关系疏离风险为准则的生态风险因素间重要性两两比较

A	重要性比较																	B
	9	8	7	6	5	4	3	2	1	2	3	4	5	6	7	8	9	
U_{41}																		U_{42}
U_{41}																		U_{43}
U_{42}																		U_{43}

表 30　以契约风险为准则的政治风险因素间重要性两两比较

A	重要性比较																	B
	9	8	7	6	5	4	3	2	1	2	3	4	5	6	7	8	9	
U_{11}																		U_{12}

表 31 以契约风险为准则的经济风险因素间重要性两两比较

A	重要性比较																	B
	9	8	7	6	5	4	3	2	1	2	3	4	5	6	7	8	9	
U_{22}																		U_{23}

表 32 以契约风险为准则的文化风险因素间重要性两两比较

A	重要性比较																	B
	9	8	7	6	5	4	3	2	1	2	3	4	5	6	7	8	9	
U_{31}																		U_{33}

表 33 以契约风险为准则的生态风险因素间重要性两两比较

A	重要性比较																	B
	9	8	7	6	5	4	3	2	1	2	3	4	5	6	7	8	9	
U_{41}																		U_{43}

表 34 以公信力风险为准则的政治风险因素间重要性两两比较

A	重要性比较																	B
	9	8	7	6	5	4	3	2	1	2	3	4	5	6	7	8	9	
U_{12}																		U_{13}

表 35 以公信力风险为准则的经济风险因素间重要性两两比较

A	重要性比较																	B
	9	8	7	6	5	4	3	2	1	2	3	4	5	6	7	8	9	
U_{21}																		U_{22}
U_{21}																		U_{23}
U_{22}																		U_{23}

表 36 以公信力风险为准则的文化风险因素间重要性两两比较

A	重要性比较																	B
	9	8	7	6	5	4	3	2	1	2	3	4	5	6	7	8	9	
U_{31}																		U_{32}

表 37　以公信力风险为准则的生态风险因素间重要性两两比较

A	重要性比较																	B
	9	8	7	6	5	4	3	2	1	2	3	4	5	6	7	8	9	
U_{41}																		U_{42}
U_{41}																		U_{43}
U_{42}																		U_{43}

表 38　以农地质量受损风险为准则的政治风险因素间重要性两两比较

A	重要性比较																	B
	9	8	7	6	5	4	3	2	1	2	3	4	5	6	7	8	9	
U_{11}																		U_{12}

表 39　以农地质量受损风险为准则的经济风险因素间重要性两两比较

A	重要性比较																	B
	9	8	7	6	5	4	3	2	1	2	3	4	5	6	7	8	9	
U_{22}																		U_{23}

表 40　以农地质量受损风险为准则的文化风险因素间重要性两两比较

A	重要性比较																	B
	9	8	7	6	5	4	3	2	1	2	3	4	5	6	7	8	9	
U_{31}																		U_{32}
U_{31}																		U_{33}
U_{32}																		U_{33}

表 41　以农地质量受损风险为准则的生态风险因素间重要性两两比较

A	重要性比较																	B
	9	8	7	6	5	4	3	2	1	2	3	4	5	6	7	8	9	
U_{42}																		U_{43}

表 42 以农田生态系统风险为准则的政治风险因素间重要性两两比较

A	重要性比较																	B
	9	8	7	6	5	4	3	2	1	2	3	4	5	6	7	8	9	
U_{11}																		U_{12}

表 43 以农田生态系统风险为准则的生态风险因素间重要性两两比较

A	重要性比较																	B
	9	8	7	6	5	4	3	2	1	2	3	4	5	6	7	8	9	
U_{41}																		U_{43}

表 44 以粮食安全风险为准则的政治风险因素间重要性两两比较

A	重要性比较																	B
	9	8	7	6	5	4	3	2	1	2	3	4	5	6	7	8	9	
U_{11}																		U_{12}

表 45 以粮食安全风险为准则的经济风险因素间重要性两两比较

A	重要性比较																	B
	9	8	7	6	5	4	3	2	1	2	3	4	5	6	7	8	9	
U_{22}																		U_{23}

表 46 以粮食安全风险为准则的文化风险因素间重要性两两比较

A	重要性比较																	B
	9	8	7	6	5	4	3	2	1	2	3	4	5	6	7	8	9	
U_{31}																		U_{33}

表 47 以粮食安全风险为准则的生态风险因素间重要性两两比较

A	重要性比较																	B
	9	8	7	6	5	4	3	2	1	2	3	4	5	6	7	8	9	
U_{41}																		U_{42}

参考文献

一　中文文献

柏昱：《基于数据包络分析的农地资源利用效率研究与区域差异分析》，《市场研究》2017 年第 12 期。

蔡键、郭欣琪：《农地转出对象熟人化——"乡土社会的情感依赖"还是"不完全信息的有限理性"》，《中国农业大学学报》2022 年第 3 期。

蔡洁等：《集中连片特困区农地转出户生计策略选择研究——基于六盘山的微观实证分析》，《资源科学》2017 年第 11 期。

蔡志海：《汶川地震灾区贫困村农户生计资本分析》，《中国农村经济》2010 年第 12 期。

曹宏斌等：《新疆种养结合循环经济模式发展对策探析》，《草食家畜》2022 年第 3 期。

常伟、李梦：《农地大规模流转中的风险及其防范化解》，《湖南社会科学》2015 年第 5 期。

常伟、马诗雨：《农地规模流转中的"非粮化"问题研究》，《农业经济》2020 年第 9 期。

陈灿平：《西部地区新生代农民工贫困脆弱性的评价——基于生计资本考察》，《西南民族大学学报》（人文社会科学版）2018 年第 5 期。

陈超群、胡伏湘：《基于可持续生计的乡村旅游扶贫绩效研究——以长沙市为例》，《东北农业科学》2019 年第 5 期。

陈飞、翟伟娟：《农户行为视角下农地流转诱因及其福利效应研究》，《经济研究》2015 年第 10 期。

陈良、张云：《农村土地规模经营问题探析——以苏北为例》，《农村经济》2009 年第 3 期。

陈良敏等：《农户家庭生计策略变动及其影响因素研究——基于 CFPS 微观数据》，《财经论丛》2020 年第 3 期。

陈良敏等：《失业风险、异质性资本与农民工社会融合》，《农村经济》2020 年第 5 期。

陈漫、刘世薇：《西南地区农作物种植结构优化研究》，《江西农业大学学报》2022 年第 1 期。

陈明玉等：《广西壮族自治区 D 县农村水库移民生计安全评价》，《水利经济》2015 年第 6 期。

陈姝洁等：《中介组织作用对农户农地流转决策的影响——基于经济发达地区的实证研究》，《中国土地科学》2015 年第 11 期。

陈文烈、李燕丽：《西部地区高质量发展测度及时空演变格局》，《西南民族大学学报》（人文社会科学版）2022 年第 3 期。

陈振：《农地流转风险：国内外研究进展、述评及改进》，《农业经济问题》2021 年第 6 期。

陈振等：《农户农地转出意愿与转出行为的差异分析》，《资源科学》2018 年第 10 期。

陈振等：《资本下乡过程中农地流转风险识别、形成机理与管控策略》，《长江流域资源与环境》2018 年第 5 期。

陈振等：《资本下乡过程中农户风险认知对土地转出意愿的影响研究——基于安徽省 526 份农户调研问卷的实证》，《南京农业大学学报》（社会科学版）2018 年第 2 期。

成华、尹金承：《省域农村基本公共服务水平的测度及区域差异分析》，《统计与决策》2019 年第 19 期。

程久苗：《农地流转中村集体的角色定位与"三权"权能完善》，《农业经济问题》2020 年第 4 期。

程明华等：《基于农地流转与适度规模经营视角的食品安全问题探讨》，《理论月刊》2014 年第 7 期。

程相友等：《农地流转对农业生态系统的影响》，《中国生态农业学报》2016 年第 3 期。

崔晓明：《基于可持续生计框架的秦巴山区旅游与社区协同发展研究——以陕西安康市为例》，博士学位论文，西北大学，2018年。

崔晓明等：《乡村旅游影响下的农户可持续生计研究——以秦巴山区安康市为例》，《山地学报》2017年第1期。

崔严等：《山西省阳泉矿区农户可持续生计研究》，《生态学报》2020年第19期。

道格拉斯·C.诺思：《制度、制度变迁与经济绩效》，格致出版社2008年版。

丁士军等：《被征地农户生计能力变化研究——基于可持续生计框架的改进》，《农业经济问题》2016年第6期。

杜书云、徐景霞：《内源式发展视角下失地农民可持续生计困境及破解机制研究》，《经济学家》2016年第7期。

杜书云等：《农地市场化流转与农民多维权益实现困局——来自河南省孟楼镇的观察》，《农业经济问题》2020年第4期。

杜巍等：《就地就近城镇化背景下农民工生计恢复力测量及现状》，《甘肃行政学院学报》2019年第4期。

范恒山：《大力推动西部地区经济高质量发展——〈中国西部经济高质量发展研究报告（2021）〉序》，《区域经济评论》2022年第1期。

费孝通：《乡土中国》，北京大学出版社2017年版。

冯琳等：《三峡生态屏障区农户退耕受偿意愿的调查分析》，《中国环境科学》2013年第5期。

付江涛：《新一轮承包地确权、流转及其投资利用研究——来自江苏三个确权点县（市、区）的调查实证》，博士学位论文，南京农业大学，2016年。

傅勇、张晏：《中国式分权与财政支出结构偏向：为增长而竞争的代价》，《管理世界》2007年第3期。

高博发等：《后续扶持政策、资源禀赋与易地搬迁农户生计风险——来自陕西省的经验证据》，《经济地理》2022年第4期。

高小刚、谷昔伟：《"三权分置"中农地经营权融资担保功能之实现路径——基于新修订〈农村土地承包法〉的分析》，《苏州大学学报》

（哲学社会科学版）2019 年第 4 期。

高晓红、李兴奇：《多元线性回归模型中无量纲化方法比较》，《统计与决策》2022 年第 6 期。

郜亮亮：《中国农地流转发展及特点：1996—2008 年》，《农村经济》2014 年第 4 期。

耿亚新等：《农户生计资本和区域异质性对生计策略的影响研究——基于中国家庭追踪调查数据的实证分析》，《林业经济》2021 年第 5 期。

关江华：《基于风险能力评价的农户宅基地流转福利变化研究——以武汉城市圈典型区域为例》，博士学位论文，华中农业大学，2014 年。

关云龙、付少平：《可持续生计视野下的农民教育研究》，《成人教育》2010 年第 4 期。

郭华、杨玉香：《可持续乡村旅游生计研究综述》，《旅游学刊》2020 年第 9 期。

郭景福、黄江：《乡村振兴视阈下民族地区构建现代乡村产业体系的机制与路径探析》，《云南民族大学学报》（哲学社会科学版）2022 年第 3 期。

郭俊华、赵培：《西部地区易地扶贫搬迁进程中的现实难点与未来重点》，《兰州大学学报》（社会科学版）2020 年第 2 期。

郭明军：《我国生态文明建设的实践与启示——评〈中国特色生态文明建设道路〉》，《生态经济》2020 年第 10 期。

郭庆旺等：《公共经济学大辞典》，经济科学出版社 1999 年版。

国家统计局：《中国统计年鉴（2021）》，中国统计出版社 2021 年版。

国家统计局国民经济综合统计司：《新中国六十年统计资料汇编》，中国统计出版社 2010 年版。

韩国明、王琳燕：《西北地区"季节性转移"农户兼业行为选择困境的分析——基于宁夏西吉县的调查》，《宁夏社会科学》2012 年第 5 期。

韩红蕾：《农村经济合作社企业化管理的现实困境及应对策略——

以广东省为例》，《农业经济》2021 年第 6 期。

韩鹏：《农地承包权流转之类型化考察》，《山东农业大学学报》（社会科学版）2006 年第 4 期。

韩文文等：《不同地貌背景下民族村农户生计脆弱性及其影响因子》，《应用生态学报》2016 年第 4 期。

郝海广等：《基于生态系统服务和农户福祉的生态补偿效果评估研究进展》，《生态学报》2018 年第 19 期。

郝宇彪、管智超：《中国农村土地流转价格形成机制的比较分析》，《区域经济评论》2018 年第 6 期。

何爱平、赵仁杰：《丝绸之路经济带背景下西部生态文明建设：困境、利益冲突及应对机制》，《人文杂志》2016 年第 3 期。

何广文等：《再议农户信贷需求及其信贷可得性》，《农业经济问题》2018 年第 2 期。

何国平：《"三权分置"下农户流转耕地行为研究》，《华南农业大学学报（社会科学版）》2020 年第 3 期。

何仁伟：《山区聚落农户可持续生计发展水平及空间差异分析——以四川省凉山州为例》，《中国科学院大学学报》2014 年第 2 期。

何仁伟等：《基于可持续生计的精准扶贫分析方法及应用研究——以四川凉山彝族自治州为例》，《地理科学进展》2017 年第 2 期。

何一鸣、罗必良：《农地流转、交易费用与产权管制：理论范式与博弈分析》，《农村经济》2012 年第 1 期。

贺爱琳等：《乡村旅游发展对农户生计的影响——以秦岭北麓乡村旅游地为例》，《经济地理》2014 年第 12 期。

衡霞、王茜：《西藏农村土地"三权分置"政策执行困境研究》，《青海民族研究》2018 年第 2 期。

洪名勇、何玉凤：《邻里效应及其对农地流转选择行为的影响机制研究——基于贵州省 540 户农户的调查》，《农业技术经济》2020 年第 9 期。

胡大武等：《我国农地流转中的粮食安全风险防范机制研究》，《西南民族大学学报》（人文社会科学版）2010 年第 7 期。

胡建：《农地流转风险规避研究——以华北五省（市、区）为例》，博士学位论文，河北农业大学，2014 年。

黄安琪、李坦：《安徽省可持续生计安全及鲁棒性分析》，《辽宁工业大学学报》（社会科学版）2020 年第 2 期。

黄飞鸣等：《金融素养与农村"值守"群体可持续生计能力》，《金融理论与实践》2022 年第 3 期。

黄建伟等：《中国农地流转研究述评：20 年文献回顾与展望——基于社会网络分析技术》，《中国土地科学》2017 年第 3 期。

黄锐、谢朝武：《中国赴东盟地区旅游安全事故风险因子的组态影响探测——基于 HEVP 框架的模糊集定性比较分析》，《经济地理》2021 年第 7 期。

黄文娟等：《参与式乡村评估在壶瓶山自然保护区的初步应用》，《中南林学院学报》2005 年第 3 期。

黄延廷：《农地市场化流转及其对策研究》，《求实》2012 年第 5 期。

江生忠：《风险管理与保险》，南开大学出版社 2008 年版。

江淑斌、李帆：《农地流转交易媒介的使用及选择》，《经济经纬》2018 年第 6 期。

江易华、黄桀烽：《失地农户生计恢复力的效应及影响因素研究》，《统计与决策》2020 年第 5 期。

姜晓萍、衡霞：《农村土地流转风险的形成机理及外部性研究》，《农村经济》2011 年第 11 期。

蒋辉等：《中国农业经济韧性对农业高质量发展的影响效应与机制研究》，《农业经济与管理》2022 年第 1 期。

蒋娜：《我国农村土地流转风险的研究综述》，《现代经济信息》2017 年第 3 期。

蒋永穆、王瑞：《农业经营主体的结构性分化——一个基于要素配置方式的分析框架》，《求索》2020 年第 1 期。

蒋永穆等：《土地承包经营权流转的风险及其防范》，《福建论坛》（人文社会科学版）2010 年第 6 期。

蒋祖缘：《中国封建社会前期农民战争与土地问题的关系》，《学术研究》1962 年第 5 期。

金莲、王永平：《生态移民生计风险与生计策略选择研究——基于城镇集中安置移民家庭生计资本的视角》，《贵州财经大学学报》2020年第1期。

阙祥才、种道平：《农村土地流转中的农民权利意识研究》，《湖北社会科学》2005年第6期。

匡远配、刘洋：《农地流转过程中的"非农化""非粮化"辨析》，《农村经济》2018年第4期。

匡远配、陆钰凤：《我国农地流转"内卷化"陷阱及其出路》，《农业经济问题》2018年第9期。

黎春梅、何格：《SLA框架下生计资本影响山区农户分化的机理与实证研究——以广西山区农户为例》，《中国农业资源与区划》2021年第11期。

黎毅、王燕：《西部地区不同生计策略农户多维贫困分解研究》，《西安财经大学学报》2021年第2期。

黎毅等：《农地认知、农地确权与农地流转——基于西部6省（市、区）的调研分析》，《经济与管理研究》2021年第1期。

李秉文：《"可持续生计"框架下欠发达地区乡村振兴推进策略研究——以甘肃省为例》，《甘肃行政学院学报》2020年第5期。

李长健、刘磊：《代际公平视域下农村土地流转过度集中的风险防范》，《上海财经大学学报》2014年第1期。

李承桧等：《基于农户收益风险视角的土地流转期限影响因素实证分析》，《中国人口·资源与环境》2015年第1期。

李创、龚宇：《后精准扶贫时代资本协同反贫困问题研究——基于DFID可持续生计框架分析》，《西南金融》2020年第11期。

李春友：《基于资源利用视角的广西农业用地绩效评估及障碍分析》，《中国农业资源与区划》2021年第3期。

李聪：《劳动力外流背景下西部贫困山区农户生计状况分析——基于陕西秦岭的调查》，《经济问题探索》2010年第9期。

李聪等：《外出务工对流出地家庭生计策略的影响——来自西部山区的证据》，《当代经济科学》2010年第3期。

李聪等：《移民搬迁对农户生计策略的影响——基于陕南安康地区

的调查》，《中国农村观察》2013 年第 6 期。

李聪等：《易地移民搬迁对农户生态系统服务依赖度的影响——来自陕南的证据》，《中国人口·资源与环境》2017 年第 11 期。

李飞等：《农户可持续生计框架下的乡村旅游影响研究——以北京市大兴区梨花村为例》，《江苏农业科学》2012 年第 8 期。

李海波等：《新编统计学》，立信会计出版社 2005 年版。

李怀、高磊：《我国农地流转中的多重委托代理结构及其制度失衡解析——从重庆、四川、广东等省份土地产权流转案例中得到的启示》，《农业经济问题》2009 年第 11 期。

李会琴等：《乡村旅游地农户生计脆弱性及其影响机理研究》，《国土资源科技管理》2019 年第 4 期。

李健瑜、陈晓楠：《可持续生计视域下生态移民工程效果探析——基于陕南 599 份农户问卷的实证分析》，《干旱区资源与环境》2018 年第 12 期。

李江一、秦范：《如何破解农地流转的需求困境？——以发展新型农业经营主体为例》，《管理世界》2022 年第 2 期。

李景刚等：《风险意识、用途变更预期与土地流转意愿》，《生态经济》2016 年第 7 期。

李景刚等：《农地流转风险形成机制及评价——以广东省为例》，《中国农业资源与区划》2022 年第 5 期。

李敬等：《基于时空角度的广东省耕地占补平衡绩效评价》，《农业资源与环境学报》2021 年第 6 期。

李靖等：《重庆市贫困农户生计资本的空间格局及影响因素分析》，《山地学报》2018 年第 6 期。

李明月、陈凯：《精准扶贫对提升农户生计的效果评价》，《华南农业大学学报》（社会科学版）2020 年第 1 期。

李琴等：《农地适度规模经营的分类估计——基于不同地形下不同地区的测算》，《农林经济管理学报》2019 年第 1 期。

李树苗等：《退耕还林政策对农户生计的影响研究——基于家庭结构视角的可持续生计分析》，《公共管理学报》2010 年第 2 期。

李松有：《"结构—关系—主体"视角下农村贫困治理有效实现路

径——基于广西 15 个县 45 个行政村 878 户农民调查研究》,《当代经济管理》2020 年第 5 期。

李太平、张怀英:《高校行政化内涵辨析》,《高教发展与评估》2021 年第 1 期。

李小云等:《地震灾害对农村贫困的影响——基于生计资产体系的评价》,《贵州社会科学》2011 年第 3 期。

李晓冰:《自然保护区生态移民农户的生计响应测度——以小溪国家级自然保护区生态移民调查数据为样本》,《吉首大学学报》(社会科学版)2020 年第 6 期。

李燕:《主体、约束与模式:新型城镇化背景下青海省失地农民可持续生计问题研究》,《青海民族大学学报》(社会科学版)2020 年第 4 期。

李毅等:《农村土地流转风险:表现、成因及其形成机理——基于浙江省 A 乡的分析》,《中国农业资源与区划》2016 年第 1 期。

李玉恒等:《转型期中国农户生计响应的时空差异及对乡村振兴战略启示》,《地理研究》2019 年第 11 期。

李玉红、王皓:《中国人口空心村与实心村空间分布——来自第三次农业普查行政村抽样的证据》,《中国农村经济》2020 年第 4 期。

李玉龙等:《基于层次分析法的农村土地流转成熟度评价研究》,《中央财经大学学报》2015 年第 9 期。

李云新、吕明煜:《资本下乡中农户可持续生计模式构建》,《华中农业大学学报》(社会科学版)2019 年第 2 期。

李政通、顾海英:《农地经营权定价与职业粮农的规模经营——基于土地权利资本化视角的分析》,《农业技术经济》2022 年第 3 期。

金黎平、吕文河:《马铃薯产业与绿色发展 2021》,黑龙江科学技术出版社 2021 年版。

梁超等:《农业保险促进了土地流转吗?——基于华中三省的实证分析》,《世界农业》2022 年第 1 期。

梁红卫:《基于农民专业合作社的农地规模经营模式探讨》,《经济纵横》2010 年第 4 期。

梁流涛、许立民:《生计资本与农户的土地利用效率》,《中国人口·资源与环境》2013 年第 3 期。

梁伟:《农地流转制度创新:路径与机制》,《农业经济问题》2022 年第 4 期。

梁义成等:《区域生态合作机制下的可持续农户生计研究——以"稻改旱"项目为例》,《生态学报》2013 年第 3 期。

林乐芬、王步天:《农户农地经营权抵押贷款可获性及其影响因素——基于农村金融改革试验区 2518 个农户样本》,《中国土地科学》2016 年第 5 期。

林同智等:《基于改进熵值赋权法和 TOPSIS 模型的综合评价应用》,《桂林理工大学学报》2015 年第 3 期。

林旭:《论农地流转的社会风险及其防范机制》,《西南民族大学学报》(人文社会科学版)2009 年第 8 期。

林毅夫:《经济结构转型与"十四五"期间高质量发展:基于新结构经济学视角》,《兰州大学学报》(社会科学版)2020 年第 4 期。

刘革等:《基于 PSR 模型的我国社会重大风险评估体系研究》,《财经理论与实践》2021 年第 5 期。

刘格格等:《生态补偿对水源地农户可持续生计能力的影响研究——基于改进的 DFID 生计分析框架》,《中国农业资源与区划》2022 年第 10 期。

刘菊等:《西部典型山区农户的生计状况分析——以四川省宝兴县为例》,《中国农业大学学报》2016 年第 12 期。

刘钧:《风险管理概论》(第 3 版),清华大学出版社 2013 年版。

刘玲等:《可持续生计分析框架在乡村旅游研究中的改进与应用》,《东岳论丛》2019 年第 12 期。

刘倩等:《基于 DPSIR 模型的六盘山集中连片特困区生计安全评价》,《山地学报》2018 年第 2 期。

刘倩等:《秦巴山特困区农户生计资本及生计策略研究——以商洛市为例》,《干旱区地理》2020 年第 1 期。

刘润秋:《耕地占补平衡模式运行异化风险及其防范》,《四川大学学报》(哲学社会科学版)2010 年第 3 期。

刘卫柏等:《产业扶贫对民族地区贫困农户生计策略和收入水平的

影响》，《经济地理》2019 年第 11 期。

刘伟、黎洁：《提升或损伤？易地扶贫搬迁对农户生计能力的影响》，《中国农业大学学报》2019 年第 3 期。

刘伟、黎洁：《易地扶贫搬迁与贫困农户可持续生计》，社会科学文献出版社 2020 年版。

刘晓敏等：《农民工职业培训对农户生计的影响——以青海林业资源管理项目职业培训子项目为例》，《成人教育》2007 年第 7 期。

刘笑言、宋浩昆：《新时期农业土地流转多方参与模式探究》，《农村经济与科技》2020 年第 18 期。

刘英恒太、杨丽娜：《农业产出增长的结构分解及与服务业融合发展研究》，《中国农业资源与区划》2022 年第 9 期。

刘颖：《农地流转对农业生产及农民收入的影响——来自甘肃省的实证研究》，博士学位论文，兰州大学，2018 年。

卢华：《土地细碎化、非农劳动供给和农地经营权流转研究》，博士学位论文，南京农业大学，2017 年。

卢志强等：《农户生计资本特征及对生活满意度的影响——基于中国 13 省 25 县抽样调查数据的分析》，《北京大学学报》（自然科学版）2021 年第 3 期。

鲁鹏：《实践与理论：制度变迁主要流派》，山东人民出版社 2008 年版。

陆继霞：《土地流转农户的可持续生计探析》，《贵州社会科学》2018 年第 1 期。

陆继霞、Anna Lora-Wainwright：《铅锌矿开发对矿区农户可持续生计的影响》，《贵州社会科学》2014 年第 8 期。

陆继霞、吴丽娟：《再小农化：土地流转后农户的生计退路》，《现代经济探讨》2022 年第 4 期。

路慧玲等：《社会资本对农户收入的影响机理研究——以甘肃省张掖市、甘南藏族自治州与临夏回族自治州为例》，《干旱区资源与环境》2014 年第 10 期。

吕军书、贾威：《"三权分置"制度下农村土地流转失约风险的防范机制研究》，《理论与改革》2017 年第 6 期。

吕文栋等：《风险管理理论的创新——从企业风险管理到弹性风险管理》，《科学决策》2017年第9期。

罗必良等：《农地租约期限的"逆向选择"——基于9省份农户问卷的实证分析》，《农业技术经济》2017年第1期。

罗海平等：《基于PSR模型的中国粮食主产区农业生态安全评价及障碍因素诊断》，《统计与信息论坛》2022年第1期。

罗海平等：《粮食主产区耕地压力时空分异及驱动因子识别》，《统计与决策》2022年第4期。

罗玉辉：《中国农村土地流转与农民权益保护》，社会科学文献出版社2019年版。

罗振华：《西部地区水电开发项目的社会冲突形成机理研究——基于扎根理论的质性分析》，《民族学刊》2021年第6期。

麻吉亮等：《农业灾害的特征、影响以及防灾减灾抗灾机制——基于文献综述视角》，《中国农业大学学报》（社会科学版）2020年第5期。

马国璇等：《改进可持续生计框架下易地扶贫搬迁前后农户生计对比分析——以贵州省贞丰县者相镇安置点为例》，《中国农业资源与区划》2022年第5期。

马九杰等：《贫困地区农户家庭劳动力禀赋与生产经营决策》，《中国人口·资源与环境》2013年第5期。

马贤磊等：《农地流转中的政府作用：裁判员抑或运动员——基于苏、鄂、桂、黑四省（区）农户农地流转满意度的实证分析》，《经济学家》2016年第11期。

毛舒欣等：《西南地区少数民族传统生计变迁与农户生计安全》，《生态学报》2018年第24期。

孟凡钊、董彦佼：《基于农户可持续生计功能视角的农村电商经营行为分析——以广西为例》，《商业经济研究》2021年第3期。

孟光辉：《当前农村土地流转的风险因素》，《中国党政干部论坛》2016年第8期。

宁泽逵：《农户可持续生计资本与精准扶贫》，《华南农业大学学报》（社会科学版）2017年第1期。

宁泽逵：《信息化对集中连片特困区农户可持续生计的影响》，《西北农林科技大学学报》（社会科学版）2017年第2期。

牛丽楠等：《西部地区生态状况变化及生态系统服务权衡与协同》，《地理学报》2022年第1期。

牛文涛等：《农村三产融合赋能农民就业增收再审视——基于河南省孟庄镇、龙湖镇、薛店镇的案例分析》，《农业经济问题》2022年第8期。

牛星、李玲：《不同主体视角下农地流转的风险识别及评价研究——基于上海涉农郊区的调研》，《中国农业资源与区划》2018年第5期。

牛星、李玲：《农村承包经营土地流转的农户意愿及影响因素分析——基于山东省西龙湾村的调查研究》，《资源开发与市场》2016年第1期。

牛星、吴冠岑：《国内外农地流转的社会风险及治理研究综述》，《上海国土资源》2017年第2期。

牛星等：《流转特征、风险感知与土地流转满意度——基于长三角地区1008个农户的调查》，《农业经济与管理》2020年第2期。

农民权益问题课题组：《农民权益缺失：现状、成因与对策》，《开发研究》2005年第2期。

农业农村部政策与改革司：《2020年中国农村政策与改革统计年报》，中国农业出版社2021年版。

彭开丽等：《中国各省份农地资源价值量估算——基于对农地功能和价值分类的分析》，《资源科学》2012年第12期。

彭向刚、程波辉：《行政"不作为乱作为"现象的制度分析——以近十年（2007—2017）的相关报道为文本》，《吉林大学社会科学学报》2018年第4期。

钱龙：《非农就业、农地流转与农户农业生产变化》，浙江大学2017年版。

曲衍波等：《基于压力—状态—响应模型的土地整治空间格局及障碍诊断》，《农业工程学报》2017年第3期。

全千红、沈苏彦：《基于扎根理论的乡村旅游可持续生计分析——

以南京高淳大山村为例》，《世界农业》2020 年第 6 期。

任保平、张倩：《西部大开发 20 年西部地区经济发展的成就、经验与转型》，《陕西师范大学学报》（哲学社会科学版）2019 年第 4 期。

任保平等：《西部蓝皮书：中国西部发展报告（2021）》，社会科学文献出版社 2021 年版。

任立等：《基于 SEM-SD 模型的城市近郊区农户土地投入行为决策机制仿真研究》，《资源科学》2020 年第 2 期。

尚海洋等：《生态脆弱区应对返贫风险生计研究的国内进展》，《资源开发与市场》2021 年第 7 期。

邵传林、何磊：《退耕还林：农户、地方政府与中央政府的博弈关系》，《中国人口·资源与环境》2010 年第 2 期。

沈建新：《基于农民权益保障的福建省农村土地流转改革研究》，《福建论坛》（人文社会科学版）2015 年第 12 期。

沈军：《中国失地农民生计状况及可持续性路径研究》，四川人民出版社 2012 年版。

沈素素：《农地"反租倒包"流转模式的风险防范机制研究——以湖南省 Z 县 S 村集体为例》，《湖湘论坛》2021 年第 1 期。

施淑蓉：《西部地区现代农业发展的制约因素及提升对策研究》，《西藏大学学报》（社会科学版）2014 年第 3 期。

石育中等：《陕南秦巴山区可持续生计安全评价及其鲁棒性分析》，《地理研究》2016 年第 12 期。

时红艳：《外出务工与非外出务工农户生计资本状况实证研究》，《统计与决策》2011 年第 4 期。

斯丽娟等：《旅游精准扶贫绩效影响因子研究——基于可持续生计理论》，《西北农林科技大学学报》（社会科学版）2019 年第 1 期。

宋菊香、张乐：《生计视角下的农户农地流转行为研究——以河南省为例》，《江西科学》2021 年第 3 期。

宋明哲：《现代风险管理理论》，中国纺织出版社 2003 年版。

苏芳：《可持续生计：理论、方法与应用》，中国社会科学出版社 2015 年版。

苏芳：《劳动力转移特征变量对农户生计资本的影响分析——以甘

肃省为例》，《冰川冻土》2016 年第 2 期。

苏芳等：《农村劳动力转移与农户生计间的影响关系分析——以甘肃省为例》，《干旱区地理》2017 年第 4 期。

苏芳等：《生计资本与生计策略关系研究——以张掖市甘州区为例》，《中国人口·资源与环境》2009 年第 6 期。

苏飞等：《快速城镇化背景下杭州城市边缘区居民生计安全评估》，《浙江农业科学》2015 年第 10 期。

孙凤芝等：《乡村旅游背景下农户生计策略转变意愿研究》，《中国人口·资源与环境》2020 年第 3 期。

孙晗霖：《乡村建设对精准脱贫户生计可持续的影响——基于贫困地区 2660 个脱贫家庭的数据分析》，《西北农林科技大学学报》（社会科学版）2020 年第 5 期。

孙晗霖等：《教育对欠发达西部地区脱贫群体生计可持续的影响研究——基于货币效应与非货币效应的分析》，《西南大学学报》（社会科学版）2021 年第 6 期。

孙晗霖等：《贫困地区精准脱贫户生计可持续及其动态风险研究》，《中国人口·资源与环境》2019 年第 2 期。

孙姝博：《眉县猕猴桃乡村振兴产业发展模式研究》，《南方农机》2022 年第 7 期。

孙绪民、周森林：《论我国失地农民的可持续生计》，《理论探讨》2007 年第 5 期。

孙云奋：《劳动力转移与农地流转的关联度：鲁省个案》，《改革》2012 年第 9 期。

覃志敏、陆汉文：《后重建时期汶川地震灾区贫困村农户生计状况研究》，《农村经济》2014 年第 3 期。

汤茜：《风险社会理论视角下的中国农村土地流转风险分析》，硕士学位论文，西南交通大学，2012 年。

汤青：《可持续生计的研究现状及未来重点趋向》，《地球科学进展》2015 年第 7 期。

田洁玫、杨俊孝：《新疆自治区农地流转规模效益与风险分析》，《中国农业资源与区划》2014 年第 1 期。

万晶晶等:《产权风险下农户农地无偿转包方式选择——基于正式制度与非正式制度视角》,《农业现代化研究》2020 年第 4 期。

万亚胜等:《基于结构方程模型的农地转出户可持续生计分析——以安徽省为例》,《江苏农业科学》2017 年第 13 期。

王杰等:《互联网使用有助于农地长期转出吗?》,《湖南农业大学学报》(社会科学版)2022 年第 1 期。

王劲屹:《农地流转运行机制、绩效与逻辑研究——一个新的理论分析框架》,《公共管理学报》2019 年第 1 期。

王晶等:《数字金融使用对农户生计多样化的影响研究》,《农村经济》2021 年第 8 期。

王俊超:《农村集体资产确权到户的法律路径设计》,《农村经济》2020 年第 11 期。

王立安等:《生态补偿对贫困农户生计能力影响的定量分析》,《农村经济》2012 年第 11 期。

王玲、魏丹丹:《农村土地流转中环境问题的法律规制》,《济南大学学报》(社会科学版)2021 年第 3 期。

王璐等:《中国农户农业生产全要素生产率研究》,《管理世界》2020 年第 12 期。

王明英:《论城市化进程中失地农民的可持续生计》,《商场现代化》2006 年第 21 期。

王鹏等:《基于 PSR 模型的青铜峡市土地生态安全评价与预测》,《水土保持通报》2018 年第 2 期。

王倩:《粮食主产区农户农地流转行为及影响研究——以河南山东为例》,博士学位论文,西北农林科技大学,2019 年。

王倩等:《风险态度、风险感知对农户农地流转行为影响分析——基于豫鲁皖冀苏 1429 户农户面板数据》,《华中农业大学学报》(社会科学版)2019 年第 6 期。

王蓉等:《文化资本介入下的乡村旅游地农户生计资本测度——婺源李坑村案例》,《旅游学刊》2021 年第 7 期。

王文略等:《风险与机会对生态脆弱区农户多维贫困的影响——基于形成型指标的结构方程模型》,《中国农村观察》2019 年第 3 期。

王晓群：《风险管理》，上海财经大学出版社 2003 年版。

王旭阳、常跟应：《1998—2018 年河西走廊农业生产地区专业化时空演变分析》，《兰州大学学报》（自然科学版）2022 年第 2 期。

王雪琪等：《农户生计资本、家庭要素流动与农地流转参与》，《长江流域资源与环境》2021 年第 4 期。

王亚辉等：《中国土地流转的区域差异及其影响因素——基于 2003—2013 年农村固定观察点数据》，《地理学报》2018 年第 3 期。

王亚楠等：《有偿 VS 无偿：产权风险下农地附加价值与农户转包方式选择》，《管理世界》2015 年第 11 期。

王岩、杨俊孝：《天山北坡经济带农户农地流转行为影响因素分析——以玛纳斯县为例》，《中国农业资源与区划》2013 年第 6 期。

王岩、杨俊孝：《新疆玛纳斯县农户农地流转行为影响因素实证分析》，《干旱区资源与环境》2013 年第 6 期。

王岩等：《农民土地流转行为决策：一个道义经济的分析视角——基于和田地区 K 村的考察》，《干旱区资源与环境》2017 年第 8 期。

王颜齐、郭翔宇：《中介组织介入土地承包经营权流转分析》，《求是学刊》2012 年第 3 期。

王洋等：《基于 PSR-TOPSIS 模型的郑州市土地生态安全评价及障碍因子诊断》，《河南农业大学学报》2020 年第 5 期。

王一：《可持续生计视角下"参与式"反贫困路径探索》，《社会保障评论》2020 年第 1 期。

王一清、匡远配：《农地流转如何影响农户生计：基于双 IS 框架》，《江苏农业科学》2018 年第 23 期。

王志章、杨志红：《劳动力非农就业抑制了农户参与专业合作社吗——基于西部地区 10 省 85 村 1154 户的微观调查数据》，《农业技术经济》2021 年第 6 期。

韦彩玲：《土地流转"龙头企业+合作社+农民"模式的潜在问题及对策研究》，《甘肃社会科学》2012 年第 6 期。

魏后凯等：《中国农村发展报告（2019）：聚焦农业农村优先发展》，中国社会科学出版社 2019 年版。

温涛、刘渊博：《西部地区高质量发展的制约瓶颈和突破路径》，

《贵州财经大学学报》2019 年第 3 期。

文高辉等：《洞庭湖区耕地利用碳排放与生态效率时空特征》，《生态经济》2022 年第 7 期。

吴冠岑等：《乡村土地旅游化流转的风险评价研究》，《经济地理》2013 年第 3 期。

吴晗：《集体土地使用权流转制度研究》，《农业经济问题》1996 年第 3 期。

吴嘉莘、杨红娟：《乡村振兴背景下新型农业经营体系对农户生计的可持续影响研究——基于准自然实验数据》，《云南民族大学学报》（哲学社会科学版）2022 年第 3 期。

吴乐、靳乐山：《贫困地区生态补偿对农户生计的影响研究——基于贵州省三县的实证分析》，《干旱区资源与环境》2018 年第 8 期。

吴乐、靳乐山：《生态补偿扶贫背景下农户生计资本影响因素研究》，《华中农业大学学报》（社会科学版）2018 年第 6 期。

吴一恒等：《农地"三权分置"制度实施潜在风险与完善措施——基于产权配置与产权公共域视角》，《中国农村经济》2018 年第 8 期。

吴郁玲、于亿亿：《宅基地流转对农户生计脆弱性的影响研究——基于金寨、宜城、余江的农户调查》，《农林经济管理学报》2022 年第 2 期。

吴昭军：《农地法权中农户的概念界定》，《改革与战略》2016 年第 3 期。

伍艳：《农户生计资本与生计策略的选择》，《华南农业大学学报》（社会科学版）2015 年第 2 期。

武小惠：《财政风险问题》，中国社会出版社 2005 年版。

夏玉莲：《农地流转的效益研究》，博士学位论文，湖南农业大学，2014 年。

夏玉莲、曾福生：《农地流转效益、农业可持续性及区域差异》，《华中农业大学学报》（社会科学版）2014 年第 2 期。

夏玉莲、曾福生：《中国农地流转制度对农业可持续发展的影响效应》，《技术经济》2015 年第 10 期。

肖娥芳、祁春节：《我国农户家庭农场经营意愿及其影响因素分析》,《商业研究》2014年第11期。

肖轶、尹珂:《农村"三权"抵押贷款融资对农户生计策略的影响——基于重庆城乡统筹试验区5区县562户调查数据》,《中国农业资源与区划》2021年第2期。

熊正贤:《农民生计转型与土地意识嬗变——来自贵州穿青人地区的调查》,《中南民族大学学报》(人文社会科学版)2018年第2期。

徐定德等:《西南典型山区农户生计资本与生计策略关系研究》,《西南大学学报》(自然科学版)2015年第9期。

徐珊等:《基于PSR模型的城市土地生态安全评价:以青岛市为例》,《环境工程》2019年第9期。

徐现祥等:《中国营商环境报告(2020)》,社会科学文献出版社2020年版。

徐勇:《土地问题的实质是国家与农民的关系问题》,《探索与争鸣》2004年第1期。

许汉石、乐章:《生计资本、生计风险与农户的生计策略》,《农业经济问题》2012年第10期。

许恒周等:《农地确权政策对农户农地流转决策行为的影响分析——基于津鲁两地农户调查问卷的实证研究》,《中国农村研究》2016年第1期。

许吟隆等:《IPCC特别报告SRCCL关于气候变化与粮食安全的新认知与启示》,《气候变化研究进展》2020年第1期。

薛东前等:《土地利用结构变化对农户生计策略选择的影响——以陕西省黄陵县为例》,《陕西师范大学学报》(自然科学版)2021年第2期。

严金明等:《党的十八大以来农村土地制度改革的进展、成效与展望》,《改革》2022年第8期。

杨成林:《中国式家庭农场形成机制研究——基于皖中地区"小大户"的案例分析》,《中国人口·资源与环境》2014年第6期。

杨广亮、王军辉:《新一轮农地确权、农地流转与规模经营——来自CHFS的证据》,《经济学(季刊)》2022年第1期。

杨琨、刘鹏飞:《欠发达地区失地农民可持续生计影响因素分析——以兰州安宁区为例》,《水土保持研究》2020 年第 4 期。

杨璐璐:《农村土地经营权流转的现实困境与制度性原因分析》,《西北大学学报》(哲学社会科学版)2015 年第 4 期。

杨伦等:《全球重要农业文化遗产的粮食与生计安全评估框架》,《中国生态农业学报(中英文)》2020 年第 9 期。

杨世龙、赵文娟:《可持续生计框架下农户生计与土地利用变化研究进展》,《云南地理环境研究》2015 年第 2 期。

杨肃昌、范国华:《"十四五"时期巩固拓展脱贫攻坚成果同乡村振兴有效衔接评价指标体系构建》,《宁夏社会科学》2022 年第 2 期。

杨卫忠:《风险感知、风险态度对农村土地经营权流转的影响研究——以浙江省嘉兴市农村土地经营权流转为例》,《中国土地科学》2018 年第 9 期。

杨义兴:《农业农村现代化视野下我国农地经营模式问题:基于比较性考察》,《科学社会主义》2022 年第 1 期。

杨子砚、文峰:《从务工到创业——农地流转与农村劳动力转移形式升级》,《管理世界》2020 年第 7 期。

姚成胜等:《中国农业经济发展的区域差异、时空格局演变及其驱动机制分析》,《农业现代化研究》2019 年第 4 期。

姚晓丽:《"三权分置"下土地经营权再流转的方式与风险防范研究》,《湖北农业科学》2019 年第 17 期。

姚予龙等:《基于精准识别指标体系的西藏贫困农牧民生计入户调研——山南市 8 县抽样调查》,《中国农业资源与区划》2018 年第 9 期。

叶敬忠、贺聪志:《基于小农户生产的扶贫实践与理论探索——以"巢状市场小农扶贫试验"为例》,《中国社会科学》2019 年第 2 期。

于传岗、张军伟:《是否流转分权?农地有序流转最优机制设计》,《西北农林科技大学学报》(社会科学版)2017 年第 4 期。

袁杰:《中国经济区划研究及再划分》,《商业时代》2006 年第 32 期。

袁梁等:《生态补偿、生计资本对居民可持续生计影响研究——以陕西省国家重点生态功能区为例》,《经济地理》2017 年第 10 期。

袁士超、王健:《农地经营权流转的农户融资诉求效应研究——基于中国家庭调查数据的实证分析》,《中国土地科学》2021 年第 6 期。

翟黎明等:《政府不同介入场景下农地流转对农户生计资本的影响——基于 PSM-DID 的计量分析》,《中国农村经济》2017 年第 2 期。

张爱平等:《农业文化遗产地社区居民旅游影响感知与态度——哈尼梯田的生计影响探讨》,《人文地理》2017 年第 1 期。

张爱平等:《农业文化遗产旅游地农户生计与农地利用的耦合协调研究——以哈尼梯田为例》,《旅游科学》2020 年第 3 期。

张博胜、杨子生:《基于 PSR 模型的中国人地关系协调发展时空格局及其影响因素》,《农业工程学报》2021 年第 13 期。

张灿强等:《农业文化遗产保护目标下农户生计状况分析》,《中国人口·资源与环境》2017 年第 1 期。

张超正、杨钢桥:《农地整治何以促进农户收入增加——基于整治模式和地貌类型的异质分析》,《自然资源学报》2021 年第 12 期。

张戈:《中国农地流转模式研究》,博士学位论文,武汉大学,2017 年。

张桂颖:《基于模糊物元模型的土地流转农户可持续生计评价方法》,《统计与决策》2019 年第 5 期。

张红宇:《中国农地调整与使用权流转:几点评论》,《管理世界》2002 年第 5 期。

张会萍等:《土地流转背景下老年人生计问题研究——基于宁夏银北地区的农户调查》,《农业技术经济》2016 年第 3 期。

张建等:《农地流转与农户生计策略联合决策研究》,《中国人口·资源与环境》2020 年第 2 期。

张晶等:《生计资本对黄土丘陵区贫困人口生计活动的影响及评价——以甘肃省榆中县为例》,《中国农业资源与区划》2020 年第 11 期。

张丽等:《生态补偿对农户生计资本的影响——以甘南黄河水源补给区为例》,《冰川冻土》2012 年第 1 期。

张明辉、蔡银莺:《农地经济贡献对农地流转市场的影响——以孝感、武汉、成都、苏州为例》,《资源科学》2017 年第 2 期。

张明珠等:《不同生计策略选择对农户多维贫困的影响研究》,《中国农机化学报》2022 年第 8 期。

张鹏等：《互联网、农地流转与可持续生计》，《研究与发展管理》2022 年第 2 期。

张蕊、麻宝斌：《可持续生计模型下精准脱贫的逻辑困境及其长效机制研究》，《领导科学》2020 年第 16 期。

张锐等：《基于 PSR 模型的耕地生态安全物元分析评价》，《生态学报》2013 年第 16 期。

张鑫等：《环境规制对生态环境与经济发展协调关系影响的实证检验》，《统计与决策》2022 年第 2 期。

张一晗：《村集体角色与土地流转秩序——两种组织化流转模式的比较》，《西北农林科技大学学报》（社会科学版）2021 年第 6 期。

张远索等：《农地经营权有序流转路径及保障对策研究》，《农业经济》2020 年第 6 期。

张曾莲：《风险评估方法》，机械工业出版社 2017 年版。

赵锋：《可持续生计与生计动态能力分析：一个新的理论研究框架》，《经济研究参考》2015 年第 27 期。

赵桂慎：《乡村振兴：目标设想与实现策略》，《科技导报》2021 年第 23 期。

赵洪丹、陈丽爽：《农产品价格与农民收入增长关系研究——基于吉林省四平市数据的实证分析》，《价格理论与实践》2021 年第 10 期。

赵惠英：《陕南移民"无土化"安置的风险与规避路径选择》，《人口与社会》2019 年第 3 期。

赵靖伟：《基于 BP 人工神经网络的农户生计安全预警研究》，《统计与决策》2014 年第 20 期。

赵靖伟：《农户生计安全评价指标体系的构建》，《社会科学家》2011 年第 5 期。

赵靖伟：《农户生计安全问题研究》，博士学位论文，西北农林科技大学，2011 年。

赵靖伟：《贫困地区农户生计安全研究》，《西北农林科技大学学报》（社会科学版）2014 年第 5 期。

赵立娟等：《耕地转出对农民家庭贫困脆弱性的影响及其区域差异

分析》,《自然资源学报》2021 年第 12 期。

赵立娟等:《农地流转对农户生计转型影响的实证分析》,《中国农业资源与区划》2017 年第 8 期。

赵立娟等:《农地转出行为对农民家庭的生计资本有何影响?——来自 CFPS 数据的验证》,《技术经济》2021 年第 3 期。

赵立娟等:《农地转出行为是否会改变农民家庭的生计策略——基于 CFPS 微观数据的 DID 模型估计》,《中国农业大学学报》2020 年第 7 期。

赵淑琴、王红艳:《宁夏平罗县 2021 年稻渔生态综合种养技术报告》,《渔业致富指南》2022 年第 4 期。

赵雪雁:《地理学视角的可持续生计研究:现状、问题与领域》,《地理研究》2017 年第 10 期。

赵雪雁等:《生态补偿对农户生计的影响——以甘南黄河水源补给区为例》,《地理研究》2013 年第 3 期。

郑兴明、吴锦程:《基于风险厌恶的农户弃耕撂荒行为及其影响因素分析——以福建省农户调查为例》,《东南学术》2013 年第 1 期。

中共中央政策研究室等:《全国农村固定观察点调查数据汇编》,中国农业出版社 2017 年版。

中国社会科学院社会政策研究中心课题组:《失地农民"生计可持续"对策》,《科学咨询》2005 年第 4 期。

中华人民共和国农业部编:《新中国农业 60 年统计资料》,中国农业出版社 2009 年版。

钟涨宝、汪萍:《农地流转过程中的农户行为分析——湖北、浙江等地的农户问卷调查》,《中国农村观察》2003 年第 6 期。

钟真等:《乡村振兴背景下的休闲农业和乡村旅游:外来投资重要吗?》,《中国农村经济》2019 年第 6 期。

周京奎等:《农地流转、职业分层与减贫效应》,《经济研究》2020 年第 6 期。

周立华、侯彩霞:《北方农牧交错区草原利用与禁牧政策的关键问题研究》,《干旱区地理》2019 年第 2 期。

周丽等:《易地扶贫搬迁农户生计资本对生计策略选择的影响——基于湖南搬迁农户的调查》,《经济地理》2020 年第 11 期。

周敏等：《三权分置、农业补贴争夺与农业经营激励——吉林省 J 村玉米生产者补贴分配博弈》，《华中科技大学学报》（社会科学版）2019 年第 6 期。

周陶：《四川丘陵山区农户内生型农地流转研究》，博士学位论文，西南大学，2016 年。

周易、付少平：《失地农民的生计资本与生计策略关系研究——以陕西省杨凌区为例》，《广东农业科学》2012 年第 5 期。

朱强：《农地流转风险与防范研究》，北京师范大学出版社 2013 年版。

朱强、李民：《论农地资本化流转中的风险与防范》，《管理世界》2012 年第 7 期。

朱述斌等：《农地流转市场中介平台与定价机制研究——基于双边市场理论的视角》，《农业经济与管理》2011 年第 3 期。

朱文珏、罗必良：《劳动力转移、性别差异与农地流转及合约选择》，《中国人口·资源与环境》2020 年第 1 期。

朱霞、李振林：《基于 PSR 模型的大都市外围乡村生态安全空间格局优化——以武汉市为例》，《现代城市研究》2021 年第 10 期。

庄晋财等：《前景理论视角下兼业农户的土地流转行为决策研究》，《华中农业大学学报》（社会科学版）2018 年第 2 期。

庄龙玉：《农户非农化对土地流转决策的影响》，《统计与决策》2020 年第 4 期。

左孝凡、陆继霞：《互联网使用与农民相对贫困：微观证据与影响机制》，《电子政务》2020 年第 4 期。

"中国农业发展战略研究 2050" 项目综合组：《面向 2050 年我国农业发展战略研究》，《中国工程科学》2022 年第 1 期。

二　英文文献

Amartya Sen, *Poverty and Famines*, Oxford：Oxford University Press，1982.

Chambers R., Conway G., *Sustainable Rural Livelihoods：Practical Concepts for the 21st Century*，Brighton：Institute of Development Studies，1992.

Addinsall C. et al.，"Agroecology and Sustainable Rural Livelihoods：A

Conceptual Framework to Guide Development Projects in the Pacific Islands", *Journal of Sustainable Agriculture*, Vol. 39, No. 6, 2015, pp. 691-723.

Asare-Nuamah P. et al. , "Farmers' Maladaptation: Eroding Sustainable Development, Rebounding and Shifting Vulnerability in Smallholder Agriculture System", *Environmental Development*, Vol. 40, 2021, 100680.

Azumah F. D. et al. , "Gender, Agriculture and Sustainable Livelihood among Rural Farmers in Northern Ghana", *Economic Change and Restructuring*, 2022, pp. 1-23.

Cai J. et al. , "Analysis on the Choice of Livelihood Strategy for Peasant Households Renting out Farmland: Evidence from Western Poverty-Stricken Areas in China", *Sustainability*, Vol. 11, No. 5, 2019, p. 1424.

Chaudhary Anurag, Goyal Mini, "Economics of Electricity Generation Using Cattle Dung—A Case Study on Bio-methanation Power Plant in Ludhiana", *Indian Journal of Economics and Development*, Vol. 12, No. 4, 2016, pp. 799-802.

Cheng P. et al. , "What are the Impacts of a Coastal Zone Protection Policy on Farmers' Livelihood Capital? Empirical Analysis from the Perspective of Farmer Participation", *Frontiers in Marine Science*, Vol. 8, 2021.

Cheng Y. et al. , "Farmer Heterogeneity and Land Transfer Decisions Based on the Dual Perspectives of Economic Endowment and Land Endowment", *Land*, Vol. 11, No. 3, 2022, p. 353.

Córdova R. et al. , "Sustainability of Smallholder Livelihoods in the Ecuadorian Highlands: A Comparison of Agroforestry and Conventional Agriculture Systems in the Indigenous Territory of Kayambi People", *Land*, Vol. 7, No. 2, 2018, p. 45.

Deininger K. et al. , "Determinants and Consequences of Land Sales Market Participation: Panel Evidence from India", *World Development*, Vol. 37, No. 2, 2009, pp. 410-421.

Deininger K. , Jin S. , "The Potential of Land Rental Markets in the Process of Economic Development: Evidence from China", *Journal of Devel-*

opment Economics, Vol. 78, No. 1, 2005, pp. 241-270.

Delgadillo E. et al., "Determining Success Factors for Improving Rural Livelihood Strategies: How can Participatory Social Network Mapping Help?", *Journal of Development Effectiveness*, Vol. 12, No. 3, 2020, pp. 255-271.

Deng X. et al., "Does Early-life Famine Experience Impact Rural Land transfer? Evidence from China", *Land Use Policy*, Vol. 81, 2019, pp. 58-67.

DfID, "Sustainable Livelihoods Guidance Sheets", DFID, 1999, p. 445.

Eva Banowati, Sucihatiningsih Dian Wisika Prajanti, "Developing the under Stand Cropping System (PLDT) for Sustainable Livelihood", *Management of Environmental Quality: An International Journal*, 2017.

Fuchaka Waswa et al., "Potential of Corporate Social Responsibility for Poverty Alleviation among Contract Sugarcane Farmers in the Nzoia Sugarbelt, Western Kenya", *Journal of Agricultural and Environmental Ethics*, Vol. 22, No. 5, 2009, pp. 463-475.

Gao W. et al., "Understanding Rural Resettlement Paths under the Increasing Versus Decreasing Balance Land Use Policy in China", *Land Use Policy*, Vol. 103, 2021, p. 105325.

Gobien S., Vollan B., "Exchanging Land for Solidarity: Solidarity Transfers among Voluntarily Resettled and Non-resettled Land-Reform Beneficiaries", *American Journal of Agricultural Economics*, Vol. 98, No. 3, 2016, pp. 802-818.

Guo S, et al., "Interactions Between Sustainable Livelihood of Rural Household and Agricultural Land Transfer in the Mountainous and Hilly Regions of Sichuan, China", *Sustainable Development*, Vol. 27, No. 4, 2019, pp. 725-742.

Guy E. Parker, "Towards an Integrated Approach for Reducing the Conflict between Elephants and People: A Review of Current Research", *Oryx*, Vol. 37, No. 1, 2003, pp. 80-84.

H. Cosyns et al., "Can Rural Development Projects Generate Social Capital? A Case Study of Ricinodendron Heudelotii Kernel Marketing in Cameroon", *Small-scale Forestry*, Vol. 13, No. 2, 2014, pp. 163-182.

Han H. , Li H. , "The Distribution of Residual Controls and Risk Sharing: A Case Study of Farmland Transfer in China", *Sustainability*, Vol. 10, No. 6, 2018, p. 2041.

Jacobs P. , Makaudze E. , "Understanding Rural Livelihoods in the West Coast District, South Africa", *Development Southern Africa*, Vol. 29, No. 4, 2012, pp. 574−587.

Jendoubi D. et al. , "Local Livelihoods and Land Users' Perceptions of Land Degradation in Northwest Tunisia", *Environmental Development*, Vol. 33, 2020, p. 100507.

K. Ponnusamy, Jancy Gupta, "Factors Contributing to Sustainable Livelihoods in Different Farming Systems in the Coastal Areas of Tamil Nadu, India", *Outlook on Agriculture*, Vol. 39, No. 3, 2010, pp. 185−189.

Khantachavana S. V. et al. , "On the Transaction Values of land Use Rights in Rural China", *Journal of Comparative Economics*, Vol. 41, No. 3, 2013, pp. 863−878.

Kong X. et al. , "A Novel Framework for Rural Homestead Land Transfer Under Collective Ownership in China", *Land Use Policy*, Vol. 78, 2018, pp. 138−146.

Latruffe L. , Le Mouël C. , "Capitalization of Government Support in Agricultural Land Prices: What do We Know?", *Journal of Economic Surveys*, Vol. 23, No. 4, 2009, pp. 659−691.

Le V. et al. , "The Rental Market for Farmland in Vietnam's Mountainous North Central Coast Region: Outcomes and Constraints", *Mountain Research and Development*, Vol. 33, No. 4, 2013, pp. 416−423.

Liu H. , Zhou Y. , "The Marketization of Rural Collective Construction Land in Northeastern China: The Mechanism Exploration", *Sustainability*, Vol. 13, No. 1, 2020, p. 276.

Liu Z. , "Rural Population Decline, Cultivated Land Expansion, and the Role of Land Transfers in the Farming−Pastoral Ecotone: A Case Study of Taibus, China", *Land*, Vol. 11, No. 2, 2022, p. 256.

Macleod C. et al. , "Integration for Sustainable Catchment Management", *Science of the Total Environment*, Vol. 373, No. 2 – 3, 2007, pp. 591–602.

Mao H. et al. , "Land Tenure and Green Production Behavior: Empirical Analysis Based on Fertilizer Use by Cotton Farmers in China", *International Journal of Environmental Research and Public Health*, Vol. 18, No. 9, p. 4677.

Mariwah S. et al. , "Gendered and Generational Tensions in Increased Land Commercialisation: Rural Livelihood Diversification, Changing Land Use, and Food Security in Ghana's Brong–Ahafo Region", *Geo: Geography and Environment*, Vol. 6, No. 1, 2019.

Melissa et al. , "Environmental Entitlements: Dynamics and Institutions in Community–Based Natural Resource Management", *World Development*, Vol. 27, No. 2, 1999, pp. 225–247.

Menon A. , Schmidt–Vogt D. , "Effects of the COVID–19 Pandemic on Farmers and Their Responses: A Study of Three Farming Systems in Kerala, South India", *Land*, Vol. 11, No. 1, 2022, p. 144.

O'Byrne D. et al. , "The Social Impacts of Sustainable Land Management in Great Green Wall Countries: An Evaluative Framework Based on the Capability Approach", *Land*, Vol. 11, No. 3, 2022, p. 352.

Obiero K. O. et al. , "Predicting Uptake of Aquaculture Technologies Among Smallholder Fish Farmers in Kenya", *Aquaculture International*, Vol. 27, No. 6, 2019, pp. 1689–1707.

Olivier D. W. , "A Cropping System for Resource–constrained Urban Agriculture: Lessons from Cape Town", *Sustainability*, Vol. 10, No. 12, 2018, p. 4804.

Olubode–Awosola O. O. et al. , "Mathematical Modeling of the South African Land Redistribution for Development Policy", *Journal of Policy Modeling*, Vol. 30, No. 5, 2008, pp. 841–855.

Paul S. et al. , "Development of an Indicator Based Composite Measure to Assess Livelihood Sustainability of Shifting Cultivation Dependent Ethnic Minorities in the Disadvantageous Northeastern Region of India", *Ecological*

Indicators, Vol. 110, 2020, p. 105934.

Pinthukas, Nathitakarn, "Farmers'Perception and Adaptation in Organic Vegetable Production for Sustainable Livelihood in Chiang Mai Province", *Agriculture and Agricultural Science Procedia*, Vol. 5, 2015, pp. 46–51.

Promsopha, G., "Land Ownership as Insurance and the Market for Land: A Study in Rural Vietnam", *Land Economics*, Vol. 91, No. 3, 2015, pp. 460–478.

Scoones I., "Sustainable Rural Livelihoods: A Framework for Analysis", *Institute of Development Studies*, 1998, pp. 4–5.

Sigman, H., "Decentralization and Environmental Quality: An International Analysis of Water Pollution Levels and Variation", *Land Economics*, Vol. 90, No. 1, 2014, pp. 114–130.

Su F. et al., "An Assessment of Poverty Alleviation Measures and Sustainable Livelihood Capability of Farm Households in Rural China: A Sustainable Livelihood Approach", *Agriculture*, Vol. 11, No. 12, 2021, p. 1230.

Wang C. et al., "Assessment of Sustainable Livelihoods of Different Farmers in Hilly Red Soil Erosion Areas of Southern China", *Ecological Indicators*, Vol. 64, 2016, pp. 123–131.

Wang W. et al., "Exploring the Effects of Rural Site Conditions and Household Livelihood Capitals on Agricultural Land Transfers in China", *Land Use Policy*, Vol. 108, 2021, pp. 105–523.

Wang W. et al., "Impact of Environmental and Health Risks on Rural Households' Sustainable Livelihoods: Evidence from China", *International Journal of Environmental Research and Public Health*, Vol. 18, No. 20, 2021, p. 10955.

Wang Y. et al., "Does the New Rural Pension System Promote Farmland Transfer in the Context of Aging in Rural China: Evidence from the CHARLS", *International Journal of Environmental Research and Public Health*, Vol. 16, No. 19, 2019, p. 3592.

Woyesa T., Kumar S., "Potential of Coffee Tourism for Rural Development in Ethiopia: A Sustainable Livelihood Approach", *Environment*,

Development and Sustainability, Vol. 23, No. 1, 2021, pp. 815–832.

Xiong F. et al., "Does Social Capital Benefit the Improvement of Rural Households' Sustainable Livelihood Ability? Based on the Survey Data of Jiangxi Province, China", *Sustainability*, Vol. 13, No. 19, 2021, p. 10995.

Yagura, Kenjiro, "Effect of Intergenerational Asset Transfers on Land Distribution in Rural Cambodia: Case Studies of Three Rice-growing Villages", *Agricultural Economics*, Vol. 46, No. 2, 2015, pp. 173–186.

You H., Zhang X., "Sustainable Livelihoods and Rural Sustainability in China: Ecologically Secure, Economically Efficient or Socially Equitable?", *Resources, Conservation and Recycling*, Vol. 120, 2017, pp. 1–13.

Yu W., Wang Q., "The Impact of Rural Tourism on Farmer's Sustainable Livelihoods: A Case Study of Changshan Village in the Yimeng Moutain Area of China", *Fresenius Environmental Bulletin*, Vol. 30, No. 12, 2021, pp. 12976–12982.

Zhang B. et al., "Spatio-temporal Variances and Risk Evaluation of Land Finance in China at the Provincial Level from 1998 to 2017", *Land Use Policy*, Vol. 99, 2020, p. 104804.

Zheng H., "Analyzing Characteristics and Implications of the Mortgage Default of Agricultural Land Management Rights in Recent China Based on 724 Court Decisions", *Land*, Vol. 10, No. 7, 2021, p. 729.